Behandlung von Sexualstraftätern im Strafvollzug

Würzburger Schriften zur Kriminalwissenschaft

Herausgegeben von Klaus Laubenthal

Band 12

PETER LANG

Frankfurt am Main · Berlin · Bern · Bruxelles · New York · Oxford · Wien

Silke Elli Jäger

Behandlung von Sexualstraftätern im Strafvollzug

PETER LANG
Europäischer Verlag der Wissenschaften

Bibliografische Information Der Deutschen Bibliothek
Die Deutsche Bibliothek verzeichnet diese Publikation in der Deutschen Nationalbibliografie; detaillierte bibliografische Daten sind im Internet über <http://dnb.ddb.de> abrufbar.

Zugl.: Würzburg, Univ., Diss., 2003

Gedruckt auf alterungsbeständigem,
säurefreiem Papier.

D 20
ISSN 1618-078X
ISBN 3-631-51145-0

Printed in Germany 1 2 4 5 6 7

www.peterlang.de

Vorwort:

Diese Arbeit lag im Sommersemester 2003 der Juristischen Fakultät der Universität Würzburg als Dissertation vor. Literatur, Rechtsprechung und statistisches Material sind bis Februar 2003 berücksichtigt.

An dieser Stelle möchte ich meinem Doktorvater, Herrn Prof. Dr. Klaus Laubenthal für die Betreuung der Dissertation und die Aufnahme der Arbeit in die „Würzburger Schriften zur Kriminalwissenschaft“ danken.

Großer Dank gebührt daneben Herrn Dr. Helmut Baier für die zahlreichen Anregungen, Herrn Dr. Volker Stiebig für die tatkräftige Unterstützung bei der Erstellung der Druckvorlage und Frau Helga Bieber, die für meine Fragen, die sich im Zusammenhang mit dem Verfahrensablauf stellten, immer ein offenes Ohr hatte.

Meinen lieben Eltern möchte ich besonderen Dank aussprechen, da ohne ihre umfassende Unterstütung – sowohl materieller als auch ideeller Art – diese Arbeit nie zustande gekommen wäre.

Burkhard Führmeyer danke ich, dass er immer für mich da war.

Düsseldorf, im Juli 2003 Silke Jäger

Inhaltsverzeichnis:

Abkürzungsverzeichnis:

Abs.	Absatz
a. F.	alte Fassung
BB	Brandenburg
BE	Berlin
Bull Am Acad Psychiatry Law	Bulletin of the American Academy of Psychiatry & the Law
BW	Baden-Württemberg
BY	Bayern
BZR	Bundeszentralregister
BZRG	Bundeszentralregistergesetz
bzw.	beziehungsweise
evtl.	eventuell
f., ff.	folgende, fortfolgende
HE	Hessen
HH	Hansestadt Hamburg
Hrsg.	Herausgeber
JGG	Jugendgerichtsgesetz
JuS	Juristische Schulung
JZ	Juristenzeitung
med.	medizinisch
MschrKinderheilkd	Monatsschrift Kinderheilkunde
MschrKrim	Monatsschrift für Kriminologie und Strafrechtsreform
NI	Niedersachsen
NJW	Neue Juristische Wochenschrift
Nr.	Nummer
NStZ	Neue Zeitschrift für Strafrecht
NW	Nordrhein-Westfalen
RP	Rheinland-Pfalz
R & P	Recht und Psychiatrie
Rn.	Randnummer
RStGB	Reichsstrafgesetzbuch
S.	Seite
SN	Sachsen
ST	Sachsen-Anhalt
StÄG	Strafrechtsänderungsgesetz

StGB	Strafgesetzbuch
StPO	Strafprozessordnung
StV	Strafverteidiger
StrRG	Gesetz zur Reform des Strafrechts
StrVollzG	Strafvollzugsgesetz
TH	Thüringen
u.a.	unter anderem
vgl.	vergleiche
z.B.	zum Beispiel
zit.	zitiert
Ztschr.	Zeitschrift
ZfStrVo	Zeitschrift für Strafvollzug und Straffälligenhilfe
ZRP	Zeitschrift für Rechtspolitik
Z. Sexualforsch.	Zeitschrift für Sexualforschung
ZStW	Zeitschrift für die gesamte Strafrechtswissenschaft

Literaturverzeichnis:

Adt, M., Schweigepflicht und die Entbindung von der Schweigepflicht, ZfStrVo 1998, S. 328 – 335.

Albrecht, H.J., Determinanten der Sexualstrafrechtsreform, ZStW 1999, S. 864 – 888.

Amendt, G., Unzucht mit Kindern, Kriminalistik 2000, S. 452 – 456.

Arbeitsgemeinschaft Kinder- und Jugendschutz, Landesstelle Nordrhein-Westfalen e.V. (Hrsg.), An eine Frau hätte ich nie gedacht, Köln 2001.

Baade, F.-W./Borck,J./Koebe,S./Zumvenne, G., Theorien und Methoden der Verhaltenstherapie, 11. Auflage, Tübingen 1986.

Baer, R., Psychiatrie für Juristen, Stuttgart 1988.

Baer, U., Kreative Sozialtherapie, Ausgewählte Artikel aus der Zeitschrift Sozialtherapie, Münster 1996.

Basqué, M., Praxis der Delinquenzbehandlung, in: Steller, M./Dahle, K.-P./Basqué, M. (Hrsg.), Straftäterbehandlung, Argumente für eine Revitalisierung in Forschung und Praxis, Pfaffenweiler 1994.

Becker, N., Psychoanalytische Theorie sexueller Perversionen, in: Sigusch, V. (Hrsg.), Sexuelle Störungen und ihre Behandlung, 3. Auflage, Stuttgart/New York 2001.

Becker, S., Psychotherapie bei Transsexualität, in: Strauß, B. (Hrsg.), Psychotherapie der Sexualstörungen, Krankheitsmodelle und Therapiepraxis – störungsspezifisch und schulenübergreifend, Stuttgart/New York 1998.

Beek van, D./Kröger, U., No cure, but control: Die Behandlung von Sexualdelinquenten in der Dr. Henri van der Hoeven Kliniek, in: Deegener, G. (Hrsg.), Sexuelle und körperliche Gewalt – Therapie jugendlicher und erwachsener Täter, Weinheim 1999.

Beier, K.M., Verlaufsformen bei Dissexualität, in: Kröber, H.-L./Dahle, K.-P. (Hrsg.), Sexualstraftaten und Gewaltdelinquenz: Verlauf – Behandlung – Opferschutz, Heidelberg 1998.

Beier, K.M., Prognose und Therapie von Sexualstraftätern aus sexualmedizinischer Sicht, in: Wodtke-Werner, V./Mähne, U. (Hrsg.), „Nicht wegschauen!" Vom Umgang mit Sexual(straf)tätern, Baden-Baden 1999.

Beier, K.M./Bosinski, H.A./Hartmann, U./Loewit, K., Sexualmedizin, München/Jena 2001.

Beier, K.M./Hinrichs, G., Die Sankelmarker Thesen zur Psychotherapie mit Straffälligen, MschrKrim 1996, S. 25 – 37.

Beier, M., Sexualdelinquenten im Strafvollzug: Ein Plädoyer für Unaufgeregtheit, ZfStrVo 1995, S. 335 – 343.

Berner, W., Institutionelle Therapie bei sexueller Delinquenz, in: Sigusch, V. (Hrsg.), Sexuelle Störungen und ihre Behandlung, 3. Auflage, Stuttgart/New York 2001.

Berner, W., Untersuchungen über Therapieerfolg bei Straftäterbehandlungen und deren Konsequenzen für neue Behandlungsmodelle, in: Wodtke-Werner, V./Mähne, U. (Hrsg.), „Nicht wegschauen!" Vom Umgang mit Sexual(straf)tätern, Baden-Baden 1999.

Berner, W./Kleber, R./Lohse, H., Psychotherapie bei sexueller Delinquenz, in: Strauß, B. (Hrsg.), Psychotherapie der Sexualstörungen: Krankheitsmodelle und Therapiepraxis – störungsspezifisch und schulenübergreifend, Stuttgart/New York 1998.

Binder, S., Zur seelischen Entwicklung zurechnungsunfähiger Sexualverbrecher nach der Kastration, MschrKrim 1969, S. 73 – 83.

Bock, M., Schädlich, überflüssig, schmutzig. Die Argumentationen der kriminologischen Verächter der Resozialisierung, in: Festschrift für Böhm, Berlin/New York 1999, S. 285 – 303.

Böllinger, L., Offenbarungspflicht der Therapeuten im Strafvollzug – ein Schlag gegen die forensische Psychotherapie, MschrKrim 2000, S. 11 – 22.

Boetticher, A., Kann die Strafjustiz die erhöhten Anforderungen des „Gesetzes zur Bekämpfung von Sexualdelikten und anderen gefährlichen Straftaten“ erfüllen? in: Egg, R. (Hrsg.), Behandlung von Sexualstraftätern im Justizvollzug – Folgerungen aus den Gesetzesänderungen, Wiesbaden 2000.

Bräutigam, W./Clement, U., Sexualmedizin im Grundriss, Stuttgart/New York 1989.

Burger, E./Reiter, K., Sexueller Missbrauch von Kindern und Jugendlichen – Intervention und Prävention, Band 140, Schriftenreihe des Bundesministeriums für Familie, Senioren, Frauen und Jugend (Hrsg.), Stuttgart/Berlin/Köln 1997.

Calliess, R.-P./Müller-Dietz, H., Strafvollzugsgesetz, 9. Auflage, München 2002.

Cleckley, H., The mask of sanity: An attempt to clarify some issues about the so called psychopathic personality, St. Louis 1976.

Dahle, K.-P., Therapiemotivation hinter Gittern: Zielgruppenorientierte Entwicklung und Erprobung eines Motivationskonstrukts für die therapeutische Arbeit im Strafvollzug, Regensburg 1995.

Deegener, G., Einführung, in: Deegener, G. (Hrsg.), Sexuelle und körperliche Gewalt – Therapie jugendlicher und erwachsener Täter, Weinheim 1999.

Dessecker, A., Behandlung von Sexualstraftätern im Strafvollzug und in Freiheit – Ein Überblick zu den neuen gesetzlichen Grundlagen, in: Egg, R. (Hrsg.), Behandlung von Sexualstraftätern im Justizvollzug – Folgerungen aus den Gesetzesänderungen, Wiesbaden 2000.

Dölling, D., Sexueller Missbrauch von Kindern – Entwicklung der Gesetzgebung und Aufgaben der Kriminologie, in: Egg, R. (Hrsg.), Sexueller Missbrauch von Kindern – Täter und Opfer, Wiesbaden 1999.

Dreger, L., Folgerung für den Vollzug aus der geänderten Gesetzeslage; Gesetz zur Bekämpfung von Sexualdelikten und anderen gefährlichen Straftaten, in: Herrfahrdt, R. (Hrsg.), Behandlung von Sexualstraftätern, Hannover 2000.

Duncker, H., Zur Frage der Strukturbildung in der Psychotherapie von Sexualstraftätern, R & P 1995, S. 170 – 178.

Dünkel, F./Geng, B., Rückfall und Bewährung von Karrieretätern nach Entlassung aus dem sozialtherapeutischen Behandlungsvollzug und aus dem Regelvollzug, in: Steller, M./Dahle, K.P./Basqué, M. (Hrsg.), Straftäterbehandlung, Argumente für eine Revitalisierung in Forschung und Praxis, Pfaffenweiler 1994.

Eisenberg, U., Kriminologie, 5. Auflage, München 2000.

Egg, R., Zur Kriminalität der Sexualstraftäter, in: de Boor, W./Haffke, B./Lange-Joest, Ch. (Hrsg.), Was tun mit den Sexualstraftätern?, Köln 2000.

Egg, R., Die Behandlung von Sexualstraftätern in sozialtherapeutischen Anstalten, in: Egg, R. (Hrsg.), Behandlung von Sexualstraftätern im Justizvollzug – Folgerungen aus den Gesetzesänderungen, Wiesbaden 2000.

Elz, J., Legalbewährung und kriminelle Karrieren von Sexualstraftätern – Sexuelle Missbrauchsdelikte, Wiesbaden 2001.

Elz, J., Legalbewährung und kriminelle Karrieren von Sexualstraftätern – Sexuelle Gewaltdelikte, Wiesbaden 2002.

Enke, W., Mehrdimensionale Diagnostik bei erziehungsschwierigen Kindern, Ztschr. f. Psychotherapie und med. Psychologie 1955, S. 260 – 275.

Erdsiek, G., Umwelt und Recht, NJW 1962, S. 2240 – 2242.

Eucker, S., Verhaltenstherapeutische Methoden in der Straftäterbehandlung, in: Kröber, H.-L./Dahle, K.-P. (Hrsg.), Sexualstraftaten und Gewaltdelinquenz: Verlauf – Behandlung – Opferschutz, Heidelberg 1998.

Feest, J. (Hrsg.), Kommentar zum Strafvollzugsgesetz (AK-StVollzG), 4. Auflage, Neuwied/Kriftel 2000 (zit.: AK-Bearbeiter).

Foerster, K., Gefährlichkeitsprognose gemäß § 454 StPO, in: Egg, R. (Hrsg.), Behandlung von Sexualstraftätern im Justizvollzug – Folgerungen aus den Gesetzesänderungen, Wiesbaden 2000.

Försterling, W., Methoden sozialtherapeutischer Behandlung im Strafvollzug und die Mitwirkungspflicht des Gefangenen, Bochum 1981.

Foucault, M., Überwachen und Strafen, Die Geburt des Gefängnisses, Frankfurt am Main 1977.

Freud, S., Drei Abhandlungen zur Sexualtheorie, Gesammelte Werke, Band V, London 1942.

Furby, L./Weinrott, M.R./Blackshaw, L., Sex Offender Recidivism: A Review, Psychological Bulletin 1989, Vol. 105, S. 3 – 30.

Goderbauer, R., Behandlungsnotwendigkeiten und Behandlungsvoraussetzungen bei Sexualstraftätern, in: Egg, R. (Hrsg.), Behandlung von Sexualstraftätern im Justizvollzug – Folgerungen aus den Gesetzesänderungen, Wiesbaden 2000.

Goderbauer, R., Stationäre Behandlung von Sexualstraftätern im Strafvollzug, in: Wodtke-Werner, V./Mähne, U. (Hrsg.), „Nicht wegschauen!“ Vom Umgang mit Sexual(straf)tätern, Baden-Baden 1999.

Goderbauer, R., Stationäre Behandlung von Sexualstraftätern im Strafvollzug, in: Egg, R. (Hrsg.), Sexueller Missbrauch von Kindern – Täter und Opfer, Wiesbaden 1999.

Göppinger, H., Kriminologie, München 1980.

Göppinger, H./Witter, H. (Hrsg.), Handbuch der forensischen Psychiatrie II, Berlin/Heidelberg/New York 1972 (zit.: Bearbeiter, Handbuch der forensischen Psychiatrie II).

Goudsmit, W./Reicher, J.W., Sozialtherapie schwerstgestörter Delinquenten auf psychoanalytischer Grundlage, in: Sigusch, V. (Hrsg.), Therapie sexueller Störungen, 2. Auflage, Stuttgart 1980.

Groth, A.N., Men who rape – The Psychology of the offender, New York 1979.

Gutmann, Ch., Freiwilligeit und (Sozio-) Therapie – notwendige Verknüpfung oder Widerspruch?, Frankfurt am Main 1993.

Haas, H., Agressions et victimisations: une enquête sur les déliquants violents et sexuels non détectés, Aarau 2001.

Haddenbrock, S., Quo vadis? Europa ad Americam aut/et vice versa?, MschrKrim 1998, S. 218 – 221.

Hall, G.C.N., Sexual Offender Recidivism Revisited: A Meta-Analysis of Recent Treatment Studies, Journal of Consulting and Clinical Psychology 1995, Vol. 63, S. 802 – 809.

Hammerschlag, H./Schwarz, O., Das Gesetz zur Bekämpfung von Sexualdelikten und anderen gefährlichen Straftaten, NStZ 1998, S. 321 – 326.

Hanson, R.K./Bussière, M.T., Predicting Relapse: A Meta-Analysis of Sexual Offender Recidivism Studies, Journal of Consulting and Clinical Psychology 1998, Vol. 66, S. 348 – 362.

Hanstein, W., Tiefenpsychologisch fundierte Psychotherapie für Sexualstraftäter, in: Deegener, G., Sexuelle und körperliche Gewalt – Therapie jugendlicher und erwachsener Täter, Weinheim 1999.

Hare, R.D., Psychopathie und Soziopathie, Frankfurt am Main 1978.

Hare, R.D., Without Conscience, The Disturbing World of the Psychopaths Among Us, London 1993.

Hartmann, T., Paradigmenwechsel im Strafvollzug, ZfStrVo 2000, S. 204 – 213.

Hartmann, U., Inhalte und Funktionen sexueller Phantasien, Stuttgart 1989.

Hauch, M./Lohse, H., Ambulante Psychotherapie bei sexueller Delinquenz, in: Sigusch, V. (Hrsg.), Sexuelle Störungen und ihre Behandlung, 3. Auflage, Stuttgart/New York 2001.

Hegel, G.F.W., Philosophie des Rechts, Die Vorlesung von 1819/20 in einer Nachschrift, Frankfurt am Main 1983.

Heim, N., Die Kastration und ihre Folgen bei Sexualstraftätern, Göttingen 1980.

Heilemann, M., Schläger „studieren" Sozialkompetenz: Das Hamelner Anti-Aggressivitäts-Training als Modellprojekt, in: Deegener, G. (Hrsg.), Sexuelle und körperliche Gewalt – Therapie jugendlicher und erwachsener Täter, Weinheim 1999.

Hoyndorf, S., Behandlung sexueller Störungen: Ätiologie, Diagnostik, Therapie: Sexuelle Dysfunktionen, Missbrauch, Delinquenz, Weinheim 1995.

Jähnke, B./Laufhütte, H./Odersky, W. (Hrsg.), StGB, Leipziger Kommentar, 11. Auflage, Berlin/New York 1992 (zit.: LK-Bearbeiter).

Judith, U., Konzept für die intramurale Behandlung von Sexualstraftätern, Kriminologischer Dienst Rheinland-Pfalz, Mainz 1995.

Kaiser, R., Die künstliche Unfruchtbarmachung von sexuellen Triebtätern, München 1981.

Kaiser, G., Kriminologie, 3. Auflage, Heidelberg 1996.

Kaiser, G., Kriminologie: Eine Einführung in die Grundlagen, 10. Auflage, Heidelberg 1997.

Kaufmann, H., Kriminologie III, Strafvollzug und Sozialtherapie, Stuttgart u.a. 1977.

Kavemann, B., Viel schlimmer oder halb so schlimm? Wenn Frauen Mädchen oder Jungen sexuell missbrauchen, in: Wodtke-Werner, V./Mähne, U. (Hrsg.), „Nicht wegschauen!" Vom Umgang mit Sexual(straf)tätern, Baden-Baden 1999.

Kempe, C., Sexualtäter und Sozialtherapie – Ein Diskussionsbeitrag, ZfStrVo 1997, S. 332 – 335.

Kernberg, O.F., Borderline-Störungen und pathologischer Narzissmus, 7. Auflage, Frankfurt am Main 1993.

Knecht, T., Pädophilie – Grundlagen und Therapieansätze, Kriminalistik 2001, S. 745 – 749.

Kohut, H., Narzissmus, Frankfurt am Main 1973.

Konrad, N., Sexualstraftäter und Sozialtherapeutische Anstalt: Nach der Gesetzesänderung, Eine Stellungsnahme aus der Perspektive der Forensischen Psychiatrie und Psychotherapie, ZfStrVo 1998, S. 265 – 270.

Kraus, C./Berner, W., Die Klassifikation von Sexualstraftätern nach Knight und Prentky, MschrKrim 2000, S. 395 – 406.

Kreß, C., Das Sechste Gesetz zur Reform des Strafrechts, NJW 1998, S. 633 – 644.

Kröber, H.-J., Ansätze zur gezielten Psychotherapie mit Sexualstraftätern, in: Herrfahrdt, R. (Hrsg.), Behandlung von Sexualstraftätern, Hannover 2000.

Kröber, H.-J., Gang und Gesichtspunkte der kriminalprognostischen psychiatrischen Begutachtung, NStZ 1999, S. 593 – 599.

Kröger, U., „No cure, but control“ – Die Behandlung von Sexualdelinquenten in einer forensisch-psychiatrischen Klinik, Z. Sexualforsch. 1997, S. 138 – 146.

Kröninger, S., Sozialtherapie im Strafvollzug 2002 – Ergebnisübersicht zur Stichtagserhebung vom 31.3.2002, Kriminologische Zentralstelle, Wiesbaden 2002.

Krupinski, M./Schöchlin, C./Fischer, A./Nedopil, N., Annäherung an ambulante Therapie bei Straffälligen, in: Kröber, H.-L./Dahle, K.-P. (Hrsg.), Sexualstraftaten und Gewaltdelinquenz: Verlauf – Behandlung – Opferschutz, Heidelberg 1998.

Kudlich, H., Gesetz zur Bekämpfung von Sexualdelikten und anderen gefährlichen Straftaten, JuS 1998, S. 667 – 668.

Kunst, H./Hoyer, J./Borchard, B., Paraphile Sexualstraftäter mit Gewaltdelikten, MschrKrim 1999, S. 268 – 276.

Kury, H., Die Behandlung Straffälliger, Teilband 1: Inhaltliche und methodische Probleme der Behandlungsforschung, Berlin 1986.

Kusch, R., Therapie von Sexualtätern, ZRP 1997, S. 89 – 91.

Lackner, K./Kühl, K., Strafgesetzbuch, 24. Auflage, München 2001.

Lamott, F., Die erzwungene Beichte, Zur Kritik des therapeutischen Strafvollzugs, München 1984.

Langelüddeke, A., Das neue Kastrationsgesetz aus der Sicht des kriminologisch erfahrenen Psychiaters, MschrKrim 1970, S. 289 – 297.

Laubenthal, K., Lexikon der Knastsprache, Von Affenkotelett bis Zweidrittelgeier, Berlin 2001.

Laubenthal, K., Sexualstraftaten, Berlin/Heidelberg/New York 2000.

Laubenthal, K., Strafvollzug, 3. Auflage, Berlin u.a. 2003.

Lautmann, R., Die Lust am Kind, Hamburg 1994.

Lehmann, E., Psychotherapeutische Ergebnisse bei Sexualstraftätern, in: Steller, M./Dahle, K.-P./Basqué, M. (Hrsg.), Straftäterbehandlung, Argumente für eine Revitalisierung in Forschung und Praxis, Pfaffenweiler 1994.

Leygraf, N., Psychiatrische Aspekte der Therapie und Prognose bei Sexualstraftätern, in: de Boor, W./Haffke, B./Lange-Joest, Ch. (Hrsg.), Was tun mit den Sexualstraftätern?, Köln 2000.

Lösel, F., Sprechen Evaluationsergebnisse von Meta-Analysen für einen frischen Wind in der Straftäterbehandlung? In: Egg, R. (Hrsg.), Sozialtherapie in den 90er Jahren, Gegenwärtiger Stand und aktuelle Entwicklung im Justizvollzug, Wiesbaden 1993.

Lösel, F., Meta-analytische Beiträge zur wiederbelebten Diskussion des Behandlungsgedankens, in: Steller, M./Dahle, K.-P./Basqué, M. (Hrsg.), Straftäterbehandlung – Argumente für eine Revitalisierung in Forschung und Praxis, Pfaffenweiler 1994.

Long, J. D./Wuesthoff, A./Pithers, W. D., Use of Autobiographies in the Assessment and Treatment of Sex Offenders, in: Laws, D. R. (ed), Relapse Prevention with Sex Offenders, New York/London 1989.

Lübcke-Westermann, D., Zur Anwendung einer interaktionistischen Psychologie bei der Diagnostik von Sexualstraftätern, MschrKrim 1995, S. 3 – 18.

Lübcke-Westermann, D./Nebe, R., Die Aufnahme von Sexualstraftätern in die Sozialtherapeutische Justizvollzugsanstalt in Kassel – ein Werkstattbericht, MschrKrim 1994, S. 35 – 43.

Maelicke, B., Anmerkungen zur Lage und zu den Perspektiven des Behandlungsvollzuges in Deutschland, ZfStrVo 2002, S. 9 – 15.

Mann, R.E., Kognitiv-behaviorale Therapie von inhaftierten Sexualtätern in England und Wales, in: Deegener, G. (Hrsg.), Sexuelle und körperliche Gewalt – Therapie jugendlicher und erwachsener Täter, Weinheim 1999.

Mauch, G./Bechtel, J., Kastration im Strafvollzug, MschrKrim 1968, S. 200 – 210.

Mauch, G./Mauch, R., Sozialtherapie und die Sozialtherapeutische Anstalt, Erfahrungen in der Behandlung Chronisch-Krimineller: Voraussetzungen, Durchführung und Möglichkeiten, Stuttgart 1971.

Maurach, R./Schroeder, F.-C./Maiwald, M., Strafrecht Besonderer Teil, Teilband 1: Straftaten gegen Persönlichkeits- und Vermögenswerte, 8. Auflage, Heidelberg 1995.

Mergen, A., Die Kriminologie, 3. Auflage, München 1995.

Michel, N., Kuss als sexueller Missbrauch, NStZ 1998, S. 357 – 358.

Morgenthaler, F., Die Stellung der Perversionen in Metapsychologie und Technik, Psyche 1974, S. 1077 – 1098.

Mueller, B., Gerichtliche Medizin – Teil 2, Berlin/Heidelberg/New York 1975.

Nedopil, N., Forensische Psychiatrie: Klinik, Begutachtung und Behandlung zwischen Psychiatrie und Recht, 2. Auflage, Stuttgart/New York 2000.

Nedopil, N., Folgen der Änderung des § 67d II StGB für den Maßregelvollzug und die Begutachtung, MschrKrim 1998, S. 44 – 47.

Nowara, S., Gefährlichkeitsprognosen und deren Fehlerquellen bei Sexualstraftätern, in: Herrfahrdt, R. (Hrsg.), Behandlung von Sexualstraftätern, Hannover 2000.

Nowara, S./Leygraf, N., Therapiemaßnahmen bei Sexualstraftätern, Deutsches Ärzteblatt 1998; 95: A-88-90.

Nuhn-Naber, C./Rehder, U./Wischka, B., Behandlung von Sexualstraftätern mit kognitiv-behavioralen Methoden: Möglichkeiten und Grenzen, MschrKrim 2002, S. 271 – 281.

Ortmann, R., Sozialtherapie im Strafvollzug, Freiburg i. Br. 2002.

Ostendorf, H., Zur Forderung nach einem neuen Pornographiebegriff oder zum verantwortlichen Umgang mit Pornographie im Fernsehen, MschrKrim 2001, S. 372 – 385.

Otto, H., Die Neufassung der §§ 177 – 179 StGB, Jura 1998, S. 210 – 215.

Pecher, W., Tiefenpsychologisch orientierte Psychotherapie im Justizvollzug: Eine empirische Untersuchung der Erfahrungen und Einschätzungen von Psychotherapeuten in deutschen Gefängnissen, Pfaffenweiler 1999.

Pfäfflin, F., Transsexualität, Stuttgart 1993.

Pfäfflin, F., Angst und Lust, Zur Diskussion über gefährliche Sexualtäter, R & P 1997, S. 59 – 67.

Pfäfflin, F., Vorurteilsstruktur und Ideologie psychiatrischer Gutachten über Sexualstraftäter, Stuttgart 1978.

Pfäfflin, F., Prinzipien der therapeutischen Behandlung von Sexualstraftätern, in: Wodtke-Werner, V./Mähne, U. (Hrsg.), „Nicht wegschauen!“ Vom Umgang mit Sexual(straf)tätern, Baden-Baden 1999.

Pfäfflin, F./Roß, T./Sammet, N./Weber, M., Psychotherapie mit Straftätern, in: Kröber, H.-L./Dahle, K.-P. (Hrsg.), Sexualstraftaten und Gewaltdelinquenz: Verlauf – Behandlung – Opferschutz, Heidelberg 1998.

Polizeiliche Kriminalstatistik, Bundeskriminalamt (Hrsg.), Wiesbaden: Bundeskriminalamt.

Prentky, R.A./Lee, A.F.S./Knight, R.A./Cerce, D., Recidivism Rates Among Child Molesters and Rapists: A Methodological Analysis, Law and Human Behavior 1997, S. 635 – 659.

Prentky, R.A./Cohen, M./Seghorn, T., Development of a Rational Taxonomy for the Classification of Rapists: The Massachusetts Treatment Center System, Bulletin of the American Academy of Psychiatry & the Law, 13, 1985, S. 39 – 70.

Preusker, H./Rosemeier, D., Umfang und Grenzen der Schweigepflicht von Psychotherapeuten im Justizvollzug nach dem 4. Gesetz zur Änderung des Strafvollzugsgesetzes, ZfStrVo 1998, S. 323 – 328.

Rauch, E./Riedel-Reidemeister, W./Spann, W./Eisenmenger, W., Sexualdelikte 1987 – 1996, Kriminalistik 2002, S. 96 – 101.

Raupp, U./Eggers, Ch., Sexueller Missbrauch von Kindern: Eine regionale Studie über Prävalenz und Charakteristik, Monatsschr Kinderheilkd 1993, S. 316 – 322.

Rehder, U., Klassifizierung inhaftierter Sexualstraftäter, MschrKrim 1996, S. 291 – 304 und S. 373 – 385.

Rehder, U., Sexuell abweichendes Verhalten – Klassifikation, Ursachen und Behandlung – in: Egg, R. (Hrsg.), Sozialtherapie in den 90er Jahren, Gegenwärtiger Stand und aktuelle Entwicklung im Justizvollzug, Wiesbaden 1993.

Rehder, U., RRS, Rückfallrisiko bei Sexualstraftätern: Verfahren zur Bestimmung von Rückfallgefahr und Behandlungsnotwendigkeit, Lingen 2001.

Rehn, G., Folgerungen aus der Änderung des § 9 StVollzG, in: Egg, R. (Hrsg.), Behandlung von Sexualstraftätern im Justizvollzug – Folgerungen aus den Gesetzesänderungen, Wiesbaden 2000.

Rehn, G., Entscheidungen, Regeln, Anstaltsorganisation: Einige Überlegungen zur Vermeidung schädlicher Routine im sozialtherapeutischen Vollzug, in: Egg, R. (Hrsg.), Sozialtherapie in den 90er Jahren, Gegenwärtiger Stand und aktuelle Entwicklung im Justizvollzug, Wiesbaden 1993.

Reiche, R., Psychoanalytische Therapie sexueller Störungen, in: Sigusch, V. (Hrsg.), Sexuelle Störungen und ihre Behandlung, 3. Auflage, Stuttgart/New York 2001.

Rogers, C. R., Die nicht-direktive Beratung, 10. Auflage, Frankfurt am Main 2001.

Rosenau, H., Tendenzen und Gründe der Reform des Sexualstrafrechts, StV 1999, S. 388 – 398.

Rösch, T., Schweigepflicht – Offenbarungspflicht der Ärzte, Psychologen und Sozialarbeiter im Strafvollzug in: Herrfahrdt, R. (Hrsg.), Behandlung von Sexualstraftätern, Hannover 2000.

Rötelmann, R., Die Intimsphäre in öffentlichen Anlagen, MDR 1964, S. 207 – 208.

Rotthaus, K. P., Neue Aufgaben für den Strafvollzug bei der Bekämpfung von Sexualdelikten und anderen gefährlichen Straftaten, NStZ 1998, S. 597 – 600.

Rudolphi, H.-J./Horn, E./Günther, H.-L./Samson, E./Hoyer, A./Wolters,G. (Hrsg.), Systematischer Kommentar zum Strafgesetzbuch, Band II, Besonderer Teil (§§ 80 – 358) 6. Auflage, Neuwied 1998 (zit.: SK-Bearbeiter).

Rüther, W., Internationale Erfahrungen bei der Behandlung von Sexualstraftätern, MschrKrim 1998, S. 246 – 262.

Saß, H./Wittchen, H.-U./Zaudig, M., Diagnostisches und Statistisches Manual Psychischer Störungen, DSM IV, Übersetzt nach der vierten Auflage des Diagnostic and Statistical Manual of Mental Disorders der American Psychiatric Association, Göttingen/Bern/Toronto/Seattle 1996.

Schall, H./Schreibauer, M., Prognose und Rückfall bei Sexualstraftätern, NJW 1997, S.
2412 – 2420.

Schmidt, G., Drang und Lust, in: Kentler, H. (Hrsg.), Sexualwesen Mensch, München/Zürich 1988.

Schmidt, P., Behandlung von Sexualstraftätern im Berliner Justizvollzug – Folgerungen aus den Gesetzesänderungen, in: Egg, R. (Hrsg.), Behandlung von Sexualstraftätern im Justizvollzug – Folgerungen aus den Gesetzesänderungen, Wiesbaden 2000.

Schneider, H.J., Kriminologie, Berlin/New York 1987.

Schneider, H.J., Kriminologie der Sexualdelikte – Teil 1, Kriminalistik 1999, S. 233 – 238.

Schneider, H.J., Kriminologie der Sexualdelikte – Teil 2, Kriminalistik 1999, S. 297 – 302.

Schneider, H.J., Rückfallprognose bei Sexualstraftätern, MschrKrim 2002, S. 251 – 270.

Schneider, H.J., Die Verbesserung des Schutzes der Gesellschaft vor gefährlichen Sexualstraftätern, JZ 1998, S. 436 – 445.

Schneider, H.J., Die Behandlung von Sexualstraftätern im Strafvollzug, in: Festschrift für Böhm, Berlin/New York 1999, S. 419 – 451.

Schöch, H., Das Gesetz zur Bekämpfung von Sexualdelikten und anderen gefährlichen Straftaten vom 26.1.1998, NJW 1998, S. 1257 – 1262.

Schöch, H., Zur Offenbarungspflicht der Therapeuten im Justizvollzug gemäß § 182 II StVollzG, in: Egg, R. (Hrsg.), Behandlung von Sexualstraftätern im Strafvollzug – Folgerungen aus den Gesetzesänderungen, Wiesbaden 2000.

Schönke, A./Schröder, H., Strafgesetzbuch, 26. Auflage, München 2001 (zit.: Schönke/Schröder-Bearbeiter).

Scholz, B., Psychotherapieforschung als Qualitätssicherung bei der Behandlung von Sexualstraftätern, R & P 1998, S. 177 – 184.

Schorsch, E./Galedary, G./Haag, A./Hauch, M./Lohse, H., Perversion als Straftat, Berlin/Heidelberg/New York/Tokio 1985.

Schorsch, E., Sexualstraftäter, Stuttgart 1971.

Schorsch, E., Sexuelle Perversionen: Ideologie, Klinik, Kritik, in: Sigusch, V. (Hrsg.), Therapie sexueller Störungen, 2. Auflage, Stuttgart 1980.

Schorsch, E./Becker, N., Die psychoanalytische Theorie sexueller Perversionen, in: Sigusch, V. (Hrsg.), Therapie sexueller Störungen, 2. Auflage, Stuttgart 1980.

Schott, T., Subkultur im Mauerschatten, Die Justizvollzugsanstalt als Stätte konzentrierten kriminellen Milieus, Kriminalistik 2001, S. 629 – 637.

Schriever, W., Behandlungsvollzug – Anforderungen und Herausforderungen, ZfStrVo 2001, S. 329 – 332.

Schroeder, F.-C., Das neue Sexualstrafrecht, Entstehung – Analyse – Kritik, Karlsruhe 1975.

Schulz, G., Die Notzucht, Täter – Opfer – Situationen, Hamburg 1958.

Schüler-Springorum, H., Erläuterungen zum Gesetz zur Bekämpfung von Sexualdelikten und anderen gefährlichen Straftaten vom 26.1.1998, in: Herrfahrdt, R. (Hrsg.), Behandlung von Sexualstraftätern, Hannover 2000.

Schwind, H.-D./Böhm, A. (Hrsg.), Strafvollzugsgesetz, 3. Auflage, Berlin/New York 1999 (zit.: S/B-Bearbeiter).

Seelig, E., Schuld/Lüge/Sexualität, Festausgabe ausgewählter Schriften zum 60. Geburtstag des Verfassers, Stuttgart 1955.

Seifert, D./Leygraf, N./Dönisch-Seidel, U., Kasuistik: Transsexualität und Delinquenz, R & P 1994, S. 162 – 166.

Sigusch, V., Organotherapien bei sexuellen Perversionen und sexueller Delinquenz, in: Sigusch, V. (Hrsg.), Sexuelle Störungen und ihre Behandlung, 3. Auflage, Stuttgart/New York 2001.

Sigusch, V., Somatische Behandlungsversuche bei sexuellen Perversionen und sexueller Delinquenz, in: Schorsch, E. (Hrsg.), Sexuelle Perversionen: Ideologie, Klinik, Kritik, 2. Auflage, Stuttgart 1980.

Sörgel, R., Sozialtherapie – Die Möglichkeiten nach dem Strafvollzugsgesetz, Dissertation, Bayreuth 1989.

Sparing, F., Zwangskastrationen im Nationalsozialismus – Das Beispiel der Kriminalbiologischen Sammelstelle Köln, in: Juristische Zeitgeschichte Nordrhein-Westfalen, Band 6, Kriminalbiologie, 1997.

Specht, F., Entwicklung und Zukunft der Sozialtherapeutischen Anstalten im Justizvollzug der Bundesrepublik Deutschland, in: Egg, R. (Hrsg.), Sozialtherapie in den 90er Jahren, Gegenwärtiger Stand und aktuelle Entwicklung im Justizvollzug, Wiesbaden 1993.

Specht, F., Arbeitskreis Sozialtherapeutische Anstalten im Justizvollzug, in: Egg, R. (Hrsg.), Behandlung von Sexualstraftätern im Justizvollzug – Folgerungen aus den Gesetzesänderungen, Wiesbaden 2000.

Steller, M., Behandlung und Behandlungsforschung, in: Steller, M./Dahle, K.-P./Basqué, M. (Hrsg.), Straftäterbehandlung, Argumente für eine Revitalisierung in Forschung und Praxis, Pfaffenweiler 1994.

Stock, S., Behandlungsuntersuchung und Vollzugsplan, Zum Instrumentarium einer an der Rückfallverhinderung orientierten Ausgestaltung des Strafvollzuges in der Bundesrepublik Deutschland, Egelsbach/Köln/New York 1993.

Stoller, R.J., Perversion, Die erotische Form von Hass, Gießen 1998.

Streng, F., Von der „Kriminalbiologie“ zur „Biokriminologie“? – Eine Verlaufsanalyse bundesdeutscher Kriminologie-Entwicklung, in: Juristische Zeitgeschichte Nordrhein-Westfalen, Band 6, Kriminalbiologie, 1997.

Streng, F., Von der „Kriminalbiologie“ zur „Biokriminologie“? – Eine Verlaufsanalyse bundesdeutscher Kriminologie-Entwicklung, in: Juristische Zeitgeschichte Nordrhein-Westfalen, Band 6, Kriminalbiologie, 1997.

Sturm, R., Die Änderungen des Besonderen Teils des StGB zum 1. September 1969, NJW 1969, S. 1606 – 1611.

Teubner, U./Becker, I./Steinhage, R., Untersuchung „Vergewaltigung als soziales Problem – Notruf und Beratung für vergewaltigte Frauen", Band 141, Schriftenreihe des Bundesministeriums für Jugend, Familie und Gesundheit, Stuttgart 1983.

Theune, W., Die Beurteilung der schweren anderen seelischen Abartigkeit in der Rechtsprechung und ihre Vereinbarkeit mit dem Schuldprinzip, ZStW 2002, S. 300 – 318.

Thorwart, J., Juristische und ethische Grenzen der Offenbarung von Geheimnissen: Anmerkungen zur aktuellen Gesetzgebung und zu juristischen sowie beziehungsdynamischen Aspekten der innerinstitutionellen Schweigepflicht, R & P 1999, S. 10 – 16.

Tröndle, H./Fischer, T., Strafgesetzbuch, 51. Auflage, München 2003.

Ullenbruch, T., Verschärfung der Sicherungsverwahrung auch rückwirkend – populär, aber verfassungswidrig?, NStZ 1998, S. 326 – 330.

Väth, M., Zur Wirksamkeit der Behandlung von Sexualstraftätern, Diplomarbeit, Institut für Psychologie der Friedrich-Alexander-Universität Erlangen-Nürnberg, 2000.

Volckart, B., Schweigen und Offenbaren der Therapeuten im Strafvollzug gesetzlich geregelt, R & P 1998, S. 192 – 194.

Volk, P., Opfer, Tat und Täter bei der Vergewaltigung, in: Rotthaus, W. (Hrsg.), Sexuell deviantes Verhalten Jugendlicher, Dortmund 1991.

Walter, M., Strafvollzug, 2. Auflage, Stuttgart u.a. 1999.

Weis, K., Die Vergewaltigung und ihre Opfer: Eine viktimologische Untersuchung zur gesellschaftlichen Bewertung und individuellen Betroffenheit, Stuttgart 1982.

Welker, B.-W., Der Einsatz sozialtherapeutischer Methoden im Strafvollzug, Konzeption für eine Sozialtherapeutische Abteilung innerhalb des allgemeinen Regelvollzuges an einer bundesdeutschen Justizvollzugsanstalt, Regensburg 1993.

Wetzels, P., Gewalterfahrungen in der Kindheit: Sexueller Missbrauch, körperliche Misshandlung und deren langfristige Konsequenzen, Baden-Baden 1997.

Wiederholt, I.C., Sexualität: Normale, deviante (perverse), kriminelle, in: Eicher, W. (Hrsg.), Sexualmedizin in der Praxis, Stuttgart/New York 1980.

Wiederholt, I.C., Psychiatrisches Behandlungsprogramm für Sexualstraftäter in der Justizvollzugsanstalt München, ZfStrVo 1989, S. 231 – 237.

Wieczorek, A., Ein Beitrag zur Entmythologisierung des sogenannten Sexualtriebs oder: Was ist beim Sexualtäter eigentlich zu behandeln?, ZfStVo 1997, S. 160 – 165.

Wille, R., Forensische Sexualmedizin, in: Forster, B. (Hrsg.), Praxis der Rechtsmedizin für Mediziner und Juristen, Stuttgart/New York/München 1986.

Wischka, B., Möglichkeiten der Behandlung von Sexualstraftätern im niedersächsischen Justizvollzug, in: Egg, R. (Hrsg.), Behandlung von Sexualstraftätern im Justizvollzug – Folgerungen aus den Gesetzesänderungen, Wiesbaden 2000.

Wößner, G., Behandlung, Behandelbarkeit und Typisierung von Sexualstraftätern – Ergebnisse einer bundesweiten Expertenbefragung, Freiburg im Breisgau 2002.

Wulf, R./Goderbauer, R., Therapie von Sexualstraftätern im baden-württembergischen Justizvollzug – Konzeption, Erfahrungen und Perspektiven, in: Wodtke-Werner, V./Mähne, U. (Hrsg.), „Nicht wegschauen!“ Vom Umgang mit Sexual(straf)tätern, Baden-Baden 1999.

1. Teil: Einleitung

Vor dem Hintergrund des zu Beginn des Jahres 1998 in Kraft getretenen Gesetzes zur Bekämpfung von Sexualdelikten und anderen gefährlichen Straftaten kommt der Frage nach dem Umgang mit Sexualstraftätern im Justizvollzug eine große Bedeutung zu. Danach muss jeder Sexualstraftäter ab dem 01.01.2003 in eine sozialtherapeutische Anstalt verlegt werden, wenn er eine Straftat nach den §§ 174 bis 180 oder 182 des Strafgesetzbuchs begangen hat und zu einer Freiheitsstrafe von mehr als zwei Jahren verurteilt worden ist und die Behandlung nach den §§ 6 Abs. 2 S. 2 oder 7 Abs. 4 StVollzG angezeigt ist.

Die Verlegung ist nur für die Täter zwingend, bei denen sich im Rahmen der Behandlungsuntersuchung nach § 6 StVollzG eine Behandelbarkeit feststellen lässt, d.h. nicht jeder Sexualstraftäter mit einer Verurteilung zu einer Freiheitsstrafe von mehr als zwei Jahren wird automatisch in eine sozialtherapeutische Anstalt eingewiesen.

Obwohl die Medienberichterstattung im Vergleich zu den letzten Jahren – monatelang gab es Berichte über spektakuläre Sexualmorde an Kindern in der Tagespresse – wieder abgenommen hat, wird dem Umgang mit Sexualstraftätern von der Öffentlichkeit weiterhin große Aufmerksamkeit zuteil. Die in letzter Zeit bekannt gewordenen Fälle von sexuellem Kindesmissbrauch durch Priester der katholischen Kirche und der Fall der 16jährigen Jennifer H. aus Neumünster haben die Diskussion über Sexualstraftäter neu entfacht.

Begeht ein entlassener Sexualstraftäter ein erneutes Sexualdelikt, mehren sich die Stimmen, die eine Verschärfung der Strafsanktionen fordern. Nicht selten wird die Forderung nach einer lebenslangen Inhaftierung laut.

Die Notwendigkeit, Sexualstraftäter differenziert zu betrachten, wird nicht wahrgenommen. Es gibt tatsächlich Täter, denen mit keiner Therapie geholfen werden kann und die zeit ihres Lebens zum Schutz der Bevölkerung in der Sicherungsverwahrung untergebracht werden müssen. Dies aber generell für jeden Sexualstraftäter zu fordern, führt eindeutig zu weit. Unerlässlich ist es, jeden Täter individuell zu begutachten, um denen, die therapiefähig sind, die richtige Behandlung zukommen zu lassen, und diejenigen, die sich auch nach mehreren Versuchen als ungeeignet für eine Therapie zeigen, von dieser auszuschließen und andere Maßnahmen zu ergreifen.

Eine absolute Sicherheit im Hinblick auf einen Rückfall wird es und kann es nicht geben. Zu viele Umstände spielen nach der Haftentlassung eine Rolle. Dem Justizvollzug stellt sich die Aufgabe, die größtmöglichen Anstrengungen zu unternehmen, wirksame Behandlungskonzepte einzusetzen, um die Rückfallquote so gering wie möglich zu halten.

Dass es nicht ausreicht, wirksame Behandlungskonzepte in der Theorie zu entwickeln, sie aber in der Praxis nicht auf Täter, die für eine Therapie in Betracht kommen, anzuwenden, soll folgendes Beispiel verdeutlichen. Werden Täter, die dringend eine Therapie benötigen, dieser nicht oder erst in einem fortgeschrittenen Stadium der Haft zugeführt, darf sich anschließend niemand wundern, wenn es zu einem Rückfall des Täters kommt.

Am 17. Dezember 1997 wurde der Mörder der 13jährigen Natalie A. wegen Mordes in Tateinheit mit Freiheitsberaubung, sexuellen Missbrauchs von Kindern und sexueller Nötigung zu lebenslanger Freiheitsstrafe verurteilt. Das Gericht stellte nach § 57a StGB die besondere Schwere der Schuld fest. Die Tat, die zu der Verurteilung geführt hat, hatte der Täter während einer Bewährungszeit begangen.
Der Verurteilte wurde bereits im Juli 1992 wegen des Verdachts mehrerer Taten des sexuellen Kindesmissbrauchs in Untersuchungshaft genommen. Der von der Staatsanwaltschaft beauftragte Gutachter untersuchte den Angeklagten im April 1993 an drei Tagen und kam in seinem Gutachten, das er im Juni 1993 (und damit fast ein Jahr nach der Festnahme) vorstellte, zu dem Ergebnis, dass bei dem Angeklagten die Voraussetzungen für eine Schuldunfähigkeit oder eine verminderte Schuldunfähigkeit nicht vorlägen.[1] Am 20. September 1993 wurde der Angeklagte nach einem Geständnis vom Landgericht M. wegen sexuellen Missbrauchs von Kindern in zwei Fällen und sexueller Nötigung in drei Fällen zu einer Gesamtfreiheitsstrafe von vier Jahren und sechs Monaten verurteilt.[2] Im Urteil wurde nicht näher auf eine Behandlungsbedürftigkeit des Täters eingegangen.
Im Oktober 1993 wurde der Verurteilte in die JVA L. eingewiesen und seine Führung in der Anstalt anschließend als tadellos beschrieben. Im November 1993 (ein Jahr und drei Monate nach der Festnahme) wurde der Inhaftierte von einem niedergelassenen Arzt der Psychiatrie und Psychotherapie auf Initiative des Anstaltsarztes der JVA L. hin auf seine Behandlungsbedürftigkeit untersucht. Der Arzt stellte fest, dass eine Verhaltenstherapie indiziert sei.
Eine Diplompsychologin der sozialtherapeutischen Abteilung der JVA M. erteilte am 23. Juni 1994 (fast zwei Jahre nach der Festnahme) die Erlaubnis zu einer probeweisen Aufnahme in die dortige Abteilung, allerdings unter der Vorausset-

[1] Boetticher, Kann die Strafjustiz die erhöhten Anforderungen des „Gesetzes zur Bekämpfung von Sexualdelikten und anderen gefährlichen Straftaten erfüllen? in: Egg (Hrsg.), Behandlung von Sexualstraftätern im Justizvollzug, S. 48.

[2] http://www.berlinonline.de/wissen/berliner-zeitung/.bin/dump.fcgi/1997/1202/vermischtes/0046/; http://www.rhein-zeitung.de/on/97/12/17/topnews/naturt.html.

zung einer zweijährigen Therapie.[3] Zu diesem Zeitpunkt stand der Angeklagte ein Jahr vor dem ⅔-Zeitpunkt. Womöglich aus diesem Grund kam es nie zu einer Verlegung in die sozialtherapeutische Abteilung der JVA M.
Am 7. Oktober 1994 (zwei Jahre und drei Monate nach der Festnahme) begann der Inhaftierte eine Verhaltenstherapie bei einem niedergelassenen Arzt in L. Die Behandlung sollte mehrere Einzelsitzungen über 50 Minuten beinhalten. Ab der dritten Behandlung kam der Verurteilte als Freigänger in die Praxis. In der Folgezeit fanden zehn Einzelsitzungen im Abstand von jeweils zwei bis vier Wochen statt. Aufgrund eines Beschlusses der Strafvollstreckungskammer des Landgerichts A. vom 3. Juli 1995 wurde der Inhaftierte nach Verbüßung von drei Jahren Freiheitsstrafe zur Bewährung entlassen. Eine schriftliche Stellungnahme zum Therapiefortschritt wurde vom Therapeuten nicht gefordert.[4]
Bis April 1996 absolvierte der Verurteilte weitere zehn Therapiestunden. Wegen des Umzugs in eine andere Stadt am 27. März 1997 schlug die Bewährungshelferin vor, sich einen neuen Therapeuten zu suchen. Für den 30. September 1996 wurde ein erster Termin bei einem neuen Therapeuten vereinbart. Am 20. September entführte der Entlassene in seinem PKW die 13jährige Natalie A., beging im Fahrzeug sexuelle Manipulationen an ihr und warf sie anschließend in den Fluss Lech, wo sie ertrank.[5]

Dieses Beispiel zeigt deutlich, dass eine Behandlung von Sexualstraftätern nur erfolgreich sein kann, wenn sie auch tatsächlich durchgeführt wird. In oben beschriebenem Fall wurden mehrere Fehler begangen: Sachverständigengutachten über den Täter wurden zu spät oder zu oberflächlich erstellt, genaue Diagnosen über Art und Ausmaß der vorliegenden Störungen fehlten, das Gericht stufte den Täter erst beim zweiten Delikt als gefährlichen Sexualstraftäter ein, zu einer Verlegung in eine sozialtherapeutische Anstalt kam es nicht und eine genaue Aufstellung der Biographie des Täters mit familiärem und sozialem Umfeld wurde nicht erstellt.
Diese Fehler wären durch verbesserte Verfahrensabläufe und genauere Koordinierung der Aufgaben von Justiz und Strafvollzug sicherlich vermeidbar gewesen. Die an der Behandlung von Sexualstraftätern beteiligten Personen müssen

---

[3] Boetticher, Kann die Strafjustiz die erhöhten Anforderungen des „Gesetzes zur Bekämpfung von Sexualdelikten und anderen gefährlichen Straftaten" erfüllen? in: Egg (Hrsg.), Behandlung von Sexualstraftätern im Justizvollzug, S. 49.

[4] Boetticher, Kann die Strafjustiz die erhöhten Anforderungen des „Gesetzes zur Bekämpfung von Sexualdelikten und anderen gefährlichen Straftaten" erfüllen? in: Egg (Hrsg.), Behandlung von Sexualstraftätern im Justizvollzug, S. 49.

[5] http://www.berlinonline.de/wisen/berliner-zeitung/.bin/dump.fcgi/1997/1202/vermischtes/0046/.

sich ihrer Verantwortung bewusst sein und die Folgen ihres Handelns bzw. Nichthandelns sorgfältig überdenken.
Dass Rückfalltaten von entlassenen Straftätern keine Seltenheit sind, zeigt der im Jahr 2002 stattgefundene Fall der missbrauchten und getöteten Jennifer H. in Neumünster. Der der Tat dringend verdächtige siebenunddreißigjährige Täter hatte bereits mehrjährige Haftstrafen wegen verschiedener sexueller Gewalttaten verbüßt und war erst im Sommer 2002 aus dem Gefängnis entlassen worden.
Kurz nach Bekanntwerden der Tat wurden Stimmen nach einer Verschärfung der Vorschriften über die Sicherungsverwahrung laut. Im Rahmen eines Justizministertreffens am 9./10. Oktober 2002 in Heidelberg verständigten sich die Justizministerinnen und Justizminister der neun Bundesländer Baden-Württemberg, Bayern, Brandenburg, Hamburg, Hessen, Saarland, Sachsen, Sachsen-Anhalt und Thüringen auf Gesetzesinitiativen im Bundesrat. Der Schutz der Bevölkerung vor Sexualstraftätern soll durch eine erneute Verschärfung des Sexualstrafrechts verbessert werden, indem beispielsweise die Sicherungsverwahrung bei besonders rückfallgefährdeten Gefangenen auch unmittelbar vor Entlassung aus dem Strafvollzug angeordnet werden kann. Durch eine bundesweite Reform der Sicherungsverwahrung soll nicht nur die im Strafverfahren festgestellte Gefährlichkeit zur Unterbringung führen können, sondern auch die sich erst während des Strafvollzugs ergebende Rückfallgefahr. Gerichte sollen Sicherungsverwahrung auch dann verhängen können, wenn sie sich das im Urteil nicht ausdrücklich vorbehalten haben. Geplant ist, die nachträgliche Sicherungsverwahrung auch für Heranwachsende, soweit sie nach Erwachsenenstrafrecht verurteilt werden, und für besonders gewalttätige Ersttäter einzuführen. Einen besseren Schutz vor Sexualstraftätern versucht man daneben durch eine intensivere Strafverfolgung zu gewährleisten. Der Einsatz der DNA-Datei des Bundeskriminalamts soll auf alle Straftaten mit sexuellem Hintergrund erweitert werden. Nach Auffassung zahlreicher Konferenzteilnehmer ließen sich durch die genetische Erfassung aller rückfallgefährdeter Sexualstraftäter Delikte in Zukunft schneller und effektiver aufklären. Registrierte Sexualstraftäter würden aufgrund des nahezu hundertprozentigen Entdeckungsrisikos von der Begehung weiterer Straftaten abgehalten.
Der Deutsche Richterbund sieht daneben Sicherheitslücken bei der Haftentlassung von Rückfalltätern. Das Instrument der Führungsaufsicht sei kein erfolgreiches Konzept zur Vermeidung von Rückfalltaten, weil sie die Entlassung selbst nicht verhindern könnte. Gegen eine Verschärfung der Vorschriften über die Sicherungsverwahrung wird angeführt, sie sei verfassungswidrig, weil gegen das Verbot der Doppelbestrafung verstoßen werde.
Die folgende Arbeit beschäftigt sich mit der Behandlung von Sexualstraftätern im Justizvollzug.

Ausgangspunkt ist zunächst die Frage nach den Ursachen für Sexualkriminalität. „Den Sexualstraftäter an sich" gibt es nicht. Die Gründe, die zur Begehung eines Sexualdelikts führen können, sind zahlreich und vielschichtig.
Anschließend werden die Änderungen, die sich durch das 33. Strafrechtsänderungsgesetz und das Gesetz zur Bekämpfung von Sexualdelikten und anderen gefährlichen Straftaten im Einzelnen ergeben haben, dargestellt.
Anhand einer Differentialtypologie für die unterschiedlichen Deliktsgruppen soll eine Ausgangssituation geschaffen werden, die eine grobe Unterteilung der Täter zulässt und die erste Anhaltspunkte für das therapeutische Vorgehen liefert. Eine effektive Behandlung ist generell auf eine Therapiezuordnung zurückzuführen, die auf differentialdiagnostischen Aussagen beruht. Anschließend wird auf die Behandlungssituation im Strafvollzug und in den sozialtherapeutischen Anstalten und Abteilungen eingegangen und die unterschiedlichsten Behandlungskonzepte werden vorgestellt.

2. Teil: Sexuelle Störungen und Sexualdelinquenz

A. Sexuelle Störungen

I. Begriffsbestimmungen

Im Zusammenhang mit dem Begriff „Sexualstraftäter“ bzw. „Sexualstraftaten“ tauchen in der Literatur unterschiedliche Begrifflichkeiten auf, die der näheren Erläuterung bedürfen. Es gibt eine Vielzahl von Begriffen, die zur Bezeichnung sexueller Übergriffe oder zur Beschreibung sexuell abweichenden Verhaltens – das im Ergebnis zur Begehung einer Sexualstraftat führen kann – verwendet werden.

1. Dissexualität

Ganz unabhängig von einer juristischen Bewertung stellen sich sexuelle Übergriffe aus therapeutischer Sicht als Ausdruck einer gestörten sozialen Beziehung zu Sexualität dar. Zur Kennzeichnung dieser soziodynamischen Dimension von sexuellen Übergriffen wird der Begriff „Dissexualität“ verwendet. Dissexualität ist demnach ein sich im Sexuellen ausdrückendes Sozialversagen, das als Verfehlen der zeit- und soziokulturell bedingten durchschnittlich erwartbaren Partnerinteressen verstanden wird.[6] Dissexualität bezeichnet gerade diejenigen Handlungen, welche im Wege des sexuellen Übergriffs auf einen anderen Menschen dessen Integrität und Individualität direkt betreffen. Sie beschreibt Handlungen, für die keine Zustimmung des Betroffenen vom Täter vorausgesetzt werden kann, weshalb sie ein Verfehlen der kollektiven Partnererwartungen verdeutlichen.[7]

2. Dissozialität

Eng verwandt mit dem Begriff der Dissexualität ist der Begriff „Dissozialiät“. Unter Dissozialität ist ein fortgesetztes und allgemeines Sozialversagen zu verstehen.[8] Die zeitlich und soziokulturell bedingten und damit veränderlichen durchschnittlich erwartbaren Partnerinteressen werden verfehlt.[9] Die meisten Dissozialen weisen eine geringe Frustrationstoleranz und mangelndes Durchhal-

---

6 Beier/Bosinski/Hartmann/Loewit, Sexualmedizin, S. 337.

7 Beier, Verlaufsformen bei Dissexualität, in: Kröber/Dahle (Hrsg.), Sexualstraftaten und Gewaltdelinquenz, S. 73.

8 Beier, Verlaufsformen bei Dissexualität, in: Kröber/Dahle (Hrsg.), Sexualstraftaten und Gewaltdelinquenz, S. 72.

9 Beier/Bosinski/Hartmann/Loewit, Sexualmedizin, S. 337.

tevermögen auf.[10] Auffällig ist die Umdeutung der Realität, die sich dahingehend zeigt, dass sich der Dissoziale in Konfliktsituationen häufig als Reagierender begreift und nicht als Agierender, der eine bestimmte Situation ausgelöst hat.[11] Dissexualität und Dissozialität können sich überschneiden, wenn dissexuelle Verhaltensweisen Teil der Dissozialität sind.

3. Devianz

Der Devianzbegriff – als Synonym wird auch der Begriff „Deviation“ verwandt – ist auf eine äußere Beschreibung des Verhaltens gerichtet und umfasst – bezogen auf durchschnittlich erwartbare Partnerinteressen – sexuell abweichendes Verhalten, das nicht unbedingt Sozialversagen ist, z.B. beim Vorliegen eines Einverständnisses des Partners. Unter sexuelle Devianz sind alle beobachtbaren Formen abweichenden Sexualverhaltens zu subsumieren, unabhängig von ihrer Häufigkeit oder der Vorliebe für eine bestimmte sexuelle Verhaltensweise.[12] Nach *Wille* sind sexuelle Deviationen keine biologisch-genetischen Degenerationserscheinungen, sondern quantitative Abweichungen „normaler“ Vorstellungen und auch recht häufiger Verhaltensweisen.[13]

4. Paraphilie

Paraphilie ist ein alter Begriff aus der Anfangsphase der Sexualwissenschaft und wird im DSM-IV[14] als Oberbegriff für sexuelle Abweichungen verwendet. Bei einer Paraphilie handelt es sich um eine chronische Vorliebe für eine bestimmte sexuelle Praktik, die nicht der Fortpflanzung dient und die sowohl in der Phantasie als auch durch sexuelle Betätigung ausgelebt wird.[15] Bei einer Paraphilie ist die Erregung von spezifischen Stimuli oder Verhaltensweisen abhängig.[16] Unter Paraphilien fallen wiederkehrende intensive sexuell erregende Phantasien, sexuell dranghafte Bedürfnisse oder Verhaltensweisen, die sich auf

10 Pecher, Tiefenpsychologisch orientierte Psychotherapie im Justizvollzug, S. 19.
11 Kempe, ZfStrVo 1997, S. 332.
12 Nedopil, Forensische Psychiatrie, S. 163.
13 Wille, Forensische Sexualmedizin, in: Forster (Hrsg.), Praxis der Rechtsmedizin für Mediziner und Juristen, S. 557.
14 Saß/Wittchen/Zaudig, Diagnostisches und Statistisches Manual Psychischer Störungen, DSM-IV (übersetzt nach der vierten Auflage des Diagnostic and Statistical Manual of Mental Disorders der American Psychiatric Association), S. 31 ff.
15 Nedopil, Forensische Psychiatrie, S. 163.
16 Hoyndorf, Behandlung sexueller Störungen, S. 111.

- nichtmenschliche Objekte (Fetischismus),
- das Leiden oder die Demütigung seines Partners oder seiner selbst (Masochismus, Sadismus) oder
- Kinder (Pädophilie) oder nicht einwilligende oder einwilligungsfähige Personen

beziehen.[17]
Nicht alle Paraphilien sind mit einem Sozialversagen verbunden, allerdings ist bei tatsächlich dissexuellen Paraphilien das Ausmaß der sozialen, partnerbezogenen Dysfunktionalität unbestimmt.[18] Phantasien und Impulse fallen dann unter Paraphilie, wenn unübliche sexuelle Handlungsmuster soviel Raum greifen, dass die betroffene Person entsprechend handelt oder unter ihnen leidet. Nach *Beier/Bosinski/Hartmann/Loewit* sind drei Aspekte im Zusammenhang mit dem Vorliegen einer Paraphilie von Bedeutung:

- *Im Hinblick auf die Intensität der Symptomatik:*
  • einmaliges oder sporadisches Auftauchen eines paraphilen Impulses, der an eine aktuelle Konfliktsituation geknüpft ist.
  • wiederkehrendes habituelles Konfliktlösungsmuster, das in Krisensituationen aktuell werden kann, ohne dass davon die sexuellen Wünsche bestimmt werden.
  • vorherrschende stabile Orientierung, die die sexuellen Wünsche und Phantasien bestimmt.

- *Im Hinblick auf den Stellenwert in der psychischen Organisation des Betroffenen:*
  • die Paraphilie ist durch feste Ritualisierung gekennzeichnet.
  • die Paraphilie erstreckt sich diffus über weite Teile der Persönlichkeit.
  • die Paraphilie umfasst die gesamte Persönlichkeit; ein Leben ist ohne die paraphile Symptomatik für den Betroffenen nicht mehr vorstellbar.

- *Im Hinblick auf die unterschiedliche Ich-Nähe der Symptomatik:*
  • Ich-nah (die Symptome werden akzeptiert und ins Selbstkonzept integriert).

---

17 Beier, Verlaufsformen bei Dissexualität, in: Kröber/Dahle (Hrsg.), Sexualstraftaten und Gewaltdelinquenz, S. 72.

18 Beier, Prognose und Therapie von Sexualstraftätern aus sexualmedizinischer Sicht, in: Wodtke-Werner/Mähne (Hrsg.), „Nicht wegschauen!“ Vom Umgang mit Sexual(straf)tätern, S. 72 f.

• Ich-fremd (die Symptome sind mit dem Selbstbild nicht in Einklang zu bringen; sie werden als etwas Fremdes erlebt).[19]

5. Perversion

In der Literatur lässt sich keine übereinstimmende Definition des Begriffs „Perversion" finden. Dies liegt daran, dass es eine außerordentliche Vielfalt von Erscheinungsbildern und Verlaufsformen gibt.[20] *Stoller* versteht unter Perversion eine Form von erotisiertem Hass, eine Phantasiebildung und eine gewohnheitsmäßige, bevorzugte Abweichung, die meistens ausagiert wird, um volle Befriedigung zu erreichen, und die ihren Ursprung vor allem in Feindseligkeit hat.[21] Nach *Duncker* darf der Begriff der Perversion nicht mit einer Diagnose gleichgesetzt werden.[22] In der klassischen Nomenklatur werden sexuelle Normabweichungen wie Fetischismus, Sadomasochismus, Exhibitionismus etc. auch als Erscheinungsformen einer Perversion verstanden. *Bräutigam/Clement* verstehen unter Perversion „eine Symptombildung, deren innere Dynamik sich aus der individuellen Biographie verstehen lässt"[23]. Sie ist das Ergebnis einer Konfliktlage, nicht das einer äußeren Zuschreibung. Dass diese Umschreibung den Begriff der Perversion nicht näher bringt, ist offensichtlich. Deshalb erscheint es an dieser Stelle sinnvoll zum näheren Verständnis des Perversionsbegriffs auf die Punkte III.3. und IV.1. ff. zu verweisen.

6. Sexualdelinquenz

Zunächst lässt sich feststellen, dass der Begriff Sexualdelinquenz auf die juristische Perspektive reduziert ist. Zum Delinquent wird man erst durch einen juristischen Zuweisungsprozess.
Der Bereich der Sexualdelinquenz unterliegt anders als etwa die Eigentumskriminalität einem kontinuierlichen zeitlichen Wandel. Viele Handlungen, die vor wenigen Jahrzehnten noch als sexuell anstößig oder unzüchtig angesehen wurden und dem damaligen Strafgesetz unterfielen, sind heute allenfalls noch in moralischer Hinsicht bedenklich oder sozial abweichend.[24] Der stete Wandel der moralischen, sozialen und rechtlichen Bewertung sexueller Handlungen erschwert eine klare Begriffsdefinition. Dazu kommt, dass der 13. Abschnitt des

---

19 Beier/Bosinski/Hartmann/Loewit, Sexualmedizin, S. 372.
20 Schorsch/Galedary/Haag/Hauch/Lohse, Perversion als Straftat, S. 34.
21 Stoller, Perversion, Die erotische Form von Hass, S. 25 f.
22 Duncker, R & P 1995, S. 171.
23 Bräutigam/Clement, Sexualmedizin im Grundriss, S. 139.
24 Egg, Zur Kriminalität der Sexualstraftäter, in: de Boor/Haffke/Lange-Joest (Hrsg.), Was tun mit den Sexualstraftätern?, S. 9.

Strafgesetzbuchs von „Straftaten gegen die sexuelle Selbstbestimmung" spricht, allerdings sind die hiervon umfassten Tatbestände nicht deckungsgleich mit einer klinisch-psychologischen oder psychiatrischen Symptomatik der sexuellen Devianz. Es ist augenscheinlich, dass jemand, der wegen Förderung der Prostitution – § 180a StGB ist eine Vorschrift des 13. Abschnitts – verurteilt wird, kein Verhalten zeigt, das als sexuell deviant bezeichnet werden kann. Sexuelle Störungen, die im psychodiagnostischen Bereich anhand der psychiatrischen Klassifikationssysteme ICD 10[25] und DSM IV[26] festgestellt werden, lassen sich nicht in das juristische Klassifikationssystem übertragen.[27] So sind beispielsweise Inzest und aggressive Gewaltdelikte keine psychologischen oder psychiatrischen Diagnosen.[28]
Bei den Sexualstraftaten des 13. Abschnitts fehlen zudem diejenigen Delikte, bei denen eine sexuelle Motivation gegeben ist, die sich jedoch nicht im Delikt unmittelbar äußert. Brandstiftungsdelikte von Jugendlichen können beispielsweise einen sexuell motivierten Hintergrund haben. Daneben lässt sich ein Sexualmord, d.h. ein Mord zur Befriedigung des Geschlechtstriebs, nicht im 13. Abschnitt finden, sondern im 16. Abschnitt bei den Tötungsdelikten. Nach *Nowara/Leygraf* fallen unter den Begriff Sexualdelinquenz alle Täter, die gegen die sexuelle Selbstbestimmung anderer Personen verstoßen oder zur Befriedigung des Geschlechtstriebs töten.[29] Hierzu ist jedoch zu sagen, dass mit dieser Begriffsbestimmung nicht alle sexuell motivierten Handlungen erfasst werden.
Im Folgenden werden unter den Begriff Sexualdelinquenz nur Delikte des 13. Abschnitts des Besonderen Teils gefasst, da gerade bei diesen Taten häufig eine sexuelle Störung vorliegt, die eine Behandlung des Täters erforderlich macht. Auch der Gesetzgeber hatte die Taten des 13. Abschnitts im Blick, als er in § 9 StVollzG eine Verlegung in eine sozialtherapeutische Anstalt für Täter vorsah, die wegen einer Straftat nach den §§ 174 bis 180 oder 182 des Strafgesetzbuchs zu einer Freiheitsstrafe von mindestens zwei Jahren verurteilt wurden.

---

[25] Internationale Klassifikation der Krankheiten; die Abkürzung ICD steht für „International Statistical Classification of Diseases and Related Health Problems"; die Ziffer 10 bezeichnet deren 10. Revision; diese Klassifikation wurde von der Weltgesundheitsorganisation erstellt und vom Deutschen Institut für Medizinische Dokumentation und Information ins Deutsche übertragen.

[26] Siehe Fn. 9.

[27] Goudsmit/Reicher, Sozialtherapie schwerstgestörter Delinquenten auf psychoanalytischer Grundlage, in: Sigusch (Hrsg.), Therapie sexueller Störungen, S. 252.

[28] Goderbauer, Stationäre Behandlung von Sexualstraftätern im Strafvollzug, in: Wodtke-Werner/ Mähne (Hrsg.), „Nicht wegschauen!" Vom Umgang mit Sexual(straf)tätern, S. 176.

[29] Nowara/Leygraf, Deutsches Ärzteblatt 1998; 95: A-88.

7. Sexualstraftäter

Der Begriff „Sexualstraftäter“ beschreibt keine Diagnose oder eine Störung. Ein Sexualstraftäter ist – legt man obige Bedeutung von Sexualdelinquenz zugrunde – ein Täter, der ein Delikt aus dem 13. Abschnitt des Strafgesetzbuchs begangen hat.
Kröber nimmt eine grobe Einteilung der Sexualstraftäter vor: Die erste Gruppe bilden polytrop Straffällige mit dissozialer Lebensführung, die unter anderem auch Sexualstraftaten begehen; in die zweite Gruppe lassen sich Pädophile mit nahezu monotroper Delinquenz einordnen, wobei zum einen zwischen homosexuellen und heterosexuellen Pädophilen und zum anderen zwischen Pädophilen, die vorpubertäre Kinder missbrauchen, und Pädophilen, die Kinder und Jugendliche in der Pubertät missbrauchen, zu unterscheiden ist; in die dritte Gruppe gehören primär „normale“ heterosexuelle Männer, die Delikte der sexuellen Nötigung oder Vergewaltigung erwachsener Frauen oder des sexuellen Kindesmissbrauchs begehen (einige der Täter sehen in den Kindern Ersatzobjekte oder benutzen sie zur Erweiterung ihrer sexuellen Erfahrung, andere sind gegenüber erwachsenen Frauen gehemmt und unsicher und befassen sich deshalb mit Kindern; daneben sind in dieser Gruppe sog. „Gelegenheitstäter“, die Nötigungs- oder Vergewaltigungsdelikte begehen).[30] *Schneider*[31] geht davon aus, dass es zwei Gruppen von Sexualstraftätern gibt: die verhältnismäßig kleine Gruppe chronischer Lebenslauf-Sexualstraftäter, die bereits in früher Jugend Sexualstraftaten begehen und dies auch im Erwachsenenalter tun, und die große Gruppe der Jugendzeit-Sexualstraftäter, deren deviantes Sexualverhalten sich im Zuge des Erwachsenwerdens zurückbildet.

II. Sexuelle Störungen als Auslöser für Sexualstraftaten

Untersucht man die Frage der Behandelbarkeit von Sexualstraftätern, muss man sich zu Beginn mit der Frage auseinandersetzen, wie es zur Begehung der Sexualstraftat kommen konnte bzw. inwieweit der Täter Störungen im Bezug auf Sexualität aufweist.
Rehder warnt davor, Verhaltensweisen, die von den eigenen Erfahrungen oder Wertvorstellungen abweichen, vorschnell als „pervers“ zu bezeichnen. Um Sexualität richtig einschätzen zu können, sollte man zunächst klären, was unter

30 Kröber, Ansätze zur gezielten Psychotherapie mit Sexualstraftätern, in: Herrfahrdt (Hrsg.), Behandlung von Sexualstraftätern, S. 40 f.

31 Schneider, MschrKrim 2002, S. 251.

„normaler" Sexualität zu verstehen ist und was „deviante" Sexualität ausmacht, bevor man sich mit Sexualdelinquenz beschäftigt.[32]
Sexualität ist eine bei jedem Menschen zunächst im Biologischen verankerte Dimension des Erlebens, die im Zuge der Persönlichkeitsentwicklung durch individuelle Gefühle, Wünsche, Sehnsüchte, Hoffnungen und Konflikte, die in der jeweiligen Biographie des Einzelnen verwurzelt sind, ihre spezifische Ausformung erfährt.[33] Daneben ist Sexualität ein Erlebnisbereich, in dem der Mensch den intensivsten Kontakt zu anderen Menschen aufbaut, d.h. sie ist durch grundsätzliche Partnerbezogenheit gekennzeichnet. Die positiv zu bewertende soziale Funktion der Sexualität ist aber auch mit dem Risiko verbunden, Sexualität dysfunktional zu gestalten. *Rehder* stellt darauf ab, dass Sexualverhalten unter verschiedenen Blickwinkeln betrachtet werden muss. Unter biologischem Aspekt steht ausschließlich die Fortpflanzungsfunktion im Vordergrund, aus psychologischer Sicht spielen sexuelle Motive die Hauptrolle, unter physiologischem Aspekt haben physiologische Veränderungen bei sexueller Erregung eine besondere Bedeutung und der Behaviourismus stellt darauf ab, dass sexuelles Verhalten nur dann vorliegt, wenn es zur Berührung oder optischen Darstellung primärer oder sekundärer Geschlechtsmerkmale kommt.[34]
Bei der Entwicklung von Sexualität spielen auch moralische Gesichtspunkte eine wichtige Rolle. In diesem Zusammenhang sind zeitlich und kulturell unterschiedliche Normverschiebungen und Bewertungen zu beachten.[35] Von kirchlich-religiösem Standpunkt aus darf Sexualität nur in der Ehe ausgelebt werden und nur der Zeugung von Kindern dienen. Sexueller Lustgewinn ist dagegen ein verwerfliches Motiv für Sexualität. So kann bereits in der Kindheit ein unnatürliches Verhältnis zur Sexualität aufgebaut werden, wenn beispielsweise Selbstbefriedigung von den Eltern bestraft wird oder wenn in Kirche oder Schule sexuelle Handlungen als gesundheitsschädlich oder sündhaft dargestellt werden.[36]
Gerade die Tabuisierung der Sexualität bringt sie mit Gefühlen von Angst und Schuld in Zusammenhang. Erst durch diese emotional aufgeladene Verbindung wird Sexualität zu etwas Explosivem, zu etwas Drängendem von unheimlicher

---

32 Rehder, Sexuell abweichendes Verhalten, in: Egg (Hrsg.), Sozialtherapie in den 90er Jahren, S. 71.

33 Beier, Verlausformen bei Dissexualität, in: Kröber/Dahle (Hrsg.), Sexualstraftaten und Gewaltdelinquenz, S. 71; Lehmann, Psychotherapeutische Ergebnisse bei Sexualstraftätern, in: Steller/Dah-le/Basqué (Hrsg.), Straftäterbehandlung, S. 69.

34 Rehder, Sexuell abweichendes Verhalten, in: Egg (Hrsg.), Sozialtherapie in den 90er Jahren, S. 71.

35 Eisenberg, Kriminologie, § 45, Rn. 51.

36 Rehder, Sexuell abweichendes Verhalten, in: Egg (Hrsg.), Sozialtherapie in den 90er Jahren, S. 72.

Faszination, gegen das ständig angekämpft werden muss.[37] Nach *Hoyndorf* ist bei einer unproblematischen Entwicklung bis zum 15. Lebensjahr aufgrund der bis zu diesem Zeitpunkt angelegten stabilen Basis des Sexuallebens kaum mehr von einer Gefährdung in Bezug auf eine paraphile Entwicklung auszugehen.[38]
Sexualität lässt sich nicht auf reine körperliche Bedürfnisbefriedigung reduzieren. Sexualität trägt vielmehr einen Beziehungsaspekt in sich, sie ist grundsätzlich auf einen Partner hin ausgerichtet. Sexuelle Beziehungen sollen sowohl Nähe und Zuwendung als auch Anerkennung und Selbstbestätigung vermitteln.
Das Ziel eines Sexualdelikts ist deshalb nicht notwendigerweise eine körperliche sexuelle Befriedigung. Häufig stellt die Deliktsbegehung einen Abwehrmechanismus gegen identitätsbedrohende Ängste dar, die bei jeder menschlichen Interaktion entstehen können.[39]
Störungen in der sexuellen Beziehung können dann auftreten, wenn zum einen keine Fähigkeit oder keine Bereitschaft vorliegt, auf die Bedürfnisse des Partners einzugehen, oder zum anderen zu große Erwartungen an den jeweiligen Partner gestellt werden, die dieser nicht erfüllen kann.[40] Es kommt häufig vor, dass bei Personen mit abweichendem Sexualverhalten die Beziehungsfähigkeit gestört ist. Daneben spielen im Hinblick auf Sexualität sexuelle Phantasien eine große Rolle. Diese äußern sich in sexuellen Tagträumen, Masturbations- oder Koitusphantasien. In einer von *Hartmann* unter 132 Frauen und Männern durchgeführten Studie zeigte sich, dass selbst in einer normalen, d.h. nicht nach psychopathologischen Gesichtspunkten ausgewählten Stichprobe, in der Phantasie abweichende sexuelle Verhaltensweisen von Bedeutung sind.[41] Bei den meisten Personen existieren diese devianten Verhaltensweisen aber nur in der Phantasie und werden nicht ausgelebt.
Festzuhalten ist, dass es sexuelle Aktivitäten gibt, die zwar aus psychologischer Sicht als abweichendes Verhalten gedeutet werden, dieses Verhalten aber nicht zwangsläufig vom Gesetz mit Strafe belegt ist. So verwirklichen die Handlungen eines Exhibitionisten einen Straftatbestand, während das öffentliche Ausleben von Transsexualität nicht unter Strafe steht. Im Gegenzug sind nicht alle strafbaren sexuellen Handlungen deviant. Sexualstraftaten müssen nicht primär sexuellen Antrieben entsprechen, sondern können beispielsweise durch aggres-

---

[37] Schmidt, Drang und Lust, in: Kentler (Hrsg.), Sexualwesen Mensch, S. 304.

[38] Hoyndorf, Behandlung sexueller Störungen, S. 109.

[39] Wiederholt, ZfStrVo 1989, S. 232; nach der von Wiederholt vertretenen Auffassung ist ein Sexualdelikt in den seltensten Fällen sexuell motiviert; es läuft lediglich wegen der Lustbetontheit für den Täter in sexuellen Handlungen ab.

[40] Rehder, Sexuell abweichendes Verhalten, in: Egg (Hrsg.), Sozialtherapie in den 90er Jahren, S. 72.

[41] Hartmann, Inhalte und Funktionen sexueller Phantasien, S. 62 ff.

sives Machtstreben verursacht werden.[42] Vergewaltigung kann nach einer Einteilung von *Schorsch*[43] nicht als deviant angesehen werden. Beim Täter liege deshalb kein abweichendes Sexualverhalten vor, weil der Geschlechtsverkehr als Sexualziel und die Frau als Sexualpartnerin sowohl gesellschaftlichen Normen als auch biologischen Erfordernissen entsprächen, wenn auch zwischen den Beteiligten kein Konsens über die sexuelle Handlung besteht.[44] Fehlendes Einverständnis des Opfers reiche damit noch nicht aus, um das Verhalten als sexuell abweichend einzuordnen. Nach *Reiche* hängt es sozusagen mehr oder weniger vom Zufall ab, ob ein Mensch aufgrund seiner sexuellen Störung mit dem Gesetz in Konflikt kommt oder nicht.[45] Entscheidend sei, ob die Person mit der Verhaltensweise, die sie aufgrund einer vorliegenden Störung an den Tag legt, einen Straftatbestand verwirklicht oder nicht.

In vielen Fällen ist davon auszugehen, dass Grund für die Begehung einer Straftat das Vorliegen einer sexuellen Störung ist. Dennoch wäre es falsch, jeden Sexualstraftäter als psychisch kranken Menschen zu bezeichnen. Es kann durchaus auch bei psychisch gesunden Menschen zu sexuellen Übergriffen kommen, beispielsweise als Kurzschlusshandlung auf eine nicht erwartete Zurückweisung einer Frau, als Racheakt oder aus ähnlichen Motiven.[46] Zudem muss – wird das Vorliegen einer sexuellen Störung bejaht – danach gefragt werden, wie es zur Bildung und Verfestigung dieser Störung kommen konnte.

Daneben ist festzuhalten, dass Täter, die eine ausgeprägte sexuelle Deviation zeigen, in den Maßregelvollzug zur Behandlung eingewiesen werden (siehe hierzu Punkt F), wenn die diesbezüglichen Voraussetzungen gegeben sind. Die vorliegende Arbeit befasst sich jedoch nur mit der Behandlung von Sexualstraftätern in Justizvollzugsanstalten. Die im Rahmen der Arbeit beschriebenen Behandlungsmethoden gelten somit nur für Täter, die zwar evtl. an einer sexuellen Deviation leiden, diese aber keinen derartigen Schweregrad erreicht hat, dass der Täter in den Maßregelvollzug einzuweisen ist.

---

42 Leygraf, Psychiatrische Aspekte der Therapie und Prognose bei Sexualstraftätern, in: de Boor/Haffke/Lange-Joest, Was tun mit den Sexualstraftätern?, S. 89.

43 Schorsch, Sexuelle Perversionen: Ideologie, Klinik, Kritik, in: Sigusch (Hrsg.), Therapie sexueller Störungen, S. 122 ff.

44 Rehder, Sexuell abweichendes Verhalten, in: Egg (Hrsg.), Sozialtherapie in den 90er Jahren, S. 74; Wieczorek, ZfStrVo 1997, S. 161.

45 Reiche, Psychoanalytische Therapie sexueller Perversionen, in: Sigusch (Hrsg.), Sexuelle Störungen und ihre Behandlung, S. 457.

46 Interessanterweise kommen etwa zwei Drittel der Vergewaltiger während der Tat nicht zum Orgasmus (so Goderbauer, Stationäre Behandlung von Sexualstraftätern im Strafvollzug, in: Wodtke-Werner/Mähne (Hrsg.), „Nicht wegschauen!" Vom Umgang mit Sexual(straf)tätern, S. 176).

III. Unterschiedliche Erklärungsansätze

Es existiert bislang keine allgemeine Theorie zur Erklärung sexuell abweichenden Verhaltens, die als empirisch eindeutig gestützt zu bezeichnen ist.[47] Dennoch gab und gibt es unterschiedlichste Erklärungsversuche, die sich mit dem Auftreten von Sexualdelinquenz befassen.

1. Kriminalbiologische Erklärungsversuche

Vor allem in den 20er und 30er Jahren des 20. Jahrhunderts glaubte man, Kriminalität im Allgemeinen, d.h. auch Sexualkriminalität mit kriminalbiologischen Theorien erklären zu können.

a) XYY-Chromosomenanomalie

Zunächst sah man in der Abweichung der Chromosomenstruktur einen Erklärungsansatz für Verbrechensentstehung allgemein. Normalerweise besitzen Männer regelmäßig 46 Chromosomen, davon zwei Sexualchromosome: x und y. Unter der männlichen Bevölkerung fand man anstelle des normalen xy-Musters eine xyy-Formation und sah in dieser Abweichung eine Ursache für das Straffälligwerden.[48] Diese Chromosomenaberration führte zur Bezeichnung „Mörderchromosom" und sollte neben physischen Besonderheiten – vermehrtes Längenwachstum, Hypogonadismus und Kryptorchismus – zu psychischen Auffälligkeiten in Form von erhöhter Aggressivität führen.[49] Es lässt sich jedoch kein Anhaltspunkt dafür finden – obwohl bereits mehrere diesbezügliche Untersuchungen durchgeführt wurden –, dass das Vorliegen dieser Chromosomenanomalie zu vermehrter Kriminalität führt. *Mergen* geht jedoch davon aus, dass Menschen mit Chromosom-Abnormitäten in vielen Fällen zugleich neuropsychopathologische Störungen aufweisen und deshalb eher zur Verbrechensbegehung disponiert sind als Menschen mit normalem Chromosomensatz.[50]
Eine weitere Chromosomenanomalie stellt das sog. Klinefelter-Syndrom dar. Statt einer xyy-Formation liegt eine xxy-Formation vor. Die Betroffenen fallen durch besonderen Hochwuchs, verspätete Entwicklung des männlichen Genitals und weibliche Brustdrüsenbildung in der späteren Pubertät auf.[51] Aber auch hier konnten keine gesicherten Erkenntnisse über eine erhöhte Kriminalitätsbelastung gewonnen werden.

---

47 Judith, Konzept für die intramurale Behandlung von Sexualstraftätern, S. 5.
48 Schneider, Kriminologie, S. 378.
49 Göppinger, Kriminologie, S. 175; Bräutigam/Clement, Sexualmedizin im Grundriss, S. 56.
50 Mergen, Die Kriminologie, S. 79.
51 Bräutigam/Clement, Sexualmedizin im Grundriss, S. 54.

b) Hirnanatomische und hirnphysiologische Faktoren

In mehreren Untersuchungen[52] wurde festgestellt, dass Reifestörungen und frühkindliche Hirnschädigungen ein Auslöser für die Begehung von Straftaten sein können. Je stärker die organisch bedingte Entwicklungsschädigung ausgeprägt ist, desto geringer können äußere Einflüsse sein, um die „Erlebnis-Belastungsgrenze" derart zu schwächen, dass das Kind erziehungsschwierig wird.[53] Da die Untersuchungen jedoch nicht repräsentativ waren – es handelte sich um delinquente Kinder und Jugendliche, die man in eine jugendpsychiatrische Klinik eingewiesen hatte – kann auch dieses Ergebnis nur bedingt verwertet werden.

Insgesamt kann wohl die Feststellung getroffen werden, dass frühkindliche Hirnschädigungen eine wichtige Rolle bei der Entwicklung von Verhaltensauffälligkeiten spielen; als spezifischer und alleiniger kausaler Faktor können sie jedoch nicht zur Erklärung von Delinquenz herangezogen werden.[54]

In anderen Untersuchungen hat man Hinweise gefunden, dass eine Temporallappenepilepsie sexuelles und aggressives Verhalten enthemmt. Zudem wurden bei sadistischen sexuellen Gewalttätern anatomische Auffälligkeiten im Temporallappenbereich gefunden. Allerdings waren die jeweils untersuchten Gruppen so klein, dass sich die Untersuchungsergebnisse nicht ohne weiteres verallgemeinern lassen. *Volk* fand beispielsweise in einer neueren Untersuchung[55] bei Vergewaltigern keine hirnorganischen Anomalien.

Insgesamt ist davon auszugehen, dass sexuell-aggressive Auffälligkeiten im Zusammenhang mit einigen hirnorganischen Störungen vorkommen, dies aber nicht Anlass zur grundsätzlichen Feststellung geben kann, allen sexuellen Auffälligkeiten liege eine hirnorganische Ursache zugrunde.

c) Endokrinologische Störungen

Weiterhin wurde angenommen, Störungen im System endokriner Drüsen – der Drüsen innerer Sekretion – könnten die Ursache für Sexualkriminalität sein. Diese Störungen würden über das Gehirn und das zentrale Nervensystem das menschliche Temperament beeinflussen.[56]

Daneben wurde in einem erhöhten Testosteronspiegel eine Ursache für die Begehung aggressiver Sexualdelikte gesehen. Diese Hypothese ließ sich in größe-

---

52 Nachweise hierzu bei Schneider, Kriminologie, S. 377.

53 Enke, Ztschr. f. Psychotherapie und med. Psychologie 1955, S. 270.

54 Siehe hierzu Lübcke-Westermann, MschrKrim 1995, S. 6.

55 Volk, Opfer, Tat und Täter bei der Vergewaltigung, in: Rotthaus (Hrsg.), Sexuell deviantes Verhalten Jugendlicher, S. 93 ff.

56 Schneider, Kriminologie, S. 379.

ren Untersuchungen jedoch nicht bestätigen. In einer Reihe neuerer Publikationen wurde ein erniedrigter 5-Hydroxyindolessigsäurespiegel – 5-Hydroxyindolessigsäure ist das Abbauprodukt des Serotonins – bei aggressiven Straftätern nachgewiesen.[57] Nicht bestritten werden kann, dass bei einigen Tätern hormonelle Faktoren bei der Begehung von Sexualstraftaten eine Rolle spielen, es liegen aber keine Befunde vor, die diese als Hauptdeterminanten bei Sexualstraftaten kennzeichnen.

Die Entwicklung in der modernen Medizin, beispielsweise in der Humangenetik, der Neurophysiologie und der Biochemie hat zu einer Belebung der humangenetischen Theorien geführt.[58] So wird u.a. die xxy-Konstellation, also das Klinefelter-Syndrom, zur Erklärung von Intelligenzminderung herangezogen.[59] Daneben wurden einige biomedizinische Besonderheiten wie linkstemporale EEG-Auffälligkeiten und Ausfälle in neuropsychologischen Testverfahren festgestellt.[60]

Unter Leitung des Essener Prof. *Norbert Leygraf* soll eine kernspintomographische Untersuchung der Gehirnströme von Pädophilen durchgeführt werden, die anschließend mit den Befunden von nicht straffällig gewordenen Personen verglichen werden. Forscher der Universität Tübingen hatten Auffälligkeiten in den Gehirnstromdiagrammen von Psychopathen beobachtet.[61]

Selbst wenn in gewissem Umfang biologische Besonderheiten in einigen Fällen diagnostiziert werden konnten, können kriminalbiologische Theorien keinen allgemeingültigen Erklärungsansatz für Kriminalität und Sexualkriminalität im Besonderen geben.

2. Psychoanalytische Erklärungsmodelle

Nach psychoanalytischem Entwicklungsverständnis kommt im Rahmen der Entwicklung der eigenen Persönlichkeit den Ich-Funktionen entscheidende Bedeutung zu.[62] *Freud* hat in „Drei Abhandlungen zur Sexualtheorie“ den Grundstein für die Erforschung der Sexualität und ihrer Erscheinungsformen gelegt. Der Sexualtrieb sei jedem Menschen angeboren, der im Laufe der Entwicklung

---

57 Nachweise hierzu bei Nedopil, Forensische Psychiatrie, S. 215.

58 Nachweise hierzu bei Streng, Von der „Kriminalbiologie“ zur „Biokriminologie“? – Eine Verlaufsanalyse bundesdeutscher Kriminologie-Entwicklung, Juristische Zeitgeschichte Nordrhein-Westfalen, S. 238 f.

59 Nedopil, Forensische Psychiatrie, S. 173; Göppinger, Kriminologie, S. 175.

60 Beier/Bosinski/Hartmann/Loewit, Sexualmedizin, S. 371.

61 Report-Sendung vom 08.07.2002.

62 Welker, Der Einsatz sozialtherapeutischer Methoden im Strafvollzug, S. 30; Hanstein, Tiefenpsychologisch fundierte Psychotherapie für Sexualstraftäter, in: Deegener (Hrsg.), Sexuelle und körperliche Gewalt, S. 224.

ein normales Sexualleben entstehen lässt oder aber – häufig durch zufällige Erlebnisse – in einer Perversion enden kann.[63]
Der Kern der psychoanalytischen Triebtheorie *Freuds* basiert auf der Annahme, dass der Mensch ein triebhaftes Wesen ist, das ständig in der Bedrohung lebt, aus dem Gleichgewicht seiner psychophysischen Erregung zu fallen und von Angst überwältigt zu werden.[64] *Freud* hat im Rahmen der psychodynamischen Entstehungsbedingungen der Vergewaltigung den Madonna-Prostituierten-Komplex herausgearbeitet.[65] Danach teile der Täter die Frauen in zwei Kategorien ein: Auf der einen Seite stehen Mutter, Ehefrau und Geliebte, die verehrt werden, weil sie kindliche Abhängigkeitswünsche erfüllen, auf der anderen Seite Frauen, die für Prostituierte gehalten werden, weil sie untreu sind und keine wahre Liebe und Zuneigung geben können. Sexuell zufriedenstellende Beziehungen könne der Täter nur mit von ihm verachteten Frauen zustande bringen. Daneben nahm *Freud* unterdrückte Homosexualität als Ursache aggressiven Sexualverhaltens an.[66]
Bromberg sah als Grund für Vergewaltigungstaten einen unbewältigten Ödipuskomplex, der in einer Furcht vor männlicher Unzulänglichkeit endet.[67] Durch seine Tat wolle der Täter sich und anderen seine sexuelle Potenz beweisen, die er in der Beherrschung des Tatopfers erfüllt sieht. Das psychoanalytische Modell der transgenerationalen Übertragung geht davon aus, dass Sexualstraftäter als Kind selbst missbraucht worden sind und deshalb im Erwachsenenalter wiederum missbrauchen. Zu diesem Modell ist zu bemerken, dass es allenfalls zur Erklärung der Tatbestände Vergewaltigung, sexuelle Nötigung oder Kindesmissbrauch herangezogen werden kann. Als Erklärungsmodell für exhibitionistische Handlungen scheidet es dagegen aus. Allerdings gibt es mehrere Anhaltspunkte für die Vermutung, dass viele Sexualstraftäter einen eigenen Missbrauch in ihrer Kindheit oder Jugend nur behaupten, um die Tat vor sich selbst entschuldigen zu können oder um eine mildere Strafe zu erhalten.[68]
Des Weiteren wird Kriminalität mit einer Störung des Über-Ichs erklärt.[69] Ein normal funktionierendes Über-Ich – Gewissen und Idealvorstellungen – stellt

---

63 Freud, Drei Abhandlungen zur Sexualtheorie, S. 71.

64 Becker, Psychoanalytische Theorie sexueller Perversionen, in: Sigusch (Hrsg.), Sexuelle Störungen und ihre Behandlung, S. 418.

65 Siehe hierzu Schneider, Kriminologie, S. 595.

66 Siehe hierzu Nedopil, Forensische Psychiatrie, S. 199.

67 Nachweis bei Schneider, Kriminologie, S. 595; siehe hierzu auch Schorsch, Sexuelle Perversionen: Ideologie, Klinik, Kritik, in: Sigusch (Hrsg.), Therapie sexueller Störungen, S. 23 f.

68 Schneider, Kriminalistik 1999, S. 234.

69 Judith, Konzept für die intramurale Behandlung von Sexualstraftätern, S. 61.

ein Normen- und Wertesystem dar, das entpersonalisiert ist, d.h. die Wertvorstellungen hängen beispielsweise nicht mehr von den Eltern ab, sind nicht mehr durch Angst vor Strafe oder durch Freude auf Belohnung charakterisiert und an eigene Bedürfnisse und realistische Selbstvorstellungen angepasst. Werte und Normen sind in einer flexiblen Rangordnung organisiert, die eine kontinuierliche Weiterentwicklung ermöglicht. Funktioniert das Über-Ich, ist der Mensch zur Empfindung von Schuldgefühlen bei einem Fehlverhalten und zu nötiger Selbstkritik fähig. Ein gestörtes Über-Ich hingegen empfindet keine Schuldgefühle, sondern Bestrafungsängste und zugleich Bestrafungswünsche, was eine Selbststabilisierung auf Dauer unmöglich macht. Von der betroffenen Person werden stattdessen Phantasievorstellungen geschaffen, die das Selbstbild erhöhen und idealisieren.[70] Die fehlende Auseinandersetzung mit der eigenen Rolle lässt Mitgefühle für andere Menschen nicht zu. Es bildet sich kein Wertesystem, das mit rechtlichen und sozialen Normen zu vereinbaren ist.[71]
Nach psychoanalytischem Entwicklungsverständnis können daneben auch die sog. „Ich-Funktionen" unzureichend entwickelt sein. Das schwache Ich wird zum Spielball von auf der einen Seite triebhaften, auf der anderen Seite archaisch unversöhnlichen Impulsen.[72] Einfach ausgedrückt: dem Betroffenen fehlt Vertrauen in sich selbst und in die Mitmenschen.

3. Sexuelle Störung als Ausdruck einer Perversion

In der Literatur wird vielfach eine vorliegende sexuelle Störung als Ausdruck einer Perversion gesehen. *Freud* geht davon aus, dass auch unter psychisch ansonsten gesunden Menschen eine Perversion einen festen Bestandteil im Sexualleben bildet. Gerade auf dem Gebiet des Sexuallebens sei eine scharfe Grenzziehung zwischen bloßer Variation innerhalb der physiologischen Breite und krankhaften Symptomen kaum möglich.[73] Erst wenn die Perversion nicht neben dem Normalen auftritt, sondern das Normale unter allen Umständen verdrängt und ersetzt hat, ist sie als krankhaftes Symptom zu bezeichnen.
Daneben beschreibt *Reiche* sexuell abweichendes Verhalten als Ausdruck einer Perversion. Es bestehe aus psychoanalytischer Sicht eine Bindung von sexuellen

---

70 Väth, Zur Wirksamkeit der Behandlung von Sexualstraftätern, S. 15.

71 Judith, Konzept für die intramurale Behandlung von Sexualstraftätern, S. 62.

72 Welker, Der Einsatz sozialtherapeutischer Methoden im Strafvollzug, S. 30; Lehmann (Psychotherapeutische Ergebnisse bei Sexualstraftätern, in: Steller/Dahle/Basqué (Hrsg.), Straftäterbehandlung, S. 68) bezeichnet dagegen psychoanalytische Theorien, die sexuelle Deviationen als Abwehrfunktionen begreifen, als rein spekulativ und fordert entschieden ihre Nichtanwendung in der therapeutischen Praxis.

73 Freud, Drei Abhandlungen zur Sexualtheorie, S. 60.

Präferenzen und sexuellem Verhalten an Triebschicksale.[74] Im Triebschicksal seien die frühen verinnerlichten Objektbeziehungen in transformierter und immer auf irgendeine Art und Weise entstellter Gestalt enthalten.
Der Begriff des Triebschicksals steht bis heute im Zentrum des psychoanalytischen Perversionsverständnisses. Perversion sei eine Art der psychosexuellen Konstitution, d.h. ein Triebschicksal, das zwar auf die äußeren Objektbeziehungen ausstrahlt und diesen ihren Stempel aufdrückt, aber nicht selbst eine Objektbeziehung ist. Danach ergeben sich fünf klinische Kriterien einer Perversion:

- *Kriterium des obligaten Fetischs:*
Jede Perversion benötigt – offen oder verdeckt – einen Fetisch. Unbelebte Objekte (beispielsweise ein Kleidungsstück) und damit verbundene Handlungen (z.B. Umgreifen eines Baumstamms) werden direkt sexuell besetzt. Die unbelebten Objekte ersetzen lebendige Partner und die Handlungen erfolgen für gewöhnliche sexuelle Handlungen wie Küssen oder Streicheln.

- *Kriterium der perversen Szene:*
Die Objekte und Handlungen werden in eine Szenerie eingebaut, deren Ablauf für das Erreichen der sexuellen Erregung obligatorisch ist. In dieser Situation wird die zentrale innere Objektbeziehung externalisiert. Im Zwang zur periodischen Externalisierung liegt der Unterschied einer Perversion zu bloßen Phantasievorstellungen.

- *Kriterium des Orgasmus:*
Die Erregung, die im Durchleben dieser Situation freigesetzt wird, führt schließlich zur sexuellen Entladung im Orgasmus.

- *Kriterium der süchtigen Unaufschiebbarkeit:*
Die zum Orgasmus führende Szene wird ständig wiederholt und von Betroffenen wie eine körperliche Sucht erlebt. Kann diese Sucht aus irgendwelchen Gründen nicht mehr ausgelebt werden, entstehen Entzugserscheinungen, die

74 Reiche, Psychoanalytische Therapie sexueller Perversionen, in: Sigusch (Hrsg.), Sexuelle Störungen und ihre Behandlung, S. 439; Berner (Institutionelle Therapie bei sexueller Delinquenz, in: Sigusch (Hrsg.), Sexuelle Störungen und ihre Behandlung, S. 513) dagegen geht davon aus, dass es sich bei sexueller Delinquenz weniger um eine Perversion als um eine Paraphilie im Sinne des DSM-IV handelt, bei der die Unfähigkeit, Partnerinteressen in der Sexualität wahrzunehmen und gegenseitige Gefühle aufzubauen, eine tragende Rolle spielt; aus psychodynamischer Sicht sei dies meist mit Identitätsstörungen im Sinne der Borderline- oder sogar der psychotischen Struktur verbunden.

bei nicht mehr funktionierender innerseelischer Anpassung zur Begehung einer sexuell motivierten Triebtat führen können.

- *Kriterium der Perversion-in-der-Perversion:*
Jede manifeste Perversion enthält wiederum eine latente Perversion. Da der Bereich zwischen den bestehenden Perversionen für den Betroffenen eine unerträgliche Leere bedeutet, springt er immer von der einen Perversion zur anderen.[75]

Die klinische Erfahrung zeigt, dass Perversionen aus sich selbst heraus umso schwerer therapeutisch behandelbar sind, je zwingender sie in ihrem Selbstvollzug mit dem Gesetz in Konflikt geraten.
Nach *Schorsch* hat die sexuelle Perversion Kompensationscharakter und ist unter einem reparativen Charakter zu betrachten.[76] Perversionen werden als Inszenierungen gedeutet, die eine angstreduzierende und stabilisierende Auswirkung auf das psychische Gleichgewicht haben. Der perversen Symptomatik liegen verschiedene Grundproblematiken und Ängste zugrunde: triumphales Erleben von Potenz und Macht in einem allgemeinen Lebensgefühl von Ohnmacht und Nichtigkeit, Gefühl einer momentanen Wiederherstellung einer beschädigten männlichen Identität, Suche nach Bewunderung, Nähe, Fürsorge und Wärme oder Phantasien, jemanden völlig zu besitzen und zu dominieren, als Ausdruck einer Angst vor dem Verlassenwerden. Das spezifische der perversen Symptombildung ist der Abwehrmechanismus der Sexualisierung.[77] Die Stabilisierung ist darin zu sehen, dass die Persönlichkeit außerhalb der perversen Erlebenswelt entlastet ist, dass beispielsweise aggressive Triebphantasien oder Ängste in der Perversion thematisiert werden.[78]
Judith beschränkt den Begriff der Perversion auf Deviationen, die über eine längere Zeit andauern, die für den Patienten eine erhebliche Störung bedeuten und die vom Patienten selbst oder seiner Umgebung als zentrales und nicht beherrschbares Lebensproblem angesehen werden.[79] Umfasst werden folgende Merkmale:

---

[75] Reiche, Psychoanalytische Therapie sexueller Perversionen, in: Sigusch (Hrsg.), Sexuelle Störungen und ihre Behandlung, S. 442 f.
[76] Schorsch/Galedary/Haag/Hauch/Lohse, Perversion als Straftat, S. 32.
[77] Schorsch/Becker, Die psychoanalytische Theorie sexueller Perversionen, in: Sigusch (Hrsg.), Therapie sexueller Störungen, S. 160.
[78] Schorsch/Galedary/Haag/Hauch/Lohse, Perversion als Straftat, S. 33.
[79] Judith, Konzept für die intramurale Behandlung von Sexualstraftätern, S. 45 ff.

- *Sexualisierung:*
Sexualität wird nicht als lustvoller Geschlechtsverkehr mit gegenseitigem Erleben des Partners gesehen, sondern dient als Ventil zum Aggressionsabbau und zur Beseitigung von Unsicherheit, Angst und Depression.

- *Depersonalisierung des Partners:*
In jeder Perversion wird darauf abgezielt, dass der imaginäre oder der jeweils aktuelle Partner sich so wie in der eigenen, perversen Phantasie verhalten. In nahezu allen Perversionen bestimmt nur der Perverse das Geschehen. Die Unterwerfung des vorgestellten oder realen Partners und das damit einhergehende phantasierte und spannungssteigernde Risiko werden sexualisiert, weshalb das für eine erfüllte Partnerschaft erforderliche gegenseitige Selbsterleben nicht stattfinden kann.[80]

- *Überdauernde Funktion für die Persönlichkeit:*
Die Perversion wird für das psychische Überleben als unverzichtbar angesehen. Die Vornahme einer perversen Handlung dient dazu, das Defizit im Selbsterleben aufgrund der vorliegenden fragilen psychischen und geschlechtlichen Identität und aufgrund des schmerzhaft wahrgenommenen Unterschieds zwischen Vorstellung und Realität auszugleichen. Die perverse Triebbefriedigung ist eine kompensatorische Ich-Leistung, die wie eine „Plombe" eine in früher Kindheit erworbene Lücke der Selbstwert-Regulation ausfüllt.[81]

- *Entwicklungsdeterminiertheit:*
Der Bedeutungsgehalt der Phantasie spiegelt Erlebnisse der Kindheit wieder. *Stoller* geht davon aus, dass eine 1:1-Beziehung zwischen erlebten Traumata in der Kindheit und später stattfindenden Perversionsphantasien besteht. Das erlebte Kindheitstrauma wird in allen Einzelheiten in der Perversion ausgelebt.[82] Die häufigste These ist, dass durch die zu intensiv und zu lang erlebte ambivalente symbiotische Nähe zur Mutter die Etablierung einer männlichen Identität gegen die übermächtig wahrgenommene Weiblichkeit der Mutter sehr schwer fällt.[83] Verstärkt wird diese Entwicklungsstörung durch eine feindselige Einstellung der Mutter Männern gegenüber, wenn sie diese wäh-

80 Judith, Konzept für die intramurale Behandlung von Sexualstraftätern, S. 47 f.
81 Morgenthaler, Psyche 1974, S. 1077.
82 Stoller, Perversion, Die erotische Form von Hass, S. 29.
83 Judith, Konzept für die intramurale Behandlung von Sexualstraftätern, S. 50.

rend der Kindheit immer wieder zum Ausdruck bringt oder durch gewalttätige Väter, die für den Sohn kein akzeptables Modell der Männlichkeit abbilden. Kommt es in den ersten drei Lebensjahren nicht zu einer negativen Beeinflussung, kann sich die Kerngeschlechtsidentität – das Bewusstsein von Männlichkeit bzw. Weiblichkeit – aufbauen und später kaum verändert werden.[84]

- *Aufrechterhaltung und Ausbau der Perversion zu einem Ritual:*
Die Perversion wird durch Phantasie und Tagträume aufrechterhalten und schließlich zu einem wiederkehrenden Ritual verfestigt. Der immer wieder gleiche Ablauf gibt Sicherheit und garantiert einen lustvollen Triumph. Damit korrespondiert die zunehmende Depersonalisierung eines evtl. vorhandenen Partners, der sich dem Ritual unterwerfen muss.

- *Neigung zur Progression und zum suchtartigen Fortschreiten:*
Bereits die Art der Störung bedingt eine suchtartige Verlaufsform, weil die Perversion auf Dauer nicht in der Lage ist, die zugrunde liegende Problematik zu lösen und die ersehnte Befriedigung zu geben.[85] Mit fortschreitender Entwicklung reduziert sich das Gefühl der willentlichen Steuerbarkeit; die Perversion dominiert jeden Lebensbereich und kann teilweise zu wahnhaften Erlebnissen führen. Die zunehmende Frequenz der devianten Handlungen ist verknüpft mit der Abnahme des Befriedigungsgefühls. Als Konsequenz daraus werden die perversen Handlungen immer weiter abgewandelt und verfeinert. Der Betroffene fühlt sich durch die sexuelle Süchtigkeit immer mehr der Perversion ausgeliefert.

- *Einschränkung in der Sexualität und in der Partnerbeziehung:*
Aufgrund der bereits geschilderten Depersonalisierung des Partners ist die Fähigkeit zu einer zufriedenstellenden sexuellen Beziehung stark eingeschränkt. Die Vorstellung einer Partnerschaft löst aufgrund der defizitären Persönlichkeitsentwicklung Angst- und Unterlegenheitsgefühle aus.

4. Kognitives Verhaltensmodell

Schneider sieht in einer Sexualstraftat kein Symptom einer Persönlichkeitsstörung in Form einer Psychopathie, sondern einen Ausdruck eingelernten Fehlver-

[84] Stoller, Perversion, Die erotische Form von Hass, S. 104.
[85] Schorsch/Galedary/Haag/Hauch/Lohse, Perversion als Straftat, S. 36.

haltens.[86] Er nennt für die Tatbestände der Vergewaltigung und des sexuellen Missbrauchs an Kindern ein Vier-Ursachen-Modell:[87]

- Deviante Sexualphantasien, in denen Vergewaltigungsszenen oder sexuelle Handlungen mit Kindern mit sexueller Erregung einhergehen und schließlich zur Selbstbefriedigung führen, können Vorläufer oder Vorboten der Sexualkriminalität sein.

- Kognitive Verzerrungen wirken beim Sexualstraftäter als Enthemmer; er rechtfertigt seine abweichende sexuelle Handlung als nicht kontrollierbaren Trieb und bagatellisiert die seinem Opfer zugefügten Schäden; bei ihm manifestiert sich bereits im frühen Jugendalter die Fehlvorstellung, dass Frauen sexuelle männliche Gewalt genießen würden und Kinder eigenes Interesse an der sexuellen Handlung gezeigt hätten; der Täter streitet jegliche Eigenverantwortung ab und überträgt die Schuld auf das Opfer der Sexualstraftat.

- Der Täter verfügt über ein geringes Selbstwertgefühl und kann sich nur sehr schlecht selbst kontrollieren, was sich in mangelhafter Impulskontrolle zeigt; in Stresssituationen gelingt es ihm nicht, auf geeignete Kontrollmechanismen zurückzugreifen; Wut oder Hass auf das spätere Opfer sind oft Motivation für die Tat.

- Der Sexualstraftäter leidet unter Persönlichkeitsproblemen, die auf einer defizitären Entwicklung und auf negativen Sozialisationserfahrungen beruhen; er verfügt nicht über die nötige Empathiefähigkeit, was Beziehungen zu anderen Personen erheblich erschwert; der Täter fühlt sich isoliert und leidet häufig unter Depressionen; Frauen wird oft eine dominierende Rolle zugeschrieben, der sich der Täter nicht gewachsen fühlt.

Kröger legt ihrem kognitiven Verhaltensmodell ähnliche Annahmen zugrunde. Demnach ist delinquentes Verhalten kein Symptom einer Störung, sondern ein zielgerichtetes Verhalten, dem eine Reihe von Entscheidungen zwischen verschiedenen Verhaltensweisen des Täters vorangeht, die sich bei den meisten Tätern nach einem typischen Muster vollzieht. Die Entscheidungen sind häufig bereits so zur Gewohnheit geworden, dass sich der Täter ihrer nicht mehr bewusst

[86] Schneider, Die Behandlung von Sexualstraftätern im Strafvollzug, in: Festschrift für Böhm, S. 421 f.
[87] Schneider, Kriminalistik 1999, S. 235.

ist. Ein Wille, derartige Entscheidungen für die Zukunft abzuändern, fehlt deshalb zumeist; liegt er vor, ist er nicht stark genug, um auf den Entscheidungsprozess einzuwirken. In der Deliktsbegehung erlebt der Täter – wenn auch oft nur kurzzeitig – Befriedigung und Machtgefühl. Dies löst das Verlangen aus, das Delikt zu wiederholen, was auf Dauer zu suchtähnlichen Entwicklungen führen kann.[88]

5. Psychodynamische und systemische Konzepte

Psychodynamische Erklärungskonzepte befassen sich mit dem Zusammenspiel von sexuellen, narzisstischen und sozialen Problemen im Kontext der familiären Entwicklung. Systemische Erklärungsansätze betrachten die Entwicklung einer Sexualstraftat weniger aus der Sicht der betroffenen Person, als vielmehr aus der Perspektive eines Außenstehenden.

a) Störungsfreie Sexualität und ihre Voraussetzungen

Je mehr in der heutigen Zeit der Fortpflanzungsgesichtspunkt in der Sexualität an Bedeutung verliert, desto wichtiger wird die Lusterfüllung und die gegenseitige Aufwertung und Selbstbestätigung der Partner. Es ist offensichtlich, dass die erhöhten Erwartungen die Ausübung von Sexualität schwieriger und störanfälliger machen. Ein erfülltes Sexualleben findet nur dann statt, wenn der Partner nicht nur ausschließlich zur eigenen Bedürfnisbefriedigung „benutzt" wird, sondern ein gegenseitiges Geben und Nehmen unter angstfreier körperlicher und psychischer Hingabe erfolgt, das die Willensfreiheit und die Vorstellungen des anderen berücksichtigt.[89] Hauptvoraussetzung für das Funktionieren einer Partnerschaft ist das Vorhandensein eines emotionalen Dialogs und eine wechselseitige Wertschätzung.

Entgleist das Gleichgewicht aus Ansprüchen und Bedürfnissen, kann sich die Beziehung dahingehend wandeln, dass auf der einen Seite Dominanz des einen Partners und auf der anderen Seite Subordination des anderen Partners vorherrscht. Je geringer die Fähigkeit zum gemeinsamen und in dieser Hinsicht ausgleichenden Dialog ist, desto stärker wird die Sexualität zum alleinigen Stützpfeiler der Beziehung, der die ersehnte Selbstbestätigung gewähren muss. In Extremfällen besteht das durch die sexuelle Lust empfundene Selbsterleben in der erniedrigenden Unterwerfung der Frau als Sexualobjekt bis hin zu körperlicher Gewaltausübung in Form von Vergewaltigungen.[90] Wird Sexualität zur

[88] Kröger, Z. Sexualforsch. 1997, S. 140.
[89] Judith, Konzept für die intramurale Behandlung von Sexualstraftätern, S. 18.
[90] Judith, Konzept für die intramurale Behandlung von Sexualstraftätern, S. 19; Wieczorek, ZfStrVo 1997, S. 161.

Austragung eines Beziehungskampfes eingesetzt, ist der Übergang von normaler Sexualität zu gestörter Sexualität überschritten.
Das Sexualleben kann nur weitgehend störungsfrei funktionieren, wenn der Mann sich als selbständiges und abgegrenztes Individuum sieht, zugleich aber auf die Partnerin und deren Wünsche eingehen kann. Hierfür muss er über eine ausgeprägte Ich-Stärke verfügen, die eine ausreichende Impulskontrolle möglich macht. Der Mann muss über eine gesicherte Ich-Identität – Gefühl der Übereinstimmung zwischen dem Bild, das er selbst von sich hat und dem Bild, das andere von ihm haben – , Gruppenidentität – Wahrnehmung von sich als Person als Teil einer bestimmten Gruppe – und Geschlechtsidentität – Bewusstsein der eigenen Männlichkeit – verfügen. Mangelt es an einer ausreichenden Ich-Stärke, können Reifungskrisen, Beziehungskrisen oder Familienkrisen, die die geschlechtliche Identität in Frage stellen, Auslösersituationen für Sexualdelikte sein. Vergleicht man die Allgemeinbevölkerung mit der Gruppe inhaftierter Straftäter, lässt sich feststellen, dass bei Straftätern im Allgemeinen und Sexualstraftätern im Besonderen eine höhere Prävalenz psychischer Störungen vorliegt.[91]

b) Borderline-Persönlichkeitsstörung

Ein Mensch, der sich in Konflikten befindet, die den Selbstwert bedrohen, kann eine Verringerung des Selbstbewusstseins nur dadurch verhindern, dass er seine soziale Interaktionsrolle in einem Denkprozess oder dessen Verbalisierung findet.[92] Menschen mit einer Borderline-Störung[93] sind dazu nicht in der Lage. Sie besitzen ein unklares Selbstbild, sowohl im Hinblick auf eigene Wünsche und Ziele als auch bezüglich sexueller Präferenzen und partnerschaftlicher Vorstellungen.[94]
Der Grundstein für diese Persönlichkeitsstörung wird häufig schon in der Kindheit gelegt, wenn es dem Kind nicht gelingt, konflikthafte Beziehungskonstellationen zur Mutter in eine insgesamt positiv erlebte Beziehungsvorstellung zu integrieren.[95] Spätere zwischenmenschliche Beziehungen sind selten konstant, sondern schwanken zwischen Überidealisierung und Entwertung. Als psychodynamischer Abwehrmechanismus entsteht die Spaltung, d.h. die guten und die schlechten Charakteristika der eigenen Person oder anderer Personen können

91 Konrad, ZfStrVo 1998, S. 266.
92 Wiederholt, Sexualität: Normale, deviante (perverse), kriminelle, in: Eicher (Hrsg.), Sexualmedizin in der Praxis, S. 342.
93 Der Begriff Borderline leitet sich aus der Annahme ab, dass Menschen, die unter dieser Persönlichkeitsstörung leiden, an der Grenze zwischen Neurose und Psychose stehen.
94 Nedopil, Forensische Psychiatrie, S. 153.
95 Judith, Konzept für die intramurale Behandlung von Sexualstraftätern, S. 33.

nicht gleichzeitig gesehen werden, so dass die Persönlichkeit in zwei Bereiche – gut und schlecht – aufgeteilt wird.[96] Heterosexualität wird von Menschen mit einer Borderline-Störung als etwas Bedrohliches angesehen. Als intime und sensible Kommunikationsform verstärkt sie die bestehenden Identitätsängste und kompensatorischen Aggressionen. Als Ausweg aus der nicht gelungenen Auseinandersetzung mit dem weiblichen Geschlecht sehen die Patienten den Aufbau von unreifen homosexuellen Beziehungen an oder versuchen durch sexuelle Aggressionshandlungen Identitätsängste abzubauen.
Bei schweren Formen von Borderline-Störungen mit unbewusst aggressiven Triebanteilen bis hin zum Vorliegen einer psychotischen Persönlichkeitsstruktur ist von einer eingeschränkten Realitätskontrolle auszugehen.[97]

c) Narzisstische Persönlichkeitsstörung

Die narzisstische Persönlichkeitsstörung ist gekennzeichnet durch übermäßige Empfindlichkeit in Bezug auf Kritik und Ablehnung, Selbstbezogenheit im Umgang mit anderen Menschen, mangelndes Einfühlungsvermögen, übersteigertes Streben nach Aufmerksamkeit und Bewunderung und ein stark ausgeprägtes Vertrauen in die eigenen Fähigkeiten und die emotionale Unabhängigkeit von anderen Personen.[98] Menschen mit einer narzisstischen Persönlichkeitsstörung glauben, dass sie aufgrund ihrer außergewöhnlichen Fähigkeiten besondere Ansprüche an andere Menschen stellen dürfen und beuten diese häufig aus.[99] Von *Kohut*[100] und *Kernberg*[101] wurden psychoanalytische Konzepte zu den sog. Narzissmustheorien weiterentwickelt. Demnach können die narzisstischen Persönlichkeitsstörungen in zwei Varianten auftreten: Zum einen kann eine narzisstische Verhaltensstörung auftreten, die sich in einer starken Neigung zu deviantem Sexualverhalten und zu Süchten manifestiert. Zum anderen ist die Störung in einer sich zurücknehmenden Persönlichkeit zu finden, die zu Depressionen, Überempfindlichkeit und Scheu neigt. Hauptproblem der narzisstischen Persönlichkeit ist die Störung des Selbstwertgefühls im Zusammenhang mit spezifischen Störungen in ihren Objektbeziehungen.[102]

---

[96] Pecher, Tiefenpsychologisch orientierte Psychotherapie im Justizvollzug, S. 18.
[97] Berner, Institutionelle Therapie bei sexueller Delinquenz, in: Sigusch (Hrsg.), Sexuelle Störungen und ihre Behandlung, S. 506; Berner/Kleber/Lohse, Psychotherapie bei sexueller Delinquenz, in: Strauß (Hrsg.), Psychotherapie der Sexualstörungen, S. 123.
[98] Judith, Konzept für die intramurale Behandlung von Sexualstraftätern, S. 38 f.
[99] Nedopil, Forensische Psychiatrie, S. 154.
[100] Kohut, Narzissmus, S. 17 ff.
[101] Kernberg, Borderline-Störungen und pathologischer Narzissmus, S. 261 ff.
[102] Kernberg, Borderline-Störungen und pathologischer Narzissmus, S. 261.

Nach *Judith* können narzisstische Störungen insofern als Ursache für Sexualstraftaten herangezogen werden, als narzisstisch gestörte Personen dazu neigen, bei Enttäuschungssituationen sexuelle Phantasien zu entwickeln und deviante sexuelle Handlungen vornehmen, um die bestehenden Spannungszustände abzubauen.[103]

6. Männliche Identitätsstörungen

Viele aggressive Sexualdelikte haben keine sexuelle Deviation im engeren Sinne zur Ursache, sondern sind Reaktionen auf Kränkungen oder Ängste. Die Täter zeigen weniger Störungen im sexuellen Bereich als im Kernbereich ihrer Persönlichkeit.[104] Häufig besteht eine Unsicherheit in Bezug auf die männliche Identität. In einigen Fällen lösen Impotenzerlebnisse, Zurückweisung oder Spott aggressive, sexuelle Impulse aus.[105] Die Tatausübung dient dann nicht der Befriedigung des Geschlechtstriebs, sondern wird durch den Wunsch ausgelöst, die andere Person zu beherrschen und zu demütigen.

Als Kernsymptome, wie sie für das Störungsbild der Entwicklungspsychopathie typisch sind, sieht *Welker* Intoleranz gegenüber Angst, Spannung und Unlust, einen geringen Spannungsbogen hinsichtlich der Bedürfnisbefriedigung und inadäquate Reiz-Reaktionsproportionen.[106] Die betroffenen Personen weisen Unsicherheiten in der Selbstwahrnehmung auf, unterliegen starken Gefühlsschwankungen und Zweifeln hinsichtlich der sexuellen Orientierung und Präferenz. Frauen werden häufig ambivalent wahrgenommen: Sie werden entweder idealisiert oder abgewertet. Sie werden verachtet oder aufgrund des gestörten Selbstbilds als bedrohlich angesehen.[107] Als Lösung sieht der Betroffene häufig nur die Depersonalisierung der Frauen an. Distanzierungs- und Kontaktsignale der Frauen werden aufgrund von Unkenntnis über weibliche Erwartungen an Männer falsch gedeutet.[108]

Insgesamt besteht eine Unfähigkeit, sich auf Emotionen von Frauen einzustellen, weil die eigenen Ängste um die männliche Identität im Vordergrund stehen, was in der Konsequenz zu einer aggressiven, dominanten oder beziehungsablehnenden Kompensation führt.

Wird die Ursache des auftretenden kriminellen Verhaltens dagegen nicht in der primär zu diagnostizierenden Identitätsstörung gesehen, sondern erst in der Re-

[103] Judith, Konzept für die intramurale Behandlung von Sexualstraftätern, S. 41.
[104] Baer, Psychiatrie für Juristen, S. 84; Wiederholt, ZfStrVo 1989, S. 232.
[105] Nedopil, Forensische Psychiatrie, S. 199.
[106] Welker, Der Einsatz sozialtherapeutischer Methoden im Strafvollzug, S. 28.
[107] Väth, Zur Wirksamkeit der Behandlung von Sexualstraftätern, S. 15.
[108] Judith, Konzept für die intramurale Behandlung von Sexualstraftätern, S. 68.

aktion offizieller Kontrollinstanzen oder der Gesellschaft insgesamt, muss nicht der Täter selbst behandelt werden, sondern eine Änderung der gesellschaftlichen Umstände herbeigeführt werden.[109]
Pädophile Beziehungen werden ebenfalls mit männlichen Identitätsstörungen in Zusammenhang gebracht. Die Pädophilie hat eine kompensatorische Funktion, indem sie einen Ausgleich zu Störungen in der eigenen männlichen Entwicklung zum erwachsenen Mann darstellt.[110]

IV. Strafrechtlich meist nicht relevantes, abweichendes Sexualverhalten

1. Voyeurismus

Für viele Menschen – vor allem für Männer – ist das heimliche Beobachten intimer Handlungen anderer Personen sexuell anregend. Allein die große Anzahl von pornographischen Filmen und Zeitschriften ist ein Indiz dafür, dass in der Bevölkerung ein Interesse besteht, sexuelle Handlungen zwischen anderen Personen zu beobachten. Diese Form sexueller Stimulation ist wegen ihres gehäuften Vorkommens eher eine Variante des Normalverhaltens als Ausdruck einer Perversion.[111]
Als deviante Verhaltensweise ist es erst dann zu deuten, wenn der Voyeurismus einen überragenden Stellenwert in der sexuellen Bedürfnisbefriedigung einnimmt und gerade in der anonymen Beobachtung sexuelle Erregung und im Wissen um die Einseitigkeit der Beziehung Überlegenheit und Macht empfunden wird.[112] Beim Voyeur kommt eine psycho-sexuelle Retardierung zum Vorschein, sich als aktiver Sexualpartner zu erkennen zu geben. Er versetzt sich selbst in die Rolle des von der Frau bei der intimen Selbstberührung ersehnten oder phantasierten Partners, kann sich aber nicht aus seiner Anonymität oder Distanz lösen.[113]
Das Beobachten von Paaren beim Austausch von Zärtlichkeiten fällt nicht unter den Tatbestand der Beleidigung nach § 185 StGB.[114] Hier ist darauf abzustellen, dass es dem Voyeur gerade darauf ankommt, sich vor Beobachtung und Entde-

---

109 Kury, Die Behandlung Straffälliger, S. 33 f.

110 Knecht, Kriminalistik 2001, S. 747.

111 Zum verantwortlichen Umgang mit Pornographie siehe Ostendorf, MschrKrim 2001, S. 382 ff.

112 Rehder, Sexuell abweichendes Verhalten, in: Egg (Hrsg.), Sozialtherapie in den 90er Jahren, S. 76.

113 Wille, Forensische Sexualmedizin, in: Forster (Hrsg.), Praxis der Rechtsmedizin für Mediziner und Juristen, S. 559.

114 BayObLG, NJW 1962, S. 1782; Tröndle/Fischer, § 185, Rn. 9; BayObLG, NJW 1980, S. 1969; Schönke/Schröder-Lenckner, § 185, Rn. 3a.

ckung durch andere zu sichern; von seinem Tun soll niemand Kenntnis erlangen. Zwar verletzt das Beobachten intimer Vorgänge das allgemeine Scham- und Sittlichkeitsgefühl.[115] Es fehlt jedoch an der für den Tatbestand der Beleidigung erforderlichen vorsätzlichen Kundgabe der Missachtung bzw. Nichtachtung, weshalb nur eine nicht strafbare Persönlichkeitsverletzung angenommen werden kann.[116]

Die Strafbarkeitsgrenzen werden dann überschritten, wenn der Voyeur beispielsweise zur Beobachtung in fremde Wohnungen eindringt. Dabei ist zu bemerken, dass während des Strafverfahrens die sexuelle Motivation für die Begehung der Tat kaum zur Sprache kommt.

2. Fetischismus

Von Fetischismus spricht man, wenn die sexuelle Erregung nicht durch ein personales Gegenüber, sondern durch unbelebte, depersonalisierte Stimuli ausgelöst wird.[117] Aus psychoanalytischer Sicht steht beim Fetischismus die Trennungsangst im Vordergrund, die aus einer traumatisch erlebten Trennung resultiert.[118] Fetische verkörpern einen Ersatz für den menschlichen Körper.[119]Als Stimulationsobjekt kommen Körperteile, Kleidungsstücke oder völlig indifferente Objekte in Betracht. Die intensiven Formen des Fetischismus lassen sich dadurch charakterisieren, dass der Fetisch keine besondere Beziehung mehr zu einer Person hat.[120] Die sexuelle Erregung löst sich weitgehend von einer Person und damit auch von der Vorstellung intimer Bindungen zu dieser Person.

---

115 Erdsiek, NJW 1962, S. 2240 (2242).

116 Dies gilt auch, wenn der Voyeur bei seiner Beobachtung nicht unentdeckt bleiben will. Die Annahme einer Beleidigung scheitert in diesem Fall zwar nicht am fehlenden Vorsatz der Wahrnehmung, jedoch an der fehlenden herabwürdigenden Achtungsverletzung, die in einer reinen Beobachtung nicht gesehen werden kann (vgl. BayObLG, NJW 1980, S. 1969). Rötelmann (MDR 1964, S. 207) bejaht eine Persönlichkeitsverletzung sogar nur dann, wenn ein Eindringen in das geschützte private Leben vorliegt. Fehlt es an einer „räumlichen“ Abschirmung gegenüber Dritten, könne von einem Eindringen in die Privat- oder Intimsphäre nicht die Rede sein. Nach dieser Auffassung liegt eine Persönlichkeitsverletzung vor, wenn ein Liebespaar beispielsweise durch das Schlafzimmerfenster hindurch beim Austausch von Zärtlichkeiten beobachtet wird; dagegen nicht, wenn dieselbe Handlung auf einer öffentlich zugänglichen Parkbank vorgenommen wird.

117 Beier/Bosinski/Hartmann/Loewit, Sexualmedizin, S. 361; Wille, Forensische Sexualmedizin, in: Forster (Hrsg.), Praxis der Rechtsmedizin für Mediziner und Juristen, S. 558.

118 Becker, Psychoanalytische Theorie sexueller Perversionen, in: Sigusch (Hrsg.), Sexuelle Störungen und ihre Behandlung, S. 432.

119 Nedopil, Forensische Psychiatrie, S. 165.

120 Rehder, Sexuell abweichendes Verhalten, in: Egg (Hrsg.), Sozialtherapie in den 90er Jahren, S. 76.

Tritt das Reizsymbol an die Stelle des Partners, erreicht die Selbstbefriedigung einen überhöhten Stellenwert. Aus psychopathologischer Sicht liegt eine sexuelle Partialstörung vor, die oft ein Prägungserlebnis zur Ursache hat.[121] Eine forensische Relevanz erlangt der Fetischismus nur im Hinblick auf das Entwenden von Gegenständen, die als Fetisch dienen sollen.[122]

3. Transvestismus

Es ist zunächst zwischen Transvestismus und Transsexualität zu unterscheiden. Der fetischistische Transvestit zieht Frauenkleider an, um sich sexuell zu erregen. Transsexualität beschreibt allgemein die Überschreitung der Geschlechtergrenzen.[123] Transsexualität liegt bei Personen vor, die glauben, ein Mensch des anderen Geschlechts zu sein, bzw. den ausgeprägten Wunsch haben, als solche Personen akzeptiert zu werden. In diesen Fällen hat das Tragen von Kleidung des anderen Geschlechts keine sexuelle Bedeutung.[124]
Transsexualismus ist die Hauptdiagnose bei Störungen der sexuellen Identität.[125] Da diese sexuellen Präferenzen kaum als Motivation für Sexualstraftaten angesehen werden können bzw. sich über die Häufigkeit des Zusammentreffens delinquenten Verhaltens mit einer transsexuellen Symptomatik keine aussagekräftige Literatur finden lässt[126], ist darauf nicht näher einzugehen.

4. Homosexualität

Bei Homosexualität handelt es sich zahlenmäßig um die größte Variante der sexuellen Partnerorientierung.[127] Strafrechtlich wird Homosexualität nur dann relevant, wenn sich das sexuelle Interesse auf gleichgeschlechtliche Kinder und Jugendliche konzentriert.[128] Bei den Pädophilen kommt es relativ häufig zu gleichgeschlechtlichen sexuellen Kontakten.[129]

---

121 Wille, Forensische Sexualmedizin, in: Forster (Hrsg.), Praxis der Rechtsmedizin für Mediziner und Juristen, S. 558.

122 Witter, Handbuch der forensischen Psychiatrie II, S. 1066 f.

123 Pfäfflin, Transsexualität, S. 1; Becker, Psychotherapie bei Transsexualität, in: Strauß (Hrsg.), Psychotherapie der Sexualstörungen, S. 139.

124 Rehder, Sexuell abweichendes Verhalten, in: Egg (Hrsg.), Sozialtherapie in den 90er Jahren, S. 77.

125 Nedopil, Forensische Psychiatrie, S. 164.

126 Siehe hierzu Seifert/Leygraf/Dönisch-Seidel, R & P 1994, S. 164.

127 Bräutigam/Clement, Sexualmedizin im Grundriss, S. 205; Witter, Handbuch der forensischen Psychiatrie II, S. 1066.

128 Durch das Erste Strafrechtsreformgesetz, das am 01.09.1969 in Kraft trat, wurde die Strafbarkeit von einverständlichen homosexuellen Handlungen unter Erwachsenen aufgehoben, soweit sie nicht ein Abhängigkeitsverhältnis ausnutzten oder gewerbsmäßig

5. Sadismus/Masochismus

Geringe Schmerzzufügung als Ausdruck sexueller Erregung ist zunächst nichts Abnormales. Beim Sadomasochismus überschreitet der Schmerz allerdings die Stufe des Gewöhnlichen. Das sich Bemächtigen, Erniedrigen oder Foltern des Sadisten, die Selbstaufgabe und die Leidensfähigkeit des Masochisten sind mit erotischen Gefühlen verbunden, allerdings nicht in jeder Situation, sondern nur in bestimmten, sexuell-partnerbezogenen Handlungen.[130]
Bei gewöhnlichem Verlauf beginnen die sadistischen Handlungen im frühen Erwachsenenalter, obgleich diesbezügliche Phantasien bereits in der Kindheit auftreten können.[131] Die Psychoanalyse sieht im Sadomasochismus die Sehnsucht nach der Rückkehr in die präödipale Epoche. In der sadomasochistischen Handlung soll ein Kompromiss von Verschmelzungswünschen und Abgrenzungsbedürfnissen erreicht werden, d.h. zwischen Sadist und Opfer wird eine duale Einheit hergestellt, in der die Grenzen zwischen Objekt und Subjekt sowie zwischen Mann und Frau verschwimmen.[132] Sadistische Handlungen zielen auf eine totale Beherrschung des Sexualpartners ab, wobei die Sexualität des Sadisten häufig mit Omnipotenzgefühlen verbunden ist.[133] Die jeweiligen Rollen sind meist austauschbar, der Sadist kann die Rolle des Masochisten einnehmen und umgekehrt. Häufig treten Verknüpfungen von Sadomasochismus zu anderen sexuellen Deviationen und Variationen auf.[134]

6. Nekrophilie

Nekrophilie betrifft den sexuellen Missbrauch von Toten. Bei manchen Tätern liegen Ersatzhandlungen vor; teilweise legen diese Menschen aber auch gerade

vorgenommen wurden. Nach § 175 StGB – der durch das 29. StÄG vom 31.5.1994 aufgehoben wurde – waren sexuelle Handlungen, die ein Mann über 18 Jahren an einem Mann unter 18 Jahren vornimmt oder von diesem vornehmen lässt, strafbar; Homosexualität erschien bis 1978 in den psychiatrischen Lehrbüchern und Klassifikationssystemen als Störung.

129 Beier/Bosinski/Hartmann/Loewit, Sexualmedizin, S. 352; Knecht, Kriminalistik 2001, S. 747.

130 Kunst/Hoyer/Borchard, MschrKrim 1999, S. 268; Rehder, Sexuell abweichendes Verhalten, in: Egg (Hrsg.), Sozialtherapie in den 90er Jahren S. 77.

131 Beier/Bosinski/Hartmann/Loewit, Sexualmedizin, S. 364.

132 Becker, Psychoanalytische Theorie sexueller Perversionen, in: Sigusch (Hrsg.), Sexuelle Störungen und ihre Behandlung, S. 434.

133 Nedopil, Forensische Psychiatrie, S. 166.

134 Wille, Forensische Sexualmedizin, in: Forster (Hrsg.), Praxis der Rechtsmedizin für Mediziner und Juristen, S. 558.

besonderen Wert darauf, eine Leiche als Liebesobjekt zu haben.[135] In vielen Fällen sind die diagnostizierten Persönlichkeitsstörungen der Nekrophilen so bedeutend, dass verminderte Schuldfähigkeit wegen schwerer seelischer Abartigkeit angenommen wird.[136] Nekrophilie ist per se nicht strafbar.[137] Anders ist dies zu beurteilen, wenn zur Vornahme der sexuellen Handlung der Leichnam weggenommen wird. Nach § 168 StGB wird bestraft, wer unbefugt aus dem Gewahrsam des Berechtigten den Körper oder Teile des Körpers eines verstorbenen Menschen, eine tote Leibesfrucht, Teile einer solchen oder die Asche eines verstorbenen Menschen wegnimmt. In Deutschland werden Fälle von Nekrophilie nur selten bekannt.[138]

7. Sodomie

Sodomie ist die Spezialisierung auf Tiere als Sexualpartner.[139] Als einschlägiger Straftatbestand kommt nur die Sachbeschädigung nach § 303 StGB in Betracht. Voraussetzung ist hierbei allerdings, dass es sich um ein fremdes Tier handelt. Unter Umständen mag auch ein Verstoß gegen das Tierschutzgesetz vorliegen.

---

135 Mueller, Gerichtliche Medizin – Teil 2, S. 1107.

136 Wille, Forensische Sexualmedizin, in: Forster (Hrsg.), Praxis der Rechtsmedizin für Mediziner und Juristen, S. 560.

137 Der in Betracht kommende § 168 StGB wird von der überwiegenden Literaturmeinung als nicht einschlägig angesehen, da in der Tathandlung nicht die Verübung beschimpfenden Unfugs gesehen werden könne; zum beschimpfenden Unfug gehöre, dass der Täter dem Toten seine Verachtung zeige und sich des beschimpfenden Charakters bewusst sei; so hat der BGH (BGH, NStZ 1981, S. 300) es bereits abgelehnt, in einem der Leiche zugefügten Stich und dem anschließenden Zerteilen beschimpfenden Unfug anzunehmen; dagegen hat das AG Solingen (MDR 1968, S. 65) eine Strafbarkeit bei Nekrophilie bejaht (so auch LK-Dippel, § 168, Rn. 43).

138 Die beiden spektakulärsten Fälle der letzten Jahre fanden in Berlin und Franken statt. Im ersten Fall grub ein Mann mehrere Frauenleichen aus, zog ihnen die Haut ab, entfernte Brüste und Schamlippen und hing sich diese als Halsschmuck um. Der Täter wurde 1998 in die geschlossene Psychiatrie eingewiesen. Im zweiten Fall stahl ein 40jähriger Mann ein 14jähriges Mädchen kurz vor der Beisetzung aus dem Sarg. Er verging sich mehrmals an dem toten Mädchen und zerstückelte es anschließend (siehe hierzu http://www.m-ww.de/sexualitaet_fortpflanzung/lexikon/nekrophilie.html).

139 § 175b StGB, der die Sodomie unter Strafe stellte, wurde durch das 1. StrafRG zum 1.9.1969 gestrichen. Grund hierfür war die Annahme, dass die Taten vielfach auf Schwachsinn, pubertären Entwicklungsstörungen oder erheblichen Alkoholgenuss zurückzuführen und die Täter deshalb strafrechtlich kaum zu beeindrucken seien (Sturm, NJW 1969, S. 1607).

V. Deviantes Sexualverhalten bei der Frau

Abweichendes Sexualverhalten ist überwiegend bei Männern anzutreffen.[140] Das männliche Geschlecht weist generell eine stärkere Anfälligkeit für sexuellen Nonkonformismus auf und neigt stärker zu ausgeprägter sexueller Abweichung. Legt man die von *Reiche* festgelegten Kriterien als Maßstab zur Bestimmung sexuell abweichenden Verhaltens an, gibt es wohl sehr wenige Frauen, die man als pervers bezeichnen kann.[141]
Noch geringer ist die Zahl der Frauen, die wegen eines Sexualdelikts in Erscheinung treten. Hierbei ist zunächst die Unterscheidung zu treffen, ob die Frauen selbst als alleinige Täterinnen der Sexualstraftat in Betracht kommen oder ob sie in ihrer Stellung als Mittäterin oder Gehilfin einer Tat verurteilt wurden. Die für Diagnostik und Begutachtung wichtigsten Sexualdelikte des sexuellen Missbrauchs von Kindern (§§ 174, 176 StGB), der sexuellen Nötigung und Vergewaltigung (§ 177 StGB) und des Exhibitionismus (§§ 183, 183a StGB) werden nahezu ausschließlich von männlichen Tätern begangen. *Beier* geht dabei von einer Quote von 99 % aus.[142] Nach *Kavemann* liegt die Frauenanteil unter den Tätern, die Kinder sexuell missbrauchen, bei 10 %[143], teilweise wird die Zahl sogar auf 15 % geschätzt.[144] Im Jahr 2001 lag der Anteil weiblicher Tatverdächtiger bei Vergewaltigung und sexueller Nötigung gemäß §§ 177 Abs. 2, 3 und 4 und 178 StGB bei 1,1 %.[145]
Im Folgenden soll aufgrund der deutlichen Überrepräsentierung und ohne damit den sexuellen Missbrauch durch Frauen verharmlosen zu wollen, nur von männlichen Tätern ausgegangen werden.

---

140 Rehder, Sexuell abweichendes Verhalten, in: Egg (Hrsg.), Sozialtherapie in den 90er Jahren, S. 73; Wille, Forensische Sexualmedizin, in: Forster (Hrsg.), Praxis der Rechtsmedizin für Mediziner und Juristen, S. 557.

141 Reiche, Psychoanalytische Therapie sexueller Perversionen, in: Sigusch (Hrsg.), Sexuelle Störungen und ihre Behandlung, S. 443.

142 Beier/Bosinski/Hartmann/Loewit, Sexualmedizin, S. 344; in einer Erhebung angezeigter Fälle von sexuellem Missbrauch in niedersächsischen Polizeibehörden wird der Anteil der männlichen Tatverdächtigen mit 99,8 % angegeben (hierzu und zu weiteren Studien siehe Burger/Reiter, Sexueller Missbrauch von Kindern und Jugendlichen, S. 24).

143 Kavemann, Viel schlimmer oder halb so schlimm? Wenn Frauen Mädchen oder Jungen sexuell missbrauchen, in: Wodtke-Werner/Mähne (Hrsg.), „Nicht wegschauen!" Vom Umgang mit Sexual(straf)tätern, S. 37.

144 Arbeitsgemeinschaft Kinder- und Jugendschutz, Landesstelle Nordrhein-Westfalen e.V., An eine Frau hätte ich nie gedacht, S. 5.

145 BKA, PKS 2001, S. 27.

VI. Zusammenfassung

Sexualdelinquenz kann mit einer der oben genannten Theorien allein nicht erklärt werden. Viele der Theorien haben ihre Existenzberechtigung, indem sie jeweils Teilaspekte menschlichen Verhaltens zu erklären versuchen. Um das komplexe Störungsbild, das bei vielen Sexualstraftätern vorliegt, entschlüsseln zu können, bedürfte es jedoch eines Ansatzes, der Theorien unterschiedlicher Provenienz und unterschiedlichen Erklärungsanspruchs integriert.[146]
Festgehalten werden kann zumindest, dass Sexualdelikte immer eine oder mehrere Personen zum Zielobjekt haben, die in direkter oder indirekter aggressiver Weise zum Sexualobjekt reduziert werden, indem die Täter über sie in jeder nur erdenklichen sexuellen Handlungsform verfügen und sich ihrer zur Befriedigung individueller Wünsche bedienen.
Beachtenswert sind neue Ansätze in der Neurophysiologie und der Biochemie. Hatte man in den letzten Jahren einen Zusammenhang zwischen körperlichen Dispositionen und Kriminalitätsbelastung nahezu abgelehnt, greift die moderne Medizin auf frühere Ansätze zurück. Da empirische Untersuchungsergebnisse beispielsweise zu kernspintomographisch feststellbaren Auffälligkeiten von Sexualstraftätern noch nicht vorliegen, lassen sich hierzu noch keine allgemein gültigen Aussagen machen. Allerdings kann sicherlich die Grundannahme getroffen werden, dass in einigen Fällen biologische Besonderheiten eine Prädisposition zu deliktischem Verhalten begründen können. Diese als Hauptursache für die Begehung von Straftaten anzusehen, würde sicherlich zu weit führen, eine völlige Bedeutungslosigkeit kann jedoch ebenfalls nicht angenommen werden. In Bezug auf die deliktspezifischen Beweggründe für den sexuellen Missbrauch, die sexuellen Gewaltdelikte und den Exhibitionismus und die Tätercharakteristika ist auf Punkt E. zu verweisen.
Weiterhin lässt sich feststellen, dass Menschen durchaus abweichende sexuelle Verhaltensweisen zeigen können, ohne damit zwangsläufig eine Straftat zu begehen. Im Bereich der Ausgestaltung sexueller Handlungsformen lassen sich unterschiedlichste Variationen erkennen. Gerade die Bedeutungsverschiebung im Hinblick auf Sexualität von bloßer Fortpflanzungsfunktion zu gemeinsamer Lusterfüllung und partnerschaftlicher Bestätigung hat das Spektrum an Handlungsformen deutlich erweitert. Wie bereits erwähnt, kommen auch bei in sexueller Hinsicht „normal“ agierenden Personen deviante Phantasien vor. Aus psychologischer Sicht wird dies jedoch erst relevant, wenn es anschließend auch zu einer devianten Handlung kommt; aus forensischer Sicht erlangt es sogar erst dann Bedeutung, wenn die Handlung zu einem strafrechtlich verfolgbaren Delikt führt.

---

[146] Lübcke-Westermann, MschrKrim 1995, S. 4.

Insoweit können folgende Grundaussagen getroffen werden:
Eine Sexualstraftat kann eine psychische Störung als Ursache haben; dies ist jedoch nicht zwangsläufig. Auch eine psychisch „gesunde“ Person kann eine Sexualstraftat begehen, wenn sie eine unvollkommene bzw. rückständige Vorstellung von Sexualität hat und beispielsweise davon ausgeht, es bestehe ein „Recht“ auf Sexualität mit anderen Personen, oder aufgrund fehlender sozialer Handlungsalternativen auf Provokation oder Kränkung mit einer Sexualstraftat – häufig als Kurzschlusshandlung – reagiert.
Daneben gibt es zahlreiche sexuell abweichende Verhaltensweisen – als krasses Beispiel sei hier die Sodomie genannt –, die aus psychologischer Betrachtungsweise durchaus Relevanz besitzen, strafrechtlich jedoch nur in den seltensten Fällen eine Bedeutung haben.

B. Straftaten gegen die „sexuelle Selbstbestimmung“

Bei den oben aufgeführten sexuellen Verhaltensweisen handelt es sich um sexuell abweichendes Verhalten, dass jedoch nicht notwendigerweise zu einem strafbaren Verhalten werden muss. Im Folgenden werden ausschließlich Thematiken behandelt, die mit strafbarem Verhalten in Zusammenhang stehen.
Der 13. Abschnitt des StGB – namentlich die §§ 174 bis 184c – erhielt im Zuge des 4. StrRG die neue Überschrift: „Straftaten gegen die sexuelle Selbstbestimmung“. Der Gesetzgeber wollte durch die Wahl dieses Oberbegriffs seine Abkehr vom Schutzgut der Erhaltung der Sittlichkeit verdeutlichen. Bis in die jüngste Zeit spiegelte die Rechtsgeschichte die Einstellung wieder, dass Sexualstraftaten primär keinen Angriff auf die individuelle Person darstellen, sondern sich gegen die Sitte und gesellschaftliche Ordnung richten. Beim Tatbestand der Vergewaltigung wurde nicht vordergründig auf die Gewalt abgestellt, die der Frau angetan wurde, sondern auf die Verletzung der sittlichen und moralischen Ordnung.[147] Nach der Gesetzesänderung sollen die Strafvorschriften die sexuelle Selbstbestimmung schützen, wobei sich dieses einheitliche Rechtsgut in den einzelnen Tatbeständen in verschiedener Weise konkretisiert.
Sexuelle Selbstbestimmung ist ein Rechtsgut der Person und ein Teil individueller Menschenwürde. Sie dient in ihrem Grundsatz weder dem Schutz von Ehe und Familie noch ist sie ein herausgehobenes Spezifikum weiblicher Geschlechtsehre.[148] Deshalb ist der Begriff der sexuellen Selbstbestimmung nicht in umfassendem Sinn als „Selbstbestimmung auf sexuellem Gebiet“, d.h. als Freiheit zu sexuellen Handlungen zu verstehen. In der sozialen Realität würde dies im Bereich der Sexualität zu Problemen im Umgang mit anderen Personen

[147] Wieczorek, ZfStrVo 1997, S. 160.
[148] Tröndle/Fischer, § 177, Rn. 2.

führen. Das Recht auf sexuelle Selbstbestimmung im strafrechtlichen Sinn stellt ein Abwehrrecht des Einzelnen dar; es enthält die Freiheit vor Fremdbestimmung auf sexuellem Gebiet.[149] Dem potentiellen Opfer sollen die physischen und psychischen Bedingungen für seine Fähigkeit erhalten bleiben, selbst zu entscheiden, ob es von einer Person zu einem bestimmten Zeitpunkt an einem konkreten Ort in ein sexualbezogenes Geschehen eingebunden werden will oder nicht.[150]

I. Änderungen durch das 33. Strafrechtsänderungsgesetz

Die Vorschriften des Sexualstrafrechts wurden wesentlich umgestaltet durch das 33. StÄG vom 01.07.1997. Ziel der Strafrechtsreform war zum einen eine Harmonisierung der Strafrahmen innerhalb des StGB, zum anderen die Verbesserung des Strafrechtsschutzes gegenüber sexuellem Kindesmissbrauch. Dazu wurden in den §§ 176a Abs. 4, 176b, 177 Abs. 3 und 4, 178 und 179 Abs. 4 StGB neue Tatbestände für erschwerte Fälle des sexuellen Kindesmissbrauchs, der sexuellen Nötigung und des sexuellen Missbrauchs Widerstandsunfähiger geschaffen, die in Voraussetzungen und Rechtsfolgen den §§ 250, 251 StGB n.F. in wesentlichen Teilen entsprechen.[151] § 176 StGB wurde in seinem Anwendungsbereich erweitert und mit einer deutlich höheren Strafdrohung versehen, für erschwerte Fälle wurden die §§ 176a, 176b StGB geschaffen.
Das 33. StÄG hat zunächst die sexuelle Nötigung und Vergewaltigung in einem einheitlichen, geschlechtsneutralen Tatbestand zusammengefasst. Die Vergewaltigung, d.h. der erzwungene Beischlaf und vergleichbare sexuelle Handlungen[152], ist seitdem ein Regelbeispiel – und nicht mehr ein eigenständiger Verbrechenstatbestand – eines neugeschaffenen besonders schweren Falls. Diese Handlungen waren bis dahin nur durch § 178 StGB a.F. erfasst. Darüber hinaus hob man die Beschränkung auf außereheliche sexuelle Handlungen auf, was das Hauptanliegen der Reform der §§ 177, 178 StGB a.F. bildete.[153] Das sog. „Ehegattenprivileg“ wurde durch die Reform abgeschafft. Als Grund hierfür galt die Aufgabe der überkommenen Grundhaltung, der Geltungsbereich des Strafrechts würde dort seine Grenzen finden, wo die Intimität des persönlichen Zusammenlebens beginnt. Das Recht auf sexuelle Selbstbestimmung ist unteilbar und kann

---

149 Schroeder, Das neue Sexualstrafrecht, Entstehung – Analyse – Kritik, S. 18.
150 Laubenthal, Sexualstraftaten, Rn. 15; SK-Horn, § 177, Rn. 2.
151 Schönke/Schröder-Lenckner/Perron, Vorbem §§ 174 ff., Rn. 6.
152 Die Legaldefinition der „Vergewaltigung“ bezieht sich nur auf diejenigen sexuellen Handlungen, die mit einer Penetration verbunden sind (Tröndle/Fischer, § 177, Rn. 31).
153 Schönke/Schröder-Lenckner/Perron, Vorbem §§ 174 ff., Rn. 5.

durch das Eingehen einer Ehe keine Einschränkung oder gar Beseitigung erfahren.[154]

Als weitere Tatvariante wurde die Nötigung unter Ausnutzung einer Lage hinzugefügt, in der das Opfer den Einwirkungen des Täters schutzlos ausgeliefert ist. Dies sollte eine Strafbarkeitslücke schließen, die bestand, wenn Frauen aus Angst vor Gewaltanwendung des Täters die sexuellen Handlungen hinnahmen oder das Vorliegen der Nötigungsmittel Gewalt oder Drohung mit Angriffen auf Leib und Leben zweifelhaft waren. Daneben sollte ein verbesserter Schutz behinderter Menschen durch Einführung des dritten Nötigungsmittels erreicht werden.

II. Änderungen durch das Gesetz zur Bekämpfung von Sexualdelikten und anderen gefährlichen Straftaten

In den Jahren 1996 und 1997 gerieten einige Fälle sexuellen Missbrauchs von Kindern in den Blickwinkel der Öffentlichkeit und sorgten für ein sehr sensibles kriminalpolitisches Klima. Bayern brachte schließlich einen Gesetzesentwurf in den Bundesrat ein, der die Verbesserung des Schutzes der Gesellschaft vor gefährlichen Sexualstraftätern zum Ziel hatte.[155] Dieser Gesetzesentwurf stellte die Grundlage für das Gesetz zur Bekämpfung von Sexualdelikten und anderen gefährlichen Straftaten vom 26.01.1998 dar. Auffallend ist die Schnelligkeit, mit der das Gesetz verabschiedet und in Kraft getreten ist. Dies erinnert an die „democracy at work“-These, die zur Erklärung der immer schneller laufenden Strafgesetzgebungsmaschine in Nordamerika entwickelt wurde und die die Tätigkeit des Gesetzgebers als unmittelbare und sofortige Erfüllung öffentlicher Erwartungen sieht.[156]

Die öffentliche und politische Diskussion gerade in Bezug auf Wiederholungstaten war geprägt von der Forderung nach Verschärfung der Maßregel der Sicherungsverwahrung, die die Gefahr von Wiederholungstaten verringern sollte. Diesem öffentlichen Druck ist der Gesetzgeber gefolgt, obwohl sich bei einer öffentlichen Anhörung des Rechtsausschusses des Deutschen Bundestags mehrere Experten aufgrund mangelnder Prognosesicherheit gegen eine Verschärfung dieser Maßnahme aussprachen.[157]

Daneben trägt bereits der Name des Gesetzes einige Unklarheiten in sich. Die Formulierung „zur Bekämpfung von Sexualstraftaten und anderen gefährlichen Straftaten“ führt zu dem Schluss, dass Sexualstraftaten immer gefährlich seien

---

154 Laubenthal, Sexualstraftaten, Rn. 27.

155 BR-Drs. 876/96, S. 1 ff.

156 Albrecht, ZStW 1999, S. 864.

157 Hammerschlag/Schwarz, NStZ 1998, S. 321.

und Sexualstraftäter damit gefährliche Täter. In dieser Pauschalität kann diese Aussage sicherlich nicht getroffen werden. Ein Sexualdelikt kann lediglich ein Indiz sein für eine vorliegende Gefährlichkeit des Täters, der das Sexualdelikt begangen hat.[158]

Das Gesetz stellt die Landesjustizverwaltungen und die Justizpraxis vor neue Herausforderungen im Umgang mit Sexualstraftätern. Im Einzelnen ergaben sich durch das Gesetz folgende Änderungen:

- Verschärfung über die Vorschriften der Sicherungsverwahrung,
- Klarstellung der Voraussetzungen für die Strafaussetzung zur Bewährung und für die Aussetzung der weiteren Vollstreckung einer freiheitsentziehenden Maßregel,
- Erteilung von Behandlungsweisungen auch gegen den Willen des Verurteilten,
- Unbefristete Führungsaufsicht bei Therapieverweigerung,
- Verlängerung der Registerfristen bei Sexualstraftätern und
- Vermehrte Verlegung von Sexualstraftätern in sozialtherapeutische Einrichtungen.[159]

1. Verschärfung der Vorschriften über die Sicherungsverwahrung

§ 66 StGB wurde ein Absatz 3 hinzugefügt, der die Voraussetzungen zur Anordnung von Sicherungsverwahrung deutlich herabsetzt. Die Ausweitung der Anordnungsmöglichkeiten wird wiederum durch den in § 66 Abs. 3 StGB genannten Straftatenkatalog eingeschränkt. Die Herabsetzung der Anordnungsvoraussetzungen der Sicherungsverwahrung gilt im wesentlichen für Gewalt- und Sexualstraftäter[160], da es sich bei den Straftaten entweder um Verbrechen oder Sexualstraftaten nach den §§ 174 bis 174c, 176, 179 Abs. 1 bis 3, 180, 182 StGB oder um Taten nach den §§ 224, 225 Abs. 1 oder 2 StGB oder nach § 323a StGB (soweit die im Rausch begangene Tat eine der vorgenannten Katalogtaten ist) handeln muss (§ 66 Abs. 3 S. 1 StGB). Bei den zu zeitiger Freiheitsstrafe von mindestens zwei Jahren Verurteilten kann das Gericht neben der Strafe Sicherungsverwahrung anordnen, wenn sie wegen eines oder mehrerer der im Gesetz genannten Delikte, die sie vor der neuen Tat begangen haben, bereits zu einer Freiheitsstrafe von mindestens drei Jahren verurteilt wurden (§ 66 Abs. 3 S. 1 StGB). Auch ohne frühere Verurteilung kann die Sicherungsverwahrung ange-

---

[158] Schüler-Springorum, Erläuterungen zum Gesetz zur Bekämpfung von Sexualdelikten und anderen gefährlichen Straftaten vom 26.1.1998, in: Herrfahrdt (Hrsg.), Behandlung von Sexualstraftätern, S. 24.

[159] Hammerschlag/Schwarz, NStZ 1998, S. 321.

[160] Hammerschlag/Schwarz, NStZ 1998, S. 321.

ordnet werden, wenn der Täter zwei Straftaten begangen hat, durch die er jeweils Freiheitsstrafe von mindestens zwei Jahren verwirkt hat und er wegen einer oder mehrerer dieser Taten zu zeitiger Freiheitsstrafe von mindestens drei Jahren verurteilt wird (§ 66 Abs. 3 S. 2 StGB). Damit kann Sicherungsverwahrung nicht nur nach erfolgter Vorverurteilung, sondern schon nach Begehung zweier Sexualstraftaten zur Anwendung gelangen.[161]

In jedem Fall muss die Gesamtwürdigung des Täters und seiner Taten als Voraussetzung für die Sicherungsverwahrung der Vorgabe des § 66 Abs. 1 Nr. 3 StGB entsprechen, also der Täter infolge seines Hanges zu erheblichen Straftaten für die Allgemeinheit gefährlich sein.[162] War bislang die Vorstrafenbelastung als solche ein Indiz für einen möglichen Hang zu erheblichen Straftaten, so erfüllt nun jeder in Absatz 3 aufgeführte Tatbestand diese Indizfunktion.[163] Bei der Feststellung eines Hanges zu Verbrechen zeigt sich das Problem mangelnder Prognosesicherheit menschlichen Verhaltens. Durch die Reduzierung der Vortaten hat der Gesetzgeber die Basis für die schwierige Prognoseentscheidung noch deutlich reduziert. So ist es nur in Ausnahmefällen vorstellbar, auf der Grundlage von nur einer Verurteilung wegen zweier in Tatmehrheit begangener Taten einen Hang des Täters zur Straftatbegehung mit hinreichender Sicherheit feststellen zu können.

Eine weitere erhebliche Verschärfung zeigt sich in der Abschaffung der bisher in § 67d Abs. 1 StGB vorgesehenen Befristung der ersten Sicherungsverwahrung auf zehn Jahre. Besteht die Gefährlichkeit des Täters auch nach zehnjähriger Sicherungsverwahrung fort, kann es nicht verantwortet werden, die mit einer Entlassung verbundenen Risiken einzugehen. Im Extremfall würde dies nämlich anderenfalls dazu führen, dass abgewartet werden muss, bis der Täter eine neue schwere Straftat begeht. Zur Abschwächung dieser generellen Verschärfung be-

---

161 Schöch beurteilt die Verschärfung der Sicherungsverwahrung insgesamt als begrüßenswert; gerade unter den Sexualstraftätern gebe es einige extrem gefährliche, unverbesserliche Täter, bei denen auch eine Intensivierung der Therapiemaßnahmen nicht den erforderlichen Schutz der Gesellschaft gewährleisten könne (siehe hierzu NJW 1998, S. 1261); ähnlich äußert sich auch Schneider (siehe hierzu Schneider, Die Behandlung von Sexualstraftätern im Strafvollzug, in: Festschrift für Böhm, S. 448): Allein die Verbesserung der Behandlungsmöglichkeiten reiche für einen effektiven Schutz der Bevölkerung nicht aus. Die gesetzliche Neuregelung bringe den Freiheitsanspruch des Täters in ein angemessenes Verhältnis zum körperlichen und psychischen Unversehrtheitsanspruch des Opfers.

162 Schönke/Schröder-Stree, § 66, Rn. 58.

163 Schüler-Springorum, Erläuterungen zum Gesetz zur Bekämpfung von Sexualdelikten und anderen gefährlichen Straftaten vom 26.1.1998, in: Herrfahrdt (Hrsg.), Behandlung von Sexualstraftätern, S. 26.

stimmt § 67d Abs. 3 StGB, dass die Sicherungsverwahrung bei einer günstigen Prognose nach zehnjährigem Vollzug für erledigt zu erklären ist.
Eine günstige Prognose setzt die Überzeugung des Richters voraus, dass erhebliche Straftaten, durch welche die Opfer seelisch oder körperlich schwer geschädigt werden, nach der Entlassung vom Sicherungsverwahrten infolge seines Hanges nicht zu befürchten sind.[164] Dies ermöglicht in besonders schweren Fällen eine flexiblere Lösung. Eine Gefährdung der Bevölkerung muss nicht lediglich aufgrund einer starren zeitlichen Grenze riskiert werden.[165] Die Verlängerung der Sicherungsverwahrung beschränkt sich somit auf Gewalt- und Sexualstraftäter, von denen nach Verbüßung der Strafe und anschließender zehnjähriger Sicherungsverwahrung erhebliche Gefahren für die Bevölkerung ausgehen. Im Umkehrschluss besagt dies: Die Sicherungsverwahrung bei gewaltfreien Eigentums- und Vermögensdelikten ist generell befristet.[166]
Außerdem wurde § 463 StPO in Absatz 3 um den Satz ergänzt, dass sich der Gutachter expressis verbis zu äußern habe, ob von dem Verurteilten aufgrund seines Hanges weiterhin erhebliche Taten zu erwarten sind.[167] Aufgrund der Verweisung auf den neu gefassten § 454 Abs. 2 StPO ist das Gericht verpflichtet, den Sachverständigen mündlich zu hören, es sei denn, der Verurteilte, sein Verteidiger oder die Staatsanwaltschaft verzichtet hierauf. Insgesamt führt das Gesetz zur Bekämpfung von Sexualdelikten zu einer Verschärfung bezüglich der Sicherungsverwahrung, doch wirkt sich diese nur bei einer sehr geringen Zahl gefährlicher Straftäter aus, bei denen zum Schutz der Bevölkerung die weitere Inhaftierung angezeigt ist.

2. Klarstellung der Voraussetzungen für die Strafaussetzung zur Bewährung und für die Aussetzung der weiteren Vollstreckung einer freiheitsentziehenden Maßregel

Vor der Gesetzesänderung konnte die Freiheitsstrafe zur Bewährung ausgesetzt werden, wenn verantwortet werden konnte, zu erproben, ob der Verurteilte außerhalb des Strafvollzugs keine Straftaten mehr begehen wird. § 57 Abs. 1 Satz 1 Nr. 2 StGB lässt nun eine Aussetzung zu, wenn dies unter Berücksichtigung des Sicherheitsinteresses der Allgemeinheit verantwortet werden kann. Satz 2

---

[164] Schönke/Schröder-Stree, § 67d, Rn. 13; Ullenbruch, NStZ 1998, S. 327; Lackner/Kühl, § 67d, Rn. 3.
[165] Kudlich, JuS 1998, S. 668; Schneider, JZ 1998, S. 444.
[166] Hammerschlag/Schwarz, NStZ 1998, S. 322.
[167] Rosenau, StV 1999, S. 396.

erwähnt zusätzlich das Gewicht des bei einem Rückfall bedrohten Rechtsguts.[168] Hierbei ist festzuhalten, dass mit der Neuformulierung keine inhaltliche Änderung der Aussetzungskriterien beabsichtigt ist. Die Änderung des Gesetzestextes soll lediglich klarstellen, dass es von dem Gewicht des bei einem Rückfall bedrohten Rechtsguts und dem Sicherheitsbedürfnis der Allgemeinheit abhängt, welches Maß an Erfolgswahrscheinlichkeit für eine Aussetzung des Restes der Freiheitsstrafe zu verlangen ist.[169] Gerade bei Straftaten gegen Leib und Leben oder gegen die sexuelle Selbstbestimmung muss in Bezug auf das Sicherungsbedürfnis der Allgemeinheit bei der Prüfung der Entlassungsreife ein strenger Maßstab angelegt werden.
Bei § 67d Abs. 2 S. 1 StGB wurde die sog. „Erprobensklausel" (Aussetzung der Unterbringung, „sobald verantwortet werden kann zu erproben, ob...") durch eine Erwartungsformel ersetzt. Demnach kann eine Aussetzung erfolgen, wenn zu erwarten ist, dass der Untergebrachte außerhalb des Maßregelvollzugs keine rechtswidrigen Taten mehr begehen wird. Auch hier hängt es von dem Gewicht des bei einem Rückfall bedrohten Rechtsguts und dem Sicherungsbedürfnis der Allgemeinheit ab, welches Maß an Erfolgswahrscheinlichkeit für eine Aussetzung zur Bewährung zu fordern ist.[170]
Eine prozessuale Veränderung erfolgte im Hinblick auf das Verfahren bei der Entscheidung über die Strafaussetzung zur Bewährung. So ist die Begutachtung eines Verurteilten durch einen Sachverständigen nicht mehr nur bei der Aussetzung einer lebenslangen Freiheitsstrafe erforderlich, sondern auch wenn der Täter wegen eines Verbrechens oder wegen eines Vergehens nach den §§ 174 bis 174c, 176, 179 Abs. 1 bis 3, 180, 182, 224, 225 Abs. 1 oder 2 StGB zu einer zeitigen Freiheitsstrafe von mehr als zwei Jahren verurteilt worden ist und nicht auszuschließen ist, dass Gründe der öffentlichen Sicherheit einer vorzeitigen Entlassung widersprechen.

---

168 Nach Ansicht von Schneider (JZ 1998, S. 440) ist die Gesetzesänderung zu begrüßen, da im Zweifel das Sicherheitsinteresse potentieller Opfer Vorrang vor den Interessen des Täters haben muss.

169 Hammerschlag/Schwarz, NStZ 1998, S. 323; Rotthaus, NStZ 1998, S. 599.

170 Hammerschlag/Schwarz, NStZ 1998, S. 324; Nedopil äußerte sich zu dieser Gesetzesänderung sehr kritisch (MschrKrim 1998, S. 44 ff.): Maßregelvollzug werde zum Ersatz für Sicherungsverwahrung; es komme zu einer Resignation bei Therapeuten und Patienten und zu einem geringeren Einsatz der Therapiemöglichkeiten. Er spricht sogar von einer Dämonisierung der psychisch Kranken und Gestörten, von ihrer Ausgrenzung und Abschiebung. Haddenbrock (MschrKrim 1998, S. 220) entgegnet der pessimistischen Erwartung Nedopils, die Neufassung sei nicht als strenge Restriktion zu bewerten. „Erprobung" und „Erwartung" bildeten vielmehr eine Sinneinheit. Eine Entlassung bleibe eben nur möglich, wenn keine Rückfälligkeit zu erwarten ist; nichts anderes galt nach seiner Auffassung bei der Erprobensklausel.

3. Erteilung von Behandlungsweisungen ohne Zustimmung des Verurteilten

Das Gericht kann nach § 56c Abs. 3 Nr. 1 StGB im Rahmen der Strafaussetzung, der Strafaussetzung zur Bewährung (§ 57 Abs. 3 StGB) und bei der Führungsaufsicht (§ 68b Abs. 2 S. 2 StGB) auch ohne Einwilligung des Verurteilten anordnen, dass er sich einer Heilbehandlung unterzieht, soweit diese nicht mit einem körperlichen Eingriff verbunden ist. Für eine solche Weisung soll insbesondere eine psychotherapeutische Behandlung in Betracht kommen.[171]
Dagegen darf ein Sexualstraftäter beispielsweise nicht angewiesen werden, bei sich eine chirurgische Kastration vornehmen zu lassen. Dies gilt trotz der notwendigen Zustimmung des Verurteilten, da bei einem solch schwerwiegenden Eingriff in den Persönlichkeitsbereich keinerlei Zwang ausgeübt werden darf, der schon darin zu sehen wäre, dass bei Nichtbefolgung der Weisung der Widerruf der Strafaussetzung droht.[172] Die Pflicht zur psychotherapeutischen Heilbehandlung ohne Einwilligung stellt ein Novum im deutschen Strafrechtssystem dar. Die Beurteilung dieser „Zwangstherapie“ ist unterschiedlich. Es gehe nicht, wie die Gesetzesbegründung suggeriert, um dasselbe wie bei dem schon bisher anerkannten mittelbaren Therapiezwang, der darin zu sehen ist, dass bei der Entscheidung über die Strafrestaussetzung zu Lasten des Verurteilten zu berücksichtigen ist, wenn sich der Gefangene einem geeigneten Therapieangebot ohne triftigen Grund verweigert hat. Die Sanktionsmöglichkeit der Straf- oder Strafrestaussetzung wird vielmehr unmittelbar an die Weigerung zur Therapie geknüpft.[173] Zudem sei eine Therapie gegen den Willen des Betroffenen nicht seriös durchführbar.[174]
Gegen das Erfordernis einer Zustimmung wird angeführt, eine gegen den Willen des Betroffenen eingeleitete Therapie könne die nötige Therapiebereitschaft auch noch erzeugen.[175] Gerade bei Sexualstraftätern sei ein solcher Anfangszwang nützlich, da diese häufig nicht unter ihrem Fehlverhalten leiden und deshalb nicht für eine Therapie motiviert sind.[176]
Hierzu ist zu sagen, dass eine freiwillig begonnene Therapie sicherlich größere Anfangserfolge im Vergleich zu einer zwangsweise durchgeführten Therapie

---

171 Schöch, NJW 1998, S. 1259.

172 Schönke/Schröder-Stree, § 56c, Rn. 26.

173 Schöch, NJW 1998, S. 1260.

174 Kusch, ZRP 1997, S. 90; bisherige Erfahrungen haben gezeigt, dass eine zwangsweise durchgeführte Therapie Abwehr und Widerstand im Hinblick auf die Auseinandersetzung mit der eigenen Situation auslösen kann (siehe hierzu Gutmann, Freiwilligkeit und Sozio-(Therapie) – notwendige Verknüpfung oder Widerspruch?, S. 52).

175 Rosenau, StV 1999, S. 397.

176 Siehe hierzu auch die Ausführungen zu Motivation und Verantwortungsübernahme (5. Teil, B. I. 3.).

zeigt. Die Freiwilligkeit als Voraussetzung für den Beginn einer Therapie festzuschreiben, ist jedoch kritisch zu bewerten. In der Tat setzt bei vielen Straftätern – gerade bei Sexualstraftätern – ein positiver Denkprozess und eine damit einhergehende Auseinandersetzung mit dem begangenen Delikt erst im Verlauf der Behandlungsmaßnahme ein. Anfangs nicht therapiewilligen Tätern eine Behandlung zu verweigern, wäre sicher der falsche Weg. Zeigt sich der Täter nach Absolvierung mehrerer Therapiestunden unkooperativ und lässt sich eine Therapiebereitschaft trotz größter Bemühungen nicht erzielen, kann immer noch ein Abbruch der Therapie in Erwägung gezogen werden.

4. Unbefristete Führungsaufsicht bei Therapieverweigerung

Gerade durch eine Verbesserung der Führungsaufsicht sollte die Gefahr von Rückfalltaten verringert werden. Nunmehr ist es durch Erweiterung des Straftatenkatalogs des § 181b StGB möglich, bei jeder Verurteilung zu mindestens sechs Monaten Freiheitsstrafe wegen eines Sexualdelikts gemäß §§ 174 bis 174c, 176 bis 180, 180b bis 181a und 182 StGB gleichzeitig Führungsaufsicht anzuordnen. Gemäß § 68f StGB tritt Führungsaufsicht kraft Gesetzes ein. Dabei wurde für Sexualstraftäter die Mindestvollstreckungsfrist von zwei Jahren auf ein Jahr reduziert.

Eine neue Regelung wurde durch die Einführung der unbefristeten Führungsaufsicht (§ 68c Abs. 2 StGB) geschaffen, die gegenüber denjenigen Probanden verhängt werden kann, die zur Aufnahme einer vom Gericht als notwendig erachteten Behandlung nicht bereit sind, weshalb eine Gefährdung der Allgemeinheit durch die Begehung neuer Straftaten zu befürchten ist. Da der Gesetzgeber aus verfassungsrechtlichen Gründen keine Möglichkeit sah, eine wirkliche Zwangsbehandlung von verurteilten Sexualstraftätern einzuführen, hat er dieses Instrument geschaffen, um die Gruppe der nicht behandelten und deshalb besonders rückfallgefährdeten Täter auch nach der Entlassung aus der Haft einer geeigneten Kontrolle und Einflussnahme der Führungsaufsichtsorgane zu unterstellen.[177]

5. Verlängerung der Registerfristen bei Sexualstraftätern

Durch das Gesetz wurden auch die §§ 32, 34, 41 und 46 BZRG geändert. Verurteilungen wegen Straftaten nach den §§ 174 bis 180 oder 182 StGB von bis zu einem Jahr Jugendstrafe, Geldstrafe bis zu 90 Tagessätzen und Freiheitsstrafe oder Strafarrest bis zu drei Monaten werden für drei Jahre in ein Führungszeugnis aufgenommen. Verurteilungen von mehr als einem Jahr Jugend- oder Frei-

[177] Hammerschlag/Schwarz, NStZ 1998, S. 325.

heitsstrafe werden für zehn Jahre in ein Führungszeugnis aufgenommen und erst nach 20 Jahren zuzüglich der Dauer der Strafe aus dem Register getilgt.[178] Entsprechend wurden die §§ 97 und 100 JGG geändert. Die Möglichkeit der Strafmakelbeseitigung durch Richterspruch für Sexualstraftäter wurde abgeschafft.

6. Vermehrte Verlegung von Sexualstraftätern in sozialtherapeutische Anstalten

Im Zuge der Reform kam es zu einer Stärkung des Therapiegedankens im System des Strafvollzugs. Dies findet Ausdruck im neugefassten § 9 StVollzG, der ab 01.01.2003 die zwingende Verlegung von Tätern in eine sozialtherapeutische Anstalt[179] vorschreibt, wenn eine Verurteilung wegen einer Straftat nach den §§ 174 bis 180 oder 182 StGB zu zeitiger Freiheitsstrafe von mehr als zwei Jahren vorliegt und die Behandlung nach § 6 Abs. 2 S. 2 oder § 7 Abs. 4 StVollzG angezeigt ist.
Die Gesetzesänderung basiert auf der Annahme, dass im Bereich der Sexualstraftaten in vielen Fällen die Gefahr von Wiederholungstaten durch eine verstärkte therapeutische Betreuung reduziert werden kann.[180] Da eine ausreichende Zahl von Therapieplätzen zur Zeit noch nicht gegeben ist, handelte es sich bei § 9 Abs. 1 StVollzG bis Ende 2002 um eine Sollvorschrift (§ 199 Abs. 3 StVollzG).

III. Änderungen durch das 6. Gesetz zur Reform des Strafrechts

Ebenfalls zum 26.01.1998 wurde das 6. Gesetz zur Reform des Strafrechts beschlossen, das entscheidende Veränderungen des Besonderen Teils des Strafgesetzbuchs mit sich brachte. Es veränderte die §§ 177, 179 StGB erneut, indem es bei diesen Vorschriften und in den §§ 176a, 176b, 178 StGB Qualifikationstatbestände – entsprechend den Qualifikationstatbeständen des § 250 StGB – einführte. Daneben wurde die Strafdrohung für gravierende Fälle der Vergewaltigung erheblich verschärft. Die tatbestandlichen Voraussetzungen der § 176 Abs. 3, 179 Abs. 1 und Abs. 2 StGB wurden umgestaltet und mit § 174c StGB ein neuer Tatbestand des sexuellen Missbrauchs unter Ausnutzung eines Beratungs-, Behandlungs- oder Betreuungsverhältnisses geschaffen.[181] In der Praxis hat sich gezeigt, dass ein erhöhtes Maß an Schutz vor sexuellen Übergriffen durch die behandelnden Personen für geistig und seelisch beeinträchtigte oder suchtkranke Menschen erforderlich ist.[182]

---

178 Hammerschlag/Schwarz, NStZ 1998, S. 325.
179 Siehe dazu 4. Teil.
180 Konrad, ZfStrVo 1998, S. 265.
181 Schönke/Schröder-Lenckner/Perron, Vorbem §§ 174 ff., Rn. 6.
182 Laubenthal, Sexualstraftaten, Rn. 46.

Der neu eingefügte § 178 StGB sieht nun bei wenigstens leichtfertiger Herbeiführung des Todes im Mindestmaß zehn Jahre Freiheitsstrafe vor.
Vor der Änderung lag die Mindeststrafe bei fünf Jahren, während die Mindeststrafe für Raub mit Todesfolge bei zehn Jahren lag. Ziel dieser Reform war es, den höchstpersönlichen Rechtsgütern gegenüber materiellen Rechtsgütern ein größeres Gewicht zu verleihen, indem die Strafrahmen einiger Delikte – wie eben Raub mit Todesfolge oder sexuelle Nötigung und Vergewaltigung mit Todesfolge – im Strafrahmen angeglichen wurden. Auch der Schutz von Kindern sollte durch das Reformgesetz verbessert werden. Beibehalten wurde der Strafrahmen des Grunddelikts des § 176 StGB, so dass der Tatbestand weiterhin ein Vergehen darstellt. In § 176 Abs. 3 StGB wurde die Höchststrafe auf fünf Jahre angehoben[183], um einen bestehenden Widerspruch zu § 184 Abs. 3 StGB zu beseitigen. Der im Zuge der Reform neu eingefügte § 176a StGB ersetzt die Strafzumessungsvorschrift des § 176 Abs. 3 StGB a.F. und stellt nun einen Verbrechenstatbestand dar.[184]
Die bisherigen Regelbeispiele Beischlaf und körperlich schwere Misshandlung wurden als qualifizierende Merkmale beibehalten und gleichzeitig neue, den Regelbeispielen des § 177 Abs. 3 Nr. 2 StGB nachgebildete Qualifikationstatbestände geschaffen. In § 176a Abs. 1 Nr. 4 StGB wurde der Qualifikationstatbestand der wiederholten Begehung eingefügt und in Absatz 2 der Fall, dass der Täter oder ein Beteiligter in der Absicht handeln, kinderpornographische Schriften herzustellen oder zu verbreiten, unter erhöhte Strafe gestellt. Zugleich wurde in § 184 Abs. 4 StGB für das gewerbs- und bandenmäßige Verbreiten pornographischer Darstellungen von sexuellem Kindesmissbrauch die Obergrenze der Strafdrohung auf zehn Jahre erhöht. Das Merkmal „konkrete Gefahr des Todes" wurde in § 176a Abs. 4 Nr. 2 StGB neu aufgenommen.
Eine deutliche Verschärfung des Strafrahmens ergibt sich für die Fälle des sexuellen Missbrauchs von Kindern mit Todesfolge, § 176b StGB. Der Strafrahmen liegt nun zwischen zehn und fünfzehn Jahren oder bei lebenslanger Freiheitsstrafe.[185] Durch die Neufassung des § 5 Nr. 8b StGB kann nun der Sextourismus deutscher Täter zum Nachteil ausländischer Minderjähriger unabhängig vom jeweiligen Tatort bestraft werden.

---

183 § 176 Abs. 5 StGB a.F. sah eine Höchststrafe von drei Jahren vor.

184 Durch die Heraufstufung zu einem Verbrechenstatbestand wurde erreicht, dass eine Einstellung von Strafverfahren nach den §§ 153, 153a StPO nicht möglich ist und schon Vorbereitungshandlungen unter den Voraussetzungen des § 30 StGB strafbar sind (siehe hierzu Laubenthal, Sexualstraftaten, Rn. 42).

185 § 176 Abs. 4 StGB a.F. sah eine Untergrenze der Strafdrohung von fünf Jahren vor.

C. Die Sexualstraftaten nach dem 6. Gesetz zur Strafrechtsreform im Einzelnen

I. Schutzbereiche der §§ 174 ff. StGB

Der Gesetzgeber hat nicht definiert, welche Rechtsgüter von den Tatbeständen der §§ 174 ff. StGB jeweils geschützt werden. Er ist vielmehr davon ausgegangen, dass sich das einheitliche Rechtsgut der sexuellen Selbstbestimmung in den einzelnen Tatbeständen in unterschiedlicher Weise konkretisiert.[186]
Daraus folgt das Erfordernis, die Rechtsgüter für jeden Tatbestand festzulegen. Die zahlreichen Änderungen in der Vergangenheit haben dazu geführt, dass die Tatbestände teilweise ohne Zusammenhang über den 13. Abschnitt des Besonderen Teils des Strafgesetzbuchs verteilt sind. Die sexuelle Selbstbestimmung ist nicht das alleinige Rechtsgut des Abschnitts. In vielen Tatbeständen wird lediglich darauf Bezug genommen oder es werden andere Schutzzwecke normiert, die individuelle oder auch überindividuelle Rechtsgüter absichern.[187] So haben beispielsweise die Vorschriften über die Förderung der Prostitution nichts mit der sexuellen Selbstbestimmung zu tun, die Tatbestände betreffend die Pornographie oder den Jugendschutz nur sehr mittelbar. Fasst man die Tatbestände des 13. Abschnitts anhand der Rechtsgüter, deren Schutz die Vorschrift primär dient, zusammen, lassen sich folgende Schutzbereiche feststellen, die sich in Teilbereichen überschneiden.

1. Straftaten gegen die sexuelle Selbstbestimmung im engeren Sinne

Die eigentlichen Straftaten gegen die sexuelle Selbstbestimmung stellen die sexuelle Nötigung und Vergewaltigung (§ 177 StGB) und deren Erfolgsqualifikation des § 178 StGB dar. Hierzu ist auch der sexuelle Missbrauch widerstandsunfähiger (§ 179 StGB), kranker oder hilfloser (§§ 174a Abs. 2, 174c StGB) Personen sowie von Personen, die in verfahrensbegründeter (§ 174b StGB) oder anders gearteter Abhängigkeit stehen, zu zählen.[188] Während die §§ 177, 178 StGB die für alle geltende Grenze für die Durchsetzung sexueller Wünsche und Motive zwischen zur Selbstbestimmung fähigen Personen definieren, schützen die §§ 174a Abs. 2, 174b, 174c und 179 StGB das zum Kernbereich der perso-

[186] Schönke/Schröder-Lenckner/Perron, Vorbem §§ 174 ff., Rn. 1.

[187] Tröndle/Fischer, Vor § 174, Rn. 5.

[188] Der Strafschutz dieses Personenkreises hat in der rechtspolitischen Diskussion eine große Rolle gespielt; im Rahmen der Beratung zum 33. StÄG setzte sich die Ansicht durch, Zweck des § 179 StGB sei es, neben § 177 StGB einen zusätzlichen strafrechtlichen Schutz im Interesse behinderter Personen zu gewähren (siehe hierzu Kreß, NJW 1998, S. 639).

nalen Selbstbestimmung und Würde zählende Rechtsgut namentlich im Hinblick auf alters-, abhängigkeits- und konstitutionsbedingte Einschränkungen der Abwehrmöglichkeiten.[189]

2. Straftaten gegen Vorschriften des Jugendschutzes

Dem Jugendschutz dienen die §§ 174, 176, 180, 182, 184b StGB sowie einzelne Vorschriften in § 184 StGB.[190] Kinder und Jugendliche sollen durch Anwendung der strafrechtlichen Schutzvorschriften vor einer Beeinträchtigung ihrer Entwicklung durch sexuelle Übergriffe geschützt werden. Der Gesetzgeber hat vier Altersstufen gebildet, da er einen Zusammenhang zwischen Alter und Schutzbedürftigkeit der Opfer angenommen hat.

a) Kinder unter 14 Jahren

Für Kinder unter 14 Jahren gilt insofern ein unbeschränkter Schutz, als Sexualkontakte in jeglicher Form zu unterbleiben haben. Die Vorschriften, die den sexuellen Missbrauch von Kindern betreffen, finden sich in den §§ 176, 176a und 176b StGB.[191] Sie haben zum Ziel, die Gesamtentwicklung von Kindern von sexuellen Erlebnissen freizuhalten, die nicht in der kindlichen Entwicklung selbst, sondern in den sexuellen Motiven Erwachsener begründet sind.[192] Dem Schutz von Kindern dienen auch § 184 Abs. 3 2. Alt., Abs. 4 und 5 StGB, die die Herstellung kinderpornographischer Darstellungen zum Inhalt haben.

b) Personen unter 16 Jahren

Durch § 174 Abs. 1 Nr. 1 StGB sollen Kinder und Jugendliche innerhalb bestimmter Abhängigkeitsverhältnisse geschützt werden, die auf typische Art und Weise die Gefahr der Ausnutzung in sexueller Motivation durch Autoritätspersonen begründen. Die Förderung sexueller Handlungen stellt § 180 Abs. 1 StGB unter Strafe. § 182 StGB schützt die ungestörte sexuelle Entwicklung Jugendlicher, wobei die Tathandlungen die Ausnutzung einer Zwangslage des Opfers oder die Vornahme sexueller Handlungen gegen Geld umfassen.

c) Personen unter 18 Jahren

Personen unter 18 Jahren werden von § 174 Abs. 1 Nr. 2 und Nr. 3 StGB erfasst. Nr. 2 spricht von sexuellen Handlungen in einem Erziehungs-, Ausbildungs-,

---

[189] Tröndle/Fischer, § 177, Rn. 2; Otto, Jura 1998, S. 214.

[190] SK-Horn, Vor § 174, Rn. 3; Kreß, NJW 1998, S. 638 f.

[191] Die Reform der Strafnormen gegen den sexuellen Missbrauch von Kindern bildete einen Schwerpunkt des 6. StrRG (ausführlich hierzu Kreß, NJW 1998, S. 638 f.).

[192] Tröndle/Fischer, § 176, Rn. 2.

Betreuungs-, Dienst- oder Arbeitsverhältnis. Nr. 3 betrifft Missbrauchshandlungen von Eltern oder Adoptiveltern. Wegen der natürlichen Verbundenheit von Eltern und Kindern und der damit im Zusammenhang stehenden intensiven Abhängigkeit soll diese Beziehung frei von sexuellen Handlungen bleiben.[193]
Grund für die Schaffung des § 180 Abs. 2 StGB war die Gefahr, dass das Opfer in die Prostitution abgleiten könnte. Der Tatbestand umfasst sexuelle Handlungen gegen Entgelt. § 180 Abs. 3 StGB regelt das Bestimmen zu sexuellen Handlungen unter Ausnutzen eines Abhängigkeitsverhältnisses. Die Förderung der Prostitution von Jugendlichen stellt § 180a Abs. 2 Nr. 1 StGB unter Strafe. Dem Jugendschutz unmittelbar dienen die §§ 184 Abs. 1 Nr. 1 bis 5 und 184 b StGB.

d) Personen unter 21 Jahren

Eine Ausdehnung der Jugendschutzzone auf Personen unter 21 Jahren lässt sich in § 180b Abs. 2 Nr. 2 StGB bei der Einwirkung auf junge Menschen zum Zwecke der Prostitutionsausübung finden.[194]

3. Straftaten in Verbindung mit der Förderung und Ausnutzung der Prostitution

Schutzgut der Vorschriften gegen die Förderung und Ausnutzung der Prostitution – §§ 180a, 180b, 181, 181a StGB – ist die persönliche und wirtschaftliche Freiheit der sich prostituierenden Person.

4. Straftaten im Zusammenhang mit der Belästigung Unbeteiligter

Die Belästigung Unbeteiligter soll vermieden werden durch die Straftatbestände des Exhibitionismus (§ 183 StGB), der Erregung öffentlichen Ärgernisses (§ 183a StGB), einzelner in § 184 StGB erfasster Verhaltensweisen und der anderweitig verbotenen Prostitution (§ 184a StGB).[195]

5. Straftaten als Störungen von Verwahrungs- und Betreuungsverhältnissen

§ 174a Abs. 1 StGB regelt den sexuellen Missbrauch von Gefangenen oder auf behördliche Anordnung verwahrter Personen. § 174b StGB hat den Schutz der von Straf- und Unterbringungsverfahren Betroffenen vor sexuellem Missbrauch durch Amtsträger, die die durch das Verfahren begründete Abhängigkeit ausnutzen, zum Inhalt. § 174c StGB gewährt einen Strafrechtsschutz von Personen in Beratungs-, Behandlungs- oder Betreuungsverhältnissen. Der Schutzzweck der

---

193 Lackner/Kühl, § 174, Rn. 4.
194 Laubenthal, Sexualstraftaten, Rn. 57.
195 SK-Horn, Vor § 174, Rn. 3.

Vorschrift stimmt mit dem des § 174a StGB überein, bezieht sich jedoch auf einen anderen, zum Teil allerdings auch dort erfassten Personenkreis.[196]

II. Begriff der sexuellen Handlung

Der Begriff „sexuelle Handlung" steht im Mittelpunkt des Sexualstrafrechts. § 184c StGB bestimmt den Anwendungsbereich des Begriffs der sexuellen Handlung, der an die Stelle der früher verwendeten Begriffe „Unzucht" bzw. „unzüchtige Handlung" getreten ist.[197] Eine Definition enthält § 184c StGB nicht, seine Bedeutung wird vielmehr vorausgesetzt.

Eine Handlung ist dann als sexuell anzusehen, wenn sie das Geschlechtliche unmittelbar zum Gegenstand hat und unter Einsatz mindestens des eigenen oder eines fremden Körpers vorgenommen wird.[198] In Bezug auf die sexuellen Handlungen unterscheiden die §§ 174 ff. StGB zwischen sexuellen Handlungen „an" und solchen „vor" einem anderen sowie seit dem 6. Gesetz zur Reform des Strafrechts auch solchen „an sich"[199], wobei § 184c Nr. 2 StGB die sexuellen Handlungen vor einem anderen näher erläutern soll.

1. Objektive Komponente

In Literatur und Rechtsprechung besteht Einigkeit, dass in Bezug auf die sexuelle Handlung eine objektive Komponente vorliegen muss, d.h. dass die Handlung nach ihrem äußeren Erscheinungsbild einen Sexualbezug aufweist.[200] Handlungen, die äußerlich völlig neutral sind und keinen Hinweis auf das Geschlechtliche beinhalten, sind auch dann keine sexuelle Handlung, wenn sie einem sexuellen Motiv entspringen.

Für das Erfordernis einer solchen objektiven Komponente spricht der Grundgedanke der Reform, da Handlungen, die äußerlich keinerlei Sexualbezug erkennen lassen, nicht schon deshalb speziell die sexuelle Selbstbestimmung oder die ungestörte sexuelle Entwicklung Jugendlicher negativ beeinflussen können, weil

---

196 Lackner/Kühl, § 174c, Rn. 1.

197 Tröndle/Fischer, § 184c, Rn.1; der Begriff der sexuellen Handlung wurde im Zuge des 4. Gesetzes zur Strafrechtsreform eingeführt.

198 Tröndle/Fischer, § 184c, Rn. 2.

199 Vor der Strafrechtsreform im Jahre 1974 wurde zur Kennzeichnung des strafbaren Verhaltens von unzüchtigen Handlungen „mit" einem anderen gesprochen, wobei jedoch zweifelhaft war, von welcher Art die damit gemeinte Täter-Opfer-Beziehung sein musste (siehe hierzu Schönke/Schröder-Lenckner/Perron, § 184c, Rn. 3).

200 Nachweise bei Schönke/Schröder-Lenckner/Perron, § 184c, Rn. 6.

der Täter heimlich geschlechtliche Ziele verfolgt.[201] Die Gedanken einer Person können noch nicht die Rechtsgüter anderer beeinträchtigen.

2. Subjektive Komponente

Nach herrschender Meinung ist abweichend von der Rechtsprechung zu §§ 174 ff. StGB a.F. kein subjektives Element in der Form einer „wollüstigen Absicht" mehr erforderlich, wenn die Handlung nach ihrem äußeren Erscheinungsbild ausschließlich und eindeutig sexualbezogen ist.[202] Es reicht aus, dass sich der Täter dieses objektiven Sexualbezugs bewusst ist. Demzufolge kann das Rechtsgut der sexuellen Selbstbestimmung auch beeinträchtigt werden, wenn dem Täter jegliche sexuelle Motivation für sein Handeln fehlt.

Liegt dagegen eine äußerlich ambivalente Handlung vor, gehen die Auffassungen im Hinblick auf das Vorliegen eines subjektiven Elements auseinander. Zum einen wird die Meinung vertreten, dass die Handlung durch die Absicht motiviert sein muss, eigene oder fremde Geschlechtslust zu erregen oder zu befriedigen.[203] Zum anderen findet sich die Ansicht, es sei für die Beurteilung der Frage, ob eine ambivalente Tätigkeit, die nicht ohne weiteres einen sexuellen Bezug aufweist, einen objektiv als sexuelle Handlung erkennbaren Vorgang betrifft, auf das Urteil eines objektiven Be-trachters abzustellen, der alle Umstände des Einzelfalls kennt.[204] Für letztere Ansicht spricht vor allem der Opferschutzgedanke. Wenn es bei der Vornahme von Handlungen, die aus objektiver Sicht keine sexuellen Handlungen darstellen, keine Rolle spielt, ob der Täter von sexuellen Motiven geleitet war, kann es im Gegenzug bei ambivalenten Handlun-

---

201 Schönke/Schröder-Lenckner/Perron, § 184c, Rn. 6.

202 Nachweise bei Schönke/Schröder-Lenckner/Perron, § 184c, Rn. 7.

203 Lackner/Kühl, § 184c, Rn. 2; Schönke/Schröder-Lenckner/Perron, § 184c, Rn. 9; Tröndle/Fischer, § 184c, Rn. 4.

204 BGH, StV 1997, S. 524: Im vorliegenden Fall hatte sich der Angeklagte auf eine Frau gesetzt und wollte auf ihr onanieren, was er der Frau auch vorher mitteilte. Da sich die Frau wehrte, musste der Angeklagte schließlich von ihr ablassen. Der BGH hat vollendete sexuelle Nötigung bejaht, da das Sitzen auf der Frau – obwohl rein äußerlich ambivalent – bereits Teil des geplanten Gesamtverhaltens und damit sexualbezogen war. Bei der Beurteilung durch einen objektiven Betrachter ist darauf abzustellen, dass dieser alle Umstände des Einzelfalls kennt. Zu diesen Umständen waren die vom Angeklagten selbst geäußerten Absichten zu zählen, von denen auch ein objektiver Betrachter hätte Kenntnis nehmen und so das Verhalten des Angeklagten hätte beurteilen können. Maurach/Schröder/Mai-wald (Strafrecht BT 1, § 17, Rn. 30) stellen dagegen darauf ab, ob die Handlung vom Opfer selbst als sexuelle wahrgenommen wird. Hiergegen wird eingewendet, dass das Opfer die Sexualbezogenheit oftmals nicht erkennen kann (so LK-Laufhütte, § 184c, Rn. 6).

gen nicht auf die Absichten des Täters ankommen. Entscheidend ist, ob die Tat als solche als sexuelle Handlung empfunden wurde. Daneben kommt es auch nicht zu einer ungerechtfertigten Ausweitung der Anwendbarkeit der Strafvorschriften, da der Tatvorsatz entfällt, wenn sich später herausstellt, dass eine geschlechtliche Motivation völlig fehlt.

3. Erheblichkeit der sexuellen Handlung

Nach der Erheblichkeitsklausel des § 184c Nr. 1 StGB sind sexuelle Handlungen im Sinne des Strafgesetzbuchs nur solche, „die im Hinblick auf das jeweils geschützte Rechtsgut von einiger Erheblichkeit sind". Hierdurch sollte die moralische Komponente des Begriffs der „unzüchtigen Handlung" ersetzt werden. Allerdings lässt der Begriff der Erheblichkeit einen weiten Beurteilungsspielraum zu.[205] Da er stets in Beziehung zu einem konkreten Rechtsgut zu setzen ist – das sich selbst nicht klar strukturiert bestimmen lässt[206] –, fällt eine genaue Konkretisierung des Begriffs schwer.

a) Quantitatives Element

Die Erheblichkeitsklausel spielt insofern eine Rolle, als zunächst festgestellt werden muss, ob das Rechtsgut im Hinblick auf Art, Intensität, Dauer und sonstige Umstände wie den Handlungsrahmen und die Beziehung zwischen den Beteiligten in einer Weise berührt wird, dass von einiger Erheblichkeit gesprochen werden kann.[207]
Ob die Schwelle der Erheblichkeit überschritten wird, richtet sich u.a. nach dem Grad der Gefährlichkeit der Handlung für das jeweils betroffene Rechtsgut. Unter diesem Gesichtspunkt belanglose Handlungen sind nicht als sexuelle Handlungen i.S.d. § 184c StGB anzusehen. Auf den Grad der Gefährlichkeit gilt es gerade bei Jugendschutztatbeständen abzustellen. Hier hat man die Erheblichkeit in den Fällen zu verneinen, in denen eine Gefährdung des Kindes oder des Jugendlichen im Hinblick auf die sexuelle Entwicklung ausgeschlossen werden kann.[208]

---

205 Schönke/Schröder-Lenckner/Perron, § 184c, Rn. 15.

206 vgl. hierzu Punkt C. I.

207 Schönke/Schröder-Lenckner/Perron, § 184c, Rn. 15a; BGH, NStZ 1992, S. 432.

208 Problematisch ist in diesem Zusammenhang der sexuell motivierte Kuss auf die Wange eines Kindes (vgl. OLG Zweibrücken, NStZ 1998, S. 357). Bei einem Kuss auf die Wange erscheint die Beziehung zum Geschlechtlichen schon fraglich, da die Sexualbezogenheit der Handlung nicht ohne weiteres erkennbar ist. Diese Frage kann jedoch dahinstehen, da jedenfalls die Erheblichkeit der Handlung auszuschließen ist, auch wenn die Erheblichkeitsschwelle bei einem Kind niedriger anzusetzen ist. Bei einem einmaligen,

Bei Angriffen auf die sexuelle Selbstbestimmung von erwachsenen Personen bildet allein die Gefährlichkeit der Handlung keinen geeigneten Maßstab für die Festlegung der Erheblichkeit. Ob die Handlung nach Art und Intensität eine sozial nicht mehr hinnehmbare Beeinträchtigung abgibt, beurteilt sich nach gewissen sozialethischen Standards und Maßstäben. § 184c StGB erfasst damit Handlungen nicht, die sich als bloße Taktlosigkeiten und Geschmacklosigkeiten darstellen, sofern sie aufgrund der damit verfolgten sexuellen Tendenz überhaupt unter den Begriff der sexuellen Handlung fallen.[209]
Während der Vollzug des Geschlechtsverkehrs, seine homo- bzw. heterosexuellen Ersatzhandlungen und das Berühren der unbekleideten oder bekleideten Geschlechtsteile zweifellos von einiger Erheblichkeit sind, steigen die Anforderungen, je weiter sich der Angriff von den Geschlechtsmerkmalen entfernt.[210]

b) Relatives Element

Die Erheblichkeit besitzt insofern ein relatives Element, als sie im Hinblick auf das jeweils geschützte Rechtsgut zu bestimmen ist, d.h. mehrere vergleichbare sexuelle Handlungen können bei unterschiedlichen Schutzbereichen der verwirklichten Tatbestände unterschiedlich beurteilt werden. Bei Tatbeständen zum Schutz der ungestörten sexuellen Entwicklung von Kindern und Jugendlichen sind an das quantitative Element der Erheblichkeit geringere Anforderungen zu stellen als bei Handlungen gegen die sexuelle Selbstbestimmung von Erwachsenen.[211]

III. Formen sexueller Handlungen

Das Gesetz unterscheidet zwischen sexuellen Handlungen „an“ und „vor“ einem anderen sowie „an sich“. Es ist zwischen Betätigungen mit und ohne Körperkontakt zu differenzieren. Die Handlungen können entweder vom Täter oder vom Opfer vorgenommen werden; der Täter kann das Opfer zu sexuellen Handlungen gegenüber dem Täter oder einer dritten Person veranlassen oder das Opfer anweisen, Handlungen eines Dritten an sich zu dulden.[212]

flüchtigen Kuss auf die Wange besteht keine Gefahr, dass die sexuelle Entwicklung des Kindes beeinträchtigt wird. Anders ist dies jedoch bei einem Zungenkuss zu beurteilen (vgl. hierzu Anmerkung Michel zu OLG Zweibrücken, NStZ 1998, S. 357).

209 Schönke/Schröder-Lenckner/Perron, § 184c, Rn. 15b; nach OLG Koblenz (NJW 1994, S. 871) ist der Griff unter den Büstenhalter einer Frau und das anschließende Berühren ihrer Brüste im Hinblick auf die sexuelle Selbstbestimmung der Frau als sexuelle Handlung von einiger Erheblichkeit anzusehen.

210 Laubenthal, Sexualstraftaten, Rn. 71.

211 Schönke/Schröder-Lenckner/Perron, § 184c, Rn. 16.

212 Laubenthal, Sexualstraftaten, Rn. 75.

1. Handlungen „an“ einem anderen

Die sexuelle Handlung wird „an“ einem anderen vorgenommen, falls eine körperliche Berührung stattgefunden hat. Dabei ist es ausreichend, wenn der Kontakt zum Körper des anderen durch einen Gegenstand hergestellt wird.[213] Sexuelle Handlungen kann der Täter am Opfer vornehmen oder an sich vornehmen lassen. Körperliche Berührung ist nur dann gegeben, wenn der Täter mit seiner sexuellen Handlung auf den Körper des Opfers einwirkt und ihn so in Mitleidenschaft zieht.[214]

Nach herrschender Meinung ist nicht erforderlich, dass das Opfer die an ihm vorgenommene sexuelle Handlung bewusst wahrgenommen hat.[215] Handlungen des Opfers am Täter oder einem Dritten erfordern denknotwendig eine Wahrnehmung ihres Handelns, wobei sich das Opfer allerdings nicht der Sexualbezogenheit seines Verhaltens bewusst sein muss. Das Bewusstsein der Sexualbezogenheit bildet keine Voraussetzung für das Vorliegen einer sexuellen Handlung.[216] Handelt das Opfer selbst, reicht es bei der einen Gruppe von Tatbeständen aus, wenn der Täter die Handlungen an sich vornehmen lässt. Bei der anderen Gruppe bestimmt der Täter das Opfer dazu, die Handlungen an ihm bzw. einem Dritten vorzunehmen.

Der Unterschied zwischen „vornehmen lassen“ und „bestimmen“ besteht in Folgendem: Im ersten Fall ist es gleichgültig, von wem die Tatinitiative ausgegangen ist und aus welchen Motiven heraus die Tat geduldet wird, während es im zweiten Fall darauf ankommt, dass der Täter durch sein Einwirken auf das Opfer

---

213 LK-Laufhütte, § 184c, Rn. 16.

214 BGH, NStZ 1992, S. 433: Im vom BGH zu entscheidenden Fall hatte der Täter auf die Lederjacke des Opfers ejakuliert. Dieses Verhalten lässt sich weder nach dem Wortlaut noch nach dem Zweck der Vorschrift unter den Begriff der sexuellen Handlung „an“ einem anderen subsumieren, da der Körper selbst nicht in Mitleidenschaft gezogen wird. Ausreichend wäre es nur, wenn der Körper durch die Kleidung hindurch betroffen ist.

215 Tröndle/Fischer, § 184c, Rn. 9; SK-Horn, § 184c, Rn. 6; Maurach/Schroeder/Maiwald, Strafrecht BT 1, § 17, Rn. 28; BGH, NStZ 1992, S. 179; Schönke/Schröder-Lenckner/Perron (§ 184c, Rn. 18) stellt dagegen auf den Schutzzweck der verletzten Norm ab. Eine Wahrnehmung sei nicht erforderlich bei Tatbeständen, die die sexuelle Selbstbestimmung des Opfers schützen, weshalb schon jedes Handeln ohne den Willen des Betroffenen genügt. Bei den Jugendschutztatbeständen komme es darauf an, dass auf Seiten des Opfers eine bewusste Wahrnehmung gegeben ist. Das Kind müsse wenigstens eine ungefähre, seinem Alter entsprechende Vorstellung von der sexuellen Bedeutung der Handlung haben, da eine Beeinträchtigung der sexuellen Entwicklung auszuschließen sei, wenn es die Tat völlig arglos, d.h. ohne Bewusstsein ihrer sexuellen Bedeutung, an sich geschehen lässt.

216 BGHSt 29, S. 336 (339).

den Handlungsentschluss in diesem weckt.[217] Dabei ist in dem Bestimmen auf Täterseite nicht lediglich eine Anstiftung i.S.d. § 26 StGB zu sehen, da selbst Kinder beispielsweise in den §§ 174 und 176 StGB zur Tat bestimmt werden können.[218]

2. Handlungen „vor" einem anderen

§ 184c Nr. 2 StGB erläutert näher, was unter einer sexuellen Handlung vor einem anderen zu verstehen ist. Als sexuelle Handlungen vor einem anderen sind nur solche anzusehen, „die vor einem anderen vorgenommen werden, der den Vorgang wahrnimmt". Dabei genügt die Wahrnehmung des äußeren Geschehensablaufs. Es ist nicht erforderlich, dass auch der sexuelle Charakter der Tat erkannt wird. Nimmt der Täter sexuelle Handlungen vor einem Kind oder Schutzbefohlenen vor (§§ 174 Abs. 2 Nr. 1, 176 Abs. 3 Nr. 1 StGB), ergibt sich schon aus Sinn und Zweck der Vorschrift, dass sich das Opfer des sexuellen Bezugs der Handlung nicht in vollem Umfang bewusst gewesen sein muss.[219] Eine abstrakte Gefahr für die ungestörte sexuelle Entwicklung ist ausreichend.
Ebenso sind Fälle zu behandeln, in denen das jugendliche Opfer sexuelle Handlungen vor dem Täter (§ 174 Abs. 2 Nr. 2 StGB) oder einem Dritten (§ 180b Abs. 1 S. 2 2. Alt. StGB) vornimmt. Auch hier muss sich der Vornehmende nicht der sexuellen Bedeutung seiner Handlung bewusst sein.[220] Die Gefährdung liegt in der Vornahme der sexuellen Handlungen vor anderen Personen. In beiden Fällen ist auf den Kenntnisstand des Täters abzustellen, nicht etwa auf denjenigen des Dritten.

3. Handlungen „an sich"

Seit dem 6. Gesetz zur Reform des Strafrechts erfüllen sexuelle Handlungen „an sich" den Tatbestand des § 176 Abs. 3 Nr. 2 StGB. Hier muss die Handlung des Kindes die Merkmale einer sexuellen Handlung erfüllen. Es wird weder eine körperliche Berührung eines anderen noch eine Wahrnehmung des Geschehens durch andere vorausgesetzt. Mit der Formulierung der Vorschrift sollen auch Fälle erfasst werden, in denen der Täter sich nicht in der unmittelbaren Umge-

---

217 Schönke/Schröder-Lenckner/Perron, § 184c, Rn. 19.
218 Laubenthal, Sexualstraftaten, Rn. 77.
219 LK-Laufhütte, § 184c, Rn. 24; SK-Horn, § 184c, Rn. 19; Schönke/Schröder-Lenckner/Perron (§ 184c, Rn. 21a) fordert über die Wahrnehmung des äußeren Geschehensablauf hinausgehend eine wenigstens vage, dem Alter entsprechende Vorstellung von der sexuellen Bedeutung des Vorgangs.
220 LK-Laufhütte, § 184c, Rn. 24.

bung des Kindes aufhält, sondern dieses z.B. über Telefon zu sexuellen Handlungen veranlasst.[221]

D. Umfang, Struktur und Entwicklung der Sexualkriminalität

Im Folgenden sollen Umfang, Struktur und Entwicklung der Sexualkriminalität dargestellt werden. Dabei beziehen sich die angegebenen Daten auf die Straftatbestände des 13. Abschnitts des Strafgesetzbuchs, d.h. ausschließlich auf Delikte gegen die sexuelle Selbstbestimmung. Andere Delikte wie beispielsweise eine sexuell motivierte Brandstiftung fehlen in der Darstellung, da weder aus der Polizeilichen Kriminalstatistik noch aus der Strafverfolgungsstatistik hervorgeht, welche Delikte – die nicht als Delikte des 13. Abschnitts aufgeführt sind – aus sexuellen Beweggründen begangen wurden.

I. Das Hellfeld

1. Polizeiliche Kriminalstatistik

Jedes Jahr wird vom Bundeskriminalamt eine Polizeiliche Kriminalstatistik (PKS) herausgegeben. Sie soll durch die Zusammenstellung aller den Polizeibehörden bekannt gewordenen wesentlichen strafrechtlichen Sachverhalte zu einem überschaubaren und möglichst verzerrungsfreien Bild der angezeigten Kriminalität führen.[222] Eine Einschränkung in ihrer Aussagekraft erfährt die PKS schon dadurch, dass sie nur das sog. Hellfeld, d.h. die bekannt gewordenen Straftaten, darstellen kann. Daneben ergeben sich Verzerrungen durch die Vorgehensweise bei der statistischen Registrierung und veränderte Erfassungsmodalitäten, die durch eventuelle Gesetzesänderungen[223] bedingt sind. Folgende Begriffe sind in der PKS von zentraler Bedeutung:

- *Fall:* ein Fall liegt dann vor, wenn eine angezeigte Handlung oder deren Versuch von der Polizei bearbeitet wurde und unter den Straftatenkatalog der PKS fällt. Staatsschutz- und Verkehrsdelikte[224] sowie Steuerstraftaten werden nicht erfasst; bei Delikten, die in Tateinheit begangen werden, wird nur das schwerste Delikt in die Statistik aufgenommen.

---

221 Schönke/Schröder-Lenckner/Perron, § 176, Rn. 13.

222 BKA, PKS 2001, S. 2.

223 Die Zusammenfassung der sexuellen Nötigung und der Vergewaltigung zu einem einheitlichen Verbrechenstatbestand führte zu einem neuen Erfassungsschlüssel.

224 Mit Ausnahme der §§ 315, 315b StGB und § 22a StVG.

- *Häufigkeitszahl:* sie errechnet sich aus der Zahl der Fälle bezogen auf 100.000 Einwohner und soll demographische Veränderungen berücksichtigen.

- *Tatverdächtiger:* ein Tatverdächtiger ist eine Person, die nach dem Ergebnis der polizeilichen Ermittlungen im Verdacht steht, die Tat begangen zu haben; ein Fall wird als aufgeklärt aufgeführt, wenn ein Tatverdächtiger ermittelt werden konnte.[225]

- *Tatverdächtigenbelastungszahl*[226]*:* sie ergibt sich aus der Zahl der ermittelten Tatverdächtigen, bezogen auf 100.000 Einwohner des entsprechenden Bevölkerungsanteils.[227]

2. Die Strafverfolgungsstatistik

Die Strafverfolgungsstatistik ist ebenfalls eine jährlich erscheinende Statistik, die vom Statistischen Bundesamt herausgegeben wird. Zentrale Begriffe in der Strafverfolgungsstatistik sind:

- *Verurteilte:* hierbei handelt es sich um Angeklagte, gegen die nach allgemeinem Strafrecht eine Freiheits- oder Geldstrafe oder ein Strafarrest verhängt wurde oder nach Jugendstrafrecht eine Jugendstrafe, Zuchtmittel oder Erziehungsmaßregeln ergangen sind.

- *Abgeurteilte:* diese ergeben sich aus den Verurteilten als größte Untergruppe und den Angeklagten, bei denen sonstige gerichtliche Entscheidungen wie Freispruch oder Anordnung einer Maßregel der Besserung und Sicherung getroffen wurden.[228]
Auch hier wird bei mehreren begangenen Delikten nur das Schwerste in die Statistik aufgenommen.

---

[225] Dass es in diesen Fällen nicht zwangsläufig zu einer anschließenden Verurteilung kommt, ist offensichtlich; es kann sich beispielsweise herausstellen, dass sich der Verdacht nicht weiter aufrecht erhalten lässt oder anderweitige Verfahrenshindernisse bestehen; ein Fall wird also auch dann als aufgeklärt in der Statistik aufgeführt, wenn es am Ende zu keiner Verurteilung eines Täters kommt.

[226] Bezieht sich nur auf Personen mit deutscher Staatsangehörigkeit; nicht alle Ausländer, die sich in der Bundesrepublik aufhalten, sind registriert und damit in der Bevölkerungsstatistik erfasst.

[227] Kinder unter 8 Jahren werden ausgeschlossen.

[228] Elz, Legalbewährung und kriminelle Karrieren von Sexualstraftätern – Sexuelle Missbrauchsdelikte, S. 17.

- *Verurteiltenziffer:* sie ergibt sich aus der Zahl der Verurteilten je 100.000 Einwohner.[229]

Die Strafverfolgungsstatistik kann nicht als direkte Fortschreibung der PKS gesehen werden. Es stellt sich das Problem, dass die Abgeurteilten eines Strafverfolgungsstatistik-Berichtsjahres aufgrund zeitlicher Verschiebungen keine Teilmenge eines bestimmten Tatverdächtigenjahrgangs der PKS bilden.[230] Dazu kommt, dass sowohl Staatsanwaltschaften als auch Gerichte in der juristischen Bewertung einer Tat von der der Polizei abweichen können.[231]

II. Häufigkeit der Sexualkriminalität

Liest man die Überschriften einiger Boulevardblätter aus der Vergangenheit, könnte man meinen, es hätte in Deutschland einen sprunghaften Anstieg von Sexualkriminalität gegeben. Sieht man sich die statistischen Daten an, kommt man zu einem anderen Ergebnis.

Die polizeiliche Kriminalstatistik lässt keinesfalls den Schluss zu, dass ein dramatischer Anstieg von Sexualdelikten zu verzeichnen ist.[232] Fälle sexuellen Missbrauchs von Kindern sowie Vergewaltigungen sind in der zweiten Hälfte der 1980er Jahre einem historischen Tiefstand angelangt und nehmen seitdem zwar wieder zu, haben aber noch nicht das Niveau der 1970er Jahre erreicht.[233]

Die Sexualdelinquenz ist trotz des großen öffentlichen Interesses, das sie regelmäßig bei Bekanntwerden eines neuen Falls hervorruft, unter quantitativen Ge-

---

229 Wie bei der Tatverdächtigenbelastungszahl werden nur Personen mit deutscher Staatsangehörigkeit erfasst.

230 Elz, Legalbewährung und kriminelle Karrieren von Sexualstraftätern – Sexuelle Missbrauchsdelikte, S. 18.

231 Es ist durchaus möglich, dass eine Person, die zunächst als Tatverdächtige hinsichtlich einer Vergewaltigung in die PKS aufgenommen wird, später nur wegen sexueller Nötigung verurteilt wird.

232 Schneider (MschrKrim 2002, S. 251 und JZ 1998, S. 437) geht dagegen davon aus, dass die Polizeiliche Kriminalstatistik kein aussagekräftiges Bild über die Sexualkriminalität gibt; der (falsche) Eindruck, den die Zahlen aus der Statistik erzeugen, beruhe auf einer extrem niedrigen Anzeigerate, die weit unter der durchschnittlichen Anzeigequote liege. Es wurde bereits darauf hingewiesen, dass die Polizeiliche Kriminalstatistik ausschließlich die bekannt gewordenen Fälle darstellen kann; dies hat jedoch ebenso für andere Straftaten zu gelten. Dass es sich bei Sexualstraftaten um einen sensiblen Kriminalitätsbereich handelt, steht außer Frage. Dennoch darf man daraus nicht ohne weiteres den Schluss ziehen, Sexualdelikte seien unterberichtete und unterkontrollierte Straftaten.

233 Wischka, Möglichkeiten der Behandlung von Sexualstraftätern im niedersächsischen Justizvollzug, in: Egg (Hrsg.), Behandlung von Sexualstraftätern im Justizvollzug, S. 214.

sichtspunkten eher ein Randphänomen. Lediglich bei knapp 52.000 der ca. 6, 3 Mio. im Jahr 1999 von der Polizei registrierten Straftaten handelte es sich um Delikte gegen die sexuelle Selbstbestimmung, was einer Quote von 0,8 % entspricht.[234] Im Jahr 2000 wurden insgesamt 6.264.723 Fälle in der PKS erfasst. Die Zahl der Straftaten gegen die sexuelle Selbstbestimmung lag bei 52.099 und damit bei einer Quote von 0,83 %. Im Jahr 2001 wurden insgesamt 6.363.865 Fälle erfasst, davon 52.902 – was ebenfalls einer Quote von 0,83 % entspricht – als Straftaten gegen die sexuelle Selbstbestimmung.[235] Im Hinblick auf die Delikte Vergewaltigung und sexuelle Nötigung gemäß §§ 177 Abs. 2, 3 und 4 und 178 StGB erfolgte ein Anstieg der registrierten Fälle von 6.636 im Jahr 1997 auf 7.914 im Jahr 1998.[236] Diese sprunghafte Zunahme lässt sich jedoch mit der gewandelten Situation in diesem Bereich durch die Strafrechtsänderung im Jahr 1997 erklären.[237]
Will man die Entwicklung der Sexualkriminalität der letzten zwei Jahrzehnte aussagekräftig darstellen, ist es aufgrund der sich durch die Wiedervereinigung ergebenden demographischen Veränderungen zwingend, nicht von absoluten Fallzahlen, sondern von Häufigkeitszahlen auszugehen.[238] Die folgende Darstellung gibt einen Überblick über die Entwicklung der Sexualkriminalität der letzten 20 Jahre.

---

[234] Elz, Legalbewährung und kriminelle Karrieren von Sexualstraftätern – Sexuelle Missbrauchsdelikte, S. 18; Rauch/Riedel-Reidemeister/Spann/Eisenmenger, Kriminalistik 2002, S. 96.

[235] BKA, PKS 2001, S. 51.

[236] BKA, PKS 2001, S. 33.

[237] Durch das 33. StrÄndG erfolgte eine Ausweitung der Strafbarkeit auf Ehepartner.

[238] Elz, Legalbewährung und kriminelle Karrieren von Sexualstraftätern – Sexuelle Missbrauchsdelikte, S. 20.

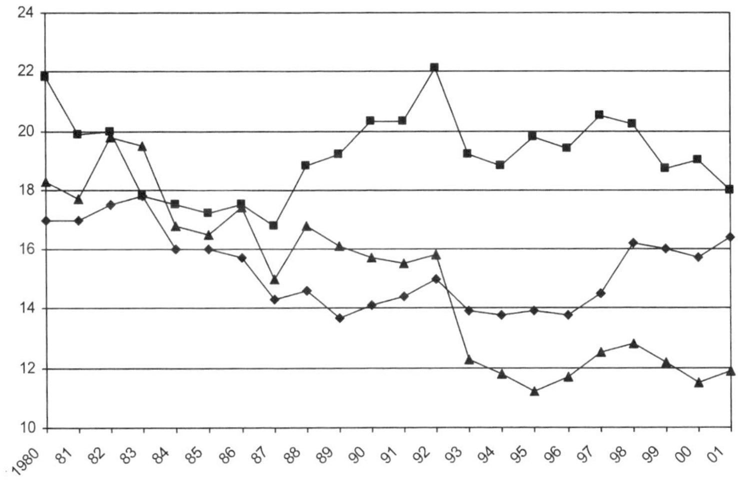

(Quelle: Elz, Legalbewährung und kriminelle Karrieren von Sexualstraftätern – Sexuelle Missbrauchsdelikte, S. 21 und PKS 2001, S. 33, 36 und 52)

Auffallend ist die leicht steigende Tendenz bei sexuellem Kindesmissbrauch bis zum Jahr 1997. Ob daraus tatsächlich auf eine Zunahme der begangenen Fälle geschlossen werden kann, ist zweifelhaft. Es ist nicht auszuschließen, dass sich weniger Veränderungen im Bezug auf die Anzahl der tatsächlich begangenen Taten als solche beim Anzeigeverhalten niederschlagen.
Zu beachten ist, dass die PKS alle angezeigten Fälle erfasst, d.h. es bleiben diejenigen Fälle enthalten, deren Anzeige aufgrund von Unzulänglichkeit der Beweismittel oder etwa falscher Anschuldigungen nicht zu einer Verurteilung führt.[239] Die Zunahme der Häufigkeitszahlen bei den sexuellen Gewaltdelikten in den Jahren 1997 und 1998 könnte auf die durch das 33. StÄG vom 01.07.1997 erfolgte Ausweitung der Strafbarkeit auf Ehepartner zurückzuführen sein. Bei den Delikten nach §§ 183, 183a StGB ist nach der Sprunghaftigkeit der

239 Väth, Zur Wirksamkeit der Behandlung von Sexualstraftätern, S. 11.

1980er Jahre eine rückläufige Tendenz zu erkennen. Diese Abnahme könnte sich insoweit mit einem veränderten Anzeigeverhalten erklären lassen, als die Bevölkerung diese Delikte im Laufe der Zeit als weniger strafrechtlich erheblich einstufte.
Insgesamt lässt sich feststellen, dass bei den Häufigkeitszahlen der Delikte gegen die sexuelle Selbstbestimmung jeweils Rückgänge zu verzeichnen sind, während bei der in der PKS erfassten Gesamtkriminalität zwischen 1980 und 2001 eine Steigerung der Häufigkeitszahlen von 24,8 % vorliegt.[240]
Zu beachten ist jedoch, dass man bezüglich Häufigkeit von Sexualdelikten zwischen Hell- und Dunkelfeld trennen muss. Das Dunkelfeld umfasst die nicht der Polizei bekannt gewordene Kriminalität und kann damit nicht anhand der PKS ermittelt werden.[241]

III. Das Dunkelfeld

Die Aufhellung des Dunkelfelds der Sexualdelinquenz ist seit Jahren ein großes Anliegen der kriminologischen Forschung. Inwieweit durch Täter- und Opferbefragungen verlässliche Zahlen über die Kriminalität erlangt werden können, kann nicht exakt festgestellt werden. Gerade Opferbefragungen im sensiblen Bereich der Sexualkriminalität erschweren Rückschlüsse auf das Ausmaß der Sexualdelinquenz.[242]
Somit lassen sich drei Kategorien von Straftaten bilden: Die erste Kategorie geben die Taten aus dem Hellfeld ab, die zweite Kategorie die Taten aus dem Dunkelfeld und die dritte Kategorie die Taten, die auch im Rahmen von Täter- bzw. Opferbefragungen nicht zu ermitteln sind.

1. Sexueller Missbrauch von Kindern

In Bezug auf den sexuellen Missbrauch von Kindern ist zu berücksichtigen, dass dieser Bereich von besonderer Tabuisierung geprägt ist.[243] Die Angaben über die Dunkelziffer[244] im Bereich des sexuellen Kindesmissbrauchs unterliegen des-

240 BKA, PKS 2001, S. 3.

241 BKA, PKS 2001, S. 2.

242 Die Unsicherheit der aus den Umfragen gewonnenen Ergebnisse ergibt sich aus zwei Gründen: Zum einen werden Delikte von den Befragten nicht angegeben, weil sie sich schämen und Angst vor Entdeckung haben, zum anderen wurden viele Taten aus Selbstschutzgründen von den Opfern verdrängt.

243 Eisenberg, Kriminologie, § 45, Rn. 57; Schneider, Die Behandlung von Sexualstraftätern im Strafvollzug, in: Festschrift für Böhm, S. 419 f.

244 Unter der Dunkelziffer ist nach überwiegender Auffassung – der Begriff wird nicht einheitlich verwendet – das Verhältnis der den Strafverfolgungsbehörden bekannt gewordenen zu den tatsächlich begangenen Straftaten zu verstehen.

halb starken Schwankungen. Die angegebenen Dunkelziffern liegen zwischen 1:6 und 1:20.[245] Für die starken Schwankungen sind mehrere Gründe anzuführen. Zunächst lassen sich Unterschiede in der Stichprobenwahl und der angewandten Untersuchungsmethodik feststellen.[246] Daneben tragen länderspezifische Besonderheiten und unterschiedliche Definitionen des sexuellen Kindesmissbrauchs zu der großen Spannbreite bei. Des Weiteren unterscheidet sich die Definition des sexuellen Kindesmissbrauchs. Die Altersbegrenzung variiert zwischen 14 und 18 Jahren, teilweise ist überhaupt keine Schutzaltersbegrenzung vorgegeben.

Vor allem in den 90er Jahren des 20. Jahrhunderts wurden vermehrt Studien zum sexuellen Missbrauch durchgeführt.[247] Die einzige bundesweite repräsentative Studie, die sowohl eine mündliche als auch eine schriftliche Opferbefragung enthielt, umfasste mehr als 3.600 Personen. Der Untersuchung lagen folgende Bedingungen zugrunde: Die sexuelle Handlung musste mit Körperkontakt erfolgt sein, der Täter musste erwachsen sein und die Schutzaltersgrenze lag bei 14 Jahren. Danach ergab sich eine Missbrauchsquote von 6,2 % bei den Frauen und 2 % bei den Männern.[248] Berücksichtigt man die unterschiedlichen Vorgaben der Studien und die Unterschiede in Bezug auf die befragten Personen, kann man festhalten, dass wohl weniger als 10 % der Bevölkerung in ihrer Kindheit gravierenden sexuellen Handlungen ausgesetzt waren.

Lässt sich also eine genaue Zahl der Missbrauchsopfer demnach nicht exakt feststellen, so können den Untersuchungen jedoch insgesamt einige Kernaussagen entnommen werden. Die Geschlechterverteilung bei Tätern und Opfern ist mit der des Hellfeldes vergleichbar.[249] Der größere Teil der Handlungen mit Körperkontakt besteht aus Berührungen ohne Penetration. Dauer, Intensität und Häufigkeit des Missbrauchs nehmen mit steigender sozialer Nähe zwischen Tä-

---

245 Kaiser, Kriminologie, § 65, Rn. 33; Schneider, Kriminologie, S. 686; Dölling, Sexueller Missbrauch von Kindern, in: Egg (Hrsg.), Sexueller Missbrauch von Kindern, S. 23; Beier/Bosinski/ Hartmann/Loewit, Sexualmedizin, S. 405.

246 Es gibt Studien, die Schülerinnen und Schüler im Alter von 15 bis 16 Jahren als Zielgruppe erfassen, andere dagegen Patientinnen aus der Praxis eines Allgemeinarztes; die Befragungen beschränken sich teilweise auf Handlungen mit Körperkontakt, in anderen Untersuchungen werden auch Fragen zu exhibitionistischen oder voyeuristischen Taten gestellt.

247 Nachweise der Studien siehe Elz, Legalbewährung und kriminelle Karrieren von Sexualstraftätern – Sexuelle Missbrauchsdelikte, S. 41, Fn. 65.

248 Wetzels, Gewalterfahrungen in der Kindheit, S. 154.

249 Auf der Täterseite stehen vorwiegend Männer, die meisten der Missbrauchsopfer sind Mädchen.

ter und Opfer zu. Hinweise auf einen Anstieg des sexuellen Missbrauchs lassen sich aus den Studien nicht erkennen.[250]

2. Sexuelle Gewaltdelikte

Auch im Bereich der sexuellen Gewaltdelikte, d.h. bei Vergewaltigung und sexueller Nötigung, gehen die Prävalenzraten[251] weit auseinander. Grund sind auch hier die Unterschiede in Stichprobenwahl, Methodik und Definition bezüglich Vergewaltigung und sexueller Nötigung.
In einer 1977 von *Weis*[252] durchgeführten Studie wurden beispielsweise den Befragten zunächst Fallbeschreibungen vorgelegt, um anhand deren Bewertungen zu ermitteln, was in der Bevölkerung unter Vergewaltigung verstanden wird. Von den befragten 228 Frauen im Alter von 16 bis 60 Jahren gaben 3,1 % an, bereits Opfer einer Vergewaltigung gewesen zu sein.
1983 wurden an der Mainzer Universität 309 Studentinnen befragt. Knapp 10 % der befragten Frauen gaben an, mindestens einmal vergewaltigt worden zu sein oder Opfer zumindest einer versuchten Vergewaltigung gewesen zu sein.[253] Allerdings bejahten 43 % die Frage, bereits einen sexuellen Übergriff erlebt zu haben. Dabei ist jedoch festzuhalten, dass hierunter schon jede Form des „Angefasst-Werdens“ fiel.
Schneider bezieht sich auf eine repräsentative Umfrage, die das Kriminologische Forschungsinstitut Niedersachen 1992 in Hannover unter 5 832 Frauen ab 16 Jahren durchgeführt hat.[254] Demnach haben 8,6 Prozent der befragten Frauen sexuelle Gewalt erlebt, wobei 66 Prozent aller Gewaltdelikte im sozialen Nahbereich geschahen. Zu einer Anzeige kam es nur in 18,9 % der Fälle.
Täterbefragungen zur Erhellung des Dunkelfelds waren in der Vergangenheit wenig aussagekräftig. Neue Ergebnisse in dieser Hinsicht brachte eine im Jahr 2000 in der Schweiz durchgeführte Befragung von *Haas*.[255] Anlässlich dieser Studie wurden 1997 21.347 Rekruten der Armee bzw. Teile der Altergruppe, die nicht zum Wehrdienst eingezogen wurden, über ausgeübte oder erfahrene Ge-

---

250 Elz, Legalbewährung und kriminelle Karrieren von Sexualstraftätern – Sexuelle Missbrauchsdelikte, S. 44.

251 Prävalenzrate bezeichnet den Anteil der Personen, die ein bestimmtes Ereignis im jeweiligen Zeitraum erlebt haben, relativiert auf die Stichprobe.

252 Weis, Die Vergewaltigung und ihre Opfer, S. 1 ff.

253 Teubner/Becker/Steinhage, Untersuchung „Vergewaltigung als soziales Problem – Notruf und Beratung für vergewaltigte Frauen“, S. 100 f.; in dieser Studie erstreckte sich die Definition der Vergewaltigung auch auf erzwungenen Oral- und Analverkehr.

254 Schneider, Kriminalistik 1999, S. 233.

255 In dieser Studie konnten mehr als 80 % aller 20jährigen Männer mit schweizerischer Nationalität erfasst werden.

walt der letzten zwölf Monate befragt.[256] Der im Klassenverband ausgefüllte Fragebogen wurde von 90 % der Befragten beantwortet zurückgegeben. 9,2 % gaben an, sexuelle Belästigungen ohne Körperkontakt, z.B. Küsse oder exhibitionistische Handlungen gegen den Willen der Betroffenen vorgenommen zu haben. 1,3 % hatten das Opfer veranlasst, seine Geschlechtsteile berühren zu lassen. 3,8 % sagten aus, Geschlechtsverkehr gegen den Willen des Opfers ausgeführt zu haben.[257] Dies geschah in einigen Fällen durch Anwendung von Drohungen oder Gewalt: „1,7 % sur 648 avouent avoir utilisé des menaces ou des intimidations, et 3,1 % avouent avoir eu recours à la violence physique ou à des menaces avec une arme."[258] Ca. 30 % der Befragten nannten als Opfer derzeitige Partnerinnen bzw. Ex-Partnerinnen, knapp 50 % andere bekannte Frauen, ca. 20 % unbekannte Frauen, der Rest männliche Personen bzw. Kinder.

Zusammenfassend lässt sich feststellen, dass sich die Dunkelziffern von sexuellem Missbrauch, sexueller Nötigung und Vergewaltigung in etwa vergleichen lassen, wenn auch exakte Angaben nicht möglich sind. Im Bereich der sexuellen Gewaltdelikte dürfte die Quote ebenfalls unter 10 % liegen.

3. Exhibitionistische Handlungen

In der Dunkelfeldforschung erfolgt eine Erhebung der Prävalenzrate häufig im Zusammenhang mit sexuellem Kindesmissbrauch. Dies liegt daran, dass häufig statt § 183 StGB als lex specialis § 176 Abs. 3 Nr. 1 StGB bejaht wird, so dass im Ergebnis sexueller Kindesmissbrauch vorliegt.[259] Die Untersuchungen im Bereich exhibitionistischer Handlungen weisen ebenso wie die Studien zu Kindesmissbrauch und sexuellen Gewaltdelikten Unterschiede in der Auswahl der Befragten und der Methodik auf. Daneben besteht das generelle Problem, dass exhibitionistische Vorfälle hinter schwerwiegendere Taten zurücktreten oder dass sich viele der Befragten an manche Delikte nicht mehr erinnern, da sie sie als vergleichsweise harmlos wahrgenommen haben.

Nach einer Befragung von *Raupp/Eggers* waren 4,6 % der befragten Frauen und 0,9 % der befragten Männer in ihrer Kindheit mit exhibitionistischen Handlungen konfrontiert.[260] Auch bei weiteren durchgeführten Studien[261] zeigt sich eine

---

[256] Haas, Agressions et victimisations, S. VI.

[257] Bemerkenswert bei dieser Angabe ist, dass es sich um Taten der letzten zwölf Monate handelte.

[258] Haas, Agressions et victimisations, S. 211.

[259] Elz, Jutta, Legalbewährung und kriminelle Karrieren von Sexualstraftätern – Sexuelle Missbrauchsdelikte, S. 49.

[260] Raupp/Eggers, Monatsschr Kinderheilkd 1993, S. 318.

Prävalenzrate zwischen 1% und 10%. Daher lässt sich insgesamt feststellen, dass auch bei exhibitionistischen Handlungen die Quote unter 10 % liegt.

E. Differentialtypologie für die einzelnen Deliktsgruppen

Den „Sexualstraftäter an sich" gibt es nicht. Es handelt sich hierbei keineswegs um eine homogene Tätergruppe. Erst detaillierte Erkenntnisse über Entwicklung, Persönlichkeit und Motive des Täters lassen eine entsprechende Typenbildung zu. Will man erfolgreiche Konzepte zur Behandlung von Sexualstraftätern entwickeln, muss man sich zunächst mit der Frage auseinandersetzen, welche Besonderheiten evtl. unter Sexualstraftätern zu finden sind und inwieweit sich Übereinstimmungen zwischen ihnen zeigen.
In der Literatur lassen sich unterschiedlichste Verfahrens- und Untersuchungsmethoden zur Herausbildung von Sexualstraftätergruppen feststellen.[262] Zwar reicht es nicht aus, die Täter in festgelegte Tätergruppen einzuordnen, da dies eine unangemessene Vereinfachung der zumeist komplexen Motivstrukturen bedeuten würde.[263] Die Erstellung von Tätertypologien kann aber nicht nur bei der Frage nach der Erforderlichkeit bzw. Möglichkeit einer Behandlung behilflich sein, sondern ermöglicht auch eine grobe Unterteilung hinsichtlich der Rückfallgefahr der einzelnen Täter.[264]

I. Unterschiedliche Tätergruppen und diesbezügliche biographische Merkmale

In einer Studie der kriminologischen Zentralstelle Wiesbaden zur Legalbewährung von Sexualstraftätern wurden die in die Untersuchung einbezogenen Täter zur Ermittlung von Faktoren, die die Rückfälligkeit begünstigen können, nach biographischen Merkmalen unterteilt. Die erfassten Delikte gegen die sexuelle Selbstbestimmung wurden in zehn Erhebungsgruppen zusammengefasst.[265] Von der Untersuchung erfasst wurden Täter, die eine Straftat gegen die sexuelle

261 Nachweise hierzu bei Wetzels, Gewalterfahrungen in der Kindheit, S. 44 ff.; Eisenberg, Kriminologie, § 45, Rn. 71 ff.; in einer Studie, in der als Voraussetzung für das Vorliegen von exhibitionistischen Handlungen eine Altersdifferenz von fünf Jahren gefordert wird, lag die Prävalenzrate der Frauen bei 4,4 % und die der Männer bei 1,3 %.

262 Überblick hierzu bei Elz, Legalbewährung und kriminelle Karrieren von Sexualstraftätern – Sexuelle Missbrauchsdelikte, S. 110 ff.

263 Wieczorek, ZfStrVo 1997, S. 163.

264 Leygraf, Psychiatrische Aspekte der Therapie und Prognose bei Sexualstraftätern, in: de Boor/Haffke/Lange-Joest, Was tun mit Sexualstraftätern?, S. 98; Konrad, ZfStrVo 1998, S. 269.

265 Siehe Tabelle 3 in Elz, Legalbewährung und kriminelle Karrieren von Sexualstraftätern – Sexuelle Missbrauchsdelikte, S. 86.

Selbstbestimmung verübt hatten. Andere sexuell motivierte Taten wurden in der Studie nicht berücksichtigt, da diese nicht im Bundeszentralregister als „Sexualstraftaten“ aufgeführt sind. Die Studie beinhaltet drei Deliktsgruppen:

- *Sexuelle Missbrauchsdelikte:* begangen an Kindern (§ 176 StGB), Schutzbefohlenen (§ 174 StGB) oder Widerstandsunfähigen (§ 179 StGB),
- *Sexuelle Gewaltdelikte:* Vergewaltigung (§ 177 StGB a. F.) und sexuelle Nötigung (§ 178 StGB a. F.) und
- *Sexuelle Belästigungsdelikte* in Form exhibitionistischer Handlungen (§ 183 StGB) und Erregung öffentlichen Ärgernisses (§ 183a StGB).[266]

Anhand der Erfassung dieser Taten sollten Übereinstimmungen und Unterschiede zwischen den einzelnen Tätern festgestellt werden, um später eine Typenbildung – soweit überhaupt möglich – herauszuarbeiten.

1. Sexueller Missbrauch von Kindern

a) Hauptgruppe und Sondergruppe

Die Stichprobe bzw. Hauptgruppe bestand aus Tätern, die im 1. Halbjahr 1987 wegen einer Tat nach § 176 StGB verurteilt worden waren. In dieser Gruppe befanden sich sowohl legalbewährte als auch rückfällige Täter, die diverse Alternativen des Straftatbestands verwirklichten. Täter, die einen besonders schweren Fall des sexuellen Missbrauchs verwirklicht hatten, wurden als Sondergruppe aufgeführt.[267] Die dritte Gruppe bildeten Täter, die im genannten Zeitraum wegen sexuellen Kindesmissbrauchs verurteilt worden waren und (auch) mindestens ein neues aus dem Bundeszentralregister ersichtliches Sexualdelikt begangen hatten.[268]
Die Hauptgruppe bestand aus 87 männlichen Tätern, von denen 76 die deutsche Staatsangehörigkeit besaßen. Die restlichen Täter verteilten sich auf sechs Nati-

---

266 Elz, Legalbewährung und kriminelle Karrieren von Sexualstraftätern – Sexuelle Gewaltdelikte, S. 68; die Daten zu den sexuellen Belästigungsdelikten lagen zum Zeitpunkt der Fertigstellung der Arbeit noch nicht vor (sie erscheinen voraussichtlich 2003 im ersten Halbjahr).

267 Im Jahr 1987 war der schwere Fall des sexuellen Missbrauchs noch in § 176 Abs. 3 StGB a.F. geregelt. Ein schwerer Fall lag vor, wenn der Täter mit dem Opfer den Beischlaf vollzogen oder es bei der Tat körperlich schwer misshandelt hatte.

268 Elz, Legalbewährung und kriminelle Karrieren von Sexualstraftätern – Sexuelle Missbrauchsdelikte, S. 94.

onalitäten, wobei fünf türkischer Abstammung waren. In der Sondergruppe befanden sich 68 Täter[269], davon 57 mit deutscher Staatsangehörigkeit.

b) Biographische Merkmale

aa) Alter bei Begehung der Bezugstat

Der Mittelwert liegt bei Haupt- und Sondergruppe bei 36 Jahren, wobei der jüngste Täter in beiden Gruppen jeweils 14 Jahre alt, der älteste Täter in der Hauptgruppe 77, in der Sondergruppe 71 Jahre alt war.
Teilt man die Täter in Altersgruppen auf, lässt sich folgendes interessante Ergebnis feststellen: In der Hauptgruppe zeigt sich ein gleichmäßiger Anstieg und Abfall mit einer Spitze bei der Gruppe der 30- bis 39jährigen Täter. Bei der Sondergruppe bewegt sich dagegen fast die Hälfte aller Täter in dieser Altersgruppe. Dem mag als Ursache die Tatsache zugrunde liegen, dass intensivere sexuelle Handlungen vor allem im familiären Nahbereich vorkommen und dass bei Tätern dieser Altersgruppe die Möglichkeit zu sexuellem Missbrauch an verwandten Kindern am größten ist.[270]

bb) Familienstand

Für die Annahme einer Partnerschaft galt es nicht als erforderlich, dass der Täter verheiratet war, die bloße Angabe einer Verlobung[271] reichte jedoch nicht. Es musste vielmehr ein gemeinsamer Lebensmittelpunkt vorhanden sein. Knapp die Hälfte aller Täter aus beiden Gruppen lebte in Partnerschaften, wobei es sich nur in etwa jedem zweiten Fall um eine Ehe handelte. Knapp 52 % der Hauptgruppe und ca. 60 % der Sondergruppe hatten zum Tatzeitpunkt leibliche Kinder.
Dass die Täter außerhalb der Partnerschaft nur wenige intensivere soziale Kontakte zu anderen Personen hatten, zeigt sich aus der Auswertung von Vernehmungen, in denen die Täter zu ihren Freizeitbeschäftigungen befragt wurden. Häufig wurden Hobbys abgegeben, die man vornehmlich allein ausübt, wie z.B. Fernsehen, Musik hören oder Autofahren.[272]

---

[269] In 16 Fällen lag eine Überschneidung mit der Hauptgruppe vor; zwei der Täter waren Frauen.

[270] Im Bereich des sexuellen Missbrauchs von Kindern wird der Anteil der Täter, die aus Familie, Verwandtschaft und näherer Bekanntschaft stammen, auf etwa 90 bis 100 % geschätzt (siehe hierzu Rauch/Riedel-Reidemeister/Spann/Eisenmenger, Kriminalistik 2002, S. 100).

[271] In Strafverfahren werden Verlobungen häufig nur geschlossen, um der Freundin die Möglichkeit zur Zeugnisverweigerung nach § 52 StPO zu geben.

[272] Elz, Legalbewährung und kriminelle Karrieren von Sexualstraftätern – Sexuelle Missbrauchsdelikte, S. 98.

Hier drängt sich jedoch die Vermutung auf, dass die genannten Hobbies auch zu den bevorzugten der „normalen", d.h. nicht straffällig gewordenen, Personen gehören und nicht unbedingt auf einen signifikanten Unterschied im Bezug auf das Sozialverhalten hindeuten.

cc) Bildung

In der Hauptgruppe verfügten 84 %, in der Sondergruppe 79 % über einen Schulabschluss. Ca. 20 % aus beiden Gruppen hatte eine Sonderschule besucht, etwa 60 % eine Hauptschule. Nur etwa 5 % aus der Hauptgruppe und 9 % aus der Sondergruppe waren auf weiterführenden Schulen gewesen. Lediglich ein Täter hatte die Universität besucht. Interessant ist ein Vergleich mit der Gesamtbevölkerung. 1987 verfügten etwa 95 % der Gesamtbevölkerung über einen Schulabschluss. Nur etwa ein Drittel eines Schülerjahrgangs besuchte die Hauptschule, ca. 5 % befanden sich auf einer Sonderschule.
Bessere Ergebnisse erzielte die Hauptgruppe im Hinblick auf eine Berufsausbildung. 56 % der Täter aus der Hauptgruppe verfügten über eine Berufsausbildung, hingegen nur 49 % aus der Sondergruppe. Die Ausbildungsquote bei der Gesamtbevölkerung lag bei 59 %. Von den Tätern der Hauptgruppe waren 35 %, von den Tätern der Sondergruppe 31 % zum Tatzeitpunkt ohne Beschäftigung. Die Arbeitslosenquote der Gesamtbevölkerung lag 1987 etwa bei 9 %.
Hinsichtlich der beruflichen Situation bestehen zwischen Haupt- und Sondergruppe nur geringfügige Unterschiede, deutlichere Differenzen ergeben sich jedoch im Bezug auf die Gesamtbevölkerung. Hier schneiden Haupt- und Sondergruppe deutlich schlechter ab.

dd) Kindheit und Jugend[273]

14 % der Täter aus der Hauptgruppe wuchsen bis zum 14. Lebensjahr nicht bei den leiblichen Eltern auf, sondern waren in Heimen oder ähnlichen Einrichtungen untergebracht. Die Zahl liegt hierbei doppelt so hoch wie in der Sondergruppe. Im Zeitraum von 14 bis unter 18 Jahren wuchsen 23 von 51 Tätern der Hauptgruppe bei den leiblichen Eltern auf, in der Sondergruppe 22 von 40 Tätern. Bis zur Volljährigkeit war nahezu die Hälfte der Täter aus der Hauptgruppe im Vergleich zu einem Drittel aus der Sondergruppe einem Wechsel der Erziehungsperson ausgesetzt.[274]

[273] In diesem Bereich fehlten häufig Feststellungen, da sich den Akten zu Kindheit und Jugend in einigen Fällen kaum Informationen entnehmen ließen; die Ausfälle liegen ca. bei 30 %.

[274] Elz, Legalbewährung und kriminelle Karrieren von Sexualstraftätern – Sexuelle Missbrauchsdelikte, S. 101.

Insgesamt sieben Täter – fünf aus der Hauptgruppe und zwei aus der Sondergruppe – sind laut Aktenangaben in ihrer Kinder- bzw. Jugendzeit selbst Opfer von sexuellem Missbrauch geworden. Diese Zahl kann weder bestätigen noch widerlegen, dass eigene Missbrauchserfahrungen eine ausschlaggebende Rolle bei der Täterwerdung spielen. Vor allem ist die Möglichkeit nicht von der Hand zu weisen, dass einige der Täter diese Angaben aus prozesstaktischen Erwägungen gemacht haben.

ee) Frühere therapeutische Maßnahmen

Bei 16 von 71 Tätern aus der Hauptgruppe und 13 von 54 aus der Sondergruppe gab es vor der Bezugstat psychische Auffälligkeiten, die sich aufgrund durchgeführter bzw. begonnener stationärer oder ambulanter Therapiemaßnahmen feststellen ließen. Dabei handelte es sich sowohl um abgeschlossene Therapien im Jugendalter als auch noch im Tatzeitpunkt laufende Therapiemaßnahmen. Insgesamt ist ein wesentlicher Teil der Behandlungsmaßnahmen auf die jeweilige Anordnung in gerichtlichen Entscheidungen zurückzuführen.[275]

ff) Vorstrafenbelastung

Bei der Vorstrafenbelastung ergibt sich für Haupt- und Sondergruppe ein ähnliches Bild im Hinblick auf einschlägige Vorstrafen. 17 % der Täter aus der Hauptgruppe und 18 % der Täter aus der Sondergruppe waren zum Zeitpunkt der Bezugstat einschlägig vorbestraft. Bei den begangenen Sexualdelikten handelte es sich in den meisten Fällen ebenfalls um sexuellen Kindesmissbrauch. Einige der Täter waren wegen sexueller Gewaltdelikte vorbestraft. In 50 % dieser Fälle lagen mehrere Voreintragungen wegen der Begehung von Sexualdelikten vor. Vorbestraft wegen sonstiger Delikte waren 20 % bzw. 32 %. Hierbei lag der Schwerpunkt – etwa 50 % aller verübten Delikte – bei den gewaltlosen Eigentumsdelikten. Die Tatsache, dass ca. 75 % der Täter mit sonstigen Vorstrafen mehr als eine Voreintragung aufwiesen, aber nur etwa 15 % bzw. 18 % über Hafterfahrung verfügten, lässt den Schluss zu, dass es sich bei den Delikten um Taten geringer bis mittlerer Kriminalität handelte.

gg) Diagnostizierte psychische Störungen

Der Anteil der Täter, die von einem Sachverständigen auf das Vorliegen von psychischen Störungen untersucht wurden, lag einheitlich bei Haupt- und Son-

---

[275] Elz, Legalbewährung und kriminelle Karrieren von Sexualstraftätern – Sexuelle Missbrauchsdelikte, S. 103.

dergruppe lediglich bei 25 %.[276] Mehrheitlich wurde eine psychische Störung festgestellt, wobei Suchterkrankungen und Persönlichkeitsstörungen eher eine untergeordnete Rolle spielten. Hirnorganische Störungen und Minderbegabungen wurden häufiger diagnostiziert als sexuelle Deviationen[277] (siehe Abbildung, Seite 108).

In 80 % der Fälle stellten die Gutachter die Voraussetzungen zur Annahme des § 21 StGB fest bzw. konnten nicht ausschließen, dass dessen Voraussetzungen vorlagen. Zu beachten ist hierbei jedoch, dass eine Auseinandersetzung mit den §§ 20 bzw. 21 StGB fast ausschließlich stattfand, wenn ein psychiatrisches Gutachten vom Gericht angefordert worden war. Prüfte ein Gericht die Schuldfähigkeit, wurde sie in nahezu allen Fällen bejaht.[278] Nur bei einer Person ging das Gericht von Schuldunfähigkeit aus.

c) Vollzug von Jugend- und Freiheitsstrafe

In der Hauptgruppe wurde 85 % zu Jugend- oder Freiheitsstrafen verurteilt, in der Sondergruppe wurden in allen Fällen bis auf einen[279] ausschließlich Jugend- bzw. Freiheitsstrafen verhängt. 80 % der Hauptgruppe bzw. 60 % der Täter erhielten eine nach §§ 56 StGB, 21 JGG aussetzungsfähige Strafe, wobei bei 80 % der Täter der Hauptgruppe und 70 % der Täter der Sondergruppe die Strafe auch tatsächlich ausgesetzt wurde.[280] Letztendlich wurden 31 Täter aus der Hauptgruppe und 39 Täter aus der Sondergruppe inhaftiert (siehe Tabelle, Seite 109). Obwohl die Unterbringung im offenen Vollzug als eine der wichtigsten Behandlungsmaßnahmen gilt,[281] kam sie nur für 26 Täter in Betracht. Aus der Tabelle geht weiterhin hervor, dass nur 23 % der Hauptgruppe und 21 % der Sondergruppe konkrete Behandlungsmaßnahmen erhielten.

---

276 Auffallend ist, dass in der Mehrzahl der Fälle darauf verzichtet wurde, frühere Strafakten des jeweils zu begutachtenden Täters – auch bei bestehenden Vorstrafen – einzusehen; in vier Fällen wurde nicht einmal die aktuelle Strafakte eingesehen.

277 Elz, Legalbewährung und kriminelle Karrieren von Sexualstraftätern – Sexuelle Missbrauchsdelikte, S. 153.

278 Elz, Legalbewährung und kriminelle Karrieren von Sexualstraftätern – Sexuelle Missbrauchsdelikte, S. 172.

279 Bei einem Jugendlichen wurde eine Erziehungsmaßregel nach § 12 JGG a.F. in Form einer stationären Fürsorgeerziehung angeordnet.

280 Elz, Legalbewährung und kriminelle Karrieren von Sexualstraftätern – Sexuelle Missbrauchsdelikte, S. 179.

281 S/B-Ittel, § 10 Rn. 2.

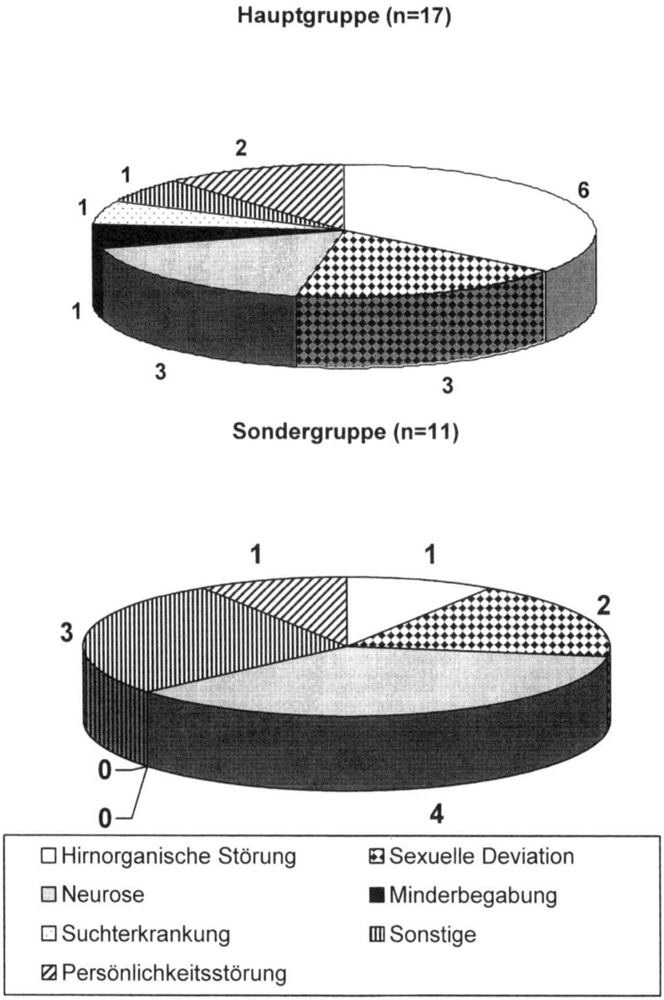

(Quelle: Elz, Legalbewährung und kriminelle Karrieren von Sexualstraftätern – Sexuelle Missbrauchsdelikte, S. 155, Abbildung 23)

	Hauptgruppe (n = 31)	**Sondergruppe (n = 39)**
Vollzugsdauer (Median)	12 Monate	22 Monate
Offener Vollzug	26 %	26 %
Behandlungsmaßnahmen	23 %	21 %
Ausgang	26 %	31 %
Freigang	29 %	26 %
Regelurlaub	32 %	33 %
Entweichung	0 %	0 %
Verspätete Rückkehr	3 %	5 %
Straftaten außerhalb JVA	0 %	0 %
Reststrafenaussetzung	50 %	57 %
Unterstellung unter Bewährungshilfe	12 von 15	12 von 20
Straftaten während Bewährungszeit - einschlägig	4 von 15 1 von 15	8 von 20 2 von 20
Führungsaufsicht wg. Vollverbüßung	3 von 15	8 von 15

(Quelle: Elz, Legalbewährung und kriminelle Karrieren von Sexualstraftätern – Sexuelle Missbrauchsdelikte, S. 190, Tabelle 12)

Lediglich bei einem Pädophilen ergab sich aus der Akte, dass er die Verlegung in eine sozialtherapeutische Anstalt[282] beantragt hatte, was letztlich jedoch abgelehnt wurde. In vielen Fällen lassen sich den Strafakten keine Daten über angeordnete Behandlungsmaßnahmen entnehmen. Geht man in dieser Hinsicht von einer weitgehend lückenlosen Dokumentation aus, kann als Ergebnis festgehalten werden, dass in diesen Fällen keine wesentlichen Therapiemaßnahmen angeordnet wurden.[283]

Letztendlich lässt sich nur bei elf aller erfassten Täter mindestens eine durchgeführte Behandlungsmaßnahme feststellen. Nur fünf dieser Täter nahmen an Einzeltherapien oder speziellen Gesprächsgruppen teil. Der Rest erhielt eine einzige Behandlungsmaßnahme: Teilnahme an einer speziellen Gesprächsgruppe bzw. Teilnahme an Aus- und Fortbildungsmaßnahmen.

---

282 Siehe hierzu 4. Teil.

283 Elz, Legalbewährung und kriminelle Karrieren von Sexualstraftätern – Sexuelle Missbrauchsdelikte, S. 192.

2. Sexuelle Gewaltdelikte

a) Hauptgruppe und Sondergruppe

In der Hauptgruppe befinden sich ausschließlich Täter, die im 1. Halbjahr 1987 wegen sexueller Nötigung oder Vergewaltigung verurteilt worden sind. Einbezogen werden sowohl legalbewährte als auch (einschlägig) rückfällige Täter.[284] Die Rückfallgruppe erfasst alle Täter, die nicht nur wegen Vergewaltigung oder sexueller Nötigung verurteilt wurden, sondern außerdem zumindest eine weitere sanktionierte und aus dem Bundeszentralregister ersichtliche Straftat begangen haben.
Die Hauptgruppe bestand aus 201 männlichen Tätern[285], von denen 14 % eine ausländische Staatsangehörigkeit besaßen. Sechs kamen aus dem asiatischen Raum, der Rest aus dem europäischen Raum.

b) Biographische Merkmale

aa) Alter bei Begehung der Bezugstat

Ein eindeutiger Schwerpunkt liegt bei den 21-29jährigen, die 46,3 % der Hauptgruppe ausmachen. Danach folgt die Gruppe der unter 21jährigen, wobei die Jugendlichen dieser Altersgruppe ca. 28 % der Täter stellen. Ab dem 30. Lebensjahr sinkt der Anteil der Täter stark. Lediglich sechs Täter waren bei Begehung des Delikts 50 Jahre oder älter. Der Mittelwert liegt bei 27,7 Jahren. Unterscheidet man zwischen Vergewaltigern und sexuell Nötigenden, so ergibt sich kein gravierender Unterschied. Der Mittelwert liegt bei Vergewaltigern bei 27,3, bei sexuell Nötigenden bei 28,4 Jahren. Der jüngste Täter war in beiden Gruppen 14 Jahre alt.[286] Eine vollendete Vergewaltigung wurde nur in 3 % der Fälle von jugendlichen Tätern, aber in 20 % von heranwachsenden Tätern begangen. Die Hälfte der Vergewaltiger wurde von über 30jährigen Tätern gestellt.

---

284 Aufgrund der im Jahr 1987 bestehenden gesetzlichen Lage fehlen in der Untersuchungsgruppe Personen, die sexuelle Gewaltdelikte in der Ehe begangen, Männer vergewaltigt oder eine sexuelle Handlung unter Ausnutzung einer Lage, in denen das Opfer der Einwirkung schutzlos ausgeliefert war, vorgenommen haben.

285 Aufgrund der Stichprobenziehung setzt sich die Untersuchungsgruppe nur aus männlichen Personen zusammen, obwohl im Jahr 1987 vier Frauen wegen sexueller Nötigung und fünf Frauen wegen Vergewaltigung verurteilt wurden; zwar erforderte zu diesem Zeitpunkt eine Vergewaltigung noch ein weibliches Opfer und eine Beischlafhandlung, eine Frau konnte jedoch Mittäterin der Vergewaltigung sein, wenn sie eine Nötigungshandlung beging, die dem Mann den Geschlechtsverkehr ermöglichte.

286 Elz, Jutta, Legalbewährung und kriminelle Karrieren von Sexualstraftätern – Sexuelle Gewaltdelikte, S. 89.

Vergleicht man diese Ergebnisse mit der Tätergruppe bezüglich des sexuellen Missbrauchs, so lässt sich feststellen, dass dort ein wesentlich geringerer Teil der Verurteilten bei den Jugendlichen und Heranwachsenden (8 %) und den 21-29jährigen (22 %) zu finden ist. Der Schwerpunkt lag bei der Gruppe der über 30jährigen, wofür als Grund vor allem anzuführen ist, dass es sich bei sexuellem Kindesmissbrauch um ein innerfamiliäres Delikt handelt.

bb) Familienstand

Auch bei dieser Tätergruppe war für die Annahme einer Partnerschaft das Vorliegen eines gemeinsamen Lebensmittelpunkts erforderlich. Lediglich ca. 35 % der Täter lebten zum Zeitpunkt der Tat in einer festen Beziehung, wobei wiederum in ca. 30 % aller Fälle eine nichteheliche Lebensgemeinschaft bestand. Im Gegensatz zur früher teilweise in der Literatur vertretenen Ansicht, sexuelle Gewaltdelikte wären die Folge „einer durch Gelegenheitsmangel entstandenen Stauung des Sexualaffektes“[287], ist nach Auswertung der für die Untersuchung herangezogenen Akten eher davon auszugehen, dass nicht das Fehlen einer Partnerschaft oder der Möglichkeit zu sexuellen Kontakten die Tat verursachen, sondern die Missverständnisse, die zwischen Männern und Frauen im Hinblick auf die Anbahnung einer Beziehung bestehen. Viele Täter deuteten die Verhaltensweisen der Frauen falsch und sahen in einer entgegengebrachten Zuneigung zugleich das Einverständnis zu sexuellen Kontakten.
Bereits *Schorsch* ging bei der Festlegung seiner Tätertypologien[288] davon aus, dass eine Ursache für sexuelle Übergriffe die unterschiedlichen Interpretationen von Männern und Frauen bezüglich des Verhaltens des jeweiligen Gegenübers sind und es bei vielen Sexualstraftätern im Vorfeld der Tat zu einer Situationsverkennung kommt.[289]
Auch in Bezug auf den Familienstand gibt es keine signifikanten Unterschiede zwischen Vergewaltigern und sexuell Nötigenden. Letztere lebten etwas seltener in einer festen Partnerschaft, was sich aber bereits mit dem Anteil jüngerer Täter in der Gruppe der wegen sexueller Nötigung Verurteilten erklären lässt. In der Gesamtgruppe befanden sich nur relativ wenige Täter mit leiblichen Kindern (37 %). 42 % der Vergewaltiger hatten mindestens ein Kind, bei den sexuell Nötigenden waren es hingegen nur 28 %.

---

[287] Seelig, Schuld/Lüge/Sexualität, S. 221; Schulz (Schulz, Die Notzucht: Täter – Opfer – Situationen, S. 111 ff.) sieht den Grund für die Begehung von Sexualstraftaten ebenfalls in einem unkontrollierten Sexualtrieb; er unterscheidet hierbei zwischen Täter mit einem krankhaften Sexualtrieb und gesunden Tätern mit übermäßig starkem Geschlechtstrieb.
[288] Siehe hierzu Punkt II. 2a) cc).
[289] Schorsch, Sexualstraftäter, S. 214.

cc) Bildung

Etwa 60 % der Täter[290] hatten eine Hauptschule besucht oder besuchte diese zum Tatzeitpunkt immer noch. 20 % der Täter waren auf einer Sonderschule. 22,7 % der Gesamtgruppe haben die Schule abgebrochen, womit dieser Anteil nahezu doppelt so hoch wie bei der Gruppe der Missbrauchstäter liegt.
Im Hinblick auf die gewählte Schulform bestehen weder zwischen sexuell Nötigenden und Vergewaltigern noch zwischen sexuellen Gewalttätern und Kindesmissbrauchern Unterschiede. Ca. 5 % der Täter waren zum Tatzeitpunkt noch Schüler.
Von den Personen, die die Schule abgeschlossen hatten, begannen 73 % eine praktische Berufsausbildung. Allerdings haben hiervon mehr als ein Drittel die Ausbildung abgebrochen, wobei die Quote bei den Vergewaltigern deutlich höher als bei den sexuell Nötigenden lag. Hierbei ist wieder die hohe Zahl jugendlicher Täter unter den sexuell Nötigenden zu berücksichtigen. Ein Ausbildungsabbruch kann in vielen Fällen erst noch bevorstehen. Lediglich 9 % besuchten Fachschulen oder Universitäten. Ca. 40 % der sexuellen Gewalttäter waren voll berufstätig. Bei den Vergewaltigern lag die Arbeitslosenquote deutlich höher als bei den sexuell Nötigenden – 39,5 % im Vergleich zu 27,8 %.

dd) Kindheit und Jugend

Ein großer Teil der Täter wuchs in Kindheit (27 %) und Jugend (40 %) nicht bei beiden leiblichen Eltern auf.[291] Bei sexuell Nötigenden lag der Anteil derer, die nicht von beiden leiblichen Eltern groß gezogen wurden, etwas höher. Ihre Kindheit verbrachten lediglich 4 % in Heimen, bei den Jugendlichen waren es schon 12 %. In einigen Fällen wurden die Jugendlichen aus den Familien genommen, weil sie mehr oder weniger gewalttätig waren und die Familienangehörigen vor ihnen geschützt werden mussten.
Im Vergleich zur Gruppe der Missbrauchstäter lebten die Gewalttäter häufiger bei beiden leiblichen Eltern und waren dementsprechend seltener in Heimen untergebracht.
4 % der Täter gaben an, in ihrer Kindheit oder Jugend Opfer sexuellen Missbrauchs geworden zu sein. Dies entspricht in etwa den Ergebnissen aus der Gruppe zum sexuellen Kindesmissbrauch. Auffallend ist, dass die sexuellen Gewalttäter in drei Fällen angaben, im pubertierenden Alter Opfer von Frauen geworden zu sein. Bei der Gruppe der Missbrauchstäter wurden stattdessen nur Männer als Täter angegeben.

---

290 Die Schulform konnte bei 183 der 201 Täter der Strafakte entnommen werden.

291 Elz, Legalbewährung und kriminelle Karrieren von Sexualstraftätern – Sexuelle Gewaltdelikte, S. 97.

ee) Frühere therapeutische Maßnahmen

Die therapeutischen Maßnahmen stehen meist in Zusammenhang mit einem früheren Strafverfahren. Ebenso wie bei den Tätern, die wegen sexuellen Kindesmissbrauchs verurteilt wurden, konnte bei den sexuellen Gewalttätern ein justitieller Kontext festgestellt werden.[292] Ca. 20 % aller Gewalttäter hatten sich vor Begehung der Bezugstat einer stationären oder ambulanten Behandlung unterzogen, wobei die Zahlen im Hinblick auf Vergewaltiger und sexuell Nötigende übereinstimmen. 7 von 19 Tätern waren wegen einer Suchterkrankung in stationärer Therapie, 6 Täter wurden nach der Tatbegehung in forensische Psychiatrien eingewiesen. 22 Täter befanden sich in ambulanter Behandlung.[293] Drei der Täter waren bereits in ihrer Kindheit auf Anregung ihrer Eltern in therapeutischer Behandlung, vier der Täter begaben sich im Erwachsenenalter wegen allgemeiner psychischer Störungen in Therapie. Lediglich zwei Täter begannen auf eigene Initiative hin eine Therapie wegen Störungen ihres Sexualtriebs.[294]

ff) Vorstrafenbelastung

Die Täter weisen insgesamt eine hohe Vorstrafenbelastung auf, wobei ca. 50 % der 201 Täter nicht einschlägige Delikte begangen haben. Zählt man diejenigen Täter hinzu, die auch einschlägige Delikte begangen haben, kommt man zu einer Vorstrafenbelastung von insgesamt 70 %. Bei nur 23 handelte es sich um eine einmalige Vorverurteilung, 67 Täter hingegen wiesen zwei bis vier Voreintragungen auf. Bei 47 Tätern lagen 5 bis 18 Vorstrafen vor. 38 Täter waren einschlägig vorbestraft, hiervon 34 zudem wegen sonstiger Straftaten vorverurteilt. Mit 18,9 % liegt damit die einschlägige Vorbelastung nur gering über derjenigen der sexuellen Missbrauchstäter. Bei Vergewaltigern und sexuell Nötigenden ist der Anteil der einschlägig Vorbestraften nahezu identisch. Betrachtet man nur die 24 Vergewaltiger, lässt sich feststellen, dass bereits 18 von ihnen wegen Vergewaltigung vorbestraft waren. Auch bei den sexuell Nötigenden war zumeist – in 9 von 14 Fällen – das zuvor begangene einschlägige Delikt eine sexuelle Nötigung. Im Hinblick darauf kann bei den sexuellen Gewalttätern von ei-

[292] Zu beachten ist, dass 20 % der Akten nicht zu entnehmen war, ob eine therapeutische Behandlung stattgefunden hat.

[293] In 8 Fällen überschnitt sich die Gruppe der ambulant behandelten Täter mit derjenigen, die einer stationären Maßnahme unterzogen wurden.

[294] Elz, Legalbewährung und kriminelle Karrieren von Sexualstraftätern – Sexuelle Gewaltdelikte, S. 104.

ner gewissen Deliktsbindung gesprochen werden.[295] Unter den 38 einschlägig Vorbestraften befanden sich 13 mit mehreren einschlägigen Vorstrafen.
Trotz der hohen Vorstrafenbelastung ließ sich nur bei einem Viertel der Täter mindestens eine frühere Inhaftierung bzw. eine Unterbringung im Maßregelvollzug feststellen.

gg) Diagnostizierte psychische Störungen

Von den 62 begutachteten Tätern wurde bei 50 % eine psychische Störung diagnostiziert, wobei sich keine Unterschiede zwischen Vergewaltigern und sexuell Nötigenden ergab. Bei 11 Tätern wurde (auch) eine Persönlichkeitsstörung festgestellt; bei sieben Tätern eine Suchterkrankung oder eine Minderbegabung. In sechs Fällen wurde eine hirnorganische Störung festgestellt; zwei Täter waren neurotisch bzw. schizophren psychotisch. Die restlichen acht Täter wiesen (zudem) sonstige Störungen – bspw. Übererregbarkeit – auf. Bemerkenswert ist, dass man in keinem der Fälle eine sexuelle Deviation diagnostizierte, die im Zusammenhang mit der begangenen Straftat relevant war.[296]
Bei 28 Tätern wurde von den Sachverständigen eine verminderte Schuldfähigkeit i.S.d. § 21 StGB bejaht; bei vier Tätern ließen sich die Voraussetzungen von Schuldunfähigkeit bejahen bzw. deren Vorliegen nicht ausschließen.
Eine Therapiebedürftigkeit nahm das Gericht lediglich bei 15 % der Täter an.

c) Vollzug von Jugend- und Freiheitsstrafe

Bei 96 Tätern wurde eine Jugend- oder Freiheitsstrafe ohne primäre Aussetzung der Vollstreckung verhängt. Hinzu kamen acht Täter, bei denen die Aussetzung der Freiheitsstrafe widerrufen wurde, womit sich insgesamt 102 Täter[297] im Vollzug befanden.

[295] Elz, Legalbewährung und kriminelle Karrieren von Sexualstraftätern – Sexuelle Gewaltdelikte, S. 80.
[296] Elz, Legalbewährung und kriminelle Karrieren von Sexualstraftätern – Sexuelle Gewaltdelikte, S. 155.
[297] 72 Täter wurden wegen Vergewaltigung inhaftiert.

	Beziehungs-taten (n = 17)	**Kontakt-taten (n = 55)**	**Anblicks-taten (n = 30)**	**Gesamt (n = 102)**
Vollzugsdauer (Median)	26 Monate	26 Monate	25,5 Monate	**26 Mona-te**
Offener Vollzug	5 von 17	19 von 42	6 von 21	**30 von 80**
Sozialtherapeut. Anstalt	1 von 17	1 von 43	5 von 21	**7 von 81**
Einzeltherapie im Regelvollzug	2 von 11	10 von 38	9 von 16	**21 von 65**
Schulische/beruf-liche Maßnahmen	3 von 12	17 von 41	13 von 20	**33 von 73**
Ausgang/Freigang oder Urlaub	11 von 15	41 von 44	11 von 18	**63 von 77**

(Quelle: Elz, Legalbewährung und kriminelle Karrieren von Sexualstraftätern – Sexuelle Gewaltdelikte, S. 196, Tabelle 11)

37,5 % der Täter, von denen diesbezüglich Unterlagen eingesehen werden konnten, kamen in den offenen Vollzug. Lediglich sieben Inhaftierte wurden in sozialtherapeutische Anstalten verlegt, darunter fünf Vergewaltiger. Dabei konnte nur in zwei Fällen festgestellt werden, wie viele Therapiestunden die Täter absolviert hatten. Im Regelvollzug hatten 21 Täter und damit 32 % eine Einzeltherapie begonnen. Elz steht dieser Quote jedoch skeptisch gegenüber. Einige Vollstreckungshefte waren nicht detailliert genug, um die Frage nach einer Therapie beantworten zu können.
In diesen Fällen – gerade bei einer kurzzeitigen Inhaftierung – ist deshalb davon auszugehen, dass überhaupt keine Behandlung stattfand, weshalb die Zahl von behandelten Tätern eher unter 20 liegen wird.[298] Den Vollzugsakten waren weder Hinweise auf die angewandten therapeutischen Methoden noch über die Erfahrungen des Therapeuten mit dem Patienten zu entnehmen. Sechs Täter, die nicht an einer Einzeltherapie teilgenommen hatten, kamen in behandlungsorientierte Wohngruppen, spezielle Behandlungsgruppen oder nahmen zumindest an einem sozialen Training teil.

[298] Elz, Legalbewährung und kriminelle Karrieren von Sexualstraftätern – Sexuelle Gewaltdelikte, S. 201.

II. Tätertypologien

In der Literatur wird seit langem der Versuch unternommen, Sexualstraftäter in bestimmte Gruppen einzuteilen, um anhand von Gemeinsamkeiten der Täter effektive Behandlungsmodelle zu entwickeln. Die folgende Darstellung soll hierüber einen Überblick geben.

1. Sexueller Kindesmissbrauch

a) Einzelne Tätergruppen nach Schorsch[299]

aa) Der kontaktarme, retardierte Jugendliche

Dieser Tätertypus kommt aus geordneten Verhältnissen, ist oft Einzelkind oder das jüngste Kind einer Familie. Es besteht wenig Kontakt zu Eltern und Geschwistern. Der Jugendliche ist sexuell meist unerfahren und leidet unter dem fehlenden Kontakt zu Gleichaltrigen. Anderen Menschen gegenüber empfindet er sich unterlegen und nicht genug beachtet. Die Aufnahme von sexuellen Kontakten zu Kindern entspringt dem Wunsch, überhaupt mit einem Partner Sexualität erleben zu können.[300] Da sich Gleichaltrige nicht für ihn interessieren, greift er auf kleine Kinder und Pubertierende als Partner zurück, wobei kleine Mädchen bevorzugt werden. Generell fühlt er sich in der Umgebung von Kindern am wohlsten, da er dann nicht das Gefühl der Unterlegenheit empfindet. Die Tat selbst hat zumeist keinen aggressiven Charakter. Sie wird vielmehr durch regressives Verhalten initiiert, indem sich der Jugendliche in eine Spielsituation mit dem späteren Opfer begibt und sich in diesem Zusammenhang auf die Stufe eines Gleichaltrigen stellt.
Die sexuellen Handlungen können als typische Ersatzhandlungen angesehen werden, die einen Ausweg aus der Partnerlosigkeit bieten sollen. In vielen Fällen bleibt es bei einer einmaligen Tatbegehung, wenn es dem Täter gelingt, diese schwierige Jugendphase – für den Täter eine lebensphasische Krisenzeit – zu überwinden.[301]

bb) Der sozial randständige, minderbegabte Jugendliche

Bei der soeben genannten Täterkategorie handelt es sich um Personen, die aufgrund von Defiziten im zwischenmenschlichen Bereich zu Außenseitern geworden, aber im sozialen Gefüge ansonsten ohne größere Auffälligkeiten integriert

---

299 Schorsch, Sexualstraftäter, S. 114 ff.; hierbei handelt es sich um eine der bekanntesten und einflussreichsten Typenbeschreibungen im deutschsprachigen Raum.
300 Schorsch, Sexualstraftäter, S. 146.
301 Schorsch, Sexualstraftäter, S. 146.

sind. Der sozial randständige, minderbegabte Jugendliche steht dagegen augenscheinlich in Opposition zur seiner Umwelt. Bei diesem Tätertypus handelt es sich um Jugendliche unterer sozialer Schichten, die über eine geringe Intelligenz verfügen und zu aggressiven Ausbrüchen neigen.[302] Wie auch beim kontaktarmen, retardierten Jugendlichen ist die Tatbegehung als Ersatzhandlung zu deuten. Die fehlenden Partnerbindungen ergeben sich aus der offenen Konfrontationshaltung, die Grund für die soziale Randständigkeit ist. Demzufolge sind die sexuellen Übergriffe von Aggressionen dem kindlichen Opfer gegenüber geprägt.

cc) Der unstete Kriminelle des mittleren Alters

Dieser Tätertyp zeigt Parallelen zum minderbegabten, sozial randständigen Täter. Er unterscheidet sich zunächst von diesem nur durch das fortgeschrittene Alter. Unter diese Kategorie fallen Menschen, die durch einen unsteten Lebenswandel, übermäßigen Alkoholkonsum, Aggressivität und zum Teil mehrere Vorstrafen auffallen. Es handelt sich jedoch nicht um isolierte Einzelgänger, sondern um relativ kontaktfreudige Personen, die gerade in ihrem näheren sozialen Umfeld zahlreiche Kontakte zu anderen Menschen haben, welche jedoch häufig nur von kurzer Dauer sind. Dies lässt sich auch auf ihr Sexualleben übertragen. Sie verfügen über zahlreiche sexuelle Erfahrungen, wobei die jeweiligen Beziehungen meistens nur von kurzer Dauer waren. In der Auswahl ihrer kindlichen Opfer lässt sich keine Regelmäßigkeit erkennen. Häufig gehören zu den Opfern selbst verwahrloste Jungen oder Mädchen unter 14 Jahren aus sozial randständigem Milieu, für die sexuelle Beziehungen zu Erwachsenen keine Besonderheit darstellen.[303]

dd) Der pädophile Lehrer

Der Typ des pädophilen Lehrers umfasst nicht nur Lehrer an Schulen, sondern auch Leiter von Jugendgruppen, Erzieher, Chorleiter oder Trainer in Sportvereinen, d.h. Personen, die aufgrund ihrer Tätigkeit in häufigem und engem Kontakt mit Kindern und Jugendlichen stehen. Die Täter sind meist intelligent, sozial angepasst, emotional und kontaktfreudig. Auffallend ist das große Interesse für den musisch-künstlerischen Bereich und das pädagogische Engagement, das sie den ihnen anvertrauten Kindern entgegenbringen.[304] Die Folge des persönlichen Einsatzes ist die Inanspruchnahme der betreuenden Personen durch die Kinder und Jugendlichen über das eigentliche Lehrer-Schüler-Verhältnis hinaus. Das

[302] Schorsch, Sexualstraftäter, S. 146.
[303] Schorsch, Sexualstraftäter, S. 147.
[304] Schorsch, Sexualstraftäter, S. 148.

große Vertrauen, das zu ihnen aufgebaut wird, ermöglicht einen privaten Umgang, der den beruflichen Rahmen überschreitet.
Fühlen sich Kinder von Eltern und Geschwistern unverstanden, sehen sie in ihnen Personen, denen sie ihre Probleme, Geheimnisse und Gefühle mitteilen können. Diese engen, persönlichen Kontakte können sexuelle Beziehungen einleiten, gerade wenn Sexualität zwischen Lehrer und Schüler zum Diskussionsthema gemacht wird und der Lehrer sein Sexualleben als unbefriedigend empfindet. In vielen Fällen verfügt diese Personengruppe über geringe sexuelle Erfahrung. Dabei geht es in der Betrachtung nicht um die typischen Schüler-Lehrer-Lieben, d.h. eine gegenseitige partnerschaftliche Liebesbeziehung, sondern um sexuelle Kontakte, die von den Kindern als ungewohnt und inadäquat empfunden werden, egal, ob sie mit Ablehnung, Passivität oder Sympathie darauf reagieren.[305]
Dieser Tätertyp betrachtet seine pädagogische Aufgabe als Lebensaufgabe, die Grenzen zwischen beruflichem und privatem Bereich verschwimmen. Die völlige Identifikation mit dieser Rolle führt zu einer fehlerhaften Handhabung, durch die die Sicherheit und Souveränität der sozialen Rolle gefährdet ist, was in letzter Konsequenz zu illusionären Vorstellungen und damit zusammenhängenden Rollenentgleisungen führen kann. Die soziale Wahrnehmung wird eingeschränkt und der auf bestimmte Lebensbereiche begrenzte Relevanzbereich der Rolle wird überschritten. Ursache für das Zustandekommen von sexuellen Beziehungen ist letztendlich eine unbewusste Rollenübertragung.
Der pädophile Lehrer überträgt seine Berufsrolle auf alle Lebensbereiche und ist unfähig, mehrere gleichrangige Rollen gleichzeitig auszufüllen.[306] Als Konsequenz dieser Rollenübertragung passt sich der Lehrer entweder dem Entwicklungsstand seines jugendlichen Opfers an oder deutet im Gegenzug die ihm entgegengebrachte vertrauensvolle Sympathie als erotische bzw. sexuelle Zuneigung. Die Unfähigkeit, Kontrolle über das eigene Rollenverhalten auszuüben, wird zum Teil mit der Herkunft dieser Täter begründet. Eine große Zahl der betroffenen Personen kommt aus sozial schwachen Familien, die sich als intelligente und fleißige Arbeiter hochgearbeitet haben und ihre familiäre Vergangenheit am liebsten verleugnen würden. Dieser soziale Aufstieg bringt häufig Verhaltensunsicherheiten mit sich, da das Leben in der neuen Gesellschaftsschicht zunächst ungewohnt ist. Diese Verhaltensunsicherheiten begünstigen schließlich den Kontrollverlust im Hinblick auf die ausgeübten Rollen.

---

[305] Schorsch, Sexualstraftäter, S. 148.
[306] Schorsch, Sexualstraftäter, S. 149.

ee) Die suchtartigen, progredienten Verlaufsformen

Eine weitere Gruppe unter den erwachsenen Pädophilen lässt sich weniger als Tätertyp denn vielmehr als Entwicklung charakterisieren. Für diese Menschen gewinnen Gewohnheiten, die nicht zwangsläufig dem sexuellen Bereich entspringen müssen, eine solch entscheidende Bedeutung, dass sich die gesamte Lebensführung an ihnen orientiert. Diese Täter sind permanent auf der Suche nach den immer gleichen sexuellen Reizen. Auf die spezifischen Reize wird stets mit dem gleichen Ablauf pädophiler Handlungen reagiert. Der Anblick eines Kindes, eines kindlichen Körperteils oder die Wahrnehmung einer Kinderstimme können zu heftigen sexuellen Erregungszuständen führen, die der Täter immer wieder zu erreichen versucht.[307]
Hinsichtlich der Opferauswahl lässt sich keine Präferenz feststellen. Die eher geringe Bedeutung von Kindern, die sich bereits in der Pubertät befinden, erklärt sich damit, dass sich diese Kinder aufgrund ihres fortgeschrittenen Alters und der damit zusammenhängenden ausgeprägten Persönlichkeit weniger gut als austauschbares Opfer eignen. Das suchtartige Erleben der sexuellen Reizzustände ist häufig mit großen Schuldgefühlen verbunden. Solche Schuldgefühle sind wesentlicher Bestandteil der progredienten Verlaufsformen.[308]

ff) Der Alterstäter

Unter diese Tätergruppe fallen nur Pädophile, die zum Zeitpunkt der Tatbegehung mindestens 55 Jahre alt waren. Bei dieser Tätergruppe treten die persönlichkeitsbedingten hinter die lebensphasischen und medizinischen Faktoren zurück. Deshalb ist es schwierig, den Alterstäter anhand von psychologischen Auffälligkeiten zu charakterisieren.

b) Einzelne Tätergruppen nach Rehder[309]

Rehder hat 226 inhaftierte Sexualdelinquenten psychologisch untersucht und anhand einer Clusteranalyse[310] Personengruppen gebildet, die in Bezug auf ihre Merkmalsprofile Ähnlichkeiten aufwiesen. Darunter befanden sich 83 Straftäter, die wegen sexuellen Missbrauchs von Kindern verurteilt worden waren. Diese Tätergruppe umfasste 58 % der Täter, die wegen Vergewaltigung oder sexueller Nötigung verurteilt worden waren (siehe dazu Punkt 2c)). Anhand von übereinstimmenden Faktoren wurden vier Tätergruppen gebildet. Innerhalb dieser

[307] Schorsch, Sexualstraftäter, S. 150.
[308] Schorsch, Sexualstraftäter, S. 151.
[309] Rehder, MschrKrim 1996, S. 373 ff.
[310] Unter einem Cluster ist eine bestimmte Klasse zu verstehen, in die jemand aufgrund von übereinstimmenden Merkmalen eingeordnet wird.

Gruppen unterschied man zwischen Inzesttätern – Täter, die innerfamiliäre Sexualdelikte zwischen engen leiblichen oder sozialen Verwandten begehen – und Pädophilen[311] – Täter, die ihre Delikte außerhalb der Familie verüben.

aa) Randständige, unterkontrollierte Täter

In dieser Gruppe befinden sich 16 Pädophile und 6 Inzesttäter. Sie stammen aus schwierigen sozialen Verhältnissen und verfügen nur über eine geringe Bildung. Die Persönlichkeit zeichnet sich durch geringe soziale Kompetenz, niedrige Intelligenz, geringe Konfliktbereitschaft und soziale Beständigkeit aus. Im Hinblick auf die Kriminalitätsbelastung überwiegen allgemeine Delikte. Straftaten mit aggressiver Tatausführung sind dagegen kaum zu verzeichnen. Die Täter verfügen über eine latente Tatbereitschaft und beginnen relativ frühzeitig mit der Straftatbegehung. Die erste Verurteilung erfolgt zwischen dem 19. und 20. Lebensjahr und die erste Inhaftierung mit 24 Jahren.[312] Die Täter gehen eher lose Beziehungen ein und stellen in materieller und intellektueller Hinsicht geringe Ansprüche an sich selbst. Sie führen ein unauffälliges Leben am Rande der Legalität mit häufigen, aber strafrechtlich weniger bedeutsamen Delikten.[313]
Die abweichenden sexuellen Präferenzen bewirken ihre soziale Randständigkeit oder verstärken diese. Im umgekehrten Fall führt die soziale Randständigkeit zu Schwierigkeiten im Aufbau allgemein akzeptierter Sexualbeziehungen, weshalb die Täter auf Kinder als Sexualpartner ausweichen.

bb) Sozial unauffällige Täter mit starken Autonomiebestrebungen

Diese Gruppe ist mit 27 Fällen – dies entspricht 32,5 % – zahlenmäßig die größte. In ihr finden sich 21 Inzesttäter, dagegen nur 6 Pädophile. Der soziale Hintergrund dieser Täter bleibt eher unauffällig. Die Persönlichkeit gilt als gekennzeichnet von pragmatischem Realismus, Kontaktbereitschaft, sozialer Kompetenz und beruflicher Leistungsbereitschaft. Die Kriminalitätsbelastung ist sowohl hinsichtlich allgemeiner, aggressiver als auch sexueller Delikte eher gering. Der Zeitpunkt der Deliktsbegehung setzt relativ spät ein. Die erste Inhaftierung erfolgt meist mit mehr als 40 Jahren. Außerdem sind die Täter strafrechtlich am wenigsten vorbelastet, wobei es sich bei der ersten Straftat häufig um ein Sexualdelikt handelt. Die hohe Zahl an Inzesttätern ist ein deutliches Zeichen für den großen Bekanntheitsgrad zwischen Täter und Opfer vor der Tat.

---

311 Hierbei handelt es sich nicht um die gängige Verwendung des Begriffs der Pädophilie; Rehder benutzt diesen Begriff, um ein weiteres Unterscheidungsmerkmal in den Gruppen der sexuellen Missbrauchsdelikte zu schaffen.

312 Mit 13,5 Eintragungen im Strafregister liegt die Vorstrafenbelastung im oberen Bereich.

313 Rehder, MschrKrim 1996, S. 374.

Die Täter weisen eine ausgeprägte Über-Ich-Stärke und eine gute Gewissensbildung auf. Durch ihre nach außen getragenen Eingliederungsbemühungen gelingt es ihnen, ein unauffälliges Leben zu führen und ihren eigentlichen Charakter hinter der bürgerlichen Fassade zu verstecken. Bemerkenswert bleibt jedoch das auffallende Autonomiestreben, das einen Hinweis darauf gibt, dass der Wunsch nach Unabhängigkeit auf Kosten emotionaler Nähe gehen kann, wobei auch nicht die eigene Familie ausgeschlossen ist.[314] Grund für die Taten sind in vielen Fällen eine hohe Stressbelastung oder länger andauernde Lebenskrisen, die für die Täter eine Gefahr für die Persönlichkeit und die Autonomie darstellen. In diesen Belastungssituationen kann es dann zum Zusammenbruch der Kontrollmechanismen und als Konsequenz daraus zur Tatbegehung kommen.
Hinsichtlich ihrer Fähigkeit, sozial unauffällig zu leben und beruflichen Erfolg zu haben, besteht eine Parallele zu den von *Schorsch* beschriebenen psychisch eher stabilen, sozial integrierten Tätern.

cc) Depressive Täter

Unter den depressiven Tätern finden sich 12 Inzesttäter und 8 Pädophile. Wie bei der Gruppe zuvor lassen sich Auffälligkeiten in der Sozialisation kaum feststellen. Für die Tätergruppe charakteristisch ist eine depressive Abhängigkeit, häufige Beziehungswechsel, partielle Leistungsbereitschaft und erheblicher Alkoholmissbrauch. Allgemeine und aggressive Kriminalität sind gering entwickelt. Weiblichen Personen gegenüber zeigen sie gutes Einfühlungsvermögen, besitzen aber im Gegenzug große Kontakt- und Bindungsängste. Als hervorstechendes Merkmal dieser Gruppe gilt die Depressivität. Die Grundstimmung der Täter ist gekennzeichnet durch Passivität, Abhängigkeit, Minderwertigkeitsgefühle und Hilflosigkeit. Durch die Tatbegehung versuchen sie, die Abhängigkeit und das Gefühl der Hilflosigkeit zu überwinden und Überlegenheit, Macht und Eigenständigkeit zu demonstrieren.[315] Da dies nicht gelingt, fällt ihr eigenes Selbstbild für die Täter immer negativer aus, was Auslöser für erneute Sexualdelikte sein kann.
Übereinstimmungen finden sich zu den depressiv veranlagten Tätern von *Schorsch*.

dd) Sozial angepasste, „zwanghafte Täter“

In dieser Gruppe befinden sich 10 Inzesttäter und 4 Pädophile. Obwohl die Täter aus ungünstigem sozialen Milieu stammen, verfügen sie über eine hohe Bildung. Allgemeine und aggressive Kriminalität sind gering entwickelt, dagegen besteht

314 Rehder, MschrKrim 1996, S. 375.
315 Rehder, MschrKrim 1996, S. 376.

eine hohe Sexualkriminalität. Bereits in der Kindheit mussten sie für ihre Erziehungspersonen häusliche und berufliche Pflichten übernehmen und hatten wenig Zeit für sich. Dadurch haben sie ein starkes Pflichtbewusstsein mit hoher Lern- und Eingliederungsbereitschaft und den Zwang zur Anpassung entwickelt und verinnerlicht.[316]

Ihre Persönlichkeit ist geprägt durch hohe berufliche Leistungsbereitschaft, soziale Kompetenz und einer starken Abwehrhaltung ihrer Umwelt gegenüber. Die Erfahrungen aus der Kindheit, in der niemand auf sie Rücksicht genommen hat, übertragen sie auf den Umgang mit ihrem Opfer. Sie besitzen eine geringe Empathiefähigkeit und geben sich ernst und emotional distanziert. Der Tat geht eine längere persönliche Beziehung zum späteren Opfer voraus, was ein Zeichen dafür ist, dass es sich entweder um Inzesttäter handelt oder aber um Pädophile, die zu einem Kind eine längere und nicht nur sexuelle Verbindung aufbauen konnten.

c) Einzelne Tätergruppen nach Berner[317]

Berner orientiert sich bei Erstellung seiner Tätertypologie an der Einteilung von *Schorsch* und *Rehder*. Er hat eine Typologie aggressiv-sexueller Störungen nach der zugrunde liegenden Persönlichkeitsorganisation entwickelt.

Bei den sexuellen Missbrauchsdelikten von Kindern nimmt er folgende Unterscheidung vor:

- depressive Täter mit neurotischer Störung,
- sozial angepasste Täter mit zwangähnlicher Störung,
- autonomiebestrebte Täter mit Borderline- und narzisstischer Persönlichkeitsstörung,
- randständig-unterkontrollierte Täter mit antisozialer Persönlichkeitsstörung,
- sadistische Täter mit primärer sexueller Störung oder primärer Persönlichkeitsstörung.[318]

d) Einzelne Tätergruppen nach Beier[319]

Beier differenziert in seiner Einteilung zwischen Inzest und Pädophilie. Dabei sind die Inzestopfer nicht notwendigerweise auf Kinder beschränkt.

---

316 Rehder, MschrKrim 1996, S. 376.

317 Berner, Institutionelle Therapie bei sexueller Delinquenz, in: Sigusch (Hrsg.), Sexuelle Störungen und ihre Behandlung, S. 504.

318 Berner, Institutionelle Therapie bei sexueller Delinquenz, in: Sigusch (Hrsg.), Sexuelle Störungen und ihre Behandlung, S. 504.

319 Beier, Verlaufsformen bei Dissexualität, in: Kröber/Dahle (Hrsg.), Sexualstraftaten und Gewaltdelinquenz, S. 76 ff.

aa) Inzest

(1) Konstellationstäter

Sie sind sozial gut integriert innerhalb einer spezifischen familiären Konstellation und haben kaum Außenbeziehungen. Es liegt eine sog. endogame Familienstruktur vor. Der Beginn inzestuöser Handlungen geht eher schleichend vonstatten und es liegen häufig lange Missbrauchszeiträume ohne Anwendung physischer Gewalt vor.

(2) Promiske Täter

Der promiske Täter lebt innerhalb sehr offener Familienstrukturen und hat viele Außenbeziehungen. Er verfügt über ein geringschätziges Frauenbild und sieht Frauen lediglich als Gebrauchsgegenstand an.

(3) Pädophil-motivierter Täter

Bei diesem Tätertyp ist ein primäres Interesse an der erotischen Ausstrahlung des kindlichen Körpers – auch eigener Kinder – festzustellen. Die Inzesthandlungen beginnen im vorpubertären Alter der Opfer.

bb) Pädophilie

Differentialtypologisch lassen sich die pädophilen Täter zunächst in zwei große Gruppen unterteilen, die sich durch die Art der Beziehung zum Opfer unterscheiden. Bei der einen Tätergruppe stellt der sexuelle Übergriff eine Ersatzhandlung für den eigentlich erstrebten Kontakt zu einem altergleichen Partner dar. Die andere Tätergruppe hat ein primäres sexuelles Interesse an Kindern, wobei die sexuelle Beziehung zum Kind nur ein Wunschaspekt ist, mit ihm auf gleicher partnerschaftlicher Ebene zu stehen.[320]

(1) Jugendliche, sexuell unerfahrene Täter

Die Kontakte zu Kindern sind lediglich Ersatzhandlungen für ersehnte sexuelle Beziehungen zu Gleichaltrigen.

(2) Dissoziale Täter

Dissexuelle Handlungen mit Kindern sind Ersatzhandlungen für erwünschte sexuelle Kontakte zu erwachsenen Partnern und Teil der Dissozialität.

---

[320] Beier, Verlaufsformen bei Dissexualität, in: Kröber/Dahle (Hrsg.), Sexualstraftaten und Gewaltdelinquenz, S. 79.

(3) Schwachsinnige Täter

Auch bei dieser Tätergruppe stellen die sexuellen Beziehungen zu Kindern Ersatzhandlungen für nicht erreichbare sexuelle Kontakte zu erwachsenen Partnern da.

(4) Täter mit pädophiler Nebenströmung

Diese Täter kommen aus unauffälligen sozialen Verhältnissen und zeigen sich in allen Lebensbereichen gut integriert. Hier besteht kein ersatzweises, sondern ein primäres Interesse am Kind. Es werden aber auch befriedigende sexuelle Beziehungen zu erwachsenen Partnern aufgebaut.

(5) Täter mit pädophiler Hauptströmung

Diese Tätergruppe ist in Bezug auf ihren sozialen Werdegang eine sehr heterogene Gruppe. Es besteht primäres sexuelles Interesse an Kindern, weshalb kaum sexuelle Kontakte zu erwachsenen Sexualpartnern vorhanden sind.

e) Einzelne Tätergruppen nach Lautmann[321]

Lautmann sieht in sexuellen Kontakten zwischen Erwachsenen und Kindern nicht zwangsläufig etwas Verwerfliches. So geht er davon aus, dass in der Sexualität mit Kindern keine defizitäre, sondern nur eine anders geformte Sexualität vorliege. Die Unterschiede der Pädophilen- zur Erwachsenensexualität seien nicht unbedingt als Versagen oder Mangel anzusehen. Der Prozess des Übergangs von der Kindheit über die Pubertät zur Erwachsenenwelt verlaufe wesentlich schneller als früher, weshalb Kinder heutzutage verstärkt in einem erotisierten Rahmen gesehen würden.[322]

Lautmann nennt drei Kategorien von Pädophilen, wobei er eine Unterscheidung zwischen „guten" und „bösen" Pädophilen trifft. Die erste Gruppe bilden Pädophile, die Kinder lieben und sie ohne Gewalttätigkeiten in eine sexuelle Beziehung einführen. Die zweite Gruppe besteht aus Ersatz-Objekt-Tätern, die sich Kinder als Sexualpartner suchen, weil sie zu Sexualbeziehungen mit Erwachsenen nicht fähig sind. In die dritte Gruppe sind schließlich aggressiv-sadistische Täter einzuordnen, die ihr sexuelles Begehren gewalttätig verfolgen.

Nach *Amendt* versucht *Lautmann*, die Pädophilie – soweit sie ohne direkt Gewaltanwendung ausgeübt wird – als normale Form der Sexualität zu etablieren. Seine Unterteilungen spiegelten ein klassifikatorisches System von Rationalisierungen wider, das den Wunschvorstellungen der Täter nach ungestörten Missbrauchshandlungen entspricht. Die Darstellung führe nicht nur zu einer Triviali-

---

[321] Lautmann, Die Lust am Kind, S. 10.

[322] Lautmann, Die Lust am Kind, S. 137.

sierung und Verharmlosung der Pädophilie, sondern könne sogar als Aufruf zur Förderung von pädophilen Beziehungen verstanden werden.[323]

2. Sexuelle Gewaltdelikte

a) Einzelne Tätergruppen nach Schorsch

aa) Der asoziale Notzuchtstäter

Wenn *Schorsch* von Notzucht spricht, meint er damit den heute verwandten Begriff der Vergewaltigung.

Der asoziale Notzuchtstäter kommt in vielen Fällen aus gestörten Familien der sozialen Unterschicht, der Vater ist häufig Alkoholiker, die Ehen meist zerrüttet. Das Fehlen eines intakten Familienverbands ruft kindliche Verhaltenstörungen hervor, die oft die Einweisung in Erziehungsheime zur Folge haben.[324] Die ungenügende Stabilität im Elternhaus wirkt sich auf das weitere Leben negativ aus: Das Bildungsniveau ist niedrig und es besteht hohe Arbeitslosigkeit. Der geringen Bildung entspricht ein im Allgemeinen niedriges Intelligenzniveau. Es besteht eine ausgeprägte Neigung zu aggressivem Verhalten bei gleichzeitig vorliegender Motivationslosigkeit und fehlender Zielstrebigkeit.

Im sexuellen Bereich kommt es frühzeitig zu intimen Kontakten. Schon kurz nach Eintritt in die Pubertät wird der Geschlechtsverkehr ausgeübt, ohne dass vorher weniger bedeutsame sexuelle Praktiken angewandt wurden. Sexuelle Phantasien, Masturbationserlebnisse oder homoerotische Kontakte sind sehr viel seltener als in den übrigen Gruppen.[325] Eine größere Rolle spielen anonyme sexuelle Begegnungen. Bordellbesuche sind häufig, Sexualpartner aus dem näheren sozialen Umfeld werden oft gewechselt. Der asoziale Notzuchtstäter reduziert den Partner nahezu ausschließlich zum Sexualpartner, er ist unfähig zum Austausch von Zärtlichkeiten mit dem jeweiligen Partner und zu tieferen zwischenmenschlichen Beziehungen. Bis das Delikt der Notzucht verwirklicht wird, wurden häufig schon mehrere andere kriminelle Handlungen begangen.

Die Notzucht kann weniger als Folge einer devianten Sexualität als vielmehr als Ausdruck einer bereits ins Kriminelle abgeglittenen Lebensführung angesehen werden. Die in der Kindheit erfahrene Vernachlässigung und das fehlende Erlernen zwischenmenschlicher Verhaltensformen führen dazu, dass der Täter in der Frau keine gleichberechtigte Partnerin sieht, sondern ein reines Sexualob-

---

[323] Amendt, Kriminalistik 2000, S. 452; siehe hierzu auch Deegener, Einführung, in: Deegener (Hrsg.), Sexuelle und körperliche Gewalt, S. 14.

[324] Schorsch, Sexualstraftäter, S. 212.

[325] Schorsch, Sexualstraftäter, S. 212.

jekt, das zur Verwirklichung seiner sexuellen Wünsche zu dienen hat. Das eigentliche Delikt besteht häufig in plötzlichen sexuellen Überfällen, wobei es vorher nicht zu einer Kontaktaufnahme zum späteren Opfer gekommen ist.

bb) Der retardierte Spätentwickler

Der retardierte Spätentwickler kommt in ähnlicher Form bei den Pädophilen und den Exhibitionisten vor. In Bezug auf das Elternhaus zeigen sich Unterschiede zum asozialen Notzuchtstäter. Zwar gehören die Familien ebenfalls zur sozialen Unterschicht, allerdings verfügen sie über intakte Sozialstrukturen, was dem späteren Täter zunächst ein unbeschwertes Aufwachsen ermöglicht. Soziale Auffälligkeiten zeigen sich meist erst zu Beginn der Pubertät. Es fehlt der Anschluss an Gleichaltrige, stattdessen bestehen große Bindungen ans Elternhaus. Der Spätentwickler ist ein introvertierter Einzelgänger, der sich durch auffallende Schüchternheit und fehlendes Selbstbewusstsein von seinen Altersgenossen unterscheidet.
Im Hinblick auf Sexualität bestehen nur wenige Erfahrungen. Die gemachten Erfahrungen spielen sich dabei ausschließlich im anonymen Bereich ab. Die bis dahin gelebte Kontaktlosigkeit führt gerade im sexuellen Bereich zu Problemen. Die Personen haben nie gelernt, Gefühle zu zeigen, und sind im Hinblick auf die eigene Sexualität mit Selbstzweifeln belastet. Es fehlen die passenden Ventile, um entstehende sexuelle Spannungen abzubauen, da ein zunächst unbefangener Kontakt zu Gleichaltrigen nicht gelingt und der Täter darüber hinaus nicht imstande ist, seine aufkommenden sexuellen Gefühle aufgrund einer geringen Ausdifferenzierung und Produktivität in sich selbst zu verarbeiten. Das Notzuchtsdelikt schließlich ist Ausdruck einer verspätet einsetzenden Reifungskrise. Es äußert sich in wortlosen, abrupten Attacken und steht im offenen Widerspruch zu der von der Umgebung als ordentlich, unauffällig, schüchtern und gewaltlos eingestuften Persönlichkeit.[326] Im Zustand sexueller Erregung kommt es aufgrund nicht erlebter Sozialkontakte zu Situationsverkennungen. Ablehnende Haltung der Opfer wird falsch gedeutet oder überhaupt nicht wahrgenommen. Bei den feststellbaren Auffälligkeiten dieser Tätergruppe handelt es sich eher um psychologisch begründbare als milieubedingte Abweichungen.

cc) Notzucht als Folge geschlechtsspezifischer Situationsverkennung

Die sich aus einer Situationsverkennung ergebende Notzucht lässt sich weniger durch die Person des Täters als vielmehr durch eine Tatbeschreibung charakterisieren. Eine Gemeinsamkeit bei dieser Art der Deliktsverwirklichung liegt in der jeweiligen Vorgeschichte. Es besteht eine Beziehung zwischen Täter und Opfer,

[326] Schorsch, Sexualstraftäter, S. 213.

auch wenn diese unterschiedlich ausgestaltet sein kann. Täter und Opfer sind seit längerem miteinander bekannt oder haben sich erst am Tag der späteren Tatbegehung kennen gelernt. Eine wichtige Rolle spielt die animierende Wirkung von Alkohol, der beim Täter eine sexuelle Stimmung fördert, die er auf die gesamte Situation überträgt.[327] Eine ihm gegenüber gezeigte Sympathie des Mädchens wird als Verliebtheit oder sexuelles Interesse gedeutet. Im Zuge der steigenden Erregung des Täters wird die zunehmend ablehnende Haltung der Frau als nicht ernst gemeintes anfängliches Sträuben gedeutet. Löst sich die Illusion von der Einvernehmlichkeit der Handlungen erst unmittelbar vor dem sexuellen Kontakt auf, wenn der Täter sich in einem Zustand hoher sexueller Gereiztheit befindet, die Frau sich dagegen immer mehr gegen die Annäherungsversuche des Täters sträubt, dann kann die sexuelle Erregung blitzartig in Aggression umschlagen.
In manchen Fällen dauert die projektive Situationsverkennung über den erzwungenen Geschlechtsverkehr hinaus fort. Grund für solche Verkennungen kann das Aufwachsen von Täter und Opfer in unterschiedlichen Kulturkreisen sein.[328] Die offene und unkomplizierte Art des mitteleuropäischen Mädchens wird beispielsweise von den südosteuropäischen Männern missverstanden und als sexuelle Zuneigung empfunden. Die distanzierte, unverbindliche Rolle der flirtenden Frau trifft auf eine sexuell gespanntere, besitzergreifende Haltung des Mannes. Die Rollen der Personen gehen in ihrem Inhalt aneinander vorbei, ohne dass die bestehenden Diskrepanzen vom Gegenüber wahrgenommen werden. Für die in derartigen Situationen ausbleibende Korrektur des Rollenverhaltens ist die sexuelle Stimmung verantwortlich, die kaum eine Distanzierung von der eingenommenen Rolle zulässt.[329]

b) Einzelne Tätergruppen nach Groth[330]

Die Tätertypologie von *Groth* basiert auf den Beobachtungen von 500 Sexualstraftätern mit oder ohne Freiheitsstrafe, die über einen Zeitraum von 15 Jahren gemacht wurden. Die Sexualstraftäter werden in drei Täterkategorien eingeteilt.

aa) anger rape

Diese Tätergruppe setzt die Sexualstraftat als Mittel ein, um Ärger, Wut und Frustration auszudrücken. Der Täter zielt darauf ab, durch die Tatbegehung

[327] Schorsch, Sexualstraftäter, S. 214.
[328] Schorsch, Sexualstraftäter, S. 215.
[329] Schorsch, Sexualstraftäter, S. 215.
[330] Groth, Men who rape, S. 12 ff; siehe hierzu auch Lübcke-Westermann, MschrKrim 1995, S. 12 ff.

Macht zu demonstrieren und das Opfer zu verletzen. Häufig werden besonders erniedrigende sexuelle Handlungen ausgeführt oder vom Opfer gefordert. Der Täter geht dabei äußerst brutal vor, das Opfer erleidet zumeist schwere Verletzungen. „This type of offender attacks his victim, grabbing her, striking her, knocking her to the ground, beating her, tearing her clothes, and raping her."[331] Sexuelle Befriedigung wird kaum empfunden. Die Befriedigung resultiert aus der Abfuhr von Ärger, Wut und Spannung. Die Sexualstraftat ist weder vorher geplant noch spielen sexuelle Phantasien eine Rolle. Die Tat ist eher als Stressreaktion anzusehen.[332] Häufig lässt sich im Vorfeld der Tat feststellen, dass sich der Täter ungerecht behandelt, verletzt oder unterdrückt fühlte. In vielen Fällen liegen Konfliktsituationen mit Frauen zugrunde.

bb) power rape

Bei dieser Täterkategorie ist Streben nach Macht, Herrschaft und Kontrolle Auslöser für die Tatbegehung.[333] Diese Täter setzen körperliche Gewalt ein, um das Opfer zu überwältigen und zu unterwerfen, nicht aber primär, um es zu verletzen. Nicht selten kommt es zu wiederholten Bedrohungen über einen längeren Zeitraum. Das Ziel ist die sexuelle Eroberung, die Ausübung des Geschlechtsverkehrs der Beweis der Eroberung. Die Sexualität dient der Kompensation bestehender Minderwertigkeitsgefühle. Die in einigen Fällen zu beobachtende Angst vor Homosexualität soll durch die Straftat überwunden werden, indem sie die eigene Identität als Mann bestätigen soll. Die Täter entwickeln Zwangsgedanken und Masturbationsphantasien über sexuelle Eroberung und Vergewaltigung. In der Vorstellung des Täters leistet das Opfer nur am Anfang Widerstand. Später unterliegt es der Anziehungskraft des Täters und empfindet sexuelle Erregung. Die eigenen Wünsche werden dem Opfer unterstellt, was dazu führt, dass der Täter eine vorangehende Gewaltanwendung leugnet. Letztendlich glaubt er, dass das Opfer mit der Tatbegehung einverstanden war.
In der konkreten Tatausführung empfindet der Täter jedoch nur wenig Befriedigung, da sie in keiner Weise an seine Phantasien heranreichen kann. Durch wiederholte Tatbegehungen glaubt der Täter, seiner Phantasievorstellung immer näher zu kommen, und wird gleichsam immer wieder enttäuscht.

cc) sadistic rape

Bei der dritten Tätergruppe gehen Sexualität und Aggression soweit ineinander über, dass eine sexuelle Umwandlung von Wut und Macht stattfindet und die

[331] Groth, Men who rape, S. 14.
[332] Groth, Men who rape, S. 14.
[333] Groth, Men who rape, S. 25.

Aggression selbst erotisiert wird.[334] Hier findet der Täter Befriedigung im Missbrauchen, Erniedrigen, Demütigen und Verletzen des Opfers. Der Täter erreicht sowohl mit als auch ohne sexuellen Kontakt einen intensiven Erregungszustand. Die Tat beinhaltet häufig Rituale, es kommt zur Fesselung und Folterung des Opfers. „The assault...frequently has a bizarre or ritualistic quality to it. The offender may subject his victim to curious actions, such as clipping her hair, washing or cleansing her body, or forcing her to dress in some specific fashion or behave in some specified way."[335] Die ausgewählten Opfer für die geplanten Taten stellen Symbole für Dinge dar, die der Täter zerstören will. Bei vielen Tätern ist die Erregung eine Funktion der Aggression: Je aggressiver sie vorgehen, desto stärker ist das Machtgefühl und je mächtiger sie sich fühlen, desto größer ist der Erregungszustand.

Die Tat steht in vielen Fällen in krassem Gegensatz zu der nach außen präsentierten Persönlichkeit. Der Täter tritt freundlich und liebenswürdig auf, seine sadistischen Phantasien bleiben im Verborgenen.

c) Einzelne Tätergruppen nach Rehder[336]

Von den 226 von *Rehder* untersuchten Personen waren 143 wegen sexueller Nötigung oder Vergewaltigung inhaftiert. Diese Täter wurden in sechs Klassen eingeordnet.

aa) Durchsetzungsschwache, irritierbare Täter

Diese Tätergruppe weist im Persönlichkeitsbereich Durchsetzungsschwäche, Abhängigkeitsneigung, Empathiefähigkeit und Schüchternheit auf. Die kriminelle Karriere beginnt im Vergleich mit anderen Gruppen eher frühzeitig. Die Täter sind im Durchschnitt bei Begehung ihres ersten Sexualdelikts 24,5 Jahre alt.[337] Das Sexualdelikt läuft meist überfallartig ab, wobei die Täter in der Tat mehr als andere Täter nach Selbstbestätigung suchen. Im alltäglichen Leben leiden sie unter Niedergeschlagenheit und Resignation und signalisieren im Umgang mit anderen Menschen Unterlegenheit und Anpassungsbereitschaft. Die Begehung des Sexualdelikts ist meist ein Versuch, die eigene Hilflosigkeit zu überwinden. Dies gelingt jedoch nicht, sondern führt dazu, dass das ohnehin negative Selbstbild verschlechtert wird und die Abhängigkeitsängste erhöht werden.[338] Die gro-

334 Groth, Men who rape, S. 44.
335 Groth, Men who rape, S. 44.
336 Rehder, MschrKrim 1996, S. 291 ff.
337 Die erste Verurteilung erfolgt mit 19 Jahren, die erste Inhaftierung mit 24 Jahren.
338 Rehder, MschrKrim 1996, S. 295.

ße Angst vor Abhängigkeit und Anpassung ist der Grund dafür, dass die Tat an fremden Personen begangen wird.
Eine vergleichbare Charakteristik liegt bei den nicht aggressiven Pädophilen und Exhibitionisten[339] in der von *Schorsch* durchgeführten Untersuchung vor.

bb) Sozial desintegrierte, „chauvinistische" Täter

Unter den sexuellen Gewaltdelinquenten verfügen diese Täter über die geringste Intelligenz und Bildung, ihre Persönlichkeit ist durch Planungsunfähigkeit, Impulsivität, Unabhängigkeitsstreben, hysterische Züge und Alkoholmissbrauch gekennzeichnet. Die Einstellung dieser Tätergruppe lässt sich als dissozial und chauvinistisch bezeichnen, wobei nur in seltenen Fällen Kontaktschwierigkeiten vorliegen.
In der kriminellen Karriere tauchen eher allgemeine – häufig aggressive – als sexuell motivierte Delikte auf.[340] Bei Tatbegehung besteht regelmäßig ein hoher Grad an Alkoholisierung und im Vergleich zu anderen Tatabläufen sind Täter und Opfer häufiger miteinander bekannt. Das Sexualdelikt ist weniger Ausdruck einer sexuellen Abweichung als vielmehr Zeichen eines nicht vorhandenen Einfühlungsvermögens und einer aggressiven Impulsivität.[341] Obwohl sich die Täter als normal ansehen, weisen sie deutliche psychische Störungen auf. Das Anspruchsdenken der Täter steht in keinem Verhältnis zu ihren verfügbaren Möglichkeiten und Fähigkeiten. Sie sind in der Gesellschaft gescheiterte Menschen, die in subkulturellen und kriminellen Aktivitäten, in häufigen Beziehungswechseln, heftigen Alkoholexzessen und einem übertriebenen männlichen Selbstwertgefühl Kompensationsmöglichkeiten für die eigenen Minderwertigkeitsgefühle suchen.[342]
Diese Täter entsprechen am ehesten den „asozialen Notzuchtstätern", die *Schorsch* beschreibt.

cc) Explosive, sexuell aggressive Täter

Diese Tätergruppe entstammt zumeist einem intakten Elternhaus. Die kriminellen Aktivitäten bewegen sich eher im unteren Bereich, wobei jedoch ein ausgeprägter Hang zu aggressiven Taten erkennbar ist. Diese allgemeine Feststellung lässt sich auch auf die Begehung von Sexualdelikten übertragen. Es handelt sich hierbei um wenige, aber gravierende Taten. Die selbst attestierte Gewissensbil-

---

339 Siehe hierzu Punkt 3a).
340 Die Zahl der Eintragungen im Strafregister liegt im Bezug auf aggressive Delikte bei 5,7; bei allgemein-kriminellen Delikten bei 13,9; bei Sexualdelikten dagegen nur bei 1,6.
341 Rehder, MschrKrim 1996, S. 296.
342 Rehder, MschrKrim 1996, S. 296.

dung und die gute Über-Ich-Stärke weisen auf eine generell vorliegende soziale Anpassungsfähigkeit hin, der aber eine nur eingeschränkte soziale Kompetenz gegenübersteht. Die innere Unsicherheit und die momentane Wut der Täter entladen sich explosionsartig im Sexualdelikt.[343] Der Wunsch nach Anerkennung führt in Konfliktsituationen zum Zusammenbruch der Kontrollmechanismen und als Konsequenz zur Tatbegehung, die auch vom Täter selbst nicht vorhersehbar ist.

dd) Ungehemmt drängende Täter

In dieser Gruppe befinden sich mit einer Zahl von 34 Fällen – das entspricht einem Prozentsatz von 23,8 – die meisten Täter. Sie besitzen eine große Durchsetzungskraft, Kontaktbereitschaft und eine hohe intellektuelle Leistungsfähigkeit.[344] Eine gleichberechtigte Kommunikation ist mit diesen Tätern nur schwer realisierbar. Jede Kontaktaufnahme stellt für sie eine kämpferische Auseinandersetzung dar, in deren Verlauf die eigene Position unbedingt durchgesetzt werden muss, weshalb andere Ansichten einfach übergangen werden. Betrachtet man die Deliktshäufigkeit, so kann man in diesem Zusammenhang nicht von einer kriminellen Karriere sprechen, da die Kriminalität wenig ausgeprägt ist, eine nur geringe Hafterfahrung besteht und die Täter in vielen Fällen erst im Alter von mehr als 30 Jahren inhaftiert werden.
Beim Sexualdelikt selbst handelt es sich meist um eine situativ ausgelöste Handlung, die der eigenen Selbstbestätigung dient.[345] Wie auch in gewöhnlichen Gesprächssituationen will der Täter seine Ziele rücksichtslos und egozentrisch durchsetzen, ohne auf die Belange des Opfers einzugehen. Auch im Tatkontakt braucht jener die Bestätigung seines persönlichen Wertes und seiner Eigenständigkeit.[346]

ee) Negativ sozialisierte, unterkontrollierte Täter

Personen dieses Täterkreises sind in ungünstigen familiären Verhältnissen aufgewachsen und leben in sozialer Randständigkeit. Bezeichnend sind die Neigung zur aggressiven Durchsetzung ihrer Ziele und die nur schwer überwindbare, misstrauische Abwehrhaltung. Sie haben eine dissoziale und frauenfeindliche Einstellung und im Hinblick auf die kriminelle Tendenz fallen sie durch die Be-

343 Rehder, MschrKrim 1996, S. 297.
344 Nach den beruflich integrierten, aggressionsgehemmten Tätern verfügen sie über die zweithöchste Bildungsstufe.
345 Rehder, MschrKrim 1996, S. 297.
346 Rehder, MschrKrim 1996, S. 298.

gehung von schweren und wiederholten Sexualdelikten auf.[347] Aufgrund des ungünstigen Werdegangs haben die Täter Schwierigkeiten, anderen Menschen gegenüber Vertrauen aufzubauen. Sie geben sich distanziert, emotional unterkühlt und sind stets auf Unabhängigkeit bedacht. Sie entwickeln in ihrer Phantasie aggressiv ausgestaltete Tatvorstellungen, die in Konfliktsituationen zur Tatbegehung motivieren. Die Vorbehalte gegenüber den Mitmenschen, die grundsätzlich frauenfeindliche Haltung und die nur schwach ausgeprägte Gewissensbildung verhindern jegliche Rücksichtnahme auf die Wünsche anderer Personen.
Tat und anschließende Inhaftierung verstärken die distanzierte Haltung zur Umwelt, da damit weitere Erfahrungen vorliegen, über die der Täter kaum mit anderen sprechen kann. Die zunehmende Entfremdung führt zu einer Zunahme der Feindseligkeit den Mitmenschen gegenüber und zu einer Zunahme sexuell oder aggressiv ausgerichteter Phantasien, die eine erneute Tatbegehung begünstigen.[348]

ff) Beruflich integrierte, aggressionsgehemmte Täter

Diese Täter zeichnen sich durch einen hohen Bildungsstand, große Leistungsbereitschaft, Beständigkeit und geringe Tatverleugnung aus. Es sind kaum kriminelle Neigungen im Hinblick auf allgemeine oder aggressive Straftaten vorhanden, allerdings liegen zumeist schwerwiegende Wiederholungstaten im sexuellen Bereich vor. Die Opfer sind den Tätern in vielen Fällen völlig unbekannt. Die Tat erfolgt überfallartig, wobei die Empathiefähigkeit der Täter in Bezug auf die Opfer im Widerspruch zu den wiederholten Tatbegehungen und der aggressiven Tatausführung steht.[349]
Ein weiterer signifikanter Widerspruch besteht zwischen der guten beruflichen Eingliederung und der erheblichen Sexualkriminalität. Im beruflichen Bereich streben die Täter nach übermäßiger Kontrolle, Planung und Ordnung. Rückschläge in diesem Bereich werden nur schwer verkraftet, sie nagen am Selbstwertgefühl. Die Taten stellen einen Versuch dar, in anderen Bereichen verlorene Kontrolle wiederherzustellen, und sollen dem Täter die Möglichkeit geben, sich selbst zu beweisen. Sie sind von erheblicher Dauer, da der Täter das Opfer über einen längeren Zeitraum hinweg körperlich und sexuell kontrollieren will.[350] Er glaubt, auf diese Weise den selbst erlittenen Kontrollverlust kompensieren zu

[347] Die erste Verurteilung erfolgt im Alter von 18,7 und die erste Inhaftierung mit 20,9 Jahren; die Haftstrafen resultieren vornehmlich aus Verurteilungen wegen Sexualstraftaten (bei der Begehung des ersten Sexualdelikts waren die Täter im Schnitt 22,5 Jahre alt).
[348] Rehder, MschrKrim 1996, S. 298.
[349] Rehder, MschrKrim 1996, S. 299.
[350] Rehder, MschrKrim 1996, S. 299.

können, muss jedoch feststellen, dass das Gefühl wiedergewonnener Kontrolle nur kurz anhält, was den Wunsch nach Tatwiederholung hervorruft. Aufgrund seiner Fähigkeit, Verständnis und Mitleid für andere Menschen aufzubringen, kommen als Opfer nur unbekannte Personen in Frage, da eine Tatbegehung bei existenter persönlicher Beziehung zwischen Täter und Opfer nicht möglich wäre.
Hinsichtlich des Bestrebens, durch Leistung und Anpassung ein positives Bild von sich selbst zu erhalten, besteht eine Vergleichbarkeit mit dem von *Schorsch* beschriebenen stabilen, sozial integrierten Täter.

gg) Unterschiede und Gemeinsamkeiten zwischen den wegen sexueller Nötigung oder Vergewaltigung[351] und den wegen sexuellen Kindesmissbrauchs[352] verurteilten Tätern

(1) Unterschiede

Signifikante Unterschiede bestehen bei den Testvariablen Selbstbehauptung, Begeisterungsfähigkeit und Pflichtbewusstsein. Mit Ausnahme des letzten Merkmals waren die Werte bei Gruppe A höher. Diese Gruppe erzielte auch höhere Werte im sprachfreien Intelligenztest und beim abstrakten Denken. Der Wert bezüglich Selbstsicherheit und Veränderungsbereitschaft war bei Gruppe A höher, der Wert für Unkonventionalität und Besorgtheit dagegen bei Gruppe B. Zwischen Inzesttätern und Pädophilen bestehen nur zwei bemerkenswerte Unterschiede. In Bezug auf Impulsivität ist der Wert bei den Pädophilen signifikant höher, dagegen liegt der Wert beim Kriterium der Überlegtheit bei den Inzesttätern deutlich höher.
Unterschiede zeigen sich auch bei den Sozial- und Kriminalitätsdaten. Das jeweils festgestellte Alter zum Untersuchungszeitpunkt, beim ersten, gerichtlich festgehaltenen Sexualdelikt, bei der ersten Verurteilung und bei der ersten Inhaftierung, die Gesamtzahl der gerichtlich festgestellten Sexualdelikte und die Länge des Tatzeitraums – die Zeit, in der die Täter ihre letzte Tatserie ungestört fortsetzen konnten – liegen bei Gruppe A niedriger.[353] Im Gegenzug sind die Zahl aggressiver Straftaten mit Ausnahme der Sexualdelikte und die dafür ausgesprochene Freiheitsstrafe in Monaten bei Gruppe B geringer. Die Gesamtbildung, d.h. die Summe aus Schul- und Berufsbildung, ist bei Gruppe A höher. Dagegen erweist sich die Zeitdauer, in der die Täter nicht bei ihren leiblichen Eltern aufgewachsen sind, bei Gruppe B als länger. Gruppe A hat mehr Zeit in

351 Im Folgenden als Gruppe A bezeichnet.
352 Im Folgenden als Gruppe B bezeichnet.
353 Rehder, MschrKrim 1996, S. 380.

Haft verbracht und signifikant mehr Eintragungen im Bundeszentralregister. Demgegenüber ist die Zahl der Opfer der sexuellen Straftaten bei Gruppe B höher. Auch zwischen Inzesttätern und Pädophilen lassen sich Unterschiede feststellen. Der Tatzeitraum und die Zeit, zu der die Täter bei der zum Untersuchungszeitpunkt zu verbüßenden Verurteilung wegen Sexualdelikten zu Strafhaft verurteilt wurden, sind bei Inzesttätern länger.[354] Die Zahl der Opfer von Sexualdelikten, der diesbezüglichen Verurteilungen und die Zeitdauer, die die Täter in Heimen verbracht haben, liegen bei Pädophilen höher. Bei Inzesttätern sind das Alter bei der ersten Verurteilung, die Zahl der gerichtlich festgestellten Sexualdelikte und die Strafhöhe für aggressive Delikte höher. Es fällt weiterhin auf, dass die Täter der Gruppe B – insbesondere die Pädophilen – eher männliche Opfer wählen.[355]
Insgesamt zeigen sich die Täter der Gruppe A in Bezug auf Lebensstil und Deliktsbegehung aggressiver und impulsiver. Die Kriminalität beginnt in früherem Alter und ist stärker ausgeprägt. Der Alkohol spielt eine größere Rolle. Die Täter der Gruppe B verfügen über eine geringere Intelligenz und eine niedrigere Bildung. Sie sind stärker neurotisch gestört und besitzen eine zwanghafte Persönlichkeitsstruktur mit besserer Gewissensbildung. Sie handeln überlegter und zielstrebiger und werden später straffällig. Trotz der geringeren Intelligenz gelingt es ihnen besser, sich in die soziale Gesellschaft einzufügen.[356]

(2) Gemeinsamkeiten

Die depressiven Täter sind in beiden Gruppen etwa gleich stark vertreten. Die durchsetzungsschwachen, irritierbaren Täter der Gruppe A und die depressiven Täter der Gruppe B machen ca. 25 % aus. Innerhalb der depressiven Täter haben Inzesttäter und Pädophile den gleichen Anteil. Anscheinend bieten sexuelle Aktivitäten im illegalen Bereich eine kurzfristige, sich selbst verstärkende Möglichkeit, das eigene negative Selbstbild aufzuwerten und Abhängigkeitsgefühle abzubauen.[357]
Übereinstimmungen ergeben sich auch zwischen den ungehemmt drängenden Tätern der Gruppe A und den Tätern mit starken Autonomiebestrebungen der Gruppe B. Beide Personengruppen besitzen ein großes Unabhängigkeitsstreben und verzichten freiwillig auf emotionale Nähe. Nur wenn die eigene Unabhängigkeit immer wieder unter Beweis gestellt werden kann, funktionieren die Kontrollmechanismen der Täter. Situationen, denen sie sich nicht gewachsen fühlen,

354 Rehder, MschrKrim 1996, S. 380.
355 Rehder, MschrKrim 1996, S. 381.
356 Rehder, MschrKrim 1996, S. 382.
357 Rehder, MschrKrim 1996, S. 383.

können aufgrund des Kontrollverlusts Ausgangsposition für spätere Sexualstraftaten sein.
Daneben sind die beruflich integrierten, aggressionsgehemmten Straftäter der Gruppe A und die sozial angepassten, zwanghaften Täter in einigen Punkten vergleichbar. Beide Gruppen verfügen über eine relativ gute Bildung und zeigen hohe berufliche Leistungsbereitschaft.[358] Es bestehen klare Strukturen im Leben und die Eingliederung in das Sozialsystem gelingt – zumindest nach außen hin – ohne größere Schwierigkeiten.
In beiden Gruppen gibt es je eine Gruppe ungebildeter und sozial randständiger Täter, die in anderen Punkten jedoch deutliche Unterschiede aufweisen. Aus Gruppe A stammen impulsiv-hysterische und chauvinistische Männer, während Gruppe B hauptsächlich anspruchslose und wenig aggressive Pädophile enthält, deren sexuelle Devianz häufig erst Auslöser ihrer Randständigkeit ist.

d) Einzelne Tätergruppen nach Berner[359]

Bei den Vergewaltigungstätern nimmt *Berner* folgende Unterscheidung vor, ohne die Täter näher zu charakterisieren:

- depressive Täter mit neurotischer Störung,
- psychisch stabile Täter mit zwangähnlicher Störung,
- depressionsabwehrende Täter mit Borderline- und impulsiver Persönlichkeitsstörung,
- schwer gestörte, sozial desintegrierte Täter mit antisozialer Persönlichkeitsstörung, unterteilt in:
    - explosiv,
    - unterkontrolliert-schizoid,
    - emotionsarm-egozentrisch,
- sadistische Täter mit primärer sexueller Störung oder primärer Persönlichkeitsstörung.

e) Einzelne Tätergruppen nach Beier[360]

In Bezug auf sexuelle Nötigung und Vergewaltigung orientiert sich *Beier* an der Einteilung von *Schorsch*.

---

[358] Rehder, MschrKrim 1996, S. 383.
[359] Berner, Institutionelle Therapie bei sexueller Delinquenz, in: Sigusch (Hrsg.), Sexuelle Störungen und ihre Behandlung, S. 504.
[360] Beier, Verlaufsformen bei Dissexualität, in: Kröber/Dahle (Hrsg.), Sexualstraftaten und Gewaltdelinquenz, S. 78.

aa) Jugendliche, sexuell unerfahrene Täter

Es besteht ein intakter familiärer Hintergrund und sexuelle Auffälligkeiten tauchen erst zu Beginn der Pubertät auf. Die dabei gemachten neuen Körpererfahrungen werden nur unzureichend verarbeitet. Im sozialen Umfeld präsentieren sich diese Täter als schüchterne Einzelgänger.

bb) Dissoziale Täter

Diese Tätergruppe stammt aus ungeordneten sozialen Verhältnissen und fällt durch die frühe soziale Randständigkeit auf. Es bestehen viele, aber immer nur zeitlich kurze Intimbeziehungen. Die Dissexualität stellt einen Teil der Dissozialität dar, die sich nicht unbedingt in der Begehung von Sexualdelikten zeigt. Auch Eigentumsdelikte und Aggressionsdelikte werden von den Tätern begangen.

cc) Symbolisch-agierende Täter

Es lassen sich keine besonderen Auffälligkeiten in der Kindheit feststellen und auch die Pubertät verläuft normal. Allerdings sind die bestehenden Paarbeziehungen emotional höchst ambivalent besetzt. Dies kommt insofern zum Ausdruck, als der eigene Anteil an einer Beziehung – die häufig als sehr unbefriedigend erlebt wird – projektiv verkannt wird. In vielen Fällen besteht eine große Feindseligkeit gegenüber der momentanen oder einer früheren Partnerin. Die Tat ist schließlich ein sexueller Ausbruch der Gefühle gegenüber der – symbolisch vorgestellten – Frau.

dd) Stark intelligenzgeminderte Täter

Diese Täter leiden unter einer Intelligenzbeschränkung von erheblicher Ausprägung. Psychosoziale Kompetenzen sind hier nur im Ansatz vorhanden. Deshalb fehlen auch Kontrollmechanismen, die übersteigerte sexuelle Empfindungen regeln könnten.

f) Einzelne Tätergruppen nach Wieczorek[361]

Je nach Art der qualitativen Rolle bzw. Funktion der Aggressivität bei einer Vergewaltigung oder sexuellen Nötigung unterscheidet *Wieczorek* sechs Tätergruppen. Er orientiert sich hierbei an der Einteilung von *Rehder*, *Groth* und *Schorsch*, weshalb die Gruppen nur überblicksmäßig dargestellt werden:

---

[361] Wieczorek, ZfStrVo 1997, S. 162 f.

- Aggressivität ist ein Symptom der dissozialen Persönlichkeit; die Tat hat primär die Qualität einer räuberischen Aneignung.
- Gestaute Aggressivität wird in sexualisierter Form ausgelebt.
- Aggressivität dient der Unterwerfung des Opfers, das der Täter durch Ausleben von sexueller Macht, Kontrolle und Potenz erniedrigen will.
- Aggressivität steht im Zusammenhang mit geschlechtsspezifischen Situationsumdeutungen und -verkennungen.
- Aggressive sexuelle Übergriffe werden von retardierten, kontaktgehemmten und entwicklungsgestörten Tätern verübt.
- Aggressivität ist mit Sexualität zu einem nicht trennbaren Erlebnismuster verknüpft; die Aggression ist erotisiert.

g) Einzelne Tätergruppen nach Prentky[362]

Prentky et al. verweisen in ihrer Tätertypologie auf mehr oder weniger konflikthafte Lebenssituationen. Mit dieser Typologie werden Sexualstraftäter klassifiziert, die sexuell motivierte Taten mit physischem Kontakt zum Opfer begangen haben, wobei das Opfer zum Tatzeitpunkt mindestens 16 Jahre alt gewesen sein muss. Hinsichtlich der Tatmotivation für das Delikt werden drei Ebenen unterschieden: die Bedeutung der Aggression, die Bedeutung der Sexualität und die Impulsivität der Lebensführung. Werden diese Ebenen unterschiedlich kombiniert, lassen sich acht Tätergruppen bilden:

- Typ 1: Instrumentelle Aggression, Vergewaltigung als sexuelle Kompensation, kein impulsiver Lebensstil

Bei dieser Tätergruppe handelt es sich um passiv-abhängige Persönlichkeiten, die durch soziale und sexuelle Unangepasstheit, Gehemmtheit, Scheu und Introvertiertheit auffallen. Sie lehnen die aktive Auseinandersetzung mit anderen Gruppen ab und scheitern zum Teil an der Bewältigung alltäglicher Aufgaben, was zur Verstärkung des bereits bestehenden Minderwertigkeitsgefühls beiträgt. Die Kindheit wird häufig in einer Phantasiewelt erlebt, da der Kontakt mit Gleichaltrigen als Bedrohung angesehen wird. In der Jugendzeit zeigt sich die fragile sexuelle Identität vor allem durch Schamgefühle im Zusammenhang mit der Nichtverwirklichung überhöhter sexueller Idealvorstellungen. Festzustellen ist eine intensive Beschäftigung mit sexuellen Phantasien – mit fortschreitender Entwicklung zeigen sich zwanghafte Vergewaltigungsphantasien –, die zum Teil in Form von Voyeurismus, Exhibitionismus oder Transvestismus ausgelebt wer-

[362] Prentky/Cohen/Seghorn, Bull Am Acad Psychiatry Law 1985, S. 49 ff.

den. „They begin more and more as escape, compensation, or defense against unresolved unconscious conflicts and unsuccessful coping efforts."[363]

- *Typ 2: Instrumentelle Aggression, Vergewaltigung als sexuelle Kompensation, impulsiver Lebensstil*

Das dissoziale Verhalten dieser Täter zeigt sich bereits in der Vorpubertät. Die Täter stammen zumeist aus zerrütteten Familienverhältnissen; es gibt in ihrer Umgebung keine stabilisierenden Erwachsenen, die einen positiven Einfluss ausüben und ein Vorbild für angemessenes Erwachsenenverhalten darstellen. Es besteht eine geringe Frustrationstoleranz, die Psychodynamik in Bezug auf Sexualität ist mit Typ 1 vergleichbar. Eine entscheidende Rolle bei der Deliktsbegehung spielt die fehlende Impulskontrolle.

- *Typ 3: Instrumentelle Aggression, Vergewaltigung als Ausbeutung, kein impulsiver Lebensstil*

Sexuelle Entwicklungsstörungen liegen beim dritten Tätertyp nicht vor. Diese Personen verfügen vielmehr über ein ausgeprägtes Überlegenheitsgefühl gegenüber Frauen und sind durch einen exzessiven phallischen Narzissmus geprägt.[364] Männlichkeit kann nur empfunden und ausgelebt werden, wenn Frauen unterdrückt werden. In dieser Tätergruppe existieren zwei Frauenbilder: zum einen ein Idealbild einer Frau (zumeist Frauen aus der eigenen Familie), zum anderen ein abwertendes Frauenbild, das auf die Rolle der Frau als Sexualpartnerin reduziert ist. Vergewaltigungen werden mit dem „Anrecht" auf Sexualität begründet.

- *Typ 4: Instrumentelle Aggression, Vergewaltigung als Ausbeutung, Probleme der Impulskontrolle*

Hier liegen sowohl soziale als auch sexuelle Störungen vor. Die größere Rolle bei der Deliktsbegehung spielt jedoch nicht die sexuelle, sondern die soziale Störung. Die sozialen Defizite zeigen sich bereits in frühester Kindheit und stellen sich als Ausdruck einer nicht erlernten Sozialisation und einer ausgeprägten Impulsivität und Aggressivität dar. Die Vergewaltigung ist ein Teil des allgemein ausbeutenden Lebensstils.

---

[363] Prentky/Cohen/Seghorn, Bull Am Acad Psychiatry Law 1985, S. 50.
[364] Prentky/Cohen/Seghorn, Bull Am Acad Psychiatry Law 1985, S. 50.

- Typ 5: Expressive Aggression, Vergewaltigung als Aggressionsverschiebung, kein impulsiver Lebensstil

Bei dieser Gruppe liegt nicht nur ein negatives Frauenbild vor; Frauen rufen bei diesen Tätern sogar Wut und Hass hervor und werden als Bedrohung angesehen. „These attitudes, as well as aggressive, hostile behavior toward women, are a pattern that existed in the lives of these men long before the actual assaultive rapes took place."[365] Die einzigen Frauen, die nicht von dieser Vorstellung umfasst werden, sind die eigene Mutter oder weibliche Geschwister. Diese verkörpern für den Täter die einzige Ausnahme in Bezug auf sein negatives Frauenbild. Als Grund für die ablehnende bzw. verachtende Haltung ist eine frühkindliche Störung zu nennen. Im alltäglichen Leben sind diese Täter sozial angepasst und erfolgreich.

- Typ 6: Expressive Aggression, Vergewaltigung als Aggressionsverschiebung, Probleme der Impulskontrolle

Dieser Tätertyp stimmt nahezu völlig mit Typ 4 überein. Die einzige Unterscheidung liegt in der auffälligen Wut Frauen gegenüber, die die Grundmotivation für die Deliktsbegehung darstellt.

- Typ 7: Expressive Aggression, Vergewaltigung als sadistischer Akt, kein impulsiver Lebensstil

Täter dieser Gruppe haben schon in früher Jugendzeit sadistische Phantasien, die mit zunehmendem Alter mit sexuellem Erleben verknüpft werden. Aggression und Sexualität werden untrennbar miteinander verknüpft; ohne Aggression ist Sexualität nicht möglich. Die Täter leben ansonsten sozial angepasst, was auf eine unauffällige soziale Entwicklung zurückzuführen ist.

- Typ 8: Expressive Aggression, Vergewaltigung als sadistischer Akt, Probleme der Impulskontrolle

In dieser Gruppe sind Täter zu finden, die ähnlich wie Typ 1 bereits im normalen Alltagsleben überfordert sind. Sie haben kaum Erfolgserlebnisse und sehen sich einem Lebensschicksal ausgeliefert, dem sie nicht entkommen können. Gleichzeitig dominiert sexuell-aggressives Verhalten – als Gegensatz zur Eintönigkeit des übrigen Lebens – jede zwischenmenschliche Beziehung. „Although

365 Prentky/Cohen/Seghorn, Bull Am Acad Psychiatry Law 1985, S. 51.

they are dominated by their impulse life and are preoccupied with impulse gratification, they have been unable to develop any systematic means for gratification. The image they present is of frenzied activity that moves from one set of needs to another without ever producing fulfilment."[366]

h) Einzelne Tätergruppen nach Kraus/Berner[367]

Kraus/Berner orientieren sich bei ihrer Tätereinteilung weitgehend an der Gruppenbildung von *Prentky et al.* Auf das primäre Motiv für die Tat abgestellt, lassen sich neun Tätergruppen bilden: Typ 1 (Gelegenheit, hohe soziale Kompetenz), Typ 2 (Gelegenheit, geringe soziale Kompetenz), Typ 3 (anhaltender Ärger), Typ 4 (sexuell, sadistisch, offen), Typ 5 (sexuell, sadistisch, unterschwellig), Typ 6 (sexuell, nicht sadistisch, hohe soziale Kompetenz), Typ 7 (sexuell, nicht sadistisch, geringe soziale Kompetenz), Typ 8 (Rache, geringe soziale Kompetenz), Typ 9 (Rache, hohe soziale Kompetenz).

3. Exhibitionismus

a) Einzelne Tätergruppen nach Schorsch

aa) Der „typische" Exhibitionist des mittleren Alters

Häufiger als in anderen Gruppen stammen diese Täter aus geordneten, sozial gut integrierten Familien der oberen Unterschicht. Auffallend ist jedoch, dass sie nur ungenügend in den Familienverband eingegliedert sind und sich als Kind oft alleine und von anderen Familienmitgliedern isoliert fühlen. Auffällige Verhaltensstörungen sind nicht von offener Aggression und Rebellion getragen, sondern eher von Verschüchterung und Unvermögen, den eigenen Standpunkt durchzusetzen. Die von der Umgebung wahrnehmbare Entwicklung bleibt unauffällig; im Vergleich zu anderen Gruppen ist die Zahl derer, die ihre Schulausbildung abschließen und anschließend eine Lehre absolvieren, am größten.[368] Im Hinblick auf die sexuelle Entwicklung lässt sich ein relativ früher Beginn sexueller Aktivitäten feststellen. Allerdings ist die Intensität der sexuellen Betätigung mit Frauen gering, eine weitaus wichtigere Rolle spielt die Masturbation. Charakteristisch für diese Personengruppe ist die übergroße Schamhaftigkeit. In den oft schon in jungen Jahren geschlossenen Ehen der Exhibitionisten finden diese keine sexuelle Erfüllung. Häufig handelt es sich um erotisch neutrale Verbindungen, die von der Dominanz der Ehefrau und ihrer Inappetenz im sexuel-

[366] Prentky/Cohen/Seghorn, Bull Am Acad Psychiatry Law 1985, S. 52.
[367] Kraus/Berner, MschrKrim 2000, S. 400.
[368] Schorsch, Sexualstraftäter, S. 115.

len Bereich gekennzeichnet sind.[369] Das schwach ausgeprägte männliche Selbstbewusstsein verhindert einen Ausbruch in außereheliche sexuelle Beziehungen, stattdessen hat die heimliche Masturbation einen hohen Stellenwert. Der Exhibitionist bleibt mit seinen sexuellen Wünschen und Bedürfnissen allein, weshalb eine stabile, in jeder Beziehung befriedigende Partnerschaft kaum gelingen kann.

Die Persönlichkeit dieser Täter ist im Vergleich zu allen anderen Tätern am wenigsten auffallend und nur in seltenen Fällen liegen psychopathologische Besonderheiten vor. Dies erscheint deshalb bemerkenswert, weil es sich beim Delikt des Exhibitionismus gerade um eine sehr befremdliche Verhaltensweise handelt. So ist beispielsweise eine Vergewaltigungshandlung nicht weniger gravierend in ihren Auswirkungen für das Opfer, allerdings muss der Vorgang an sich nicht sexuell abweichend sein.[370] Der Befremdlichkeit der sexuellen Handlung des Exhibitionisten entspricht deshalb nicht zwangsläufig eine Abweichung in der Persönlichkeit.[371]

Soweit Persönlichkeitsauffälligkeiten vorliegen, zeigen sie sich in Kontaktstörungen, fehlender Spontaneität und Antriebslosigkeit. Die Tendenz zu innerer Isolierung führt zu einer beständigen Unausgeglichenheit und verstärkt die bestehende Neigung zur Schwermütigkeit. Die unscheinbare durchschnittliche Lebensweise kann als Ausdruck einer fehlenden Stärke und Eigenständigkeit gedeutet werden. Der Exhibitionismus scheint dieser Persönlichkeitsform entgegenzukommen. Der Akt der Entblößung stellt einen Ausbruch aus dem geregelten Alltag dar, wobei die Exhibition in ihrer vorpersonalen Anonymität nicht den Einsatz des Individuums erfordert, da nicht die Person, sondern ein anonymes Genital entblößt wird.[372] Die Exhibition ist dann als eine lustvoll-befreiend erlebte Antithese zu der andauernden Gleichförmigkeit des alltäglichen Lebens zu verstehen.

bb) Der jugendliche Exhibitionist

Der jugendliche Exhibitionist ist wie der Exhibitionist des mittleren Alters gekennzeichnet durch eine stabile und unauffällige Lebensführung. Es handelt sich zumeist um einen scheuen, zurückgezogen lebenden und introvertierten Menschen, der außer der – oft schuldbeladenen – Masturbation nur wenige sexuelle

---

369 Schorsch, Sexualstraftäter, S. 115.

370 Schorsch sieht in einer Vergewaltigung kein abweichendes Verhalten. Die Sexualhandlung entspreche gesellschaftlichen Normen. Strafbar sei sie nur deshalb, weil die Zustimmung des Partners zum Sexualkontakt fehlt (siehe hierzu bereits Seite 14).

371 Schorsch, Sexualstraftäter, S. 116.

372 Schorsch, Sexualstraftäter, S. 117.

Erfahrungen macht. Als Auswegmöglichkeiten aus der erotischen Vereinsamung wird von diesen Tätern oft der Weg in die Exhibition gewählt, da es auch hier wie beim erwachsenen Täter eine große Rolle spielt, dass sich der Mensch selbst nicht preisgeben muss, sondern nur ein anonymes Körperteil zeigt.
Wie bei anderen jugendlichen sexuellen Abweichlern orientiert sich der Exhibitionist an Menschen niedrigerer Altersstufe, da ihm der Kontakt zu Gleichaltrigen nur schwer möglich ist. In dieser Umgebung fühlt er sich anerkannt und muss nicht ständig gegen das Gefühl der Unterlegenheit ankämpfen. Dieses Minderwertigkeitsgefühl führt dazu, dass er sich hinter einer unpersönlichen männlichen Potenz verbirgt und die Kraft des Geschlechtlichen in der Anonymität demonstriert.[373]

cc) Der asoziale, verwahrloste Exhibitionist

Der asoziale Exhibitionist stammt aus ungünstigen sozialen Verhältnissen, arbeitet als ungelernter Arbeiter nur gelegentlich und ist häufig Alkoholiker. Im Gegensatz zu den Tätern der vorgenannten Gruppen verfügt er über größere sexuelle Erfahrungen. Die soziale Randständigkeit dieses Täters ist eher sozial als psychologisch bedingt. In einigen Fällen ergibt sich die soziale Randständigkeit schon aufgrund äußerlich sichtbarer Handikaps. Die auffallenden Körpermängel unterstützen die Rolle als Außenseiter. Daneben finden sich hirnorganische Züge, beispielsweise posttraumatischer Art oder alkoholischer Genese, die einen Hemmungsabbau bewirken, der die Exhibition veranlasst. Es kommt darüber hinaus zu Exhibitionen in echten epileptischen Dämmerzuständen oder in hypoglykämischen Zuständen, bei Paralytikern oder senilen Demenzen. In diesen Fällen handelt es sich um elementare Ersatzbefriedigung auf einem niedrigen Erlebnisniveau, d.h. eine Impulsivhandlung reflektorischen Charakters, die den anderen Menschen kaum miteinbezieht.[374] Bei den asozialen Exhibitionisten ist die Tat Ausdruck einer verwahrlosten Lebensführung, bei den angepasst lebenden Exhibitionisten dagegen die Kehrseite ihres ansonsten unauffälligen Lebensstils. Bei der Tat des asozialen, verwahrlosten Exhibitionisten fehlt das für die anderen Tätergruppen charakteristische spannungsgeladene Vorfeld eines dranghaften Erlebens, das durch die Exhibition zum plötzlichen Ausbruch kommt.

dd) Die progredienten, suchtähnlichen Verlaufsformen

Wie auch bei anderen sexuellen Abweichungen lässt sich beim Exhibitionismus eine suchtähnliche Verlaufsform feststellen. Im Vergleich zu anderen Täter-

373 Schorsch, Sexualstraftäter, S. 119.
374 Schorsch, Sexualstraftäter, S. 119.

gruppen finden sich diese Verlaufsformen hier am häufigsten. Die exhibitionistische Handlung ist nicht nur durch Gewohnheitsbildung und eine starre Spezialisierung auf die eigentliche Entblößungshandlung gekennzeichnet, sondern vor allem durch eine periodisch auftretende Zuspitzung eines dranghaften und unwiderstehlichen Verlangens.[375] Im Hinblick auf andere sexuelle Abweichungen handelt es sich beim Exhibitionismus um die sexuelle Handlung, die sich am leichtesten verwirklichen und wiederholen lässt. Pädophile oder Vergewaltiger sind viel stärker auf sich bietende Gelegenheiten angewiesen als der Exhibitionist. Insofern eignet sich der Exhibitionismus geradezu zur Gewohnheitsbildung. Insgesamt kommt *Schorsch* im Zuge seiner Untersuchungen zum Ergebnis, dass die Ungewöhnlichkeit hinsichtlich sexueller Präferenzen nicht automatisch Ausdruck für eine ungewöhnliche Persönlichkeit ist. Die Macht des Tabus, das durch die Taten durchbrochen wird, wird als viel bedeutsamer erachtet als die Art der sexuellen Gewohnheit. Das Tabu der Unverletzlichkeit der persönlichen Integrität, welches der Täter bei der Vergewaltigung missachtet, dasjenige vom Schutz des Kindes vor Störungen der ungestörten sexuellen Entwicklung, worüber sich der Täter beim Kindesmissbrauch hinwegsetzt, und das von der sexuellen Neutralität, dem der Exhibitionist zuwider handelt, ist stärker als das Wissen des Täters um das Gebot rechtmäßigen Verhaltens. Je größer das zu verletzende Tabu ist, desto größer sind die Verhaltensabnormitäten, die der Personenkreis, der das jeweilige Delikt begeht, aufweist.[376]
Den sexuellen Abweichlern werden häufig die gleichen Attribute zugeschrieben: Kontaktschwäche, Selbstunsicherheit, fehlendes Selbstvertrauen, besondere Triebhaftigkeit, wobei nicht sicher ist, ob diese von Anfang an vorliegt oder erst aufgrund der fehlenden Entlastungsmöglichkeiten, die durch die vorher genannten Schwächen im zwischenmenschlichen Bereich bedingt sind, entsteht.

b) Einzelne Tätergruppen nach Beier[377]

aa) Typische Exhibitionisten

Sie stammen aus geordneten und sozial integrierten Familien ohne erkennbare Auffälligkeiten. Als Kind lebten sie angepasst, eher zurückgezogen und isoliert. Die soziale und berufliche Entwicklung ist unscheinbar und unauffällig. Der Beginn des dissexuellen Verhaltens liegt häufig erst in der dritten Lebensdekade.

---

[375] Schorsch, Sexualstraftäter, S. 120.
[376] Schorsch, Sexualstraftäter, S. 116.
[377] Beier, Verlaufsformen bei Dissexualität, in Kröber/Dahle (Hrsg.), Sexualstraftaten und Gewaltdelinquenz, S. 76.

bb) Atypische Exhibitionisten

Aufgewachsen sind sie in sozial ungünstigem Milieu und hatten schon früh Außenseiterpositionen – zum Teil durch auffallende Körpermängel – inne. Nicht selten bestehen hirnorganisch bedingte Defizite, entweder aufgrund von posttraumatischer oder alkoholischer Genese. Bei diesem Tätertypus liegt in vielen Fällen zusätzlich Dissozialität vor.

cc) Pädophil orientierte Exhibitionisten

Leitender Gesichtspunkt für die Zuordnung zu dieser Gruppe ist einzig das Tatmerkmal, dass (überwiegend bei Serientaten) Kinder als Opfer ausgewählt werden.

4. Auswertung und therapeutische Schlussfolgerungen

Nach Aufzählung einiger unterschiedlicher Tätertypologien unterteilt nach sexuellen Missbrauchsdelikten, sexuellen Gewaltdelikten und Exhibitionismus wird deutlich, dass als Voraussetzung einer zielgerichteten Behandlung erforderlich ist, die Täterpersönlichkeit genauestens zu erforschen und Parallelen in Täterentwicklungen herauszuarbeiten.
Zu behandelnde Täter in eine der genannten Gruppen schematisch einzuordnen, würde zwar spezifische Besonderheiten jedes einzelnen Täters missachten; um aber zunächst einen Orientierungspunkt zur Erstellung der Tätercharakteristik zu erhalten, können die Tätertypologien durchaus hilfreich sein.[378] Gerade aus vergleichbaren Biographien lassen sich Rückschlüsse auf die weitere Entwicklung des Täters ziehen, soweit die späteren Begleitumstände vergleichbar bleiben.
Die Studie von *Elz* hat gezeigt, dass bei der Tätergruppe des sexuellen Kindesmissbrauchs vor allem im Bereich schulische Ausbildung deutliche Unterschiede zwischen den untersuchten Tätern und der Gesamtbevölkerung bestehen. 60 % der Täter hatten eine Hauptschule besucht, in der Gesamtbevölkerung waren es dagegen nur ca. 30 %, der Rest war auf weiterführenden Schulen. Unterschiede ergeben sich auch bei der Arbeitslosenquote: 1987 lag die Arbeitslosenquote der Gesamtbevölkerung bei 9 %, bei den Sexualstraftätern bei ca. 35 %.
Ähnliche Ergebnisse zeigten sich in der Gruppe der sexuellen Gewalttäter. Auch hier lag eine deutlich schlechtere Schulbildung vor – mehr als ein Drittel hatte die Ausbildung abgebrochen – und auch die Arbeitslosenquote war deutlich höher als in der Gesamtbevölkerung. Auffallend ist die häufige Heimerziehung bei den sexuellen Gewalttätern (40 % wuchsen in der Jugend nicht bei den Eltern

---

[378] Anders beurteilt dies beispielsweise Nedopil (Forensische Psychiatrie, S. 206), der die Typisierungsversuche nur für begrenzt tauglich für eine therapierelavante Differenzierung von Sexualdelinquenten hält.

auf). Da sie im Durchschnitt auch deutlich jünger zum Zeitpunkt der Tatbegehung waren (die Spitzengruppe der Gewalttäter lag bei 21 bis 29 Jahren, bei den Tätern des sexuellen Missbrauchs dagegen bei 30 bis 39 Jahren), kann ein eventueller Rückschluss auf die Entwicklung in Kindheit und Jugend gezogen werden. Die frühe Heimerfahrung könnte zu einer mangelhaften Entwicklung des Selbstbewusstseins, zu Verlustängsten und Gefühlen des Nicht-geliebt-Werdens geführt haben, die die Täter durch die Tatbegehung zu kompensieren versuchten. Dass der Heimerziehung eine Bedeutung zugeschrieben werden muss, zeigt auch die hohe Vorstrafenbelastung der sexuellen Gewalttäter von insgesamt 70 %. Ohne eine Heimerziehung insgesamt negativ bewerten zu wollen, kann sicherlich die Aussage getroffen werden, dass eine individuelle Auseinandersetzung mit Problemen und Wünschen der Heimkinder nicht in dem Maße wie in einer intakten Familie erfolgen konnte. Das häufige Alleinsein und der ständige Kontakt zu Gleichaltrigen, die sich in derselben Situation befanden, kann die Begehung von Straftaten durchaus gefördert haben.
Auf diese Faktoren ist bei einer späteren Behandlung unbedingt einzugehen. Die Kriminalitätsbelastung der Täter, die über keine oder nur über eine mangelhafte Ausbildung verfügen, lässt sich langfristig nur senken, wenn diesbezüglich Maßnahmen ergriffen werden. Stellt sich bei einem Täter heraus, dass er aufgrund einer fehlenden intakten Familie nur mangelhafte soziale Kompetenz und unzureichende Wertvorstellungen besitzt und deshalb Straftaten begangen hat, muss bereits an diesem Punkt angesetzt werden. Ihm die Möglichkeit zu einer Berufsausbildung zu geben, ist in diesen Fällen nicht ausreichend. Zwecks Stärkung der Persönlichkeit und Herausbildung von Handlungsalternativen zur Deliktsbegehung müssen beispielsweise Motivations,- Kompetenz- und soziales Training durchgeführt werden.
Insgesamt lässt sich feststellen, dass die Täterbiographie wichtige Aufschlüsse über anzuwendende Therapieformen gibt, da gerade sie die bestehenden Defizite aufzeigen und in einen Gesamtzusammenhang stellen kann.
Auch wenn es sich beispielsweise bei der von *Schorsch* vorgenommenen Einteilung um eine ältere Tätertypologie handelt und nicht alle Gesichtspunkte, auf die sich seine Gruppenbildung stützt, uneingeschränkt auf die heutige Zeit übertragbar sind, – auch Männer, die in anderen Kulturkreisen nach traditionellen und stark religiös geprägten Regeln erzogen wurden, deuten die teilweise freizügige Art westlicher Frauen nicht automatisch als Aufforderung zum intimen Kontakt – lassen sich Erkenntnisse gewinnen, die für das Verstehen unterschiedlicher Tätercharakteristika von Bedeutung sind.
Unterschiedlichste Entwicklungsbedingungen können im Ergebnis zur Begehung von sexuellem Kindesmissbrauch führen. Jugendliche, die aus behütetem Elternhaus kommen, denen aber der Kontakt zu Gleichaltrigen fehlt, wählen sich

in einigen Fällen Kinder als Sexualpartner, weil sie ihnen gegenüber nicht das Gefühl der Unterlegenheit empfinden. Eine totale Vereinnahmung durch die Eltern, die das Kind in seiner eigenständigen Entwicklung hemmt, verhindert den Kontakt zu Gleichaltrigen und die Herausbildung von Selbstwertgefühl und Selbstständigkeit. Solche Täter, die das Gefühl der Wertlosigkeit von der Kindheit in die Erwachsenenwelt mitgenommen haben, müssen durch geeignete Therapiemaßnahmen zu eigenständigen Persönlichkeiten geformt werden. Hier resultiert der sexuelle Missbrauch nicht aus einem primären Interesse an Kindern, sondern aus der als unüberwindbar empfundenen Unterlegenheit zu gleichaltrigen Personen.

Tätern wie dem „pädophilen Lehrertyp“ müssen die Möglichkeiten zum engen Kontakt mit Kindern und Jugendlichen im Anschluss an die Therapie untersagt werden, da in diesen Fällen der Missbrauch häufig erst durch die bestehende Gelegenheit hierzu entstanden ist. Diese Täter suchen sich ihre Opfer nicht gezielt; die intime Beziehung entsteht vielmehr erst im Laufe der Zeit durch das regelmäßige Zusammensein. Ohne näher auf die zugrunde liegende Problematik eingehen zu wollen, kann eine Verhinderung eines Rückfalls nur erzielt werden, wenn dem Täter die Deliktsbegehung deutlich erschwert wird. Findet er sich in seiner alten Situation wieder und besteht nach wie vor ein enges Verhältnis zu Kindern, droht eine erneute Tatbegehung. Nur durch eine Veränderung der äußeren Begleitumstände kann natürlich keine „Heilung“ erzielt werden. Dies ist aber ein notwendiger Schritt, um dem Täter die Chance zu eröffnen, in Zukunft keine neuerlichen Straftaten zu begehen.

Mit dem asozialen Notzuchtstäter beschreibt *Schorsch* zum größten Teil die oben angesprochenen Täter, die aus zerrütteten Familienverhältnissen stammen und die Tat zur Kompensation nicht empfundener Liebe in der Kindheit benutzen. Ist die Vergewaltigung eine Folge geschlechtsspezifischer Situationsverkennung, gilt es den Tätern die Handlungsweisen von Frauen und deren Bedeutungen näher zu bringen. Die Täter müssen lernen, dass ihnen entgegengebrachte Sympathie nicht sofort mit Verliebtheit oder sexuellem Interesse gleichgesetzt werden darf.

Problematisch sind in diesem Zusammenhang auch die Tätergruppen, deren Intelligenz im unteren Bereich liegt und denen die grundlegenden Mechanismen menschlichen Verhaltens nicht bekannt sind. Die sofortige Triebbefriedigung nimmt bei diesen Personen einen derart hohen Stellenwert ein, dass sie ablehnende und zurückweisende Gesten ihres Gegenübers nicht nur nicht beachten, sondern schon nicht als solche deuten können. Eine häufig damit einhergehende Unwissenheit auf dem Gebiet der Sexualität und der weiblichen Sexualität im Besonderen kann nur durch gezielten Sexualkundeunterricht behoben werden.

Besonderheiten zeigen sich in der Gruppe der Exhibitionisten. Sie stammen meist aus geordneten und sozial integrierten Familien und der Beginn des dissexuellen Verhaltens liegt in vielen Fällen erst in der dritten Lebensdekade. Insofern lässt sich also feststellen, dass exhibitionistische Handlungen nicht durch das Aufwachsen in einem zerrütteten Elternhaus begünstigt werden. „Typische Exhibitionisten" verfügen im Vergleich zu den sexuellen Gewalttätern und den sexuellen Missbrauchstätern über die höchste Schulbildung. Die Täter leben meist unauffällig und leiden unter der Gleichförmigkeit ihres Tagesablaufs. Die Exhibition kann deshalb als Ausbruchsversuch aus dem tristen Alltag gesehen werden. Aus therapeutischer Sicht ist bei dieser Tätergruppe vor allem auf die empfundene Eintönigkeit des Lebens abzustellen. Auf die Antriebslosigkeit und die fehlende Motivation muss in der Behandlung näher eingegangen werden.

Die differentialtypologischen Unterschiede der einzelnen Tätergruppen geben zur Schlussfolgerung Anlass, dass verschiedene therapeutische Maßnahmen indiziert sind. Es ist offensichtlich, dass beispielsweise stark intelligenzgeminderte Täter andere Behandlungsformen brauchen als normalintelligente Täter. Tritt die Dissexualität während einer adoleszenten Reifungskrise auf, bleiben supportive Therapiemaßnahmen angezeigt, die zunächst eine Gesprächsbereitschaft des Jugendlichen zum Ziel haben und sozialpädagogisch ausgerichtet sind.[379] Bei Tätern, die auch im Hinblick auf soziale Kompetenz Defizite aufweisen, müssen diesbezügliche Unterstützungsmassnahmen getroffen werden.

Auf der Grundlage eines umfassenden Verständniskonzeptes der Gesamtpersönlichkeit müssen interkonzeptionelle Therapieprogramme entwickelt werden, die neben der Psychotherapie verschiedener Schulenausrichtungen auch die Kombination mit somatischen Behandlungsmöglichkeiten beinhalten.[380] *Berner* stellt fest, dass es für die Entwicklung von Therapieprogrammen aufgrund festgestellter Verlaufsunterschiede bei unterschiedlichen Diagnosen besonders wichtig ist, die diagnostischen Kategorien von Persönlichkeitsstörungen mehr in die Betrachtung einzubeziehen als eine Differenzierung der Behandlungsmethoden nach Art der Delikte vorzunehmen.[381] Auch *Goderbauer* spricht sich dafür aus,

---

379 Beier, Prognose und Therapie von Sexualstraftätern aus sexualmedizinischer Sicht, in: Wodtke-Werner./Mähne (Hrsg.), „Nicht wegschauen!" Vom Umgang mit Sexual(straf)tätern, S. 81.

380 Beier, Verlaufsformen bei Dissexualität, in: Kröber/Dahle (Hrsg.), Sexualstraftaten und Gewaltdelinquenz, S. 84.

381 Berner, Untersuchungen über Therapieerfolg bei Straftäterbehandlungen und deren Konsequenzen für neue Behandlungsmodelle, in: Wodtke-Werner/Mähne (Hrsg.), „Nicht wegschauen!" Vom Umgang mit Sexual(straf)tätern, S. 125.

in den Mittelpunkt der Behandlung nicht das eigentliche Delikt, sondern das Vorliegen einer seelischen Grundstörung zu stellen.[382]
In der überwiegenden Zahl der Fälle beinhalten Sexualstraftaten mehr einen Beziehungsaspekt als einen Triebaspekt, weshalb im Zuge der Therapie vorliegenden Kontaktschwierigkeiten, Selbstwertproblemen, schlecht ausgeprägtem Sozialverhalten und Aggressionen besondere Beachtung geschenkt werden muss. Daneben sind systematische Therapieverlaufsstudien erforderlich, die eine die jeweilige Institution übergreifende Behandlung von Sexualstraftätern auf empirisch gesicherter Grundlage möglich machen – klinische Erfahrungen einzelner Therapeuten oder Einrichtungen stellen nur Erfahrungsbestände klinischen Handlungswissens dar und reichen im Hinblick auf eine fundierte Straftäterbehandlung nicht aus.[383]
An eine Therapie innerhalb einer Justizvollzugsanstalt müssen jedoch besondere Anforderungen gestellt werden. Therapie innerhalb einer institutionellen Einrichtung kann mit ambulanten Behandlungsmaßnahmen nicht verglichen werden. Deshalb soll im Folgenden das Augenmerk zunächst auf die Situation im allgemeinen Strafvollzug und die sich in diesem Zusammenhang ergebenden Probleme gelegt werden.

F. Strafvollzug oder Maßregelvollzug

Im Zusammenhang mit sexuellen Störungen taucht auch immer wieder die Frage auf, ob der Täter bei Begehung der Tat eventuell im Zustand der Schuldunfähigkeit gehandelt hat. Bereits in den 1970er Jahren wurde ein Drittel aller Sexualstraftäter kriminalpsychologisch begutachtet.[384] Die Zahl ist bis heute in etwa gleich geblieben.[385] Über 90 Prozent der zu einer Freiheitsstrafe ohne Bewährung verurteilten Sexualtäter kommen in eine Justizvollzugsanstalt, nur 10 Prozent in Maßregelvollzugseinrichtungen.[386]

---

382 Goderbauer, Stationäre Behandlung von Sexualstraftätern im Strafvollzug, in: Wodtke-Werner/Mähne (Hrsg.), „Nicht wegschauen!“ Vom Umgang mit Sexual(straf)tätern, S. 175.

383 Beier, Prognose und Therapie von Sexualstraftätern aus sexualmedizinischer Sicht, in: Wodtke-Werner/Mähne (Hrsg.), „Nicht wegschauen!“ Vom Umgang mit Sexual(straf)tätern, S. 82.

384 Pfäfflin, Vorurteilsstruktur und Ideologie psychiatrischer Gutachten über Sexualstraftäter, S. 13.

385 In der von der kriminologischen Zentralstelle zur Ermittlung der Legalbewährung von Sexualstraftätern durchgeführten Studie wurden ca. 25 % der Täter von sexuellem Kindesmissbrauch und 31 % der sexuellen Gewalttäter von einem Sachverständigen begutachtet.

386 Pfäfflin, R & P 1997, S. 62.

Nach § 20 StGB handelt jemand ohne Schuld, der „bei Begehung der Tat wegen einer krankhaften seelischen Störung oder wegen Schwachsinns oder einer schweren anderen seelischen Abartigkeit unfähig ist, das Unrecht der Tat einzusehen oder nach dieser Einsicht zu handeln". § 21 StGB regelt die verminderte Schuldfähigkeit. Entscheidende Bedeutung erlangt eine bestehende Schuldunfähigkeit für die richterliche Sanktion, die für die Tat verhängt wird. Nur schuldfähige Täter kommen in den Regelvollzug, wohingegen schuldunfähige Täter gemäß § 63 StGB als Maßregel der Besserung und Sicherung – teilweise als vorweg zu vollstreckende Maßnahme – in einem psychiatrischen Krankenhaus untergebracht werden, wenn die Gesamtwürdigung des Täters ergibt, dass er infolge seines krankhaften Zustands erhebliche rechtswidrige Taten begehen wird und eine Gefahr für die Allgemeinheit von ihm ausgeht. Im Bereich der Sexualstraftaten geht es vor allem um die Variante der „schweren anderen seelischen Abartigkeit".[387]

Festzustellen ist, ab wann abweichendes Sexualverhalten die diagnostischen Voraussetzungen für die Annahme einer Psychopathologie erfüllt bzw. welche psychodiagnostischen Kriterien vorliegen müssen, damit sexuell abweichendes Verhalten der Kategorie „schwere andere seelische Abartigkeit" des § 20 StGB zuzurechnen ist. Sachverständigen und Tatrichtern wird empfohlen, bei der Beurteilung einer geistig-seelischen Beeinträchtigung die Klassifikationssysteme ICD-10 und DSM-IV heranzuziehen und anzugeben, welcher der dort aufgeführten Störungen der festgestellte Krankheitsbefund zuzuordnen bleibt.[388] Die grundsätzliche methodische Schwierigkeit besteht darin, dass sexuelle Deviationen nicht objektiv messbar sind.[389] So ist beispielsweise eine deviante Störung in Form einer Pädophilie nicht ohne weiteres mit einer schweren seelischen Abartigkeit gleichzusetzen. Man hat darauf abzustellen, ob die abweichende sexuelle Präferenz die Persönlichkeit des Täters so nachhaltig verändert, dass sein auf das strafrechtlich relevante Sexualverhalten bezogenes Hemmungsvermögen als erheblich herabgesetzt gelten muss.[390]

Wie das Vorliegen einer seelischen Abartigkeit im Einzelnen zu diagnostizieren ist, würde den Rahmen der vorliegenden Arbeit sprengen. Zusammengefasst lässt sich zumindest sagen, dass das Vorliegen einer seelischen Abartigkeit wesentlich von der psychosexuellen Anamnese, vom Ausmaß und der Progredienz devianter Strebungen, von der Schwere der Persönlichkeitsstörung, vom Vor-

---

387 Es können beim Täter aber auch beispielsweise Psychosen vorliegen, die dann unter „krankhafte seelische Störung" zu subsumieren sind.

388 Theune, ZStW 2002, S. 307.

389 BGH, NStZ 1999, S. 126 (127).

390 BGH, NStZ 1999, S. 610.

handensein von Konflikt- und Beziehungsfähigkeit und den jeweiligen Umständen der Tatbegehung abhängt.[391] Nicht immer erfolgt bei einer krankhaften Störung die Einweisung in ein Maßregelvollzugskrankenhaus. Manchmal scheitert die Einweisung auch an formalen Gründen, vor allem dann, wenn ein Täter zwar als psychisch krank eingestuft wird, aber zwischen seiner Krankheit und der Tat kein hinreichend sicherer Zusammenhang festgestellt werden kann.[392]

In den meisten Fällen wird ein Sachverständiger mit der Begutachtung des Sexualstraftäters betraut.[393] Dieser soll es dem Gericht mit seinem Gutachten ermöglichen, die richtige Sanktion zu verhängen. Fehler in diesem Bereich wiegen besonders schwer und können im Extremfall dazu führen, dass ein psychisch kranker Sexualstraftäter – dessen Abnormität nicht erkannt wurde – in den Normalvollzug eingewiesen wird und dort weitgehend unbehandelt bleibt oder ein psychisch unauffälliger Straftäter fälschlicherweise in einem psychiatrischen Krankenhaus untergebracht wird. Dass man Fehler in der Begutachtung nicht völlig ausschließen kann, liegt aufgrund der schwierigen Materie, die die Begutachtung eines objektiv kaum feststellbaren Zustands darstellt, auf der Hand. Gerade deshalb muss jedoch alles getan werden, vermeidbare Fehler bei der Begutachtung zu unterlassen.

Dass dies nicht immer gelingt, zeigt schon *Pfäfflin* in seiner Untersuchung, in deren Verlauf er 936 Gerichtsakten aus Hauptverfahren gegen Sexualstraftäter an sämtlichen Gerichten im Oberlandesgerichtsbezirk Hamburg ausgewertet hat. Die schriftlichen Gutachten ließen erhebliche methodische Mängel erkennen. Die Anamneseerhebung weist Lücken auf (eine Sexualanamnese fehlte in über 50 % aller Fälle), Vorgutachten wurden teilweise ungeprüft übernommen und körperliche Untersuchungen wurden nicht mit der erforderlichen Sorgfältigkeit durchgeführt.[394]

Zudem orientieren sich 78 % der Gutachten an einem engen kriminalbiologischen Konzept, das nur wenig zur Bestimmung der vom Gesetz geforderten Individualschuld beitragen kann. Auch *Elz* stellt in ihrer Studie[395] fest, dass in fast drei Viertel aller Fälle frühere Strafakten nicht beigezogen wurden. *Kröber* be-

---

391 BGH, NStZ 1999, S. 126 (128).

392 Pfäfflin, R & P 1997, S. 62.

393 Es liegt im Ermessen des Gerichts, darüber zu entscheiden, ob es die Pflicht zur Erforschung der Wahrheit (§ 244 Abs. 2 StPO) erforderlich macht, einen Sachverständigen zu bestellen, es sein denn, es besteht eine gesetzliche Regelung; § 246a StPO ordnet die Zuziehung eines Sachverständigen in den dort genannten Fällen an.

394 Pfäfflin, Vorurteilsstruktur und Ideologie psychiatrischer Gutachten über Sexualstraftäter, S. 87.

395 Elz, Legalbewährung und kriminelle Karrieren von Sexualstraftätern – Sexuelle Missbrauchsdelikte, S. 154.

merkt ebenfalls, dass ein großer Mangel der Gutachten im Verzicht eines sorgfältigen Aktenstudiums liegt und häufig nicht auf früher stattgefundene Strafverfahren Bezug genommen wird.[396] Eine zuverlässige Begutachtung ist nur möglich, wenn ein längeres Zeitintervall betrachtet wird, in dem bestimmte Verhaltensmuster oder Veränderungen beobachtet werden. Nimmt der Gutachter nur den Verlauf seit Beginn der Haft oder der Unterbringung ins Visier, fehlen wichtige Daten, die einen Abgleich mit der Verfassung des Straftäters in jener Lebensphase ermöglichen, in der er bereits Straftaten begangen hat.

Eine Behandlung von Sexualstraftäter kann nur dann Erfolg versprechen, wenn im Hinblick auf ihre Persönlichkeit von den richtigen Voraussetzungen ausgegangen wird. Eine sorgfältige Begutachtung ist deshalb ein unerlässliches Erfordernis für eine anschließende Behandlung.

[396] Kröber, NStZ 1999, S. 598.

3. Teil: Situation im Strafvollzug

A. Resozialisierung als Vollzugsziel

Das Resozialisierungsziel bildet den Maßstab für die Vollzugsorganisation; an ihm hat sich die Durchführung der Behandlungsprozesse zu orientieren.

I. Vollzugsaufgaben

Der Vollzug einer Freiheitsstrafe dient mehr als nur einer Verwahrung der Verurteilten in der Justizvollzugsanstalt für die Dauer der zu verbüßenden Strafe. Im Verlauf der Entwicklung des Strafvollzugs bildete sich die Erkenntnis heraus, dass der Strafgefangene auf das Leben nach seiner Strafverbüßung vorbereitet werden muss, um die Begehung neuer Straftaten zu verhindern. Demzufolge nennt § 2 StVollzG zwei Aufgaben des Strafvollzugs: „Im Vollzug der Freiheitsstrafe soll der Gefangene fähig werden, künftig in sozialer Verantwortung ein Leben ohne Straftaten zu führen (Vollzugsziel). Der Vollzug der Freiheitsstrafe dient auch dem Schutz der Allgemeinheit vor weiteren Straftaten."
§ 2 S. 1 StVollzG schreibt damit die Resozialisierung als Gestaltungsmaxime des Strafvollzugs fest.[397] Allerdings wird der Begriff der Resozialisierung in § 2 StVollzG nicht genannt; auch sonst taucht der Begriff im Strafvollzugsgesetz nicht häufig auf. In § 9 Abs. 2 S. 1 StVollzG wird der Begriff im Zusammenhang mit der Verlegung in sozialtherapeutische Anstalten verwendet. Eine Definition des Begriffs „Resozialisierung" lässt sich am ehesten unter Berücksichtigung des Vollzugsziels erreichen. Danach steht Resozialisierung für die Summe aller Bemühungen im Strafvollzug zum Zweck einer Befähigung des Gefangenen, künftig in sozialer Verantwortung ein Leben ohne Straftaten zu führen.[398]
Um das Ziel der Resozialisierung zu erreichen, wirkt der Gefangene an der Gestaltung seiner Behandlung mit, § 4 Abs. 1 S. 1 StVollzG. Hieraus ergibt sich, dass das Vollzugsziel durch Behandlung des Gefangenen erreicht werden soll. Nach § 143 StVollzG werden die Justizvollzugsanstalten derart gestaltet, dass eine auf die Bedürfnisse der Gefangenen abgestellte Behandlung gewährleistet ist. Die Justizvollzugsanstalten sind also so zu gliedern, dass die Inhaftierten in Behandlungsgruppen zusammengefasst werden können.[399]

---

397 Kaiser/Schöch, Strafvollzug, § 6, Rn. 10; Laubenthal, Strafvollzug, Rn. 134; Calliess/Müller-Dietz, § 2, Rn. 1.
398 Walter, Strafvollzug, Rn. 272.
399 Laubenthal, Strafvollzug, Rn. 158.

II. Begriff der Behandlung

Der Begriff der Behandlung ist im Gesetz nicht definiert. Es handelt sich um einen unbestimmten Rechtsbegriff, der ausfüllungsbedürftig ist. Der Gesetzgeber hat es gerade nicht als seine Aufgabe gesehen, die einzelnen Methoden der Behandlung gesetzlich zu regeln, um der weiteren Entwicklung von Behandlungsmethoden im Strafvollzug nicht vorzugreifen.[400] Dies zeigt sich auch in § 166 StVollzG, wonach es dem kriminologischen Dienst obliegt, „in Zusammenarbeit mit den Einrichtungen der Forschung den Vollzug, namentlich die Behandlungsmethoden, wissenschaftlich fortzuentwickeln und seine Ergebnisse für Zwecke der Strafrechtspflege nutzbar zu machen“. Der Behandlungsbegriff ist daher weit und offen. Er umfasst das gesamte Feld der sozialen Interaktion und Kommunikation zwischen den Gefangenen und ihren Bezugspersonen, das durch die soziale Struktur des Systems Strafvollzug vermittelt wird und auf das Vollzugsziel bezogen ist.[401] Die Behandlung von Sexualstraftätern soll nicht nur auf eine Humanisierung des Strafvollzugs, sondern auch auf eine Rückfallverminderung gerichtet sein. Behandlung ist nichts Punktuelles, nichts Statisches, sondern ein dynamischer Prozess, dessen Zielrichtung immer wieder hinterfragt und neu definiert werden muss.[402] Sie darf sich nicht nur mit der Heilung von Persönlichkeitsstörungen oder intra-psychischen Konflikten beschäftigen.[403]
Unter Behandlung sind somit sowohl die besonderen medizinischen, individual- und sozialtherapeutischen Maßnahmen als auch die Maßnahmen allgemeiner Art zu verstehen, die die Gefangenen durch Unterricht und Ausbildung, Beratung bei der Lösung persönlicher und wirtschaftlicher Probleme und Beteiligung an gemeinschaftlichen Aufgaben der Anstalt in das Sozial- und Wirtschaftleben integrieren und der Aufhebung krimineller Neigungen dienen.[404] Eine wirksame Behandlung ist gerichtet auf emotionales Training, Verlernen devianter Kognitionen und Erlernen neuer Verhaltensweisen, um die Verhaltens-Selbstkontrolle zu verbessern.[405]

---

400 Försterling, Methoden sozialtherapeutischer Behandlung im Strafvollzug und die Mitwirkungspflicht des Gefangenen, S. 1.

401 Calliess/Müller-Dietz, § 4, Rn. 6.

402 Stock, Behandlungsuntersuchung und Vollzugsplan, S. 14.

403 Schneider, Die Behandlung von Sexualstraftätern im Strafvollzug, in: Festschrift für Böhm, S. 421.

404 BT-Dr. VII/918, 45; Calliess/Müller-Dietz, § 4, Rn. 6.

405 Schneider, Die Behandlung von Sexualstraftätern im Strafvollzug, in: Festschrift für Böhm, S. 421.

III. Behandlungsuntersuchung

Wer einen Strafgefangenen behandeln will, benötigt Informationen über ihn. Die Erforschung der Persönlichkeit des Gefangenen steht daher am Anfang des Vollzugs der Freiheitsstrafe.[406] Gemäß § 6 Abs. 1 S. 1 StVollzG hat ein Gefangener ein Recht auf die Behandlungsuntersuchung. Die durch die Behandlungsuntersuchung gewonnenen Informationen über die Eigenarten und Bedürfnisse des Insassen dienen der Ausgestaltung seiner individuellen Behandlung, die im Rahmen des Vollzugsplans festgelegt wird.[407]

Der Inhaftierte ist zur Duldung der Untersuchung, nicht jedoch zur aktiven Mitwirkung verpflichtet. Dies kommt schon durch § 4 Abs. 1 StVollzG zum Ausdruck. Danach besteht für das Erreichen des Vollzugsziels eine Mitwirkungsnotwendigkeit, jedoch keine Mitwirkungspflicht.[408] Die Behandlungsuntersuchung steht am Anfang des Behandlungsprozesses und findet entweder in der nach dem Vollstreckungsplan zuständigen Anstalt (§ 152 Abs. 1 StVollzG) oder in besonderen Einweisungsanstalten (§ 152 Abs. 2 StVollzG) statt. Die Behandlungsuntersuchung schließt sich unmittelbar an das Aufnahmeverfahren an und ist im Zusammenhang mit der vom Anstaltsleiter einzuberufenden Vollzugsplankonferenz (§ 159 StVollzG) durchzuführen.[409] Hierzu wird kritisch angemerkt, dass sich die Vollzugsplankonferenz wohl eher zur Absegnung als zur Entwicklung der Vollzugspläne eignen würde.[410]

Die Behandlungsuntersuchung ist nicht als einmaliger Vorgang, sondern als länger andauernder Prozess zu verstehen.[411] Aus Gründen einer effektiven Behandlung muss die Untersuchung zumindest zu einem vorläufigen Abschluss gebracht werden, um die Aufstellung eines Vollzugsplans zu ermöglichen. Ergeben sich im Verlauf der Behandlung Änderungen, ist der Vollzugsplan entsprechend anzupassen. Die Behandlungsuntersuchung hat die Erforschung der Persönlichkeit und der Lebensverhältnisse des Gefangenen zum Inhalt. Es muss sich um eine durch human- und sozialwissenschaftliche Erkenntnisse begründete, mit wissenschaftlichen Methoden abgesicherte Untersuchung handeln. Die erforderlichen Daten sind vom Untersuchungsteam eigenständig zu erheben; ein Rückgriff auf Angaben in den Prozessakten – wie etwa Strafzumessungsgründe – verbietet sich.[412]

---

[406] Stock, Behandlungsuntersuchung und Vollzugsplan, S. 42.
[407] Kaiser/Schöch, Strafvollzug, § 13, Rn. 9; Laubenthal, Strafvollzug, Rn. 323.
[408] Calliess/Müller-Dietz, § 4, Rn. 3; S/B-Böhm, § 4, Rn. 4; AK-Feest/Lesting, § 4, Rn. 5.
[409] Calliess/Müller-Dietz, § 6, Rn. 2.
[410] Siehe hierzu AK-Feest/Joester, § 6, Rn. 6.
[411] Kaiser /Schöch, Strafvollzug, § 13, Rn. 9.
[412] Calliess/Müller-Dietz, § 6, Rn. 3.

Es müssen vielmehr eigenständige Diagnosen der Persönlichkeit und Analysen der sozialen Beziehungsfelder wie familiäre Situation, schulische und berufliche Ausbildung, politische Bildung, Freizeitgestaltung etc. vorgenommen werden. Dabei sollten folgende vier Methodengruppen zur Anwendung kommen: Erhebungen zur Vorgeschichte (Anamnese), Verhaltensbeobachtungen, Durchführung von standardisierten Untersuchungsverfahren (Tests) und erörternde und beratende Gespräche zwischen dem Gefangenen und den diagnostisch tätigen Bediensteten.[413] Zugleich ist im Hinblick auf das Recht auf informationelle Selbstbestimmung darauf zu achten, dass nur die für eine erfolgreiche Resozialisierung relevanten Umstände herangezogen werden.[414] Darüber hinaus sollte sich die Bestandsaufnahme auf solche Bereiche beschränken, in denen Hilfsangebote auch wirklich gemacht werden können.[415] Leider beschränkt sich die Untersuchung in der Praxis nicht selten auf das Ausfüllen von Fragebögen und die Abfassung eines Lebenslaufs durch den Inhaftierten.[416]

Es liegt auf der Hand, dass eine derart knappe Behandlungsuntersuchung nicht den an sie gestellten Anforderungen genügen kann. Die Beschreibung der Tätertypologien hat gezeigt, dass es unterschiedlichste Charaktere und diesbezügliche Defizite und Störungsbilder gibt, auf die es genau einzugehen gilt. Eine nachlässige Behandlungsuntersuchung belastet bereits die Startbedingungen einer Therapie: Werden spezifische Besonderheiten der einzelnen Täter nicht erkannt, ist es möglich, dass eine Therapie in die völlig falsche Richtung läuft. Fehler, die bereits vor Therapiebeginn durch eine defizitäre Erforschung der Täterpersönlichkeit gemacht wurden, lassen sich im Laufe der Therapie kaum mehr beheben.

Nach § 6 Abs. 2 S. 2 StVollzG ist bei Gefangenen, die wegen einer Straftat nach den §§ 174 bis 180 oder 182 StGB verurteilt worden sind, besonders gründlich zu prüfen, ob eine Verlegung in eine sozialtherapeutische Anstalt angezeigt ist. Die Entscheidung über eine Verlegung kann gleich zu Beginn des Vollzugs oder aber auch zu einem späteren Zeitpunkt in Fortschreibung des Behandlungsprozesses getroffen werden (§ 7 Abs. 4 StVollzG). Das Gesetz sagt jedoch nichts dazu, welche qualitativen oder quantitativen Änderungen der Methodik für eine exakte Prüfung erforderlich sind. Eine Behandlungsuntersuchung kann dann als hinreichend gründlich angesehen werden, wenn der zuständige Diagnostiker sich zusätzlich in der Analyse des Lebenslaufs und Exploration besonders ausführlich mit der Entstehungsgeschichte und der Progredienz des sexuell abwei-

---

413 S/B-Mey, § 6, Rn. 16.
414 Laubenthal, Strafvollzug, Rn. 324; S/B-Mey, § 6, Rn. 14.
415 AK-Feest/Joester, § 6, Rn. 5.
416 Kaiser/Schöch, Strafvollzug, § 13, Rn. 10.

chenden Verhaltens befasst.[417] Eine Verlegung in eine sozialtherapeutische Anstalt ist indiziert, wenn u.a. Therapiefähigkeit und Therapiebedürftigkeit des Gefangenen gegeben sind (siehe hierzu 4. Teil, Punkt I.).

IV. Behandlungsmaßnahmen

Aufgrund der Behandlungsuntersuchung wird ein Vollzugsplan erstellt, § 7 Abs. 1 StVollzG. § 7 Abs. 2 StVollzG nennt als Behandlungsmaßnahmen:

- die Unterbringung im geschlossenen oder offenen Vollzug,
- die Verlegung in eine sozialtherapeutische Anstalt,
- die Zuweisung zu Wohngruppen und Behandlungsgruppen,
- den Arbeitseinsatz sowie Maßnahmen der beruflichen Ausbildung oder Weiterbildung,
- die Teilnahme an Veranstaltungen der Weiterbildung,
- besondere Hilfs- und Behandlungsmaßnahmen,
- Lockerungen des Vollzugs und
- notwendige Maßnahmen zur Vorbereitung der Entlassung.

Der Vollzugsplan stellt sowohl für den Gefangenen als auch für die Bediensteten eine Orientierungshilfe für den Ablauf des Vollzugs und die Ausgestaltung der einzelnen Behandlungsmaßnahmen dar.[418] Die Aufzählung in § 7 Abs. 2 StVollzG ist nicht abschließend; andere mögliche Behandlungsmaßnahmen sollen den Vollzugsplan gegebenenfalls vervollständigen.[419] Leider erfüllt der Vollzugsplan in der Praxis nur sehr selten die an ihn gestellten gesetzlichen Anforderungen. In einigen Fällen erschöpft sich die Vollzugsplangestaltung in der Zuweisung zu einem Arbeitsplatz und der Anordnung der Unterbringung in eine frei gewordene Zelle.[420] Besondere Behandlungsmaßnahmen i.S.d. § 7 Abs. 2 Nr. 6 StVollzG sind in den Vollzugsplan aufzunehmen. Die besonderen Behandlungsmaßnahmen umfassen eine individuelle Therapie und eine gruppentherapeutische Behandlung der persönlichen und sozialen Störungen, lern- und arbeitstherapeutische Maßnahmen, die es den Gefangenen ermöglichen, ausbildungs- und arbeitsmäßig eine Stellung einzunehmen, welche ihren individuellen Fähigkeiten entspricht, und in einigen Fällen eine medikamentöse Behandlung, die eine therapeutische Behandlung möglich macht.[421] Vom Vollzugsplan ist der

---

[417] S/B-Mey, § 6, Rn. 27.
[418] Calliess/Müller-Dietz, § 7, Rn. 1; S/B-Mey, § 7, Rn. 1.
[419] S/B-Mey, § 7, Rn. 7.
[420] S/B-Mey, § 7, Rn. 3; Stock, Behandlungsuntersuchung und Vollzugsplan, S. 7 f.
[421] Calliess/Müller-Dietz, § 7, Rn. 6.

sog. Behandlungsplan zu unterscheiden, der in Bezug auf die therapeutischen Maßnahmen weitaus detaillierter ist. Er stellt einen besonderen Teil des Vollzugsplans dar und enthält eine fachspezifische Konkretisierung einzelner Behandlungsmaßnahmen.[422]

V. Ausrichtung der Behandlung auf sozialtherapeutische Maßnahmen

Der Behandlungsbegriff hat das Idealbild der Justizvollzugsanstalt als problemlösende Gemeinschaft zur Grundlage. Behandlung ist zu verstehen als soziale Interaktion und Kommunikation, die an eine Sozial- und Organisationsstruktur der Anstalten gebunden ist, die wiederum eine problemlösende Gemeinschaft ermöglicht und ihr dient.[423] Im Rahmen dieser Gemeinschaften kommen eine Vielzahl von Methoden, Konzepten und Modellen zur Anwendung.

Der Behandlungsgedanke in Deutschland war zunächst von psychotherapeutischen Ansätzen und Versuchen einer therapeutisch-pädagogischen Alltagsgestaltung geprägt. Mit dem Aufschwung der klinischen Psychologie entwickelten sich immer neue Behandlungsmethoden.[424] Die Erfahrung, dass reine Psychotherapieformen bei Straffälligen insbesondere im Justizvollzug nur bedingt erfolgreich waren, führte zur Entwicklung eigenständiger Behandlungsverfahren, die unter dem Stichwort Sozialtherapie oder Soziales Training zusammengefasst wurden. Zudem verbreitete sich immer mehr die Einsicht, dass Straffälligkeit nicht nur ein individuelles, sondern auch ein soziales Geschehen und sozial bedingtes bzw. beeinflusstes Verhalten ist.[425] Vor allem zu Beginn der sechziger Jahre rückte immer mehr der Gedanke einer Sozialtherapie in den Vordergrund. In ihren Anfängen ging die Sozialtherapie von einem medizinisch geprägten Modell aus: Sozialtherapie wurde als Individualtherapie verstanden, die der Aufarbeitung und Beseitigung psychischer Störungen dienen sollte und zugleich Verhaltensmuster entwickeln sollte, die eine künftige Straffälligkeit verhindern würden. Dieser psychiatrisch-psychotherapeutische Ansatz wurde später zu einem Methodenpluralismus ausgebaut.

Neben psychoanalytischen Therapieformen gewannen Gesprächstherapien, Verhaltenstherapien und soziales Training immer mehr an Bedeutung.[426] Es setzte sich die Ansicht durch, dass eine erfolgreiche Behandlung eines Straftäters nicht allein durch den punktuellen Einsatz psychotherapeutischer oder sozialpädagogischer Methoden erreicht werden kann. Es ist vielmehr eine Therapie notwen-

---

422 S/B-Mey, § 7, Rn. 2; Stock, Behandlungsuntersuchung und Vollzugsplan, S. 278.

423 Calliess/Müller-Dietz, § 4, Rn. 6.

424 Kury, Die Behandlung Straffälliger, S. 25.

425 Baer, Kreative Sozialtherapie, S. 6.

426 Laubenthal, Strafvollzug, Rn. 586.

dig, die das gesamte Lebensumfeld in und außerhalb der Anstalt berücksichtigt, die verschiedene Handlungs- und Beziehungsformen innerhalb der Anstalt im Sinne einer therapeutisch wirksamen Gemeinschaft gestaltet und psychotherapeutische, pädagogische und arbeitstherapeutische Methoden mit täter- bzw. persönlichkeitsspezifischen Ansätzen verbindet.[427] Es gilt, die Behandlungsmethoden auf die kriminogenen Besonderheiten, die jeweiligen Lernstile und persönlichen Fähigkeiten der Straftäter auszurichten. Unangemessene Therapiemethoden bleiben nicht nur wirkungslos, sondern ziehen vielmehr negative Folgen nach sich, die den Gefangenen in Bezug auf seine Legalbewährung ungünstig beeinflussen.[428]

VI. Resozialisierung durch Ersatzsozialisation

Resozialisierung geht davon aus, einen Menschen, der bereits im sozialen Gefüge integriert war, wieder in die Sozialisation einzuführen. Unter Sozialisation ist das schon in der Kindheit beginnende Erlernen eines an der Umwelt und an den Mitmenschen orientierten Sozialverhaltens zu verstehen. Sie betrifft den Prozess, in dem Menschen bestimmte Normen, Werte, Orientierungen und Handlungsmuster erlernen.[429]

Viele der Strafgefangenen stehen jedoch schon zeit ihres Lebens außerhalb der Sozialisation, weshalb das Vollzugsziel jener auf das Erlernen gewisser Sozialisationsmechanismen gerichtet sein muss. Dies wiederum setzt Lernfähigkeit sowie Lernwilligkeit des Gefangenen voraus. Da in einer Vielzahl von Fällen eben nicht von einer „Re"-Sozialisierung ausgegangen werden kann, ist diesbezüglich eher von einer Ersatzsozialisation in Form einer Neueingliederung zu sprechen.[430] Die Justizvollzugsanstalten müssen den inhaftierten Straftätern ein umfassendes und differenziertes Sozialisationsangebot machen, das gescheiterte Lernprozesse in Freiheit kompensiert.[431]

Eng mit dem Begriff der Sozialisation ist der Begriff der sozialen Verantwortung verknüpft. Die Vernachlässigung sozialer Pflichten und die mangelhafte Internalisierung sozialer Normen gehören zu den wichtigsten Ursachen oder Begleiterscheinungen anhaltender Delinquenz. Allerdings bedeutet straffreie Lebensführung in sozialer Verantwortung mehr als ein Leben ohne die Begehung

---

427 Specht, Entwicklung und Zukunft der Sozialtherapeutischen Anstalten im Justizvollzug der Bundesrepublik Deutschland, in: Egg (Hrsg.), Sozialtherapie in den 90er Jahren, S. 13 f.

428 Schneider, Die Behandlung von Sexualstraftätern im Strafvollzug, in: Festschrift für Böhm, S. 427.

429 Kaiser/Schöch, Strafvollzug, § 5, Rn. 8.

430 Kaiser/Schöch, Strafvollzug, § 5, Rn. 9.

431 S/B-Böhm, § 2, Rn. 12.

weiterer Straftaten. Der Vollzug als eine Einrichtung der Ersatzsozialisation soll soziale Kompetenz vermitteln. Der Straftäter soll lernen, Konflikte zukünftig ohne Begehung von Straftaten zu lösen.

VII. Gestaltungsprinzipien

§ 3 StVollzG normiert auf dem Vollzugsziel aufbauend den Angleichungsgrundsatz (Abs. 1), den Gegensteuerungsgrundsatz (Abs. 2) und den Integrationsgrundsatz (Abs. 3) als Gestaltungsprinzipien des Strafvollzugs. Sie stellen Konkretisierungen des in § 2 StVollzG geregelten allgemeinen Vollzugsziels dar.[432] Demnach muss der Vollzug auf die Vorbereitung auf ein späteres, verantwortliches Leben in Freiheit gerichtet sein. Lebensverhältnisse und Behandlungsprozesse sollen Chancen zu sozialem Leben eröffnen und in kompensatorischer Hinsicht zugleich den kontraproduktiven Auswirkungen des Freiheitsentzugs entgegensteuern.[433]
Die Grundsätze als Konkretisierungen des Vollzugsziels sind bei der Auslegung unbestimmter Rechtsbegriffe oder für den Ermessensgebrauch von zentraler Bedeutung.

1. Angleichungsgrundsatz

Der in § 3 Abs. 1 StVollzG formulierte Angleichungsgrundsatz begründet die Verpflichtung der Vollzugsbehörden, den Unterschied zwischen den Lebensbedingungen im Vollzug und in Freiheit so gering wie möglich zu halten. Dass eine völlige Angleichung ausgeschlossen ist, liegt auf der Hand. Während sich der Einzelne in Freiheit den unterschiedlichsten Gesellschaftsformen anschließen mag, hält sich der Gefangene in der Justizvollzugsanstalt in einem künstlichen sozialen Gebilde zusammen mit anderen Personen auf, deren Gemeinsamkeit im Wesentlichen das gleiche Geschlecht und die Begehung einer oder mehrerer Straftaten bleibt.[434] Der Inhaftierte kann die im Rahmen der Resozialisierung geforderte soziale Kompetenz nur erlangen, wenn die bei der Ausgestaltung des gesamten Vollzugs zu beachtenden Reglementierungen auf das nötige Mindestmaß zurückgefahren werden.
In einem behandlungsorientierten Vollzug darf das Spannungsverhältnis zwischen den Behandlungsgrundsätzen und dem Gesichtspunkt der Sicherheit und Ordnung in der Anstalt grundsätzlich nur zugunsten der resozialisierenden Gestaltung des Vollzugs gelöst werden.[435]

---

432 Calliess/Müller-Dietz, § 3, Rn. 1.
433 Laubenthal, Strafvollzug, Rn. 135.
434 Laubenthal, Strafvollzug, Rn. 205.
435 Calliess/Müller-Dietz, § 3, Rn. 3.

2. Gegensteuerungsgrundsatz

Nach § 3 Abs. 2 StVollzG ist schädlichen Folgen des Freiheitsentzugs entgegenzuwirken. Wirkungen des Freiheitsentzugs sind als schädlich zu bezeichnen, wenn sie die Erreichung des Vollzugsziels beeinträchtigen und die Lebensbedingungen der Inhaftierten verschlechtern.[436]
Im Einzelnen zählen hierzu u.a. das Abhandenkommen beruflicher Fähigkeiten, Abkühlung oder sogar Verlust menschlicher Beziehungen, Verlernen autonomer Lebenstechniken, Entwicklung von Unselbständigkeit durch das andauernde Versorgt- und Überwachtwerden und ein Mangel an Privatsphäre.[437] Diesen negativen Folgen ist soweit wie möglich entgegenzuwirken. So ist beispielsweise bei der Zuweisung von Arbeit auf Kenntnisse und Fähigkeiten zu achten, Weiterbildungsmöglichkeiten sind zu gewähren, Kontakte mit der Außenwelt sind zu fördern und in angemessenem Umfang Vollzugslockerungen zu gewähren.[438]

3. Integrationsgrundsatz

§ 3 Abs. 3 StVollzG hat den Integrationsgrundsatz zum Inhalt. Der Vollzug soll den Gefangenen durch geeignete Maßnahmen unterstützen, sich in das Leben in Freiheit einzugliedern. Er ist von Beginn an auf die Entlassung hin auszurichten. Die einzelnen Maßnahmen müssen so angelegt sein, dass sie den Übergang vom Vollzug in die Freiheit erleichtern.[439]
Dem Integrationsgrundsatz wird die Vollzugsbehörde beispielsweise nicht gerecht, wenn der im Strafurteil zum Ausdruck gebrachten Therapiebedürftigkeit eines Sexualstraftäters mit dem Hinweis auf personelle und organisatorische Schwierigkeiten nicht nachgekommen wird.[440] Das Prinzip der Eingliederungshilfe beschränkt sich nicht nur auf Maßnahmen der sozialen Wiedereingliederung im Sinne des Vollzugsziels gemäß § 2 S. 1 StVollzG, sondern erstreckt sich auch auf alle Aspekte der Inhaftierung, die den Übergang vom Vollzug in das Leben in Freiheit erschweren.[441]

---

436 S/B-Böhm, § 3, Rn. 11.

437 AK-Feest/Lesting, § 3, Rn. 16; Laubenthal, Strafvollzug, Rn. 210; S/B-Böhm, § 3, Rn. 11.

438 S/B-Böhm, § 3, Rn. 11.

439 AK-Feest/Lesting, § 3, Rn. 21.

440 LG Lüneburg, StV 1983, S. 24 (25).

441 Laubenthal, Strafvollzug, Rn. 235.

B. Verwahrvollzug statt Behandlungsvollzug

Seit es die Idee vom Behandlungsvollzug gibt, ist dieser in Praxis und Literatur umstritten. Nach zeitweise großem Optimismus – man könnte sogar von einer Behandlungseuphorie sprechen[442] – hat sich seit etwa Mitte der siebziger Jahre die Kritik am Behandlungsvollzug wieder verstärkt. Die ablehnende Haltung dem Behandlungsvollzug gegenüber wurde durch wachsende wirtschaftliche Schwierigkeiten und eine zunehmend restriktive Kriminalpolitik unterstützt.[443] Straftäterbehandlung wurde und wird teilweise als besonderer Luxus angesehen.[444]

I. Einwände gegen den Behandlungsvollzug

1. Verletzung der Persönlichkeitsrechte des Straftäters

Ein rechtsphilosophisches Argument gegen den Behandlungsvollzug geht auf *Hegel* zurück. Er sieht die Handlungsfreiheit des Menschen – auch wenn diese in normabweichendem Verhalten besteht – durch den Behandlungsgedanken beeinträchtigt. Dort, wo die Strafe als Mittel der Abschreckung angesehen wird, wird der Mensch zum Mittel gemacht und nicht nach seiner ersten, substanziellen Natur als freier Mensch behandelt.[445] Behandlungsmaßnahmen setzen eine Reduzierung der Freiheit voraus und übergehen deshalb den betroffenen Menschen in seiner freien Willensentscheidung.

Aus soziologischer Sicht wird von *Foucault* vorgebracht, dass die Idee eines behandlungs- und resozialisierungsorientierten Strafvollzugs letztlich zu einer Stabilisierung des gesellschaftlichen Normgefüges führe und sich daher als Instrument zur Verfeinerung gesellschaftlicher Kontroll- und Machtmechanismen darstelle.[446] Die Intervention sei nicht mehr nur auf die Durchsetzung eines Strafanspruchs für das Nichtbefolgen gesellschaftlicher Normen gerichtet, sondern sie bemächtige sich der ganzen Person des Straftäters.[447]

---

442 Siehe hierzu Lösel, Sprechen Evaluationsergebnisse von Meta-Analysen für einen frischen Wind in der Straftäterbehandlung? in: Egg (Hrsg.), Sozialtherapie in den 90er Jahren, S. 21; Kury, Die Behandlung Straffälliger, S. 24.

443 Kury, Die Behandlung Straffälliger, S. 22.

444 Siehe hierzu Schriever, ZfStrVo 2001, S. 329.

445 Hegel, Philosophie des Rechts. Die Vorlesung von 1819/20 in einer Nachschrift, S. 86.

446 Foucault, Überwachen und Strafen, Die Geburt des Gefängnisses, S. 297.

447 Dahle, Therapiemotivation hinter Gittern, S. 4.

2. Verleugnung der gesellschaftlichen Ursachen

Ein weiterer Einwand gegen den Behandlungsvollzug ist der, dass durch die einseitige Betonung des individuumskonzentrierten Resozialisierungsgedankens die gesellschaftlichen Ursachen für das Auftreten von Kriminalität verleugnet und diese dadurch eine Stabilisierung erfahren würden.
Zahlreiche Kriminalitätstheorien – am prägnantesten die des „Labeling Approach" – sehen nicht im Individuum, sondern in der Reaktion der Gesellschaft auf normabweichendes Verhalten die Ursache für die Entstehung von Kriminalität. Diese Kriminalitätstheorie wendet den Blick ab vom Täter, der Tat und den gesellschaftlichen Ursachen und richtet ihn auf den gesellschaftlichen Prozess der Zuschreibung eines bestimmten Verhaltens als kriminell. Erst durch Selektions- und Stigmatisierungsprozesse werden die Normabweichler zu Kriminellen. Durch den Einsatz resozialisierender Maßnahmen werde das Individuum pathologisiert und ihm die alleinige Verantwortung für normabweichendes Verhalten übertragen.[448] Auf eine Behandlung müsse solange verzichtet werden, wie die eigentlichen, d.h. die gesellschaftlichen Ursachen nicht unmittelbarer Gegenstand der Intervention seien.[449]
Insbesondere unter dem Einfluss der Soziologie und Sozialpsychologie erfolgte eine Konzentration auf gesellschaftliche Ursachen der Straffälligkeit und damit einhergehend die Ablehnung täterorientierter Behandlungsansätze.[450]

3. Verlust der abschreckenden Wirkung des Strafvollzugs

Im Verlauf der 1990er Jahre wurde die Forderung laut, die in § 2 StVollzG enthaltene Vollzugsbestimmung zu ändern. Grund hierfür war die Annahme, dass die Klientel der Strafanstalten nicht mehr – wie bei Inkrafttreten des Strafvollzugsgesetzes im Jahre 1977 – durch den Normalfall des sozialisationsgeschädigten deutschen Gefangenen, sondern durch einen neuen Gefangenentypus gekennzeichnet sei, der mit den problematischen Gruppen der Ausländer, der Drogenabhängigen, der Sexualstraftäter und der Gewalttäter den Vollzugsalltag nachhaltig verändert habe.[451] Der Strafvollzug habe bei diesen Straffälligengruppen nicht mehr die abschreckende Wirkung, die ihm ehemals zugeschrieben wurde.
Das Bedürfnis der Gesellschaft nach Sühne und Vergeltung für die begangene Straftat werde durch die Schwerpunktsetzung auf die Behandlungsbedürftigkeit

---

448 Lamott, Die erzwungene Beichte, S. 12.
449 Siehe hierzu Dahle, Therapiemotivation hinter Gittern, S. 4.
450 Kury, Die Behandlung Straffälliger, S. 23.
451 Calliess/Müller-Dietz, § 2, Rn. 28.

des Täters unterlaufen.[452] Zudem sei die Vorstellung, ein Delinquent könne im Gefängnis zu einem straffreien Leben veranlasst werden, reine Ideologie.[453] Durch die Betonung der Resozialisierung verliere der Strafvollzug seine abschreckende Wirkung. Die Verwirklichung des Resozialisierungsgedankens trage der Befriedigung gesellschaftlicher Strafbedürfnisse, die mit dem Schuldausgleichsprinzip verbunden ist, nicht ausreichend Rechnung.

4. Wirkungslosigkeit der Straftäterbehandlung

Von konservativer kriminalpolitischer Seite wird vorgebracht, die Straftäterbehandlung sei weitgehend wirkungslos. Unter dem Schlagwort „nothing works" wurde die geringe Effektivität psychotherapeutischer Behandlungsmaßnahmen zusammengefasst.[454]

Es gebe zu wenig positive Ergebnisse, die Straftäterbehandlung sei zu teuer und zu wenig am Strafgedanken oder an der Sicherheit der Bevölkerung orientiert.[455] Unter den ungünstigen, Resozialisierungsbemühungen behindernden Bedingungen der totalen Institution Justizvollzugsanstalt könne Behandlung nicht wirksam sein.[456] Die in den Justizvollzugsanstalten nahezu ausschließlich vorzufindende Anwesenheit des männlichen Geschlechts, eine künstliche soziale Umwelt und Deprivationserscheinungen bildeten unüberwindbare Hindernisse für eine wirksame Behandlung.[457]

Ist eine Institution ausschließlich auf Strafverbüßung angelegt – dies wird für Justizvollzugsanstalten von den Kritikern des Behandlungsvollzugs angenommen –, kann keine Atmosphäre für wirksame Behandlungskonzepte geschaffen werden. Selbst wenn ein Behandlungserfolg innerhalb der Anstalt zu verzeichnen sei, lasse sich dieser nicht auf das Leben außerhalb der Anstalt übertragen. Eine dauerhaft wirksame Behandlung könne nur unter weitgehend „realen" Bedingungen erfolgen, weshalb nur die Durchführung von ambulanten Maßnahmen Erfolg verspreche. *Maelicke* weist in diesem Zusammenhang darauf hin, dass die Wirksamkeit des Behandlungsvollzugs nicht nur zum Zeitpunkt der

---

452 Pecher, Tiefenpsychologisch orientierte Psychotherapie im Justizvollzug, S. 4.

453 Siehe hierzu Walter, Strafvollzug, Rn. 296.

454 Pecher, Tiefenpsychologisch orientierte Psychotherapie im Justizvollzug, S. 5; Stock, Behandlungsuntersuchung und Vollzugsplan, S. 26; Schriever, ZfStrVo 2001, S. 329; Gutmann, Freiwilligkeit und (Sozio-) Therapie – notwendige Verknüpfung oder Widerspruch?, S. 19 mit weiteren Nachweisen.

455 Lösel, Meta-analytische Beiträge zur wiederbelebten Diskussion des Behandlungsgedankens, in: Steller/Dahle/Basqué (Hrsg.), Straftäterbehandlung – Argumente für eine Revitalisierung in Forschung und Praxis, S. 13.

456 Kury, Die Behandlung Straffälliger, S. 12.

457 Pecher, Tiefenpsychologisch orientierte Psychotherapie im Justizvollzug, S. 28.

Entlassung beurteilt werden dürfe. Entscheidend seien die langfristigen Wirkungen in der Zeit nach der Entlassung. Hier bleibe ein konsequentes und koordiniertes Zusammenwirken von Strafvollzug, sozialer Dienste der Justiz und freier Straffälligenhilfe erforderlich.[458]

Diesem Ansatz ist sicherlich zuzustimmen. Der Vollzug allein kann keine „Besserung" des Gefangenen im Hinblick auf seine Legalbewährung erzielen, wenn nicht auch nach Ende der Inhaftierung ein soziales Netzwerk die Betreuung des Entlassenen – so weit wie erforderlich – übernimmt. Gerade der Übergang vom Anstaltsleben in das Alltagsleben außerhalb der Anstalt stellt einen schwierigen Prozess dar, in dessen Verlauf der Gefangene die Hilfe erhalten muss, deren er bedarf. Nur wenn eine Wiedereingliederung des Entlassenen in die Gesellschaft glückt, kann ein Rückfall auf längere Sicht vermieden werden.

II. Gründe für Behandlungsvollzug

Vor allem in den letzten Jahren mehren sich wieder die Stimmen für eine konsequente Umsetzung des Behandlungsgedankens im Strafvollzug. Dies wird deutlich durch zahlreiche wissenschaftliche Abhandlungen oder Tagungen zum Thema der Straftäterbehandlung.[459] Stellt man in Bezug auf die Behandlung auf das Vollzugsziel des § 2 StVollzG ab, ist die einzige Aufgabe von Behandlung, den Straftäter von der Begehung weiterer Straftaten abzuhalten. Sie soll es dem Gefangenen ermöglichen, künftig in sozialer Verantwortung ein Leben ohne Straftaten zu führen.

Bei aller Kritik gegenüber der Behandlungsideologie kann auf therapeutische und sozialpädagogische Bemühungen nicht verzichtet werden. Bereits im Entwurf zum Strafvollzugsgesetz wurde davon ausgegangen, dass die Erfahrung zeige, ein strafender Freiheitsentzug genüge regelmäßig nicht alleine, um eine straffreie Lebensführung des Verurteilten sicherzustellen.[460] Auch wenn der Strafvollzug kein ideales Lernfeld ist und häufig therapeutische Bemühungen erschwert, haben Behandlungskonzepte ihre Berechtigung, zumal die Lebens-

---

458 Maelicke, ZfStrVo 2002, S. 9.

459 Lösel, Meta-analytische Beiträge zur wiederbelebten Diskussion des Behandlungsgedankens, in: Steller/Dahle/Basqué (Hrsg.), Straftäterbehandlung – Argumente für eine Revitalisierung in Forschung und Praxis, S. 14; siehe hierzu auch Goderbauer, Behandlungsnotwendigkeiten und Behandlungsvoraussetzungen bei Sexualstraftätern, in: Egg (Hrsg.), Behandlung von Sexualstraftätern im Justizvollzug, S. 167 ff.; Kröber, Ansätze zur gezielten Psychotherapie mit Sexualstraftätern, in: Herrfahrdt (Hrsg.), Behandlung von Sexualstraftätern, S. 40 ff.

460 BT-Drs. 7/918, S. 45.

verhältnisse vieler Gefangener in Freiheit ebenfalls ein für eine erfolgreiche Therapie geeignetes Umfeld vermissen lassen.[461]
Zwar lässt sich seit Einführung des Strafvollzugsgesetzes keine echte Erfolgsbilanz, aus der sich – bezogen auf alle Straftätergruppen – stichhaltig und nachweisbar eine spürbare Verringerung der Rückfallqualität und -quantität aufgrund behandlungsorientierter Ausrichtung des Strafvollzugs ergeben würde, finden. Mit Blick auf das Ziel der Rückfallverhinderung ist aber festzustellen, dass es eine realistische Alternative zum Behandlungsvollzug derzeit nicht gibt.[462]
Somit lassen sich die „Gründe“, die für den Behandlungsvollzug sprechen, auf einen Grund reduzieren: der bestehende Mangel an entsprechenden Alternativen.
Fest steht, dass ein Behandlungsvollzug im Vergleich zum reinen Verwahrvollzug größere Chancen hat, die Rückfallquote unter den Straftätern zu senken. Schon deshalb ist er vorzugswürdig. Dies hat im Besonderen für den Behandlungsvollzug für Sexualstraftäter zu gelten. Hier lässt sich eindeutig nachweisen, dass die Rückfallgefahr bei behandelten Sexualstraftätern um ein deutliches niedriger als bei nicht behandelten Tätern oder bei Tätern mit einer abgebrochenen Therapie ist.[463] Die Behandlung von Sexualstraftätern ist daher zur Prävention vor allem schwerer Delikte vom Grundsatz her legitim und geeignet, was jedoch nicht bedeutet, dass alle Sexualstraftäter um jeden Preis therapiert werden sollen.[464]

C. Probleme bei der Umsetzung des Vollzugsziels

Die von den Kritikern aufgrund der behaupteten Wirkungslosigkeit gestellte Forderung, den gegenwärtig durch das Resozialisierungsgebot geprägten Strafvollzug in einen reinen Sicherungs- und Verwahrvollzug umzuwandeln, hat sich nicht durchgesetzt.
Dennoch ist nach überwiegender Auffassung die Umsetzung eines an der Wiedereingliederung des Strafgefangenen orientierten Strafvollzugsgesetzes in vielerlei Hinsicht problematisch. Eine Umsetzung gelinge nur dann, wenn die Vollzugswirklichkeit der Aufgabenstellung des Gesetzes angenähert werde und nicht

---

461 Bock, Schädlich, überflüssig, schmutzig, in: Festschrift für Böhm, S. 287.

462 Stock, Behandlungsuntersuchung und Vollzugsplan, S. 21.

463 Berner, Institutionelle Therapie bei sexueller Delinquenz, in: Sigusch (Hrsg.), Sexuelle Störungen und ihre Behandlung, S. 503; Ortmann, Sozialtherapie im Strafvollzug, S. 213; Wiederholt, ZfStrVo 1989, S. 235 f.

464 Dessecker, Behandlung von Sexualstraftätern im Strafvollzug und in Freiheit – Ein Überblick zu den neuen gesetzlichen Grundlagen – in: Egg (Hrsg.), Behandlung von Sexualstraftätern im Justizvollzug, S. 27.

die Wirklichkeit im Strafvollzug zum Maßstab erhoben werde. Der richtige Weg zur Reaktion auf die alten und neuen Herausforderungen bestehe darin, unter Ausschöpfung des breiten Gestaltungsinstrumentariums des geltenden Rechts die bestehenden Problemlagen zu lösen.[465] Deshalb steht nach wie vor die Resozialisierung des Straftäters im Vordergrund.
Allerdings hat der Gedanke der resozialisierenden Behandlung durch die verstärkte Berücksichtigung der Opfer- oder Geschädigtenperspektive eine Modifizierung und Ergänzung erfahren. Dem Täter wird durch Ausgleichsleistungen und friedensstiftende Vereinbarungen deutlich gemacht, dass er für das zugefügte Übel einstehen muss, ohne dass er deswegen pathologische oder auf andere Art und Weise disqualifizierende Etiketten erhält.[466] Die ab 2003 anstehende Pflichteinweisung bestimmter Tätergruppen in sozialtherapeutische Anstalten deutet auf eine Verstärkung des Resozialisierungsgedankens hin. Die Schwierigkeiten, die sich im Zusammenhang mit der Umsetzung des Resozialisierungsziels ergeben, sind gleichwohl zahlreich.

I. Justizvollzugsanstalt als totale Institution

Die Rahmenbedingungen des Vollzugs belasten viktimologische Ansätze ebenso wie klassische Formen der Straftäterbehandlung.[467] Mit der Aufnahme in den Strafvollzug wird der Straftäter einer totalen Institution ausgesetzt, in der Sozialisation weitgehend in Unfreiheit gelingen soll. Das Gefängnis als totale Institution schafft ein Klima totaler Überwachung und Kontrolle, das die Übernahme von Eigenverantwortung erschwert.[468] Unter Vollzugsbedingungen kann eine Vielzahl von Problemen nicht bearbeitet werden, weil der Bezug zum normalen Alltagsleben fehlt. Die sozialen Bedingungen gestalten sich im Vollzug völlig anders als in Freiheit: Dies geht vom Angebot von Drogen über unterschiedliche Arbeitsbedingungen bis hin zur Trennung von den gewohnten Kontaktpersonen.[469] Je stärker die Kontrolle ist, desto größer wird die ablehnende Protesthaltung der Insassen.
Eine wirksame Behandlung ist ohne die Gewährung von Freiräumen in der Anstalt nicht möglich. Gerade in Bezug auf diese therapeutisch notwendigen Frei-

---

465 Calliess/Müller-Dietz, § 2, Rn. 29.
466 Walter, Strafvollzug, Rn. 278.
467 Walter, Strafvollzug, Rn. 279.
468 Berner, Institutionelle Therapie bei sexueller Delinquenz, in: Sigusch (Hrsg.), Sexuelle Störungen und ihre Behandlung, S. 510.
469 Rehder, Sexuell abweichendes Verhalten, in: Egg (Hrsg.), Sozialtherapie in den 90er Jahren,
S. 89 f.

räume treten nicht selten Konflikte zwischen dem behandelnden Personal und dem allgemeinen Vollzugspersonal auf.[470]

II. Insassensubkultur

Wird die Situation in Justizvollzugsanstalten beschrieben, taucht in den meisten Schilderungen der Begriff der Subkultur auf. Unter dem Begriff der Subkultur wird im allgemeinen verstanden, dass eine Teilgruppe einer Gesellschaft über eigene, für ihre Mitglieder verbindliche Normen verfügt, die im Widerspruch zu den gesetzten Rechtsnormen des Gemeinwesens stehen, welche ihrerseits für die Mitglieder der Subkultur nicht verbindlich sind.[471] Die Subkultur stellt ein Partialsystem in einem umfassenderen Gesamtsystem dar.[472] Die Anpassung an die devianten Normen der Insassensubkultur ist als Abwehrmechanismus zur Bewältigung der Haftdeprivationen anzusehen.[473]
Kaiser und *Schwind* fassen die auf *Whyte* und *Cohen* zurückgehende Theorie der delinquenten Subkultur folgendermaßen zusammen: Die Komplexität und pluralistische Struktur einer Gesamtgesellschaft führt zur Bildung kleinerer Subsysteme, deren selbstgeschaffenes Normen- und Wertesystem in erheblichem Maß von dem der Gesamtgesellschaft abweicht.[474] In Strafanstalten existiert eine eigenständige subkulturelle Ordnung mit spezifischen Normen, eigener Organisation und Umgangsformen. Die Täter, die aufgrund der Tatbegehung aus der Gesellschaft ausgeschlossen wurden, schließen sich im Gefängnis der dort bestehenden Gesellschaft mit ihren eigenen Vorschriften und Prinzipien an.[475] In den Gefängnissen gibt es sogar eine eigene Sprache, den sog. „Knastjargon“.[476] Gerade Sexualstraftäter geraten in diesem subkulturellen System sehr schnell in die Opferrolle.

III. Stellung der Sexualstraftäter in der Gefangenenhierarchie

Sexualstraftäter (von den Mitgefangenen auch als „Sittiche“[477] oder „Sittenpfiffi“[478] bezeichnet) stehen in der Gefangenenhierarchie auf unterster Stufe.[479] Sie

---

470 Berner, Institutionelle Therapie bei sexueller Delinquenz, in: Sigusch (Hrsg.), Sexuelle Störungen und ihre Behandlung, S. 511.

471 Eisenberg, Kriminologie, § 25, Rn. 29.

472 Kaufmann, Kriminologie III, S. 13 f.

473 Laubenthal, Strafvollzug, Rn. 219.

474 Siehe hierzu Schott, Kriminalistik 2001, S. 630.

475 Mauch/Mauch, Sozialtherapie und die Sozialtherapeutische Anstalt, S. 47.

476 Siehe hierzu Laubenthal, Lexikon der Knastsprache, S. 16 ff.

477 Kempe, ZfStrVo 1997, S. 334.

478 Laubenthal, Lexikon der Knastsprache, S. 158.

werden in der Gruppe der Gefangenen am schnellsten etikettiert, was die Gefahr birgt, dass sich die Sexualstraftäter zur Stützung der eigenen Persönlichkeitsfunktionen zurückziehen oder sich „überangepasst“ zeigen, was wiederum zu einer Verschärfung der Problematik führen kann.[480] Die Taten von Sexualstraftätern stoßen auf größte Verachtung, da viele der Mitinhaftierten selbst Frauen oder Kinder haben. Stellen sie sich diese in der Opferrolle vor, werden immense Rachephantasien ausgelöst. Zudem geben Sexualstraftäter den anderen Inhaftierten die Möglichkeit, auf eine andere Gruppe herabzublicken und die eigene Straftat damit als weniger anstößig anzusehen.[481] Demütigungen, Ausgrenzung und körperliche Bestrafungen bis hin zu sexuellen Misshandlungen – damit sollen den Tätern ihre eigenen Taten wohl besonders eindringlich vor Augen geführt werden – sind keine Seltenheit.[482] Unter diesen Bedingungen werden Verleugnungs- und Bagatellisierungstendenzen unterstützt, was sich im Hinblick auf eine erfolgreiche Therapie als äußerst kontraproduktiv erweist.
Deshalb ist es erforderlich, baulich und organisatorisch einen Rahmen zu schaffen, der den Sexualstraftätern Schutz vor Übergriffen anderer Insassen bietet und der eine Therapie ermöglicht. Es ist beispielsweise darauf zu achten, sozialtherapeutische Abteilungen weitgehend vom Normalvollzug zu trennen.

IV. Vertrauensbeziehung Therapeut – Patient contra Offenbarungspflicht

Eine erfolgreiche Therapie kann nur im Schutzraum der Schweigepflicht des jeweiligen Therapeuten durchgeführt werden. Gerade die äußeren Rahmenbedingungen müssen ständig kontrolliert werden, da insbesondere Menschen mit sexuellen Störungen ein besonderes Anrecht auf Vertrauensschutz haben.[483] Bereits in den verschiedenen Stadien der Strafverfolgung bzw. -vollstreckung besteht ein Spannungsfeld Justiz – Therapeut – Patient. Beauftragt ein Gericht ei-

---

479 Wulf/Goderbauer, Therapie von Sexualstraftätern im baden-württembergischen Justizvollzug, in: Wodtke-Werner/Mähne, „Nicht wegschauen!“ Vom Umgang mit Sexual(straf)tätern, S. 121; Wischka, Möglichkeiten der Behandlung von Sexualstraftätern im niedersächsischen Justizvollzug, in: Egg (Hrsg.), Behandlung von Sexualstraftätern im Justizvollzug, S. 211.

480 Judith, Konzept für die intramurale Behandlung von Sexualstraftätern, S. 76; Hanstein, Tiefenpsychologisch fundierte Psychotherapie für Sexualstraftäter, in: Deegener (Hrsg.), Sexuelle und körperliche Gewalt, S. 223.

481 Rehder, Sexuell abweichendes Verhalten, in: Egg (Hrsg.), Sozialtherapie in den 90er Jahren, S. 84.

482 Wischka, Möglichkeiten der Behandlung von Sexualstraftätern im niedersächsischen Justizvollzug, in: Egg (Hrsg.), Behandlung von Sexualstraftätern im Justizvollzug, S. 211.

483 Beier, Prognose und Therapie von Sexualstraftätern aus sexualmedizinischer Sicht, in: Wodtke-Werner/Mähne (Hrsg.), „Nicht wegschauen!“ Vom Umgang mit Sexual(straf)tätern, S. 82.

nen Gutachter, um beispielsweise eine Gefährlichkeitsprognose über einen bestimmten Täter zu erlangen, kann sich für den Therapeuten die Frage stellen, welche Informationen er dem Gericht über den Täter mitteilt und welche nicht. Um eine Orientierungshilfe für die Praxis zu geben, wurden interdisziplinär die „Sankelmarker Thesen" zur Psychotherapie mit Straffälligen entwickelt.[484]

Den Bereich der Offenbarungspflichten im Strafvollzug regelt § 182 StVollzG. Nach § 182 Abs. 2 S. 1 StVollzG unterliegen personenbezogene Daten, die Trägern von Heilberufen, Berufspsychologen sowie staatlich anerkannten Sozialarbeitern und Sozialpädagogen – diese Berufsgruppen werden in § 203 Abs. 1 Nr. 1, 2 und 5 StGB genannt – von einem Gefängnisinsassen als Geheimnis anvertraut oder auf andere Weise bekannt geworden sind, gegenüber der Vollzugsbehörde der Schweigepflicht. Dieser Grundsatz erfährt jedoch nach § 182 Abs. 2 S. 2 StVollzG eine Einschränkung, indem die Norm für bestimmte Fälle eine Offenbarungspflicht vorsieht.[485] Die eben genannten Berufsgruppen müssen sich dem Anstaltsleiter gegenüber offenbaren, „soweit dies für die Aufgabenerfüllung der Vollzugsbehörde oder zur Abwehr von erheblichen Gefahren für Leib oder Leben des Gefangenen oder Dritter erforderlich ist". Zu beachten ist, dass ein Arzt – obwohl auch er zu dem betroffenen Personenkreis zählt – nur hinsichtlich solcher personenbezogener Daten, von denen er außerhalb der Gesundheitsfürsorge Kenntnis erlangt, einer Offenbarungspflicht unterliegt. Hinsichtlich der Informationen, die er im Rahmen der allgemeinen Gesundheitsfürsorge nach den §§ 56 bis 66 StVollzG erhält, besteht keine Offenbarungspflicht, sondern eine Offenbarungsbefugnis (§ 182 Abs. 2 S. 3 StVollzG).[486]

Unter Offenbarungspflicht der übrigen Berufsgruppen[487] fällt alles, was zur Erfüllung der Aufgaben der Vollzugsbehörde zu zählen ist. Im Bezug auf die Behandlung von Sexualstraftätern ist – neben zahlreichen anderen Bereichen, die von der Regelung betroffen werden – entscheidend, dass auch der Aufgabenkreis und Tätigkeitsbereich therapeutischer Arbeit im Vollzug miteinbezogen ist. Die Gegenüberstellung der im Grundsatz bestehenden Schweigepflicht, die dem Schutz der Persönlichkeitsrechte des Gefangenen dient und eine Grundbe-

---

[484] Siehe hierzu Beier/Hinrichs, MschrKrim 1996, S. 25 ff.

[485] Der Gesetzgeber hat dabei die Offenbarungspflicht nicht von einer Schweigepflichtsentbindung abhängig gemacht.

[486] Calliess/Müller-Dietz, § 182, Rn. 5; S/B-Schmid, § 182, Rn. 14; Rösch, Schweigepflicht – Offenbarungspflicht der Ärzte, Psychologen und Sozialarbeiter im Strafvollzug, in: Herrfahrdt (Hrsg.), Behandlung von Sexualstraftätern, S. 151 f.

[487] Da die Aufgabe der Psychotherapie anders als die der anstaltsärztlichen Behandlung vor allem in der Reduzierung der Rückfallgefahr gesehen wird, wurde es vom Gesetzgeber als erforderlich erachtet, die mit der Behandlung betrauten Personen im stärkeren Maße als den Anstaltsarzt zu verpflichten.

dingung erfolgreicher therapeutischer Arbeit darstellt, und der Offenbarungspflicht beschreibt den Grundkonflikt, dem sich ein im Vollzug tätiger Therapeut ausgesetzt sieht.[488] Den Fachkräften steht weder ein Ermessen noch ein Beurteilungsspielraum zu. Sie verfügen lediglich über eine Einschätzungsprärogative hinsichtlich der Frage, ob die gesetzlichen Voraussetzungen für eine Offenbarungspflicht gegeben sind.

Nicht nur für den Therapeuten, sondern auch für den Patienten besteht eine Konfliktlage. Dieser sieht sich mit dem Problem konfrontiert, auf der einen Seite sich – als Voraussetzung für eine erfolgreiche Therapie – dem Therapeuten zu öffnen, auf der anderen Seite sich dadurch in die Gefahr zu begeben, dem Therapeuten Informationen mitzuteilen, die dieser aufgrund der bestehenden Offenbarungspflicht dem Anstaltsleiter weitergibt, womit diese Informationen den zwischen Patient und Therapeut bestehenden Vertrauensbereich verlassen. Insofern ist es nicht überraschend, dass die Regelung des § 182 Abs. 2 StVollzG unter den in der Behandlung tätigen Therapeuten teilweise heftig kritisiert wurde. Vor allem Therapeuten, die mit psychodynamischen Therapieformen arbeiten, halten eine uneingeschränkte Verschwiegenheitspflicht für unverzichtbar.[489] Eine Vertrauensbeziehung zwischen Therapeut und Patient könne nur hergestellt werden, wenn Dritte nicht jederzeit Zugriff auf sämtliche Inhalte der Therapie hätten.[490] Im therapeutischen Prozess soll der Patient Aspekte seiner selbst, Gefühle, Ängste etc. äußern, um die Fähigkeit zur Selbstverfügung und zur symbolischen Handlungssteuerung zu verbessern. Die bestehende Offenbarungspflicht wird vom Patienten als Bedrohung angesehen, was zur Folge haben kann, dass die zu bearbeitenden Aspekte sich nicht zeigen oder nicht stimmig symbolisiert werden.[491] Die deutsche Gesellschaft für Sexualforschung hat sogar den Vorwurf der Verfassungswidrigkeit des § 182 Abs. 2 S. 2 StVollzG erhoben, da Grundrechte von Patienten und Psychotherapeuten beeinträchtigt würden und ein Verstoß gegen die allgemeinen Prinzipien von Verhältnismäßigkeit und Resozialisierung vorliege.[492]

---

488 Calliess/Müller-Dietz, § 182, Rn. 6.

489 Adt, ZfStrVo 1998, S. 334; Volckart, R & P 1998, S. 194; Thorwart, R & P 1999, S. 10 ff.; Böllinger, MschrKrim 2000, S. 12.

490 Schöch, Zur Offenbarungspflicht der Therapeuten im Justizvollzug gemäß § 182 II StVollzG, in: Egg (Hrsg.), Behandlung von Sexualstraftätern im Justizvollzug, S. 280.

491 Hartmann, ZfStrVo 2000, S. 210.

492 Siehe hierzu die Stellungnahme zur Offenbarungspflicht der Therapeuten im Strafvollzug der Deutschen Gesellschaft für Sexualforschung, ZfStrVo 1999, S. 239; diesem Vorwurf schließt sich Böllinger an (MschrKrim 2000, S. 12).Insgesamt sei das auf Rechts- und Sozialstaatlichkeit, Humanität und Zweckdienlichkeit abstellende Grundprinzip des deutschen Strafvollzugs – das Resozialisierungsprinzip – in Frage gestellt.

Diesbezüglich lässt sich feststellen, dass die Regelung des § 182 Abs. 2 S. 2 1. Alt. StVollzG – Offenbarung „für die Aufgabenerfüllung der Vollzugsbehörde – einer verfassungskonformen Auslegung bedarf, die dem informationellen Selbstbestimmungsrecht ausreichend Raum lässt. Im Rahmen der Verhältnismäßigkeitsprüfung hat der Therapeut eine Abwägung zwischen dem Eingriff in die Grundrechte des Patienten durch die Preisgabe von Geheimnissen und dem Interesse der Vollzugsbehörde zu treffen. Insofern muss eine gewisse Erheblichkeitsschwelle überschritten werden, um eine Offenbarungspflicht auszulösen. Nicht jede vollzugliche Aufgabe kann ohne Güterabwägung den Therapeuten zur Offenbarung selbst intimster Geheimnisse des Betroffenen zwingen.[493] Damit besteht insoweit sowohl im Hinblick auf Alt. 1 als auch auf Alt. 2 des § 182 Abs. 2 S. 2 StVollzG eine Einschränkung der Offenbarungspflicht, als in beiden Fällen eine Verhältnismäßigkeitsprüfung stattfinden muss. Alt. 2 verlangt einen gewissen Erheblichkeitsgrad der Gefährdung, Alt. 1 eine Erforderlichkeit, die eine Offenbarungspflicht nur dann begründet, wenn die vollzuglichen Interessen im Einzelfall zu einer Höherbewertung im Verhältnis zum Persönlichkeitsrecht des Gefangenen führen.[494] In jedem Fall muss ein unantastbarer Kernbereich der Schweigepflicht bestehen bleiben.[495]
Für Ärzte oder Psychologen, die außerhalb des Vollzugs mit der Untersuchung oder Behandlung eines Gefangenen betraut sind, gilt ebenfalls die Offenbarungsbefugnis (§ 182 Abs. 4 StVollzG). Sie können sich nicht nur an den Anstaltsleiter wenden, sondern auch an den zuständigen Anstaltsarzt oder -psychologen. Eine Verpflichtung zum Bruch der Verschwiegenheit besteht jedoch nicht.[496]

---

[493] Preusker/Rosemeier, ZfStrVo 1998, S. 325.

[494] Calliess/Müller-Dietz, § 182, Rn. 6.

[495] Rösch, Schweigepflicht – Offenbarungspflicht der Ärzte, Psychologen und Sozialarbeiter im Strafvollzug, in: Herrfahrdt (Hrsg.), Behandlung von Sexualstraftätern, S. 158.

[496] Laubenthal, Strafvollzug, Rn. 924; Calliess/Müller-Dietz, § 182, Rn. 12; AK-Weichert, § 182, Rn. 49.

4. Teil: Sozialtherapeutische Anstalten als besondere Einrichtungen des Strafvollzugs

A. Gesetzliche Grundlagen für die Schaffung sozialtherapeutischer Einrichtungen

Der Festschreibung der Sozialtherapie im System des Strafvollzugs ging mit der Schaffung von § 65 StGB zunächst eine Maßregellösung voraus, die sich letztlich jedoch nicht durchsetzen konnte.

I. Der Regierungsentwurf von 1962

Im Regierungsentwurf zur Reform des Strafgesetzbuchs lassen sich in der „Bewahrungsanstalt"[497] und der „vorbeugenden Verwahrung"[498] die Vorläufer der

---

[497] § 82, der die Bewahranstalt betraf, lautete:
„(1) Hat jemand eine rechtswidrige Tat im Zustand der Schuldunfähigkeit (§ 24) oder der verminderten Schuldfähigkeit (§ 25) begangen, so ordnet das Gericht die Anstaltsunterbringung an, wenn die Gesamtwürdigung des Täters und seiner Tat ergibt, dass von ihm infolge seines Zustandes erhebliche rechtswidrige Taten zu befürchten sind und er deshalb für die Allgemeinheit oder für einzelne andere gefährlich ist.
(2) Bei der Anordnung bestimmt das Gericht nach der besonderen Behandlungsart, die der Zustand des Täters erfordert, ob er in einer Heil- oder Pflegeanstalt oder in einer Bewahrungsanstalt untergebracht wird.
(3) Das Vollstreckungsgericht kann die Entscheidung des erkennenden Gerichts über die Anstaltsart ändern, wenn der Zustand des Untergebrachten es erfordert. Die Vollzugsbehörde kann darüber vorläufig entscheiden."

[498] § 86, der die vorbeugende Verwahrung betraf, lautete:
„(1) Hat jemand vor Vollendung des siebenundzwanzigsten Lebensjahres eine vorsätzliche Straftat begangen und dadurch Freiheitsstrafe von mindestens sechs Monaten verwirkt, so ordnet das Gericht neben der Strafe die vorbeugende Verwahrung an, wenn
1. der Täter vor der Tat, aber nach Vollendung des sechzehnten Lebensjahres, mindestens zwei vorsätzliche, mit Freiheitsstrafe bedrohte, erhebliche Straftaten begangen hat, die zu einer gerichtlichen Erziehungsmaßnahme geführt haben oder durch Zuchtmittel oder Freiheitsstrafe geahndet worden sind,
2. vor der neuen Tat mindestens für die Zeit von sechs Monaten Führsorgeerziehung in einem Heim durchgeführt oder Freiheitsstrafe vollzogen worden ist und
3. die Gesamtwürdigung des Täters und seiner Taten die Gefahr erkennen lässt, dass er sich zum Hangtäter entwickeln wird.
(2) Die Anordnung unterbleibt, wenn die Voraussetzungen der Sicherungsverwahrung erfüllt sind.
(3) Eine frühere Tat bleibt, ob abgeurteilt oder nicht, außer Betracht, wenn zwischen ihr und der folgenden Tat mehr als zwei Jahre verstrichen sind. In die Frist wird die Zeit nicht eingerechnet, in welcher der Täter auf behördliche Anordnung in einer Anstalt verwahrt worden ist.

heutigen sozialtherapeutischen Anstalten erkennen. Die Zielgruppe der Bewahranstalten waren psychisch belastete Täter, die sich aufgrund ihres Zustands sowohl für eine Einweisung in Heil- und Pflegeanstalten als auch in Anstalten des Regelvollzugs nicht eigneten.[499]
Im Zuge der Reform sollte mit der Bewahranstalt eine Einrichtung geschaffen werden, die mit heilpädagogischer Betreuung durch Psychiater und Psychologen die gefährlichen Neigungen des Delinquenten behandeln sollte. Die vorbeugende Verwahrung war für jugendliche Täter vorgesehen, bei denen die Gefahr bestand, dass sich der Hang zu Straftaten verfestigen würde, für die aber die einschneidende Maßregel der Sicherungsverwahrung nicht in Betracht kam.[500]
Dass es den Verfassern des Regierungsentwurfs eher auf Verwahrung als auf Behandlung ankam, wird schon durch die Wortwahl („Bewahrungs“anstalt und „Verwahrung“) deutlich.

II. Der Alternativentwurf eines StGB

Im Jahr 1966 wurde von 14 deutschen und schweizerischen Strafrechtlern ein Alternativentwurf eines Strafgesetzbuchs vorgelegt. Dieser hatte stärker als der Regierungsentwurf die Resozialisierung der Straftäter im Blickfeld. Neben anderen spezialpräventiven Maßregeln sah der Alternativentwurf in § 69[501] vor,

(4) § 85 Abs. 3 gilt entsprechend.“

499 BT-Drs. IV/650, S. 210.

500 BT-Drs. IV/650, S. 215.

501 § 69 lautete:
„(1) Wer wegen einer Straftat, die mit einer seelischen Krankheit oder tiefgreifenden Persönlichkeitsstörungen zusammenhängt, eine Freiheitsstrafe von mindestens zwei Jahren, im Falle verminderter Schuldfähigkeit von mindestens 18 Monaten verwirkt hat, wird in eine sozialtherapeutische Anstalt eingewiesen, wenn von ihm erhebliche Straftaten zu befürchten sind und Aussicht besteht, dass er durch sozialtherapeutische Behandlung von der Begehung weiterer Straftaten abgehalten werden kann.
(2) Erstmals zu Strafe verurteilte Täter dürfen dieser Maßregel nicht gegen ihren Willen unterworfen werden. Die Einwilligung ist unwiderruflich.
(3) In die sozialtherapeutische Anstalt ist unabhängig von den Voraussetzungen des Absatzes 1 einzuweisen, wer schon früher wegen vorsätzlicher Straftaten dreimal verurteilt worden ist, dafür Freiheitsstrafen von zusammen wenigstens zwei Jahren verbüßt hat und erneut wegen einer vorsätzlichen Straftat zu Freiheitsstrafe verurteilt wird, wenn ihn der Vollzug der Strafe voraussichtlich nicht von weiteren erheblichen Straftaten abhalten würde. Der verbüßten Freiheitsstrafe wird die verbüßte Jugendstrafe voll, die in einem Heim durchgeführte Fürsorgeerziehung nach dem Jugendgerichtsgesetz bis zu höchstens achtzehn Monaten gleichgestellt. Eine frühere Verurteilung bleibt außer Betracht, wenn zwischen der früheren und der ihr folgenden Tat mehr als fünf Jahre liegen. In die Frist wird die Zeit nicht eingerechnet, welche der Täter nicht in Freiheit verbracht hat.

erheblich Rückfallgefährdete in eine sozialtherapeutische Anstalt zu verlegen. Die sozialtherapeutischen Anstalten sollten gerade für die Täter zuständig sein, für die der Regelvollzug aufgrund spezifischer Defizite keine Resozialisierung verspricht, die aber auch keine ärztliche Hilfe nötig haben.

III. Das zweite Strafrechtsreformgesetz

Das zweite Strafrechtsreformgesetz von 1969 hatte mit § 65 schließlich einen Kompromiss zwischen dem Regierungsentwurf von 1962 und dem Alternativentwurf von 1966 zum Ergebnis. Die im Alternativentwurf gewählte Bezeichnung „sozialtherapeutische Anstalt" konnte sich in den Beratungen gegenüber den Begriffen „Psychiatrische Fürsorgeanstalt" oder „Sozial-, Erziehungs- und Behandlungsanstalt" durchsetzen.
Hinsichtlich des Täterkreises erfuhr § 65[502] eine Einschränkung im Vergleich zum Alternativentwurf. § 65 StGB wurde als Vorschrift des Maßregelvollzugs –

---

(4) Die Maßregel dauert erstmalig mindestens zwei und höchstens vier Jahre, im Wiederholungsfalle höchstens acht Jahre.
(5) Täter, die das siebenundzwanzigste Lebensjahr noch nicht vollendet haben, sind in besonderen Anstalten unterzubringen.
(6) In der sozialtherapeutischen Anstalt sollen in dem Eingewiesenen durch besondere psychiatrische, psychologische und pädagogische Hilfen der Wille und die Fähigkeit entwickelt werden, künftig ein straffreies Leben zu führen. Dabei wird auf die aktive Mitwirkung des Eingewiesenen abgestellt. Die Anstalten stehen unter ärztlicher Leitung.
(7) Ärztliche Eingriffe und psychiatrische Behandlung sind als sozialtherapeutische Maßnahmen nur mit Zustimmung des Eingewiesenen zulässig."

[502] § 65 lautete:
„(1) Das Gericht ordnet die Unterbringung in einer sozialtherapeutischen Anstalt neben der Strafe an, wenn
1. der Täter eine schwere Persönlichkeitsstörung aufweist und wegen einer vorsätzlichen Straftat zu einer zeitigen Freiheitsstrafe von mindestens zwei Jahren verurteilt wird, nachdem er wegen vorsätzlicher Straftaten, die er vor der neuen Tat begangen hat, schon zweimal jeweils zu einer Freiheitsstrafe von mindestens einem Jahr verurteilt worden ist und wegen einer oder mehrerer dieser Taten vor der neuen Tat für die Zeit von mindestens einem Jahr Strafe verbüßt oder sich im Vollzug einer freiheitsentziehenden Maßregel der Besserung und Sicherung befunden hat, und die Gefahr besteht, dass er weiterhin erhebliche rechtswidrige Taten begehen wird, oder
2. der Täter wegen einer vorsätzlichen Straftat, die auf seinen Geschlechtstrieb zurückzuführen ist, zu einer zeitigen Freiheitsstrafe von mindestens einem Jahr verurteilt wird und die Gefahr besteht, dass er im Zusammenhang mit seinem Geschlechtstrieb weiterhin erhebliche rechtswidrige Taten begehen wird. Die Unterbringung wird nur dann angeordnet, wenn nach dem Zustand des Täters die besonderen therapeutischen Mittel und sozialen Hilfen einer ärztlich geleiteten sozialtherapeutischen Anstalt zu seiner Resozialisierung angezeigt sind.

als Kernstück der Reform – für vier Gruppen von Tätern geschaffen: Rückfalltäter mit schwerer Persönlichkeitsstörung und erheblicher krimineller Praxis, besonders gefährliche Jungtäter, psychisch gestörte Täter und Sexualstraftäter. Als Grund für die Begrenzung auf diesen Täterkreis sind vor allem finanzielle Gesichtspunkte zu nennen. Nach den Berechnungen des Sonderausschusses für die Strafrechtsreform hätte eine vollständige Umsetzung des Alternativentwurfs die Errichtung von mindestens 25 sozialtherapeutischen Einrichtungen mit 200 Behandlungsplätzen erforderlich gemacht. Die sich hieraus ergebenden Kosten – ca. 162 Millionen Mark pro Jahr ohne Gebäudekosten – und der enorme Personalbedarf hätten nicht gedeckt werden können.[503] Die Wirksamkeit der in § 65 StGB vorgesehenen Maßregel der Unterbringung in einer sozialtherapeutischen Anstalt ist zunächst durch eine Übergangsregelung bis zum 01.01.1985 hinausgeschoben worden, bevor dann der Gesetzgeber Ende 1984 – also gerade noch rechtzeitig vor dem Inkrafttreten – § 65 StGB auf Drängen der Länder ganz gestrichen hat.[504] Auch hier spielten wieder finanzielle Erwägungen eine ausschlaggebende Rolle.

---

(2) Wird jemand wegen einer vor Vollendung des siebenundzwanzigsten Lebensjahres begangenen vorsätzlichen Straftat zu zeitiger Freiheitsstrafe von mindestens einem Jahr verurteilt, so ordnet das Gericht neben der Strafe die Unterbringung in einer sozialtherapeutischen Anstalt an, wenn

1. der Täter vor dieser Tat, aber nach Vollendung des sechzehnten Lebensjahres, zwei vorsätzliche, erhebliche Straftaten begangen hat, derentwegen Fürsorgeerziehung angeordnet oder Freiheitsstrafe verhängt worden ist,
2. vor der letzten Tat mindestens für die Zeit von einem Jahr Fürsorgeerziehung in einem Heim durchgeführt oder Freiheitsstrafe vollzogen worden ist und
3. die Gesamtwürdigung des Täters und seiner Taten die Gefahr erkennen lässt, dass er sich zum Hangtäter entwickeln wird.

(3) Liegen bei einem Täter die Voraussetzungen des § 63 Abs. 1 vor, so ordnet das Gericht statt der Unterbringung in einem psychiatrischen Krankenhaus die Unterbringung in einer sozialtherapeutischen Anstalt an, wenn nach dem Zustand des Täters die besonderen therapeutischen Mittel und sozialen Hilfen dieser Anstalt zu seiner Resozialisierung besser geeignet sind als die Behandlung in einem psychiatrischen Krankenhaus.

(4) In den Fällen des Absatzes 1 Nr. 1 und des Absatzes 2 gilt § 48 Abs. 3, 4 sinngemäß. In den Fällen des Absatzes 2 bleibt die Durchführung der Fürsorgeerziehung außer Betracht, wenn zwischen ihrer Aufhebung und der folgenden Tat mehr als zwei Jahre verstrichen sind; in die Frist wird die Zeit nicht eingerechnet, in welcher der Täter auf behördliche Anordnung in einer Anstalt verwahrt worden ist.

(5) Eine Tat, die außerhalb des räumlichen Geltungsbereichs dieses Gesetzes abgeurteilt worden ist, steht einer innerhalb dieses Bereichs abgeurteilten Tat gleich, wenn sie nach deutschem Strafrecht eine vorsätzliche Tat wäre."

503 BT-Drs. V/4095, S. 28.

504 Rosenau, StV 1999, S. 397.

In der Zwischenzeit war aber mit dem Strafvollzugsgesetz – dieses trat am 01.01.1977 in Kraft – eine andere rechtliche Grundlage für sozialtherapeutische Anstalten geschaffen worden. § 9 StVollzG regelte die Verlegung eines Gefangenen in eine sozialtherapeutische Anstalt, wenn deren besondere Mittel und Hilfen zu seiner Resozialisierung angezeigt waren. Gab es kurz nach Inkrafttreten des § 9 StVollzG eine rege Diskussion, ob die Sozialtherapie eher im Rahmen einer materiellrechtlichen Lösung nach § 65 StGB – sog. Maßregellösung – oder im Rahmen einer Vollzugslösung erfolgen sollte[505], so bestand hierfür nach Streichung des § 65 StGB keine Grundlage mehr.
Mit § 9 StVollzG hatte sich der Gesetzgeber für eine reine Vollzugslösung entschieden, weshalb die Behandlung in einer sozialtherapeutischen Anstalt nur im Rahmen des Strafvollzugs auf der Rechtsgrundlage des § 9 StVollzG möglich war.[506] Bis zum Jahr 1998 war nach § 9 StVollzG die Verlegung nur mit Zustimmung des Anstaltsleiters und des Gefangenen möglich. Durch das Gesetz zur Bekämpfung von Sexualdelikten und anderen gefährlichen Straftaten wurden die Zustimmungserfordernisse für einen Teil der betroffenen Gefangenen aufgehoben (siehe 2. Teil, Punkt B.II.6).

B. Entstehen von sozialtherapeutischen Anstalten in der Bundesrepublik Deutschland

Im deutschen Strafvollzug verfügen vor allem die sozialtherapeutischen Einrichtungen über eine jahrzehntelange Erfahrung hinsichtlich der stationären Behandlung von Sexualstraftätern.[507]
Bei sozialtherapeutischen Anstalten handelt es sich nicht um psychiatrische Kliniken, sondern um therapeutisch geprägte Justizvollzugsanstalten.[508] Durch die

---

505 Die Professoren, die den Alternativentwurf verfasst hatten, plädierten nach wie vor dafür, § 65 StGB nicht aufzugeben. Sie hatten die Befürchtung, eine Streichung der Vorschrift würde dazu führen, dass keine neuen sozialtherapeutischen Anstalten gebaut würden, da § 9 StVollzG nur dazu verpflichtete, die vorhandenen Kapazitäten auszuschöpfen. Der größte Teil der Vollzugspraktiker war dagegen für eine Vollzugslösung. Sie standen dem restriktiven Einweisungskatalog des § 65 StGB skeptisch gegenüber. Ihrer Auffassung nach wären die für die Einweisung zuständigen Gerichte bei der Auswahl der für eine Sozialtherapie geeigneten Täter überfordert; des weiteren gäbe es bei der Maßregellösung keine Möglichkeit, den Gefangenen in den Regelvollzug zurückzuverlegen (siehe hierzu Sörgel, Sozialtherapie – Die Möglichkeiten nach dem Strafvollzugsgesetz, S. 58 f.).

506 Tröndle/Fischer, Vor § 61, Rn. 10; Lübcke-Westermann/Nebe, MschrKrim 1994, S. 35.

507 Goderbauer, Stationäre Behandlung von Sexualstraftätern im Strafvollzug, in: Egg (Hrsg.), Sexueller Missbrauch von Kindern, S. 157.

508 Goderbauer, Stationäre Behandlung von Sexualstraftätern im Strafvollzug, in: Egg (Hrsg.), Sexueller Missbrauch von Kindern, S. 158.

Neufassung des § 123 StVollzG im Jahr 1985 können neben selbständigen sozialtherapeutischen Anstalten auch sozialtherapeutische Abteilungen in anderen Justizvollzugsanstalten eingerichtet werden. Dies wird von einigen Autoren kritisch gesehen, da die für eine Behandlung erforderlichen Gestaltungsmöglichkeiten und -notwendigkeiten durch das Eingebundensein in Gefängnisse traditioneller Prägung erstickt würden.[509]
Das in der Sozialtherapie erlernte Verhalten kann aufgrund der Gegebenheiten des vollzuglichen Alltags nur schwer umgesetzt werden. Es ist wohl eher so, dass die sozialtherapeutischen Abteilungen durch die Umstände der restlichen Abteilungen negativ beeinflusst werden als dass sie einen positiven Einfluss auf die gesamte Gefängniskultur ausüben können.
Therapiekonzepte im Strafvollzug und gezielte Behandlungsansätze entwickelten sich erst in den 1960er Jahren in Deutschland. Die Diskussion über die Einführung sozialtherapeutischer Anstalten wurde durch Erfahrungen in ausländischen Modellversuchen angeregt. Richtungsweisend waren in dieser Hinsicht die dänische Forvaringsanstalt in Herstedvester und die holländische Van-der-Hoeven-Klinik in Utrecht.[510]
Die erste sozialtherapeutische Anstalt in Deutschland wurde 1969 auf dem Hohenasperg in Baden-Württemberg eingerichtet.[511] Diese Strafanstalt hatte bereits Mitte der fünfziger Jahre begonnen, Straftäter – vor allem auch Sexualstraftäter – mit psychotherapeutischen Methoden zu behandeln.
Die Einrichtung war der Beginn mehrerer Modellversuche, mit denen sich die Bundesländer auf das Inkrafttreten des § 65 StGB vorbereiten wollten. Nachdem sich abzeichnete, dass § 65 StGB nicht in Kraft treten würde, kam es nur noch in

509 Siehe hierzu Pecher, Tiefenpsychologisch orientierte Psychotherapie im Justizvollzug, S. 35 mit weiteren Nachweisen.

510 Sörgel, R., Sozialtherapie – Die Möglichkeiten nach dem Strafvollzugsgesetz, S. 9; siehe zur Behandlung in der Van-der-Hoeven-Klinik van Beek/Kröger, No cure, but control: Die Behandlung von Sexualdelinquenten in der Dr. Henri van der Hoeven Kliniek, in: Deegener (Hrsg.), Sexuelle und körperliche Gewalt, S. 403 ff. Die Behandlung ist darauf ausgerichtet, bestehende Entwicklungsrückstände auszugleichen und tatfördernde Persönlichkeitsdefizite zu mildern. Der Täter soll Einsicht gewinnen in die Entstehung seiner spezifischen sexuellen Störung und in allgemeine Entwicklungen im sozial-emotionalen, gesellschaftlichen und beruflichen Bereich. Im Mittelpunkt der kognitiv-behaviora-len Therapie stehen die konkrete Auseinandersetzung mit dem Delikt, das damit zusammenhängende delinquente Verhaltensmuster und die Ausarbeitung von Rückfallvermeidungsstrategien.

511 Deegener, Einführung, in: Deegener (Hrsg.), Sexuelle und körperliche Gewalt, S. 28.

begrenztem Umfang zu Neueröffnungen oder Erweiterungen.[512] Die Ausgestaltung der einzelnen Anstalten erfolgte aufgrund unterschiedlicher Problembelastungen der inhaftierten Straftäter, aufgrund unterschiedlicher methodischer Schwerpunkte bei den Fachdiensten und aufgrund uneinheitlicher organisatorischer Rahmenbedingungen auf unterschiedliche Art und Weise.
Zum Austausch und der Aufarbeitung der Erfahrungen in den Anstalten wurden mehrere Arbeitsgemeinschaften gegründet. Aus diesen Arbeitsgemeinschaften entstand in den Jahren 1980 bis 1983 eine Forschungsgruppe, die sich mit der Auswertung der bisherigen Erfahrungen aus den sozialtherapeutischen Anstalten und mit Entwürfen für die zukünftige Gestaltung befasste.[513]

C. Grundlagen der Sozialtherapie im Strafvollzug

I. Begriff der Sozialtherapie

Eine einheitliche Definition des Begriffs „Sozialtherapie" existiert nicht. Dem vollzuglichen Behandlungsbegriff entsprechend ist auch der Begriff der Sozialtherapie weit zu fassen. Sozialtherapie ist eine Sammelbezeichnung für all diejenigen Therapiemethoden, die darauf ausgerichtet sind, die soziale Umwelt eines Delinquenten gezielt zu beeinflussen und die Persönlichkeits- und Lebensbedingungen zu verändern, um ein erneutes Straffälligwerden zu vermeiden.[514] Sozialtherapie betrifft die Behandlung des in sozialschädlichem Maße Auffälligen.[515] Bestandteile sozialtherapeutischer Behandlung sind Psychotherapie im weitesten Sinne (einschließlich Verhaltenstherapie), Arbeits- und Beschäftigungstherapie, Kontakt- und Milieutherapie.[516]
Die Verbindung von psychotherapeutischen, sozialpädagogischen und arbeitstherapeutischen Elementen lässt sich auch unter den Begriff „Integrative Sozialtherapie" fassen. Integrative Sozialtherapie ist demnach folgendermaßen zu kennzeichnen:

---

512 Specht, Entwicklung und Zukunft der Sozialtherapeutischen Anstalten im Justizvollzug der Bundesrepublik Deutschland, in: Egg (Hrsg.), Sozialtherapie in den 90er Jahren, S. 11.

513 Specht, Entwicklung und Zukunft der Sozialtherapeutischen Anstalten im Justizvollzug der Bundesrepublik Deutschland, in: Egg (Hrsg.), Sozialtherapie in den 90er Jahren, S. 12.

514 Welker, Der Einsatz sozialtherapeutischer Methoden im Strafvollzug, S. 12; Laubenthal, Strafvollzug, Rn. 585.

515 Mauch/Mauch, Sozialtherapie und die Sozialtherapeutische Anstalt, S. 27.

516 Försterling, Methoden sozialtherapeutischer Behandlung im Strafvollzug und die Mitwirkungspflicht des Gefangenen, S. 4; Basqué, Praxis der Delinquenzbehandlung, in: Steller/Dahle/Basqué (Hrsg.), Straftäterbehandlung, S. 107.

- Der gesamte Lebensbereich inner- und außerhalb der sozialtherapeutischen Anstalt wird bis zur Entlassung berücksichtigt und in die Therapie miteinbezogen.

- Die Handlungsmöglichkeiten und Beziehungsformen innerhalb der Anstalt werden im Sinne einer therapeutischen Gemeinschaft gestaltet.

- Psychotherapeutische, pädagogische und arbeitstherapeutische Vorgehensweisen werden miteinander verknüpft und modifiziert.[517]

Die Schaffung und Durchführung der Sozialtherapie im Strafvollzug geht auf die Erkenntnis zurück, dass bei vielen Gefangenen das Straffälligwerden nicht nur mit einer mangelnden schulischen und beruflichen Ausbildung zusammenhängt, sondern dass insbesondere allgemeine soziale Fähigkeiten und Fertigkeiten nicht vorhanden sind, die eine notwendige Voraussetzung für den Umgang und die Kommunikation mit anderen Menschen bilden.[518]
Die Behandlung in den sozialtherapeutischen Einrichtungen zielt deshalb vor allem darauf ab, eine Erweiterung der sozialen und innerpsychischen Kompetenz und eine Verbesserung der Impulskontrolle zu erreichen. Zur Zielverwirklichung bedarf es einer integrativen Sozialtherapie, die das gesamte Lebensumfeld des Täters innerhalb und außerhalb der Anstalt berücksichtigt. Sozialtherapie umfasst wesentlich mehr als nur Psychotherapie im Strafvollzug.[519] Die besonderen therapeutischen Mittel der Sozialtherapie bestehen in einer Kombination medizinisch-psychologischer Verfahren, die auf Persönlichkeitsreifung, Umstrukturierung, Symptombeseitigung und Verhaltensänderung verbunden mit Lebensberatung, Erziehung und fürsorgerischer Betreuung ausgerichtet sind.[520]
Für eine psychoanalytisch orientierte Sozialtherapie nennt *Böllinger* vier Bedingungsvariablen:

- Das soziale Milieu als umfassender Rahmen der Behandlung soll Nachreifungsprozesse ermöglichen, die bei der zugrunde liegenden Störung ansetzen.

---

[517] Specht, Arbeitskreis Sozialtherapeutische Anstalten im Justizvollzug, in: Egg, R. (Hrsg.), Behandlung von Sexualstraftätern im Justizvollzug, S. 24; Wischka, Möglichkeiten der Behandlung von Sexualstraftätern im niedersächsischen Justizvollzug, in: Egg (Hrsg.), Behandlung von Sexualstraftätern im Justizvollzug, S. 228.

[518] Calliess/Müller-Dietz, § 9 Rn. 7.

[519] Goderbauer, Stationäre Behandlung von Sexualstraftätern im Strafvollzug, in: Wodtke-Werner/Mähne, „Nicht wegschauen!“ Vom Umgang mit Sexual(straf)tätern, S. 173.

[520] Callies/Müller-Dietz, § 9, Rn. 10.

- Die Therapie muss zwei Ziele verfolgen: die Basistherapie konzentriert sich auf eine Ich-Stärkung; auf der Basis der gewachsenen inneren Strukturen hat die weitere Therapie das Aufdecken und Bewusstmachen unbewusster Motive, Konflikte und Strukturen zum Inhalt.

- Ausbildung und kreative Arbeit sollen durch den Einsatz pädagogischer Methoden erreicht werden.

- Störungen, die als Ursache der Dissozialität angesehen werden, sind von den Kommunikationsprozessen im Rahmen des therapeutischen Milieus fernzuhalten.[521]

II. Unterschiedliche Ausgestaltung der Sozialtherapie

Lässt sich der Begriff „Sozialtherapie" schon nicht exakt fassen, so ist es kaum möglich, ein einheitliches Konzept für sozialtherapeutische Behandlungsmaßnahmen in den sozialtherapeutischen Anstalten oder Abteilungen aufzustellen. Die Entscheidung für die Anwendung einer bestimmten Therapierichtung in einer Anstalt wird weniger von wissenschaftlich begründbaren Indikationskriterien bestimmt als vielmehr von der Schulrichtung, die die jeweiligen Therapeuten vertreten.[522]

Goderbauer warnt davor, die sozialtherapeutische Behandlung allein auf einen Spezialisten, den Psychotherapeuten, zu übertragen. Die Vielschichtigkeit der Störungen erfordere vielmehr ein fachlich gut ausgebildetes Team, das ständig präsent ist und das auf den unterschiedlichen Behandlungsebenen wie beispielsweise bei der Deliktsaufarbeitung, in der Wohngruppe, während der Arbeit und in der Psychotherapie ganzheitlich beobachtet und diagnostiziert.[523] Soziales Lernen bedarf gewisser baulicher Voraussetzungen. Sozialtherapeutische Einrichtungen sollen über Gemeinschafts- und Gruppenräume, Möglichkeiten zur Selbstversorgung und offene Hafträume über die meiste Zeit des Tages verfügen.[524]

---

[521] Siehe hierzu Pecher, Tiefenpsychologisch orientierte Psychotherapie im Justizvollzug, S. 37.

[522] Kury, Die Behandlung Straffälliger, S. 31.

[523] Goderbauer, Stationäre Behandlung von Sexualstraftätern im Strafvollzug, in: Wodtke-Werner/Mähne (Hrsg.), „Nicht wegschauen!" Vom Umgang mit Sexual(straf)tätern, S. 174.

[524] Pecher, Tiefenpsychologisch orientierte Psychotherapie im Strafvollzug, S. 37.

D. Mindestanforderungen an sozialtherapeutische Anstalten

§ 9 StVollzG schreibt die Verlegung des Straftäters in eine sozialtherapeutische Anstalt vor, wenn die besonderen therapeutischen Mittel und sozialen Hilfen der Anstalt zu seiner Resozialisierung angezeigt sind, ohne dass diese Mittel und sozialen Hilfen näher beschrieben werden. Im Strafvollzugsgesetz findet sich keine Definition für die sozialtherapeutische Anstalt. Deshalb wurden vom Arbeitskreis Sozialtherapeutische Anstalten – dieser Arbeitskreis wurde 1983 zur Verbesserung der Konzepte, die Mitarbeiter und Begleiter der seit 1969 entstandenen sozialtherapeutischen Anstalten in sieben mehrtägigen Tagungen von 1976 bis 1981 entwickelt hatten, gegründet[525] – folgende Kriterien für diese Einrichtungen festgelegt[526]:

- Sozialtherapeutische Einrichtungen sollen es Menschen, die wegen erheblicher oder wiederholter Straftaten verurteilt wurden, durch therapeutische Mittel und soziale Hilfe ermöglichen, neue Einsichten zu gewinnen und sich neue Formen der Lebensgestaltung und -bewältigung aneignen.
- Sozialtherapeutische Einrichtungen nehmen vor allem solche Straftäter auf, die aufgrund nachteiliger Einflüsse auf ihre Persönlichkeitsentwicklung nicht in der Lage sind, ihre Lebensverhältnisse mit den von der Gesellschaft akzeptierten Mitteln zu gestalten und denen vielfach die Zuversicht in den Erfolg rechtmäßigen Verhaltens abhanden gekommen ist.

- Die Aufnahme in eine sozialtherapeutische Anstalt setzt voraus, dass der Gefangene über die Behandlungsmöglichkeiten und deren Regelungen unterrichtet ist und sich selbst dafür entschieden hat.

- Sozialtherapeutische Einrichtungen müssen über methodische Möglichkeiten verfügen, mit deren Einsatz sich individuelle Einsichten in eigene Stärken und Schwächen, in Bedürfnisse und Beweggründe und in gegenwärtige und vergangene Beziehungen erarbeiten lassen; es haben vielseitige, sowohl strukturierte als auch unstrukturierte Angebote zum Erlernen neuer Verhaltensformen, zur Erweiterung sozialer Fähigkeiten und zur Aneignung neuer Kenntnisse und Fertigkeiten zu bestehen.

---

525 Specht, Arbeitskreis Sozialtherapeutische Anstalten im Justizvollzug, in: Egg (Hrsg.), Behandlung von Sexualstraftätern im Justizvollzug, S. 19.

526 Specht, Entwicklung und Zukunft der Sozialtherapeutischen Anstalten im Justizvollzug der Bundesrepublik Deutschland, in: Egg (Hrsg.), Sozialtherapie in den 90er Jahren, S. 19 f.

- In den sozialtherapeutischen Anstalten besteht Bedarf sowohl an Mitarbeitern des allgemeinen Vollzugsdienstes mit besonderen Befähigungen und Erfahrungen als auch an besonderen Fachdiensten mehrerer Fachrichtungen (folgende Gebiete müssen vertreten sein: Pädagogik, Sozialarbeit/Sozialpädagogik, Psychologie, Psychotherapie, Psychiatrie und Arbeitsanleitung).

- Für die Mitarbeiter sollen besondere Fortbildungen und externe Teamberatungen gewährleistet sein.

- Die alltäglichen Lebensbedingungen in der Einrichtung müssen an die Lebensbedingungen außerhalb des Vollzugs so weit wie möglich angeglichen werden.

- Die sozialtherapeutische Einrichtung hat von anderen Vollzugseinrichtungen so abgegrenzt zu sein, dass eine eigene Gestaltung der unterschiedlichen Bereiche möglich ist und dass andere Vollzugsformen nicht einzelne den Gefangenen betreffende Entscheidungen beeinflussen.

Diese entwickelten Standards sollen gewährleisten, dass nicht nur die eigenständigen sozialtherapeutischen Anstalten, sondern auch die sozialtherapeutischen Abteilungen in den Justizvollzuganstalten über qualifiziertes Personal, besondere therapeutische Mittel und soziale Hilfen und ausreichende Erprobungs- und Verantwortungsmöglichkeiten verfügen.[527]

E. Anzahl der Haftplätze in sozialtherapeutischen Anstalten

Zu Beginn des Jahres 2000 gab es 27 sozialtherapeutische Einrichtungen im Bundesgebiet; acht als selbständige Einrichtungen, 15 als Abteilungen größerer Justizvollzugsanstalten und vier als unselbständige Teilanstalten oder Außenstellen.[528] In der Zwischenzeit wurden im Hinblick auf die am 01. Januar 2003 in Kraft getretene Fassung des § 9 StVollzG neue Plätze geschaffen. Am 31. März 2002 gab es bereits 31 sozialtherapeutische Anstalten und Abteilungen[529] (siehe Tabelle, Seite 186).

---

527 Wischka, Möglichkeiten der Behandlung von Sexualstraftätern im niedersächsischen Justizvollzug, in: Egg (Hrsg.), Behandlung von Sexualstraftätern im Justizvollzug, S. 223.

528 Egg, Die Behandlung von Sexualstraftätern in sozialtherapeutischen Anstalten, in: Egg (Hrsg.), Behandlung von Sexualstraftätern im Justizvollzug, S. 77.

529 Nach Angaben des Bayerischen Staatsministeriums der Justiz befinden sich sozialtherapeutische Abteilungen in den Justizvollzugsanstalten Straubing (16 Haftplätze) und Kais-

Die Situation bezüglich der sozialtherapeutischen Einrichtungen ist keineswegs befriedigend. Von den verurteilten Straftätern erhalten momentan lediglich knapp 2 % der Inhaftierten, die nach teilweise subjektiven Kriterien der einzelnen Anstalten ausgewählt werden, eine sozialtherapeutische Behandlung, die restlichen 98 % bleiben mehr oder weniger untherapiert.[530] Die Anzahl der inhaftierten Sexualstraftäter übersteigt momentan noch um ein Mehrfaches die Zahl der Therapieplätze, die in sozialtherapeutischen Einrichtungen zur Verfügung stehen. Folgende Abbildung gibt einen Überblick über die Entwicklung der Haftplätze in den sozialtherapeutischen Einrichtungen[531]:

heim (16 Haftplätze) im Aufbau (E-Mail des Bayerischen Staatsministeriums der Justiz vom 02.04.2002). Das Justizministerium Rheinland-Pfalz hat die Einrichtung einer sozialtherapeutischen Abteilung in der Justizvollzugsanstalt Diez angekündigt (Schreiben des Ministeriums der Justiz Rheinland-Pfalz vom 16.06.2002). Nach Auskunft des Saarländischen Ministeriums der Justiz wird in der Justizvollzugsanstalt Saarbrücken eine sozialtherapeutische Abteilung mit 34 Haftplätzen eingerichtet (Schreiben des Saarländischen Ministeriums der Justiz vom 24. 06.2002). Daneben erfolgt in einigen Bundesländern die Einrichtung von sozialtherapeutisch orientierten Abteilungen, die aber z.T. nicht den Anforderungen des § 9 StVollzG entsprechen (bspw. in den Justizvollzugsanstalten Torgau mit 45 Haftplätzen, Waldheim mit 36 Haftplätzen und Bautzen mit 39 Haftplätzen). Diese Haftplätze sind für Täter vorgesehen, bei denen eine Sozialtherapie zwar nicht angezeigt ist, niederschwelligere Behandlungsmaßnahmen wie soziale Trainingskurse, therapeutische Gesprächsgruppen oder Anti-Gewalt-Training aber erforderlich sind (Schreiben des Sächsischen Staatsministeriums der Justiz vom 26.06.2002).

530 Deegener, Einführung, in: Deegener (Hrsg.), Sexuelle und körperliche Gewalt, S. 28; Dessecker, Behandlung von Sexualstraftätern im Strafvollzug und in Freiheit – Ein Überblick zu den neuen gesetzlichen Grundlagen – in: Egg, R. (Hrsg.), Behandlung von Sexualstraftätern im Justizvollzug, S. 30.

531 Die Anzahl der freien Plätze resultiert daraus, dass entweder einige Täter nicht die Verlegungsvoraussetzungen erfüllen oder einer Verlegung nicht zugestimmt haben. Am 31.03.2002 standen insgesamt 1.165 Haftplätze in sozialtherapeutischen Einrichtungen zur Verfügung. Die Belegungsquote lag bei 96,6 %. Der Anteil der Sexualstraftäter betrug dabei 45, 4 %. Nach Angaben der Kriminologischen Zentralstelle erfolgte im Bereich der Sexualstraftäter eine stetige Zunahme in den einzelnen Abteilungen. Dies lässt sich obiger Tabelle nicht hinreichend deutlich entnehmen. Nach diesen Angaben betrug der Anteil der Sexualstraftäter bei den Insassen im Jahr 1997 23,2 %, im Jahr 1998 26,4 %, im Jahr 1999 33,9 %, im Jahr 2000 36,8 % und im Jahr 2001 40,1 %. Hieraus lässt sich eine deutliche Zunahme der Verlegung von Sexualstraftätern in sozialtherapeutische Anstalten bzw. Abteilungen entnehmen (zu näheren Angaben siehe Kröninger, Sozialtherapie im Strafvollzug 2002, S. 37).

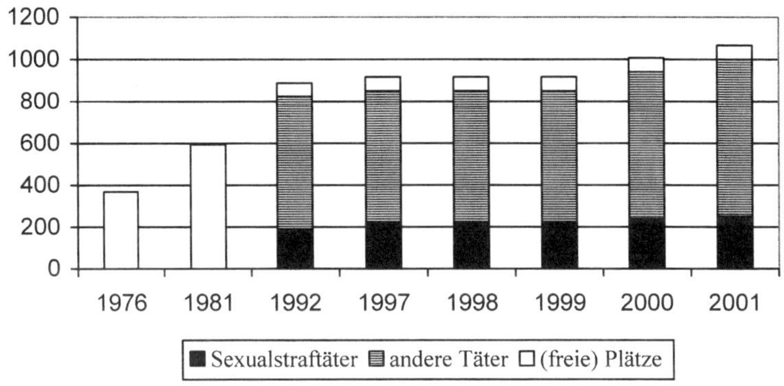

(Quelle: Wischka, Behandlung von Sexualstraftätern im niedersächsischen Justizvollzug, in: Egg (Hrsg.), Behandlung von Sexualstraftätern im Justizvollzug, S. 224)

Ca. ein Drittel der Insassen von sozialtherapeutischen Einrichtungen sind also Sexualstraftäter, wobei der Anteil an Sexualstraftätern in den einzelnen sozialtherapeutischen Einrichtungen stets großen Schwankungen unterliegt.[532]
Goderbauer weist darauf hin, dass in manchen sozialtherapeutischen Anstalten aus Personal- bzw. Finanzmangel zahlreiche Gefangene keine Psychotherapie erhalten, die Wohngruppen weiterhin viel zu groß ausfallen, die Arbeitstherapie zu undifferenziert oder die pädagogische Freizeitgestaltung vor allem wegen fehlender Freizeiträume nur unzureichend ist.[533] Es stellt keine Seltenheit dar, dass sich einzelne Gefangene mit der Begründung in den Regelvollzug verlegen lassen, sie hätten in der sozialtherapeutischen Anstalt nicht die Psychotherapie bekommen, derentwegen sie eigentlich aus dem Regelvollzug verlegt wurden. Es besteht ein Missverhältnis zwischen Belegungsquote und Ausstattung der Einrichtungen, weshalb sich eine Subkultur in den Wohngruppen entwickeln kann, die sich der therapeutischen Einflussnahme und damit einer effektiven Behandlungskontrolle entzieht.

---

532 Specht, Arbeitskreis Sozialtherapeutische Anstalten im Justizvollzug, in: Egg, R. (Hrsg.), Behandlung von Sexualstraftätern im Justizvollzug, S. 25.

533 Goderbauer, Stationäre Behandlung von Sexualstraftätern im Strafvollzug, in: Wodtke-Werner/Mähne (Hrsg.), „Nicht wegschauen!“ Vom Umgang mit Sexual(straf)tätern, S. 170.

Einrichtung	Land	Art der Einrichtung	Inhaftierte
Adelsheim	BW	Abteilung	Jugendliche
Asperg	BW	Selbständige Anstalt	Männer
Crailsheim	BW	Außenstelle	Jugendliche
Amberg	BY	Selbständige Anstalt	Männer
Bayreuth	BY	Abteilung	Männer
Erlangen	BY	Selbständige Anstalt	Männer
München	BY	Abteilung	Männer
Würzburg	BY	Abteilung	Männer
Berlin-Neukölln	BE	Abteilung	Frauen
Berlin-Tegel, SothA I	BE	Teilanstalt	Männer
Berlin-Tegel, SothA II	BE	Abteilung	Männer
Brandenburg	BB	Abteilung	Männer
Hamburg Altengamme	HH	Selbständige Anstalt	Männer und Frauen
Hamburg Bergedorf	HH	Selbständige Anstalt	Männer
Hamburg Hahnöfersand	HH	Abteilung	Jugendliche
Hamburg Nesselstrasse	HH	Abteilung	Männer
Kassel	HE	Selbständige Anstalt	Männer
Alfeld	NI	Teilanstalt Bad Gandersheim	Frauen
Bad Gandersheim	NI	Selbständige Anstalt	Männer
Hameln	NI	Abteilung	Jugendliche
Hannover	NI	Abteilung	Männer
Lingen	NI	Abteilung	Männer
Aachen	NW	Abteilung	Männer
Euskirchen	NW	Teilabteilung (Aachen)	Männer
Gelsenkirchen	NW	Selbständige Anstalt	Männer
Siegburg	NW	Selbständige Anstalt	Jugendliche
Ludwigshafen	RP	Selbständige Anstalt	Männer
Waldheim	SN	Abteilung	Männer
Zeithain	SN	Abteilung	Jugendliche
Halle	ST	Selbständige Anstalt	Männer
Tonna	TH	Abteilung	Männer

(Quelle: Kröninger, Sozialtherapie im Strafvollzug 2002, S. 29)

F. Erfüllbarkeit der gesetzlichen Vorgaben

Betrachtet man den Planungsstand in den einzelnen Bundesländern im Hinblick auf die 2003 in Kraft getretene Gesetzesänderung, lassen sich durchaus Tendenzen zum Ausbau der Sozialtherapie erkennen. Ob die gesetzlichen Vorgaben in der Praxis tatsächlich zufriedenstellend umzusetzen sind, ist jedoch zweifelhaft. Die unabdingbare Aufstockung der sozialtherapeutischen Haftplätze erfordert erhebliche finanzielle Anstrengungen der einzelnen Bundesländer. Das Gesetz zwingt die Landesjustizverwaltungen, neue sozialtherapeutische Einrichtungen zu schaffen. Die Kosten pro Haftplatz werden auf 150000 bis 300000 EUR geschätzt.[534]

Verlässliche Prognosen über den zukünftigen Platzbedarf werden durch eine Vielzahl von Unsicherheitsfaktoren erschwert. Zu den Variablen, die sich dem Justizvollzug entziehen, gehören beispielsweise die Entscheidungspraxis der Richter – vor allem die der Strafzumessung – und die Spruchpraxis der Strafvollstreckungskammern.[535]

Die Angaben zu den ab 2003 benötigten Haftplätzen schwanken stark. Die „Planungsgruppe für Sozialtherapeutische Einrichtungen im niedersächsischen Justizvollzug" geht davon aus, dass aufgrund der veränderten gesetzlichen Bedingungen für Sexualstraftäter 250 zusätzliche Haftplätze erforderlich sind.[536]

Häufig steht auch die öffentliche Meinung einem Ausbau sozialtherapeutischer Anstalten im Wege. So hat beispielsweise das Land Baden-Württemberg auf Druck der Bevölkerung und örtlicher Politiker hin den Neubau der sozialtherapeutischen Anstalt Offenburg nicht in dem ursprünglich geplanten Umfang verwirklicht.[537] *Goderbauer* sieht allgemein die Gefahr, dass im Hinblick auf den großen Bedarf an Therapieplätzen in Bezug auf die Sexualstraftäterbehandlung keine befriedigenden Lösungen gefunden werden. Die Errichtung kleiner Abteilungen im Regelvollzug – die gerade noch von der Bevölkerung geduldet werden – behindere ein wirksames Behandlungskonzept. Die Entwicklung der sozialtherapeutischen Anstalten zeige, dass sich behandlerische Kompetenz und Methodenvielfalt[538] nur in Einrichtungen mit einer angemessenen Größe durchset-

---

[534] Preusker/Rosemeier, ZfStrVo 1998, S. 324. Genaue Berechungen über die Kosten der Einrichtung eines Haftplatzes liegen nicht vor.

[535] Dreger, Folgerung für den Vollzug aus der geänderten Gesetzeslage, in: Herrfahrdt (Hrsg.), Behandlung von Sexualstraftätern, S. 64.

[536] Wischka, Möglichkeiten der Behandlung von Sexualstraftätern im niedersächsischen Justizvollzug, in: Egg (Hrsg.), Behandlung von Sexualstraftätern im Justivollzug, S. 225.

[537] Goderbauer, Stationäre Behandlung von Sexualstraftätern im Strafvollzug, in: Wodtke-Werner/Mähne (Hrsg.), „Nicht wegschauen!" Vom Umgang mit Sexual(straf)tätern, S. 178.

[538] Siehe hierzu 5. Teil, Punkt D.

zen lasse. Kleine therapeutische Einheiten als Bestandteil einer großen Regelvollzugsanstalt seien nicht in der Lage, intensive personelle Konstanz in der Behandlung zu gewährleisten, und die ohnehin schon enorme Kostenbelastung für die Therapieplätze könne nicht verringert werden.
Dass auch der Gesetzgeber die Neuerrichtung von sozialtherapeutischen Einrichtungen bevorzugt, zeigt § 123 Abs. 2 StVollzG, der die Schaffung von sozialtherapeutischen Abteilungen in Regeljustizvollzugsanstalten nur bei Vorliegen besonderer Gründe vorsieht.

G. Entscheidungskompetenz für die Aufnahme in eine sozialtherapeutische Anstalt

Bei der Behandlung in einer sozialtherapeutischen Anstalt handelt es sich um ein spezielles Resozialisierungsangebot im Rahmen des Strafvollzugs.[539] Der wesentliche Unterschied zwischen der Maßregellösung und der Vollzugslösung besteht in der Entscheidungskompetenz hinsichtlich der Aufnahme in eine sozialtherapeutische Anstalt. Im Fall einer Maßregel handelt es sich um eine richterliche Entscheidung, im anderen Fall um eine Entscheidung der Vollzugsbehörde.[540]
Personen, die zu einer Maßregel nach § 63 StGB verurteilt worden sind, können also nicht in den sozialtherapeutischen Vollzug nach § 9 StVollzG eingewiesen werden. Ob die Verlegung eines Sexualstraftäters in eine sozialtherapeutische Anstalt oder Abteilung indiziert ist, entscheidet die „abgebende" Anstalt, d.h. die Anstalt, in die der Gefangene nach Rechtskraft des Urteils und nach den Vollstreckungsplänen der Länder aufgenommen wird.[541] Anstaltsintern ist der Anstaltsleiter zuständig.

H. Behandlungsdauer und Täterstruktur

Die Behandlungsdauer von Sexualstraftätern ist in den verschiedenen sozialtherapeutischen Einrichtungen sehr unterschiedlich. Die Aufenthaltsdauer liegt im Durchschnitt zwischen 1½ und 6 Jahren und richtet sich nach der insgesamt zu verbüßenden Freiheitsstrafe. Im Jahr 2002 lag die Haftdauer der Insassen sozialtherapeutischer Einrichtungen – also nicht nur der Sexualstraftäter – bei der größten Gruppe mit 24,6 % zwischen 5 und 7 Jahren.[542]

---

539 Calliess/Müller-Dietz, § 9, Rn 4.
540 Lübcke-Westermann/Nebe, MschrKrim 1994, S. 35.
541 Dreger, Folgerung für den Vollzug aus der geänderten Gesetzeslage, in: Herrfahrdt (Hrsg.), Behandlung von Sexualstraftätern, S. 64.
542 Kröninger, Sozialtherapie im Strafvollzug 2002, S. 11.

Der Behandlungsrahmen muss einerseits groß genug sein, um einen Veränderungsprozess in Gang setzen zu können, andererseits darf er sich nicht über zu lange Zeit erstrecken, um behandlungshemmende Frustrationen nicht entstehen zu lassen.[543]
Auch die Täterstruktur ist nicht in allen Einrichtungen gleich. Im deutschen Strafvollzug arbeiten nur die Anstalten in Würzburg und München ausschließlich mit Sexualstraftätern.[544] In anderen Institutionen nehmen beispielsweise auch andere Aggressionstäter an den Behandlungsprogrammen teil.

I. Anspruch auf Verlegung

Selbst wenn eine Verlegung in eine therapeutische Anstalt angezeigt war, konnte diese vor der Gesetzesänderung nur bei Zustimmung sowohl des Gefangenen als auch des Leiters der Anstalt erfolgen. Mit der Gesetzesänderung erhält ein Sexualstraftäter nunmehr bei Vorliegen der Voraussetzungen des § 9 Abs. 1 StVollzG einen subjektiven Anspruch auf die Verlegung; auf seine Zustimmung und die des Anstaltsleiters kommt es nicht mehr an.[545] Die Anstalten sollen daran gehindert werden, schwierige und unangenehme Gefangene ohne sachliche Gründe von der Therapie auszuschließen. Für die übrigen Gefangenen bleibt es gemäß § 9 Abs. 2 StVollzG bei der schon bisher im Gesetz vorgesehenen Möglichkeit zur Verlegung in eine sozialtherapeutische Anstalt, wenn Gefangener und Anstaltsleiter zustimmen.
Für alle Gefangenen gilt, dass die Behandlung in einer sozialtherapeutischen Anstalt angezeigt sein muss (§ 9 Abs. 1 und 2 StVollzG), d.h. dass die besonderen therapeutischen Mittel und sozialen Hilfen der aufnehmenden Anstalt zur Resozialisierung des Gefangenen erforderlich sind. Nach der Auffassung des Rechtsausschusses des Deutschen Bundestags ist die Behandlung angezeigt „bei solchen Verurteilten, bei denen im Rahmen der Behandlungsuntersuchung eine Behandlungsbedürftigkeit festgestellt worden ist. Die Verlegung ist nicht angezeigt, wenn eine nicht behebbare Therapieunfähigkeit vorliegt oder zu erwarten ist, dass mit Behandlungsmaßnahmen außerhalb einer sozialtherapeutischen Anstalt die gleichen therapeutischen Ziele erreicht werden können."[546] Eine Behandlung kommt nicht in Betracht, sofern der Gefangene für eine Therapie in

---

543 Pecher, Tiefenpsychologisch orientierte Psychotherapie im Justizvollzug, S. 38.

544 Goderbauer, Stationäre Behandlung von Sexualstraftätern im Strafvollzug, in Wodtke-Werner/Mähne (Hrsg.), „Nicht wegschauen!" Vom Umgang mit Sexual(straf)tätern, S. 173.

545 Calliess/Müller-Dietz, § 9, Rn. 18; KG, NJW 2001, S. 1806; Hammerschlag/Schwarz, NStZ 1998, S. 324.

546 BT-Drucksache 13/9062, S. 13.

einer sozialtherapeutischen Anstalt ungeeignet ist. Die fehlende Eignung muss dabei auf Gründen beruhen, die in der Person des Gefangenen liegen. Hierunter fallen u.a. nicht behebbare Persönlichkeitsstörungen oder eine auf Dauer angelegte Therapieverweigerung.[547] Angezeigt ist eine solche Behandlung also, wenn folgende vier Kriterien vorliegen:

- Therapiebedürftigkeit,
- Therapiefähigkeit,
- Therapienotwendigkeit und
- Therapiemotivation.[548]

Ausschlussgründe für die Teilnahme an einer Sozialtherapie sind insbesondere[549]:

- bestehende akute Sucht,
- hirnorganische Schäden,
- psychotische Auffälligkeiten,
- Zugehörigkeit zur organisierten Kriminalität,
- anhängige Abschiebehaft oder Auslieferungshaft,
- vollziehbare Ausweisungsverfügung,
- mangelnde deutsche Sprachkenntnisse,
- Schwerstaggression,
- zu kurze Strafdauer,
- erhebliche Minderbegabung.[550]

Die Festlegung dieser unterschiedlichen Ausschlusskriterien ist durchaus kritisch zu betrachten. Sie könnten dazu herangezogen werden, die verpflichtende Verlegung von Sexualstraftätern in sozialtherapeutische Anstalten zu unterlaufen. So deutet sich ein gewisses Spannungsverhältnis einerseits zwischen dem verbindlichen Behandlungsgebot des Gesetzes und andererseits der restriktiven Auslegung desselben aufgrund fehlender qualitativer und quantitativer Therapiemöglichkeiten an.[551] In Zukunft muss deshalb besonders darauf geachtet werden, dass sich sozialtherapeutische Anstalten ihrem Behandlungsauftrag

---

[547] KG, NJW 2001, S. 1806 (1807).

[548] Calliess/Müller-Dietz, § 9, Rn. 12.

[549] Über die positiven Verlegungsvoraussetzungen hinaus haben einzelne Anstalten unterschiedliche Negativkriterien entwickelt.

[550] Siehe Therapiekonzept der Sozialtherapeutischen Abteilung für Sexualstraftäter der JVA Würzburg, S. 3.

[551] AK-Rehn, § 9, Rn. 13.

nicht einfach dadurch entziehen, dass sie ohne nähere Begründung die Aufnahme eines Straftäters nur mit der Angabe eines Ausschlussgrundes ablehnen.

I. Therapiebedürftigkeit

Als Grundkriterium für jede sozialtherapeutische Behandlung ist zunächst die Therapiebedürftigkeit des Gefangenen anzusehen. Ob eine Therapiebedürftigkeit besteht, ergibt sich aus den Diagnosen der Behandlungsuntersuchungen, die zu Beginn des Vollzugs (§ 6 StVollzG) und in dessen weiteren Verlauf (§ 7 Abs. 3 und Abs. 4 StVollzG) zur Korrektur des Vollzugsplans durchgeführt werden.[552]

Nach § 6 Abs. 2 S. 2 StVollzG besteht für die Vollzugsbehörden die Pflicht, bei Sexualstraftätern schon zu Beginn des Vollzugs die Verlegung in eine sozialtherapeutische Anstalt unter Behandlungsgesichtspunkten besonders gründlich zu prüfen. Es ist eine wesentliche Aufgabe des Regelvollzugs, differentialdiagnostisch diejenigen gefährlichen und vom Rückfall bedrohten Sexualstraftäter durch geeignete Untersuchungsmethoden zu finden und nur diese der Sozialtherapie zu überstellen.[553]

Eine Therapiebedürftigkeit besteht bei Tätern, die wegen wiederholter und/oder schwerwiegender Delikte verurteilt wurden und die aufgrund negativer Einflüsse auf ihre Persönlichkeitsentwicklung nicht fähig sind, ihre Lebensverhältnisse mit von der Gesellschaft akzeptierten Mitteln zu gestalten.[554] Daneben kommen für eine Behandlung Täter in Betracht, die ungeeignete Bewältigungsmechanismen für Konflikte entwickelt haben und keinen Erfolg mehr in rechtmäßigem Verhalten sehen. Durch die sozialtherapeutische Behandlung soll bei Tätern, bei denen eine Störung ihrer sozialen und persönlichen Entwicklung vorliegt, die Begehung erneuter gefährlicher Straftaten verhindert werden.[555]

Eine Verlegung ist dann nicht angezeigt, wenn zu erwarten bleibt, dass mit Behandlungsmaßnahmen außerhalb der Anstalt die gleichen therapeutischen Ziele erreicht werden können. Stimmen in der Literatur halten diese Einschränkungen für geboten, weil nicht gesichert sei, dass die Behandlung von Sexualstraftätern in sozialtherapeutischen Anstalten bei der Verminderung der Rückfallgefahr bessere Erfolge erziele, als es therapeutische Maßnahmen im Normalvollzug

---

552 Auf die in diesem Zusammenhang bestehenden Probleme wurde bereits im 3. Teil bei Punkt A. III. hingewiesen.

553 Goderbauer, Stationäre Behandlung von Sexualstraftätern im Strafvollzug, in: Egg (Hrsg.), Sexueller Missbrauch von Kindern, S. 159.

554 Specht, Entwicklung und Zukunft der Sozialtherapeutischen Anstalten im Justizvollzug der Bundesrepublik Deutschland, in: Egg (Hrsg.), Sozialtherapie in den 90er Jahren, S. 13.

555 Calliess/Müller-Dietz, § 9, Rn. 13.

vermögen.[556] Damit ist es nicht erforderlich, dass sich die Behandlung in einer sozialtherapeutischen Anstalt als wirksamste Form der Minderung der Rückfallgefahr darstellt.

II. Therapiefähigkeit

Eine weitere Voraussetzung für die Aufnahme in einer sozialtherapeutischen Anstalt ist die Therapiefähigkeit des Gefangenen. Diese liegt nicht vor, wenn er weder über die sprachlichen noch über die intellektuellen Möglichkeiten verfügt, aktiv am Behandlungsprozess teilzunehmen. Minderbegabte oder Täter mit erheblichen organischen Hirnschäden oder endogenen Psychosen werden regelmäßig ausgeschlossen.[557] Ist ein Sexualstraftäter nach seinen intellektuellen Möglichkeiten zur Therapie fähig, kann dennoch zu Beginn der Therapie eine Problemsituation bestehen. Viele der Täter weisen eine destruktiv wirkende Persönlichkeitsproblematik auf, die den Patienten einer Exploration nur schwer zugänglich macht.[558]

III. Therapienotwendigkeit

Eine Therapienotwendigkeit im Hinblick gerade auf eine stationäre Behandlung ist nicht gegeben, wenn anderweitige Behandlungsmaßnahmen ausreichen. Dies ist der Fall, wenn eine erforderliche Behandlung in der Regelanstalt oder im Wege von Vollzugslockerungen durch interne oder externe Fachkräfte durchgeführt werden kann.

IV. Therapiemotivation

Die Therapiemotivation spielt sowohl für Sexualstraftäter nach § 9 Abs. 1 StVollzG als auch für die übrigen Gefangenen nach § 9 Abs. 2 StVollzG eine entscheidende Rolle. Allerdings verzichtet das Gesetz in § 9 Abs. 1 StVollzG auf die sachlich erforderliche Einweisungsindikation der Zustimmung. Aus rechts- und kriminalpolitischen Gründen werden die Verlegungskriterien auf Therapiebedürftigkeit, Therapiefähigkeit und Therapienotwendigkeit reduziert.[559]

Lässt sich trotz aller Motivationsbemühungen keine Therapiebereitschaft erzielen, ist der Gefangene von der sozialtherapeutischen Anstalt in die Regelanstalt zurückzuverlegen, § 9 Abs. 1 S. 2 StVollzG. Ohne Motivation zur Therapie und Bereitschaft zur Behandlung kann keine Therapie erfolgreich sein. Schließlich

[556] Schöch, NJW 1998, S. 1261; Konrad, ZfStrVo 1998, 269.
[557] Wiederholt, ZfStrVo 1989, S. 232.
[558] Judith, Konzept für die intramurale Behandlung von Sexualstraftätern, S. 1.
[559] Calliess/Müller-Dietz, § 9, Rn. 18.

ist es auch nicht sinnvoll, die Therapieplätze mit behandlungsunwilligen Sexualstraftätern zu besetzen, während andere therapiewillige Gefangene monatelang auf einen freien Behandlungsplatz warten.
Die in § 9 Abs. 1 StVollzG als Einweisungsvoraussetzung festgelegte Mindestverbüßungsdauer von zwei Jahren resultiert daraus, dass eine erfolgreiche Behandlung längere Therapiezeiträume erfordert.

V. Angebotsprofil der Anstalten

Als im Jahr 1969 die Errichtung von sozialtherapeutischen Anstalten begann, war das Gebiet der Sozialtherapie im Strafvollzug noch weitgehend unerforscht. Daneben fehlten konkrete gesetzliche Regelungen für eine Ausgestaltung einer sozialtherapeutischen Behandlung. So folgten die einzelnen Institutionen keiner vorgegebenen einheitlichen Arbeitsweise, sondern jede Anstalt ging – der jeweiligen Zielsetzung entsprechend – eigene Wege in der Behandlungsmethodik.[560] Die nach und nach errichteten Anstalten waren deshalb häufig von der Persönlichkeit des Anstaltsleiters und seiner Mitarbeiter und der jeweiligen Auffassung von wirksamen Behandlungskonzepten geprägt. Auch heute richtet sich das Behandlungsangebot nach den unterschiedlichen Therapieschulen der die Behandlung vornehmenden Personen.[561]
Allerdings kann sich nach der Neufassung des § 9 StVollzG kein Anstaltsleiter mehr mit dem Argument gegen die Einweisung eines bestimmten Gefangenen wehren, die Anstalt sei für diesen nicht geeignet. Auf eine Zustimmung des Anstaltsleiters kommt es bei einer Verlegung nach § 9 Abs. 1 nicht mehr an.[562] Anstaltsübergreifende Untersuchungen über Therapiemethoden bzw. Therapieerfolge führen zu einer ständigen Weiterentwicklung in diesem Bereich.

---

560 Sörgel, Sozialtherapie – Die Möglichkeiten nach dem Strafvollzugsgesetz, S. 38.

561 Lübcke-Westermann/Nebe, MschrKrim 1994, S. 35;Wößner (Behandlung, Behandelbarkeit und Typisierung von Sexualstraftätern, S. 14 ff.) hat eine Expertenbefragung unter Personen, die beruflich mit der Behandlung von Sexualstraftätern zu tun haben, u.a. zum Thema der Ausrichtung nach psychotherapeutischen Schulen durchgeführt. In vielen Fällen waren die Psychologen und Psychiater einem eklektischen Ansatz verbunden, d.h. einem schulenübergreifenden Konzept, in das verschiedene Psychotherapien integriert sind. Daneben kommt der Verhaltenstherapie ein großer Stellenwert zu.

562 Siehe hierzu bereits S. 155.

J. „Bevorzugung" der Sexualstraftäter

Die Fassung des § 9 StVollzG macht deutlich, dass der Gesetzgeber zwischen Sexualstraftätern und anderen Straftätern differenziert.[563] Die letztgenannten Gefangenen können nur mit ihrer Zustimmung in eine sozialtherapeutische Einrichtung verlegt werden, wenn die Behandlung Erfolg verspricht. Der Gesetzgeber geht also bei der Gruppe der Sexualstraftäter von einer größeren Behandlungsnotwendigkeit aus.[564] Dabei bedürfen aber auch viele andere Straftäter einer Sozialtherapie. Bei diesen liegt häufig ein höheres Aggressionspotential als bei den Sexualstraftätern vor und die Rückfallprognose fällt nicht zwangsläufig günstiger aus.

Deshalb lässt sich die Gefahr nicht von der Hand weisen, dass sich die sozialtherapeutischen Anstalten bei Umsetzung der neuen gesetzlichen Regelungen zu Spezialeinrichtungen für die Behandlung von Sexualstraftätern entwickeln und die anderen Tätergruppen nicht aufgenommen werden, obwohl bei diesen ebenfalls eine Sozialtherapie indiziert ist.[565]

---

563 Das Gesetz zur Bekämpfung von Sexualdelikten und anderen gefährlichen Straftaten (siehe hierzu 2. Teil, Punkt B. II. 6.) beabsichtigt, die vorhandenen Kapazitäten vorrangig für Sexualstraftäter zur Verfügung zu stellen.

564 Goderbauer, Stationäre Behandlung von Sexualstraftätern im Strafvollzug, in: Egg (Hrsg.), Sexueller Missbrauch von Kindern, S. 159.

565 Goderbauer, Stationäre Behandlung von Sexualstraftätern im Strafvollzug, in: Egg (Hrsg.), Sexueller Missbrauch von Kindern, S. 159; Rehn, Folgerungen aus der Änderung des § 9 StVollzG, in: Egg (Hrsg.), Behandlung von Sexualstraftätern im Justizvollzug, S. 119.

5. Teil: Behandlung von Sexualstraftätern

A. Allgemeines

Zunächst ist festzuhalten, dass keineswegs jeder Sexualstraftäter als psychisch gestört oder als behandlungsbedürftig anzusehen ist.[566] Deshalb muss vor jeder Behandlung genauestens festgestellt werden, ob beim Täter eine Behandlungsbedürftigkeit besteht und wenn ja, welche behandlungsbedürftigen Störungen im Einzelnen vorliegen. Eine fundierte Diagnostik ist für eine erfolgreiche Behandlung unerlässlich.[567]

Die Hauptziele der Behandlung lassen sich unter den Aspekt der zukünftigen Gefahr für die Allgemeinheit und unter individuelle Behandlungsgesichtspunkte subsumieren. Zum einen zielt die Behandlung darauf ab, weitere Sexualstraftaten zu verhindern, zum anderen auf die Person des Täters, indem seine Grundstörung – z.B. eine Unsicherheit in der männlichen Identität, eine Aggressionsproblematik oder eine Beziehungsstörung – behoben werden soll.[568] Sieht man in dem abweichenden sexuellen Verhalten den Ausdruck einer vorliegenden Störung, dann ist Ziel der Therapie vor allem, die Störung zu begreifen, um sie im Fortgang der Therapie mit dem Patienten bearbeiten zu können. Die Behandlung versteht sich damit als ein Bemühen, einen sozialen Lern- bzw. Reifungsprozess in Gang zu setzen, um zunächst die Selbstwahrnehmung – später auch die Fremdwahrnehmung – zu verbessern. Der Patient soll lernen, Gefühle zu verbalisieren, verschiedene Konfliktsituationen im Zusammenhang zu sehen und Verständnis für das Verhalten anderer aufbringen. Der richtige Umgang mit Konfliktschwerpunkten muss anhand neuer realitätsadäquater Verhaltens- und Lebensbewältigungstechniken eingeübt werden.[569]

Nicht ausreichend ist sicherlich eine Behandlung, die lediglich auf Beseitigung der Symptome abzielt. Deviante Symptome sind nicht als bloße Verhaltensdefizite anzusehen, deren Abbau genügt, um deviante Störungen zu beseitigen.[570] Die Vielschichtigkeit der Störungen erfordert ein fachkundiges Behandlungsteam, das regelmäßig präsent ist und in den unterschiedlichen Behandlungssta-

---

[566] Leygraf, Psychiatrische Aspekte der Therapie und Prognose bei Sexualstraftätern, in: de Boor/Haffke/ Lange-Joest (Hrsg.), Was tun mit den Sexualstraftätern?, S. 90; Steller, Behandlung und Behandlungsforschung, in: Steller/Dahle/Basqué (Hrsg.), Straftäterbehandlung, S. 4.

[567] Lübcke-Westermann, MschrKrim 1995, S. 3.

[568] Leygraf, Psychiatrische Aspekte der Therapie und Prognose bei Sexualstraftätern, in: de Boor/Haffke/Lange-Joest (Hrsg.), Was tun mit den Sexualstraftätern?, S. 100.

[569] Welker, Der Einsatz sozialtherapeutischer Methoden im Strafvollzug, S. 28.

[570] Judith, Konzept für die intramurale Behandlung von Sexualstraftätern, S. 10.

dien beim Delikt, in der Wohngruppe, während der Arbeit und der Psychotherapie unter ganzheitlichen Aspekten beobachtet und diagnostiziert, um mit jedem Patienten effektiv an seinem Behandlungsprozess arbeiten zu können.[571]
Die große Heterogenität in der Gruppe der Sexualstraftäter lässt es wenig sinnvoll erscheinen, spezielle Therapieverfahren für Sexualstraftäter zu entwickeln.[572] „Den Sexualstraftäter an sich" gibt es nicht, weshalb auch kein endgültiges Konzept existiert, wie Sexualstraftäter zu behandeln sind. Es lassen sich zwar Parallelen bei den einzelnen Tätergruppen erkennen, es ist jedoch für die Behandlung unerlässlich, bei jedem Täter auf seine individuellen Defizite einzugehen. Dabei können sich allerdings durchaus Behandlungsmethoden empfehlen, die auch für andere Straftätergruppen eingesetzt werden. Allgemein lässt sich feststellen, dass die Behandlungskonzeption auf die Vermittlung psychischer, sozialer und leistungsbezogener Kompetenz gerichtet sein sollte.[573]

B. Angemessene Straftäterbehandlung

Angemessene Straftäterbehandlung hat klienten- und nicht therapeutenorientiert zu erfolgen. Schon hierin zeigt sich eine Grundproblematik der Behandlung: Unterschiedliche Therapieschulen vertreten unterschiedliche Therapiekonzepte, weshalb der Grundsatz, die Behandlung müsse sich ausschließlich am Patienten orientieren, in dieser Absolutheit in der Praxis sicherlich nicht verwirklicht werden kann. Die Forschungslage ist teilweise von impressionistischen, schulengebundenen und sogar ideologischen Auseinandersetzungen geprägt.[574]
Weitgehende Übereinstimmung besteht jedoch über drei zentrale Prinzipien der Straftäterbehandlung[575]:

- *risk principle:* Entscheidend für die Therapie ist der Grad der Gefährlichkeit des Täters; je höher das jeweilige Risiko ist, desto intensiver muss die Behandlung sein.

---

571 Goderbauer, Stationäre Behandlung von Sexualstraftätern im Strafvollzug, in: Wodtke-Werner/Mähne, „Nicht wegschauen!" Vom Umgang mit Sexual(straf)tätern, S. 174.

572 Hauch/Lohse, Ambulante Psychotherapie bei sexueller Delinquenz, in: Sigusch (Hrsg.), Sexuelle Störungen und ihre Behandlung, S. 497; Nowara/Leygraf, Deutsches Ärzteblatt 1998; 95, A-88; Rotthaus, NStZ 1998, S. 597 f.

573 Welker, Der Einsatz sozialtherapeutischer Methoden im Strafvollzug, S. 31.

574 Scholz, R & P 1998, S. 177.

575 Siehe hierzu Kröber, Ansätze zur gezielten Psychotherapie mit Sexualstraftätern, in: Herrfahrdt (Hrsg.), Behandlung von Sexualstraftätern, S. 44; S/B-Wirth, § 141, Rn. 14.

- *need principle:* Die Behandlung muss sich auf die kriminogenen Faktoren ausrichten, d.h. die Therapeuten haben ihr Augenmerk auf die individuellen Delinquenzursachen zu legen.

- *responsivity principle:* Die Lernfähigkeit des Straftäters gilt es zu berücksichtigen; vorzuziehen sind gut strukturierte und verhaltensorientierte Verfahren.

I. Behandlungsvoraussetzungen

Um mit Sexualstraftätern eine Behandlung durchführen zu können, bedarf es zunächst mehrerer Voraussetzungen. Allgemein gelten Sexualstraftäter als schwer therapierbar, da die Therapiemotivation meistens gering ist und eine ausgeprägte Neigung vorliegt, das delinquente Verhalten zu leugnen.[576] Zentraler Ausgangspunkt der Behandlung bleibt die Persönlichkeit des jeweiligen Sexualstraftäters.

1. Feststellung der individuellen Defizite

Sexualstraftäter haben sexuelle und nichtsexuelle Defizite. Deshalb ist eine umfassende diagnostische Untersuchung erforderlich, um die individuellen sozialen, kognitiven, affektiven und physiologischen Mängel feststellen und die sich anschließende Behandlung dementsprechend einstellen zu können.[577] Die Therapie muss sich auf die kriminogenen Faktoren konzentrieren und sich an den persönlichen Fähigkeiten des Patienten orientieren. Im Einzelnen ist mit dem Täter zu erarbeiten,

- in welcher situativen und personenbezogenen Hinsicht selbstkontrollierendes Verhalten aufzubauen ist,
- welche sexuellen Bedürfnisse dominieren,
- auf welche Art und Weise ein Umgang mit der eigenen und der partnerbezogenen Sexualität erfolgt,
- über welche Imaginations- und Entspannungsfähigkeiten er verfügt und
- welche dysfunktionalen Ausnahmen in Bezug auf das eigene Sexualverhalten vorliegen und welche Vorstellungen über ein befriedigendes Sexualleben existieren.[578]

---

576 Hoyndorf, Behandlung sexueller Störungen, S. 116; Kempe, ZfStrVo 1997, S. 334; Judith, Konzept für die intramurale Behandlung von Sexualstraftätern, S. 1.

577 Schneider, Kriminalistik 1999, S. 297.

578 Scholz, R & P 1998, S. 180.

2. Gemäßigte Behandlungserwartung

An die Therapieerfolge dürfen keine übersteigerten Anforderungen gestellt werden. Es wäre sicherlich falsch, aus Therapeutensicht davon auszugehen, man könne den Patienten von seiner „Krankheit" heilen. Vielmehr muss die Behandlung darauf abzielen, dem Betroffenen Möglichkeiten aufzuzeigen, wie er sein sexuell deviantes Verhalten besser kontrollieren kann.
Die Therapien sind nicht darauf ausgerichtet und sicherlich auch nicht imstande, den Täter zu einem völlig anderen Menschen zu machen. Sie sollen in einem begrenzten Zeitraum auf den Täter dahingehend einwirken, dass er seine Impulse, die das delinquente Verhalten ausgelöst haben, unter Kontrolle hält und möglichst keine Straftaten mehr begeht.[579]

3. Motivation und Verantwortungsübernahme

Straffällige Personen gelten in der klinischen und psychotherapeutischen Literatur generell als Problempatienten.[580] Als Grund hierfür wird die mangelnde Motivation und Mitarbeit der Patienten angeführt. Die Inhaftierten wollen häufig nur ihre Strafe absitzen und sind an einer Therapie nicht interessiert, zumal viele Täter kein Therapiebedürfnis bei sich selbst sehen.
Den fehlenden Behandlungswillen bei Sexualstraftätern versucht *Judith* mit mehreren Ansätzen zu erklären: Viele Patienten erreichten durch perverse Phantasien Befriedigung, so dass Probleme mit der Außenwelt schnell kompensiert werden und kein Problemdruck entsteht. Daneben ermögliche die häufig auftretende Depersonalisierung des Opfers die Nichtwahrnehmung der negativen Folgen des Sexualdelikts. In einigen Fällen verleugne der Täter seine Aktivposition, indem er die Täter-Opfer-Rolle umkehrt und die Schuld für die Tatbegehung dem Opfer zuschreibt.[581] Deshalb verfügen Sexualstraftäter meist zu Beginn der Behandlung über keine oder nur geringe Therapiemotivation. Bezüglich der Erwartung an eine therapeutische Behandlung spiegelt sich häufig die passive Haltung des „Versorgtwerdens" wieder.[582] Dennoch ist ein Therapiebeginn nicht gleich aussichtslos. Man kann beim Täter zumindest die Bereitschaft fördern, sich mit den ihm angebotenen Therapiemöglichkeiten auseinander zu setzen. Fehlt zunächst eine Behandlungsmotivation, besteht das erste Ziel der Therapie

---

579 Kröber, Ansätze zur gezielten Psychotherapie mit Sexualstraftätern, in: Herrfahrdt (Hrsg.), Behandlung von Sexualstraftätern, S. 44.

580 Dahle, Therapiemotivation hinter Gittern, S. 1; Judith, Konzept für die intramurale Behandlung von Sexualstraftätern, S. 82; Kempe, ZfStrVo 1997, S. 334; Pfäfflin, R & P 1997, S. 65.

581 Judith, Konzept für die intramurale Behandlung von Sexualstraftätern, S. 82 f.

582 Welker, Der Einsatz sozialtherapeutischer Methoden im Strafvollzug, S. 9.

darin, bei dem Betroffenen eine innere Behandlungsbereitschaft zu entwickeln.[583]
Pfäfflin geht sogar davon aus, dass die primäre Eigenmotivation des Sexualstraftäters nicht von ausschlaggebender Bedeutung im Hinblick auf den Therapieerfolg ist. Therapiemotivation sei ein mehrdimensionales Konstrukt[584], weshalb es eher darauf ankomme, jene Dimensionen des Motivationsprofils, die gut ausgeprägt sind, zu verstärken und die schlechter ausgebildeten Dimensionen zu fördern.[585]
Eine Behandlungsbereitschaft kann nur dann entstehen, wenn dem Täter klar ist, dass bei ihm eine Behandlungsbedürftigkeit vorliegt. Grundvoraussetzung für die Einsicht in die Behandlungsbedürftigkeit ist die Verantwortungsübernahme für die Tat. Viele Täter bezeichnen sich trotz ihrer Störung als gesund und sehen nicht ein, dass sie anderen Menschen mit ihrem Verhalten Schaden zufügen. Andere erkennen sehr wohl das Unrecht ihrer Taten, flüchten sich jedoch in einen Verdrängungsprozess, um nicht die eigene Schuld an ihrem Fehlverhalten zugeben zu müssen. Einige Täter empfinden nach der Tat große Schamgefühle und streiten sie deshalb auch später im Therapeutengespräch ab. Im Gegenzug gelingt es bei einigen Tätergruppen nur sehr schwer, insbesondere bei der Kerngruppe der pädophilen Neigungstäter, Scham- oder Schuldgefühle hervorzurufen.[586]
Welche Gründe auch immer für eine Leugnung der Tat vorliegen: Primäres Ziel bei Behandlungsbeginn ist die Verantwortungsübernahme für die eigene Tat. Nur so kann in der Folge die Motivation zur Therapie geschaffen werden. Den Tätern als „Belohnung" für ihre Mitarbeit Vollzugslockerungen in Aussicht zu stellen, wird zwar in den Justizvollzugsanstalten häufig praktiziert[587], kann aber nicht als ausreichend betrachtet werden. Diese Motivation ist nicht „echt" und ermöglicht keine emotionale Öffnung des Täters im Hinblick auf die Therapiemaßnahmen.
Dahle hat anhand empirischer Untersuchungen an Strafgefangenen ein Modell mit sieben Fragenbereichen entwickelt, deren Bearbeitung Aufschluss über die Motivation des Patienten geben soll:

---

583 Leygraf, Psychiatrische Aspekte der Therapie und Prognose bei Sexualstraftätern, in: de Boor/Haffke/Lange-Joest (Hrsg.), Was tun mit den Sexualstraftätern?, S. 105.

584 Dahle, Therapiemotivation hinter Gittern, S. 17 ff.

585 Pfäfflin, Prinzipien der therapeutischen Behandlung von Sexualstraftätern, in: Wodtke-Werner/Mähne (Hrsg.), „Nicht wegschauen!" Vom Umgang mit Sexual(straf)tätern, S. 102.

586 Leygraf, Psychiatrische Aspekte der Therapie und Prognose bei Sexualstraftätern, in: de Boor/Haffke/Lange-Joest (Hrsg.), Was tun mit den Sexualstraftätern?, S. 105.

587 Süddeutsche Zeitung vom 22.11.1997, S. 24.

- *Problembelastung:* Inwieweit fühlt sich der Betroffene durch das sexuelle Symptom belastet.

- *Problemverarbeitung:* Verantwortlichkeitswahrnehmung für das Geschehene und Erkennen der prinzipiellen Änderbarkeit des Verhaltens.

- *Hafterleichterung:* Sich durch Einwilligung in die Therapie Hafterleichterungen zu verschaffen, lässt sich allgemeinpsychologisch als Motiv auffassen; als einzige Motivationsquelle ist dies jedoch nicht ausreichend.

- *Therapiebewertung:* Bewertung der Therapiemaßnahmen und der damit zusammenhängenden Handlungserfordernisse, d.h. Änderung der eigenen Person, hat entscheidende Bedeutung für die Motivation.

- *Therapieverfügbarkeit:* Die Vorstellung des Patienten, therapiebezogenen Anforderungen nicht genügen zu können und im weiteren Verlauf eine Therapie nicht selbst organisieren oder bezahlen zu können, kann zur rationalisierenden Überzeugung führen, die Therapie nicht zu benötigen.

- *Haftbezogene Vorbehalte:* Der Patient hält eine Therapie unter den Bedingungen des Strafvollzugs nicht für realisierbar und durch eigene Aktivitäten nicht für erreichbar.

- *Handlungsalternativen:* Die Tendenz, das vertraute Lebensmuster beizubehalten, wird nur überwunden, wenn die Beibehaltung mit aversiven Zügen verbunden ist, d.h. Unannehmlichkeiten, Anstrengungen und Aufwendungen nach sich zieht.[588]

Daneben bleibt festzuhalten, dass eine erfolgreiche Therapie nicht nur einen behandlungswilligen Sexualstraftäter voraussetzt, sondern auch einen motivierten Therapeuten.[589] Nach *Beier* zählen bei den Therapeuten Belastungsfähigkeit und Empathie für den Täter zu den wichtigsten Eigenschaften.[590] Sie müssen im Falle schlimmer Tatschilderungen mit Gefühlen wie Wut, Hass, Unverständnis und Verachtung umgehen können. Der Therapeut muss sich bewusst sein, dass er

588 Dahle, Therapiemotivation hinter Gittern, S. 152 ff.

589 Pfäfflin, Prinzipien der therapeutischen Behandlung von Sexualstraftätern, in: Wodtke-Werner/Mähne (Hrsg.), „Nicht wegschauen!" Vom Umgang mit Sexual(straf)tätern, S. 102; Konrad, ZfStrVo 1998, S. 269.

590 Beier, ZfStrVo 1995, S. 342.

durch Rache- und Vergeltungsgefühle den Täter ebenso zum Objekt degradiert wie dieser ehemals seine Opfer.[591] Zahlreiche Psychologen oder Psychotherapeuten lehnen deshalb eine therapeutische Betreuung von Sexualstraftätern aufgrund der schwierigen Behandlungssituation ab.[592]

4. Empathie

Mitgefühl für die Opfer ist ein weiterer wichtiger Punkt für eine erfolgreiche Therapie.[593] Nur wenn der Täter selbst in der Opferrolle erleben muss, welche Auswirkungen sein Täterverhalten hat, können Verleugnungs- oder Verharmlosungstendenzen gestoppt und eine Veränderungsbereitschaft hervorgerufen werden. Kognitive Verzerrungen („Kinder mögen das"; „es ist gut für ihre Entwicklung") müssen abgebaut und Opferverständnis – beispielsweise durch Verfassen von Entschuldigungsbriefen – aufgebaut werden.[594]

II. Behandlungsgrundsätze

Um eine effektive Behandlung zu gewährleisten, müssen im Vorfeld Behandlungsgrundsätze festgelegt werden, die je nach spezifischen Besonderheiten der Sexualstraftätergruppen neu zu überarbeiten und entsprechend abzuwandeln sind.

1. Einheitliches Behandlungskonzept

Obwohl das jeweilige Behandlungskonzept variabel genug sein muss, um den vielfältigen Persönlichkeitsstörungen gerecht zu werden, sollte der Behandlung ein einheitliches Grundkonzept zugrunde liegen, an dessen Verwirklichung alle zur Behandlung eingesetzten Personen mitwirken:[595]
Es gibt eine Grundüberzeugung bezüglich der Probleme der Patienten, die den individuellen Behandlungsentscheidungen ausreichend Raum lässt; es besteht Einigkeit im Team darüber, welche Probleme das Team behandeln kann und welche nicht (vgl. oben Punkt B. I. 2.); einheitliche Kommunikations- und Verhaltensweisen werden für die Behandlung festgelegt; es wird eine klare Vereinbarung darüber getroffen, welche Verhaltensweisen des Patienten als eindeutig

591 Kempe, ZfStrVo 1997, S. 334.
592 Pfäfflin, R & P 1997, S. 65.
593 Hoyndorf, Behandlung sexueller Störungen, S. 120.
594 Knecht, Kriminalistik 2001, S. 748.
595 Siehe hierzu Judith, Konzept für die intramurale Behandlung von Sexualstraftätern, S. 92 ff.

destruktiv für die Behandlung zu beurteilen sind; die einzelnen Aufgaben der Teammitglieder werden genau festgelegt.
Die genaue Koordinierung der einzelnen Aufgaben ist in Bezug auf jeden einzelnen Klienten erforderlich, damit Kompetenzstreitigkeiten vermieden werden und eine klare Organisationsstruktur vorhanden ist. Alle Teammitglieder müssen an einem Grundkonzept arbeiten, das aufeinander abgestimmt ist und eindeutig bestimmte Zielvorgaben zum Inhalt hat. Die individuelle Bedeutung der sexuellen Symptomatik bildet eine handlungsleitende Struktur für die Therapie.[596]

2. Vorrang des Delikts in der Behandlung

Es besteht in der Literatur weitgehend Einigkeit, dass der Ausdrucksgehalt des Delikts den wichtigsten Zugang zum Klienten darstellt. Nur wenn er sich mit diesem auseinandersetzt, wird eine Grundhaltung hervorgerufen, die eine Behandlung ermöglicht (siehe hierzu Punkt B. I. 3.). Andere Autoren vertreten die Auffassung, nicht das Delikt, sondern die Täterpersönlichkeit sollte zentraler Mittelpunkt der therapeutischen Bemühungen sein.[597]
Hierzu ist zu sagen, dass eine allgemeingültige Aussage kaum getroffen werden kann. Das Augenmerk sollte zunächst auf die Täterpersönlichkeit gelegt werden, um feststellen zu können, welche besonderen Persönlichkeitsdefizite vorliegen. Fehlen dem Täter beispielsweise grundlegende Fertigkeiten im sozialen Umgang mit anderen Menschen, so ist an dieser Stelle anzusetzen und erst im Fortgang der Therapie das spezifische Delikt miteinzubeziehen.
Liegt den Taten dagegen ein einheitliches und immer wiederkehrendes Persönlichkeitsdefizit zugrunde, ist das Verhaltensmuster bei Tatbegehung herauszuarbeiten, um festgelegte Verhaltensschemata zu durchbrechen. Eine Therapiearbeit ohne das Delikt als zentralen Anknüpfungspunkt zu sehen, verspricht in dieser Fallgestaltung sicherlich wenig Erfolg.

3. Einführung mehrerer Behandlungsebenen

Sieht man in der Deliktsbegehung den Ausdruck einer aus mehreren Verhaltensbausteinen bestehenden Handlung, ist augenscheinlich, dass die Therapie ebenfalls aus mehreren Bausteinen zusammengesetzt sein muss, die an unterschiedlicher Stufe der einzelnen Verhaltensweisen ansetzen. Zudem hat der Täter zunächst seine Grundproblematik zu erkennen, um in weiteren Therapieschritten

[596] Hauch/Lohse, Ambulante Psychotherapie bei sexueller Delinquenz, in: Sigusch (Hrsg.), Sexuelle Störungen und ihre Behandlung, S. 498.
[597] Nachweise hierzu bei Judith, Konzept für die intramurale Behandlung von Sexualstraftätern, S. 95 f.

diesbezügliche Lösungsmöglichkeiten zu erarbeiten. In der Basisbehandlung sind deshalb alle Berufgruppen zu beteiligen. Es ist zunächst ein Vertrauensverhältnis zwischen Behandlungsteam und Patient aufzubauen, um beim Patienten eine Therapiebereitschaft zu erzielen.
Besonders wichtig bleibt in diesem Zusammenhang auch der Umgang des Allgemeinen Vollzugsdienstes mit den Gefangenen. Gerade bei der schwierigen Gruppe der Sexualstraftäter erscheint besondere soziale Kompetenz der Vollzugsbeamten erforderlich. Es macht deshalb wenig Sinn, beispielsweise Vollzugbeamte zum Dienst auf einer sozialtherapeutischen Abteilung zu „verpflichten". Viele sozialtherapeutische Abteilungen werden mit Vollzugsbeamten besetzt, die sich freiwillig zur Arbeit auf den jeweiligen Stationen gemeldet haben.[598] Diese Beamten haben täglich Kontakt zu den Sexualstraftätern und werden aktiv in den Behandlungsprozess miteingebunden. Wohngruppenleiter und allgemeiner Vollzugsdienst entwickeln mit den Gefangenen eine eigenes „Vollzugsleben", das mit den eigentlichen Therapiemaßnahmen wie Gruppen- und Einzeltherapie Hand in Hand geht. Häufig zeigen sich im Alltagsleben auf der Station Verhaltensweisen der Täter, die Aufschluss über eine zugrunde liegende Problematik geben und Gegenstand einzelner Therapiesitzungen werden können.
Zur Basisbehandlung gehören u.a. auch die medizinische Behandlung von kontakthemmenden und als störend empfundenen körperlichen Merkmalen wie fehlende Zähne, Phimose, Tätowierungen etc. und die Unterweisung in Körperpflege und Hygiene.
Im spezifischen Behandlungsteil findet schließlich die Behandlung statt, die eine bestimmte fachliche Qualifikation erfordert. Hierunter fällt die therapeutische und pädagogische Behandlung. Die psychotherapeutische Behandlung orientiert sich an der jeweiligen Störung des Täters und wird in Einzel- oder Gruppensettings durchgeführt. Die Einzeltherapie bildet den Ort, wo schambesetzte Themen wie das eigentliche Delikt, motivationale Hintergründe, soziale und sexuelle Ängste oder Selbstwertprobleme angesprochen werden.[599] Eine Hauptaufgabe der Einzeltherapie ist es, die nach und nach herausgearbeiteten Störungen zu einem für den Patienten verständlichen Gesamtbild zusammenzufügen, das eine Änderung im Hinblick auf eine Stärkung der Selbstkontrolle ermöglicht.
In der Gruppentherapie muss der Täter vor anderen über sein Delikt sprechen, was u.a. dem Abbau von Verleugnungstendenzen und der Feststellung eventueller gemeinsamer Verhaltensauffälligkeiten der Gruppenteilnehmer dient. Vor al-

---

598 Die Vollzugsdienstbeamten der sozialtherapeutischen Abteilung in Würzburg haben beispielsweise eine Zusatzausbildung im Umgang mit Sexualstraftätern absolviert.

599 Judith, Konzept für die intramurale Behandlung von Sexualstraftätern, S. 102.

lem soziale Kompetenz und Selbstbewusstsein kann im Gruppensetting erlernt werden, indem die in jeder Gruppe bestehende Gruppendynamik produktiv nutzbar gemacht wird.[600] Dabei wird von folgendem Behandlungsprinzip ausgegangen: Nur derjenige Sexualstraftäter kann die geschilderten Tatversionen anderer Gruppenmitglieder infrage stellen, der selbst Verantwortung für sein eigenes Handeln übernimmt.[601]
Für Straftäter mit dissozialen Störungsbildern eignen sich darüber hinaus insbesondere Sozio- und Milieutherapien.[602] Spielt die eigene Familie bei der Deliktsbegehung eine Rolle, kann diese – soweit eine Bereitschaft hierzu besteht – in den Behandlungsprozess aktiv miteingebunden werden.
Im Rahmen des pädagogischen Behandlungsangebots finden Fortbildungsmaßnahmen, soziales Kompetenztraining, sexuelle Aufklärungsseminare etc. statt. Auf dieser Behandlungsstufe kommen verstärkt Angehörige des allgemeinen Vollzugsdienstes zum Einsatz.

4. Informationsaustausch zwischen den Berufsgruppen

Eine wirksame Behandlung ist nur dann gewährleistet, wenn alle Personen, die am Behandlungsprozess mitwirken, kooperationsbereit sind und einzelne Behandlungsmaßnahmen aufeinander abstimmen.[603] Die Vielschichtigkeit der einzelnen Störungen erfordert ein fachkundiges Team, das die Arbeitsprozesse sinnvoll miteinander verknüpft.[604] Alle Informationen über den Patienten, die in den unterschiedlichen Behandlungsbereichen zu Tage treten, müssen gesammelt und verarbeitet werden.
Es ist dabei jedoch darauf zu achten, dem Patienten ein Recht auf Privatsphäre zuzugestehen und nur diese Informationen zu verwerten und an andere Personen weiterzugeben, die für den Behandlungsprozess erforderlich sind.

5. Erarbeitung eines therapeutischen Kommunikationssystems

Zur kontinuierlichen Fortschreitung des Therapieprozesses muss in der sozialtherapeutischen Anstalt oder Abteilung ein Kommunikationssystem geschaffen

600 Mauch/Mauch, Sozialtherapie und die Sozialtherapeutische Anstalt, S. 45.
601 Schneider, Die Behandlung von Sexualstraftätern im Strafvollzug, in: Festschrift für Böhm, S. 436 f.
602 Pfäfflin/Roß/Sammet/Weber, Psychotherapie mit Straftätern, in: Kröber/Dahle (Hrsg.), Sexualstraftaten und Gewaltdelinquenz, S. 160.
603 Mauch/Mauch, Sozialtherapie und die Sozialtherapeutische Anstalt, S. 30.
604 Goderbauer, Stationäre Behandlung von Sexualstraftätern im Strafvollzug, in: Egg (Hrsg.), Sexueller Missbrauch von Kindern, S. 162; Rehn, Entscheidungen, Regeln, Anstaltsorganisation, in: Egg (Hrsg.), Sozialtherapie in den 90er Jahren, S. 39.

werden, das eine offene Diskussion der bestehenden Probleme und Konflikte ermöglicht. Aufgrund der vollzugsspezifischen Besonderheiten handelt es sich hierbei um keine leichte Aufgabe.
Viele Einflüsse stehen einer offenen Kommunikation entgegen: die Verbindung von Therapie und sozialer Kontrolle, die Eigentümlichkeiten einer geschlossenen Organisation, mangelnde Kooperationsbereitschaft und unterschiedliche Therapieauffassungen im Behandlungsteam oder die Abwehrhaltung einzelner Täter. Ein therapeutischer Zugang zu den Patienten kann nur erfolgreich verlaufen, wenn ein Vertrauensverhältnis besteht. Es ist deshalb die Trennung von Behandlung und Begutachtung einzuhalten,[605] da die Befürchtung, in der Therapie gemachte Äußerungen bezüglich problematischen Verhaltens könnten sofort negative Konsequenzen nach sich ziehen, eine erfolgreiche Therapiearbeit unmöglich macht.

6. Abschluss von Therapieverträgen

Der Abschluss von Therapieverträgen dient der Verantwortungsübernahme und der Vermittlung von Grenzen und Regeln innerhalb des therapeutischen Behandlungsprozesses, die jeder Gefangene einzuhalten hat. Der Therapievertrag beinhalt sowohl Erwartungen des Therapeuten an den Patienten als auch Erwartungen des Patienten an den Therapeuten.[606] Positive und negative Konsequenzen, die ein bestimmtes Verhalten nach sich zieht, werden im Therapievertrag schriftlich festgehalten.
Nach *Berner* ist bei Straftätern mit einer neurotischen Persönlichkeitsorganisation von einer grundsätzlichen „Kontraktfähigkeit" auszugehen.[607] Die Vertragsarbeit verhindert das Bestreben vieler Täter, dem Therapeuten die Verantwortung für ihr Handeln zuzuschieben und selbst in destruktiver Passivität zu verharren.[608] Der Gefangene steht auf der einen Seite des Vertrags, der als „zweiseitiges Rechtsgeschäft" demnach auch eine Leistung beider Vertragsteile fordert. Ein Therapievertrag enthält einerseits die therapeutischen Ziele des Patienten und auf der anderen Seite Verhaltensweisen, die mit der Zielerreichung unvereinbar sind und Sanktionen nach sich ziehen. Eine fortwährende Nichteinhal-

605 Berner/Kleber/Lohse, Psychotherapie bei sexueller Delinquenz, in: Strauß (Hrsg.), Psychotherapie der Sexualstörungen, S. 123.
606 Eucker, Verhaltenstherapeutische Methoden in der Straftäterbehandlung, in: Kröber/Dahle (Hrsg.), Sexualstraftaten und Gewaltdelinquenz, S. 191.
607 Berner, Institutionelle Therapie bei sexueller Delinquenz, in: Sigusch (Hrsg.), Sexueller Störungen und ihre Behandlung, S. 505.
608 Judith, Konzept für die intramurale Behandlung von Sexualstraftätern, S. 109.

tung des Vertrags hat schließlich die Aussetzung der Therapie für eine gewisse Zeit zur Folge.

7. Positive Sanktionierung

Vor allem bei der Gruppe der Sexualstraftäter werden durch Strafen häufig Rückzugstendenzen hervorgerufen oder verstärkt, die einem positiven Behandlungsergebnis zuwiderlaufen. Harte Sanktionen beeinträchtigen den Kommunikationsprozess und können zu einem Abbruch jeglicher Beziehungen zwischen Therapeut und Patient führen. Auf Sanktionskataloge und formalisierte Reaktionsmöglichkeiten ist deshalb so weit wie möglich zu verzichten.[609]
Eine Verletzung des Therapievertrags ist vielmehr – es sei denn, es handelt sich um einen groben Verstoß – mit einer positiven Sanktion zu belegen. Auf ein bestimmtes Fehlverhalten des Patienten erfolgt eine Sanktion, die dem Patienten eine bestimmte Verhaltensweise aufgibt. Durch die Erfüllung der in der Sanktion geregelten Verhaltensweise soll der Patient alte destruktive Verhaltensmuster durchbrechen.[610]

C. Behandlungsmethoden

I. Allgemeine verhaltenstherapeutische Methoden in der Straftäterbehandlung

Das wichtigste therapeutische Ziel im Hinblick auf andere Personen gefährdendes Verhalten ist die Schaffung neuer Kontrollmöglichkeiten beim Straftäter. Unter allen therapieschulenspezifischen Behandlungsformen versprechen kognitiv-behaviorale Ansätze den größten Erfolg. Dies ist ein nahezu über alle Studien hinweg übereinstimmendes Ergebnis der in den letzten zehn Jahren durchgeführten Metaanalysen zu unterschiedlichen Effekten in der Straftäterbehandlung.[611] Während zu Beginn dieser Therapieform einfach strukturierte monomodale Ansätze dominierten – vor allem Aversionsbehandlungen –, stehen heutzutage multimodale Therapieprogramme im Vordergrund.[612]

---

609 Rehn, Entscheidungen, Regeln, Anstaltsorganisation, in: Egg (Hrsg.), Sozialtherapie in den 90er Jahren, S. 38.

610 Judith, Konzept für die intramurale Behandlung von Sexualstraftätern, S. 113.

611 Siehe hierzu Eucker, Verhaltenstherapeutische Methoden in der Straftäterbehandlung, in: Kröber/Dahle (Hrsg.), Sexualstraftaten und Gewaltdelinquenz, S. 189 mit weiteren Nachweisen.

612 Pfäfflin/Roß/Sammet/Weber, Psychotherapie mit Straftätern, in: Kröber/Dahle (Hrsg.), Sexualstraftaten und Gewaltdelinquenz, S. 161.

Es ist jedoch darauf hinzuweisen, dass sich Psychotherapieforschung im Strafvollzug nicht ausschließlich auf die Metaanalyse von veröffentlichten Psychotherapiestudien beschränken kann. Die hieraus gewonnenen Informationen können lediglich den status praesens beschreiben, jedoch keinen Aufschluss darüber geben, wie Psychotherapie im Strafvollzug optimal betrieben werden sollte.[613]

1. Traditionelle kognitiv-behaviorale Ansätze

Ende der 60er Jahre des 20. Jahrhunderts dominierten Behandlungsansätze, die überwiegend der traditionellen Verhaltenstherapie vor der sog. kognitiven Wende angehörten. Traditionelle verhaltenstherapeutische Methoden beruhen auf den Prinzipien des operanten und des klassischen Konditionierens. Das Verhalten wird ausschließlich gedeutet als eine Funktion der dem Verhalten vorangehenden und dem Verhalten folgenden Reizbedingungen.[614] Sehr bekannt als Methode des klassischen Konditionierens ist das Pawlowsche Experiment.[615]
Nachdem diese Methoden nicht den gewünschten Erfolg gezeigt hatten und deshalb die zugrunde liegenden Ansätze zunächst zugunsten einer dynamischen Sichtweise der Entstehung von sexuellen Devianzen aufgegeben worden waren, gewannen sie in den letzten Jahren vor allem im kanadischen Raum wieder an Bedeutung.[616] Nach neuerem Verständnis spielen Konditionierungen höherer Ordnung mit Kognitionen als Stimuli und Reaktionen eine wichtige Rolle[617], d.h. einfache Formen des Konditionierens mit Reizeinwirkungen auf die Grundbedürfnisse einer Person wurden zunehmend verdrängt.

a) Token-Economies

Bei dieser Methode wird sozial erwünschtes Verhalten dadurch erreicht, dass es mit generalisierten Verstärkern, den sog. tokens, verstärkt wird. Diese tokens, zumeist Chips, dürfen dann später vom Patienten gegen Vergünstigungen eingetauscht werden.[618] Diese Methode wurde in der Straftäterbehandlung zur Kontrolle von intrainstitutionellem Problemverhalten angewendet. Vor allem die

---

613 Scholz, R & P 1998, S. 177.

614 Eucker, Verhaltenstherapeutische Maßnahmen in der Straftäterbehandlung, in: Kröber/Dahle (Hrsg.), Sexualstraftaten und Gewaltdelinquenz, S. 190.

615 Siehe hierzu Baade/Borck/Koebe/Zumvenne, Theorien und Methoden der Verhaltenstherapie, S. 28.

Leygraf, Psychiatrische Aspekte der Therapie und Prognose bei Sexualstraftätern, in: de Boor/Haffke/Lange-Joest (Hrsg.), Was tun mit den Sexualstraftätern?, S. 103.

617 Lehmann, Psychotherapeutische Ergebnisse bei Sexualstraftätern, in: Steller/Dahle/Basqué (Hrsg.), Straftäterbehandlung, S. 68; Hare, Psychopathie und Soziopathie, S. 97.

618 Baade/Borck/Koebe/Zumvenne, Theorien und Methoden der Verhaltenstherapie, S. 75.

mangelnde Generalisierung und Übertragbarkeit der erzielten Behandlungserfolge auf extrainstitutionelle Bedingungen führte dazu, dass die Methode seit Beginn der achtziger Jahre kaum mehr Beachtung findet.

b) Therapieverträge

Das Abschließen von Therapieverträgen verfolgt eine ähnliche Zielsetzung wie die Token-Economies-Methode. Auch heute werden Therapieverträge in den unterschiedlichsten Zusammenhängen zur Therapie eingesetzt.[619]
Im Therapievertrag zwischen Patient und Therapeut wird genau festgelegt, unter welchen Bedingungen die jeweilige Vertragspartei ein bestimmtes Verhalten von der anderen Vertragspartei fordern kann.

c) Aversionsmethoden

Aversionsmethoden werden in der Straftäterbehandlung eingesetzt, um bestimmte Verhaltensweisen durch Einsatz bestimmter Reaktionsmechanismen zu verhindern. Das therapieauslösende Verhalten des Patienten wird mit einem aversiven Reiz gekoppelt. Vor allem in der Sexualstraftätertherapie fand diese Methode Anwendung. Auf deviante sexuelle Erregung folgte die Applikation von Elektroschocks oder unangenehmen Gerüchen.[620]
Vor allem ethische Gründe sprechen heute gegen die Anwendung der Methode gerade im Bezug auf die Zufügung körperlicher Schmerzen.[621] Allerdings findet das selbstapplizierte Riechen an Ammoniak als Möglichkeit zur Selbstkontrolle bei sich aufstauender sexueller Erregung weiterhin in der Sexualstraftäterbehandlung Anwendung.

d) Umkonditionierung

Diese Therapieform wird ebenfalls häufig in der Sexualstraftäterbehandlung eingesetzt. Auf der Grundlage des klassischen Konditionierens werden bestimmte Konditionierungsverfahren eingesetzt, um steigende sexuelle Erregung mit nicht devianten sexuellen Assoziationen zu verbinden bzw. sexuelle Erregung und deviante sexuelle Vorstellung zu trennen. In einer ersten Phase soll der Patient zu einer nicht devianten sexuellen Vorstellung masturbieren. In einer zweiten Phase – nach dem Samenerguss – soll er unter Ausnutzung der etwa

---

619 Siehe oben Punkt B. II. 6.

620 Eucker, Verhaltenstherapeutische Methoden in der Straftäterbehandlung, in: Kröber/Dahle (Hrsg.), Sexualstraftaten und Gewaltdelinquenz, S. 191; Knecht, Kriminalistik 2001, S. 748.

621 Väth, Zur Wirksamkeit der Behandlung von Sexualstraftätern, S. 32.

20minütigen Refraktärzeit, in der er sexuell kaum erregbar ist, deviante sexuelle Vorstellungen in Worte fassen, ohne dabei zu masturbieren.[622]

2. Unterschiedliche kognitiv-behaviorale Methoden

Ab Mitte der siebziger Jahre veränderte sich die Zielrichtung in der Straftäterbehandlung. Es entstanden vermehrt Behandlungsprogramme, die den Aufbau von Verhaltensfertigkeiten erreichen und kognitive Prozesse in Gang setzen sollten. Während bei den klassischen Konditionierungsmethoden interne Prozesse, die zwischen Reiz und Verhalten vermitteln, nicht beachtet wurden, so rückten nun innere Prozesse in den Vordergrund der Betrachtung.[623] Ziel dieser Methoden ist nicht die Heilung im engeren Sinne, sondern die Fähigkeit zur Kontrolle.[624] Bezeichnend für das kognitiv-behaviorale Modell ist, dass zwischen den beobachtbaren Reizen und dem beobachtbaren Verhalten kognitive Prozesse angenommen werden.[625] Im Hinblick auf die Art dieser Vermittlungsprozesse wurde eine Vielzahl von Behandlungsmodellen entwickelt.

a) Training sozialer Fertigkeiten

Viele Straftäter weisen Defizite im Umgang mit anderen Menschen auf. In speziellen Verhaltensprogrammen sollen ihnen soziale Fertigkeiten beigebracht werden. Darunter fallen Initiieren und Aufrechterhalten eines Kontaktes, Selbstsicherheit, Problemlösungsfähigkeit etc.
Eine Vermittlung dieser Fähigkeiten wird erreicht durch die Technik des Instruktionslernens, des Rollenspiels, des Lernens am Modell, des Einübens, der gezielten Rückmeldung, der sozialen Verstärkung und der Hausaufgaben.[626]

b) Verdeckte Konditionierungsmethoden

Ausgangspunkt bei diesen Methoden ist die Annahme, dass interne Prozesse den gleichen Lernmechanismen unterliegen wie offen beobachtbares Verhalten. Deliktvorbereitende Phantasien werden durch Übung in der Vorstellung des Patienten mit negativen Konsequenzen gekoppelt. Die Modifikation offener Verhal-

[622] Eucker, Verhaltenstherapeutische Methoden in der Straftäterbehandlung, in: Kröber/Dahle (Hrsg.), Sexualstraftaten und Gewaltdelinquenz, S. 192.
[623] Knecht, Kriminalistik 2001, S. 748.
[624] Leygraf, Psychiatrische Aspekte der Therapie und Prognose bei Sexualstraftätern, in: de Boor/Haffke/Lange-Joest (Hrsg.), Was tun mit den Sexual(straf)tätern?, S. 103.
[625] Eucker, Verhaltenstherapeutische Methoden in der Straftäterbehandlung, in: Kröber/Dahle (Hrsg.), Sexualstraftaten und Gewaltdelinquenz, S. 192.
[626] Eucker, Verhaltenstherapeutische Methoden in der Straftäterbehandlung, in: Kröber/Dahle (Hrsg.), Sexualstraftaten und Gewaltdelinquenz, S. 193.

tensweisen durch verdeckte Reize bezeichnet man auch als verdeckte Gegenkonditionierung.[627]

c) Kognitive Umstrukturierung

Als Grundidee dieser Methode dient die Vorstellung, dass nicht angepasste Verhaltensweisen durch dissoziale Denkmuster entstehen. Dysfunktionale Denkmuster wie Schwarz-Weiss-Denken, Übergeneralisierung etc. werden näher aufgeschlüsselt. Zur kognitiven Umstrukturierung des Denkens erfolgen didaktische Ausführungen über die Bedeutung dysfunktionaler Denkmuster. Der Patient soll sich Beispiele für derartige Denkmuster vorstellen. Gefördert wird eine Selbstbeobachtung dieser Denkmuster an Hand von Tagebüchern, Gruppendiskussionen und Hausaufgabenprotokollen. Ziel ist die Bewältigung dysfunktionaler Denkmuster und die Schaffung alternativer Gedankenmuster.

aa) Identifikation von „56 antisozialen Denkmustern"

Von *Yochelson* und *Samenow* wurden 56 antisoziale Denkmuster zusammengestellt.[628] Die antisozialen Denkmuster sollen über einen Zeitraum von einem Jahr durch prosoziale Denkmuster ersetzt werden.

bb) „Cognitive Change Program"

Diese Behandlungsmethode zielt auf alle kognitiven Vorgänge ab, die eine Belohnung für kriminelles Verhalten beinhalten. Der Patient soll mit der Technik des Gedankenstopps die Gedankenkette unterbrechen, die ihn im Ergebnis für kriminelles Handeln belohnt. Die Unterbrechung geschieht durch Selbstinstruktionen, z.B. Schlagen auf den Tisch, um dann alternative Vorstellungen zu entwickeln, die nicht kriminelles Verhalten verstärken.

cc) Stressinokulationstraining

Mit diesem Training soll der Patient lernen, emotional belastende Situationen mit funktionalen Bewältigungsstrategien zu lösen. Hierzu gehören die Selbstbeobachtung von Ärgerintensität und Auslösereizen, die Entwicklung einer individuellen Hierarchie von provozierenden Situationen, das Einüben von Techniken zur Reduktion der physiologischen Erregung, kognitive Umstrukturierung durch Veränderung des Aufmerksamkeitsfocus und der Situationsbewertung, das Einüben von funktionalen Bewältigungsformen im Rollenspiel und das Erproben

[627] Baade/Borck/Koebe/Zumvenne, Theorien und Methoden der Verhaltenstherapie, S. 138.
[628] Siehe hierzu Eucker, Verhaltenstherapeutische Methoden in der Straftäterbehandlung, in: Kröber/Dahle (Hrsg.), Sexualstraftaten und Gewaltdelinquenz, S. 193.

der neugelernten Fähigkeiten im Rollenspiel anhand von potentiell provozierenden Situationen.[629]

d) Empathietraining

Ein Empathietraining ist nahezu in jedem Behandlungsprogramm für Straftäter enthalten. Der Täter soll sich über die Folgen einer Viktimisierung bewusst werden. Dies geschieht durch Information über kurzfristige und langfristige Folgen einer Viktimisierung anhand von Diskussionen, Lesen von Opferberichten oder der offene Bericht der eigenen Straftat in einem Brief oder in Gruppengesprächen.[630] Durch Einnahme der Opferrolle in Rollenspielen soll dem Täter bewusst gemacht werden, was er in anderen Personen durch sein deliktisches Handeln ausgelöst hat.

e) Interpersonales Problemlösetraining

Dem Straftäter soll damit die Fähigkeit vermittelt werden, Probleme als solche überhaupt zu erkennen und zur bisherigen, d.h. dissozialen Problemlösung Alternativen zu entwickeln. Dem Täter wird vor Augen geführt, dass zur Zielerreichung bestimmte Denkschritte erforderlich sind und dass Ursache-Wirkungszusammenhänge aufgeschlüsselt werden müssen, um zukunftsorientiert denken zu können.

Das Training allgemeiner Problemlösungsstrategien versetzt die Patienten in die Lage, verschiedene, alltäglich auftauchende, problematische Situationen selbständig zu beherrschen. Hier geht es anders als bei der klassischen Verhaltenstherapie nicht um das Training spezifischer Verhaltensweisen, sondern um die Entwicklung genereller kognitiver Strategien zur Lösung von Problemen.[631]

f) Model Treatment Program for Psychopaths and Other Offenders at High Risk for Violence

Dieses multimodale Behandlungsprogramm wurde 1992 in Kanada für Gewalttäter entwickelt und wendet sich an Täter mit einem hohen Rückfallrisiko. Einzelne Programmkomponenten werden auch zur Behandlung von Sexualstraftätern eingesetzt. Die Durchführung der Behandlung ist auf sechs Monate angelegt. Die Definition von Rückfälligkeit wurde im Rahmen dieses Programm dahingehend erweitert, dass nicht nur erneute Delikte als Rückfall gewertet werden, sondern allgemein aggressives und gewalttätiges Verhalten. Im Mittelpunkt

---

[629] Eucker, Verhaltenstherapeutische Maßnahmen in der Straftäterbehandlung, in: Kröber/Dahle (Hrsg.), Sexualstraftaten und Gewaltdelinquenz, S. 194.

[630] Väth, Zur Wirksamkeit der Behandlung von Sexualstraftätern, S. 32.

[631] Baade/Borck/Koebe/Zumvenne, Theorien und Methoden der Verhaltenstherapie, S. 163.

der Betrachtung stehen Verhaltensketten, die das allgemeine Delinquenzrisiko erhöhen und das Erlernen von Fertigkeiten, unter deren Zuhilfenahme Risikosituationen besser bewältigt werden können. Das Programm besteht aus folgenden Komponenten:[632]

- *prosoziale Behandlungsumgebung:* Das Programm findet nicht im allgemeinen Strafvollzug statt, sondern in speziellen Behandlungseinheiten innerhalb des Strafvollzugs. Die Patienten sollen bewusst aus der allgemeinen „Knastkultur" genommen werden.

- *Neutralisierung der prokriminellen Einstellungen:* Die Programmteilnehmer sollen sich in jeder Hinsicht mit ihren kriminellen Verhaltensweisen beschäftigen und zugleich erkennen, dass schon die Beschäftigung damit einen partiellen Rückfall darstellt. Im Gegenzug werden prosoziale Verhaltensweisen erlernt. Die anderen Therapieteilnehmer sollen das Verhalten jedes einzelnen bewerten und zu prosozialem Verhalten ermuntern. Behandlungsziel ist die Schaffung des Bewusstseins, auf bestimmte Verhaltensweisen anderer zu reagieren und sie gegebenenfalls auf ihr Fehlverhalten aufmerksam zu machen.

- *Einsatz von Probanden als Co-Therapeuten:* Andere Therapiemitglieder werden als Co-Therapeuten eingesetzt, die zum Verhalten „ihres Patienten" Stellung nehmen. Eine missbräuchliche Anwendung der Position des Therapeuten wird kritisch durch das Behandlungsteam überwacht.

- *interpersonales Fertigkeiten-Training:* Es werden zum einen fehlende Konfliktbewältigungstechniken, mangelnde Selbstsicherheit und schwach ausgeprägte Kommunikationsfähigkeit, zum anderen Aggressivität und impulsives Verhalten bearbeitet.

- *Fertigkeiten zur Emotionsregulation:* Ausgangspunkt dieses Behandlungsmoduls ist die Annahme, dass Emotionen durch individuelle Situationsbewertungen reguliert werden. Der Patient soll lernen, seine eigenen Gedanken kritisch zu überprüfen.

- *Akzeptieren der persönlichen Verantwortung:* Täter sehen sich selbst häufig in der Opferrolle und schieben die Verantwortung für die Tatbege-

[632] Siehe hierzu Eucker, Verhaltenstherapeutische Methoden in der Straftäterbehandlung, in: Kröber/Dahle (Hrsg.), Sexualstraftaten und Gewaltdelinquenz, S. 202 f.

hung auf andere Personen. Die zum Delikt führende Verhaltenskette wird zur Vermeidung dieser Neutralisierungstendenzen genau aufgeschlüsselt und dem Täter vor Augen geführt, an welchen Stellen alternative Verhaltensweisen möglich gewesen wären.

- *Trennung von kriminellen Bezugspersonen und kriminellem Lebensstil:* Um den Übergang vom Leben in der Justizvollzugsanstalt in das in Freiheit zu erleichtern und um den Täter von kriminellen Bezugspersonen fernzuhalten, wird ein prosoziales Entlassungsumfeld aufgebaut.

- *Abbau des Substanzmissbrauchs:* Techniken aus der Suchtbehandlung sollen den Täter vor einem Rückfall in die Substanzabhängigkeit schützen.

II. Therapieformen zur Behandlung von Sexualstraftätern

Einige der Therapieformen aus der allgemeinen Straftäterbehandlung werden auch zur Behandlung von Sexualstraftätern eingesetzt. Daneben wurden jedoch Behandlungsprogramme entwickelt, die sich speziell an die Gruppe der Sexualstraftäter und deren individuelle Defizite wenden.[633] Eine erfolgreiche Behandlung von Sexualstraftätern setzt zunächst eine genaue Definition des Behandlungsauftrags voraus. Das Ziel lediglich in einer Kontrolle des symptomatischen Verhaltens zu sehen, ist sicherlich zu kurz gegriffen, da häufig eine komplexe Störung vorliegt, die sich aus einzelnen Komponenten zusammensetzt.[634] Das Täterverhalten ist als Resultat der kognitiven Bewertung des sexuellen Verhaltens, der emotionalen Unkontrolliertheit und des sozialen Netzwerks zu bewerten.

Daneben ist erforderlich, dass eine Problemaktualisierung des tatspezifischen Verhaltens, eine motivationale Klärung der sexuellen Bedürfnisse vorgenommen wird und aktive Hilfe zur Verhinderung eines Rückfalls angeboten wird.[635]

Zu Beginn der Behandlung von Sexualstraftätern standen psychotherapeutische Maßnahmen jedoch nicht im Mittelpunkt. Man ging vielmehr davon aus, dass die Taten Ausdruck eines verstärkten Sexualtriebs waren, für dessen Behandlung Psychotherapie nicht geeignet zu sein schien. Im Hinblick auf angebotene Behandlungsmaßnahmen hat sich im Laufe der Zeit ein deutlicher Wandel voll-

633 Zu unterschiedlichen Behandlungsmodellen in Europa und den USA siehe auch Rüther, MschrKrim 1998, S. 246 ff. (auch hier wird deutlich, dass die Anwendung kognitiv-behavioraler Behandlungsprogramme im Vordergrund steht).

634 Scholz, R & P 1998, S. 180.

635 Scholz, R & P 1998, S. 180.

zogen. Im Folgenden werden auch Behandlungsmaßnahmen dargestellt, die sich nach heutigem Forschungsstand als kaum geeignet zeigen.

1. Chirurgische Maßnahmen

a) Chirurgische Kastration

Der Einsatz der chirurgischen Kastration beruht darauf, dass das männliche Hormon Testosteron zu 95 % in den Leydig-Zellen der Hoden produziert wird.[636] *Mauch/Bechtel* sahen im Jahr 1968 in der Kastration eine Maßnahme, die sowohl dem Täter als auch der Allgemeinheit diene. Die Kastration sei eine individual- und sozialtherapeutische Maßnahme, die es ermöglicht die Öffentlichkeit vor weiteren Straftaten zu schützen, und dem Täter gestattet wieder einen festen Platz in der Gesellschaft einzunehmen.[637] Die Wirkungen der Kastration wurden von diesen Autoren primär als positiv bewertet. Viele kastrierte Männer hätten nach der Operation angegeben, dass die vor der Kastration vorhandene innere Spannung, die Unruhe und die sexuellen Zwangsvorstellungen abgeklungen sind.[638]

Schorsch stellt dagegen die Auswirkungen einer chirurgischen Kastration äußerst drastisch dar: „Der verstümmelnde Effekt einer chirurgischen Kastration ähnelt mehr einer Abrechnung mit diesem Menschen als einer Therapie."[639] *Sigusch* beschreibt die Kastrationsfolgen ähnlich gravierend: „Um die Sexualität eines Menschen mit Sicherheit vollkommen zu beseitigen, müsste der ganze Sexualkörper (und damit der Mensch selbst) beseitigt werden. So kommt es, dass bei Patienten erst das sog. „Sex behavior center" im Gehirn zerstört wurde, dann, weil „perverse" Phantasien immer noch da waren, eine „Triebdämpfung" mit Antiandrogenen versucht wurde, um schließlich auch noch die Hoden herauszuschneiden – bis sich ein solcher Patient das Leben nahm."[640]

Die erste Kastration aus „moderner psychiatrischer Indikation" wurde in Europa wahrscheinlich 1892 in Zürich vorgenommen. In Deutschland wurde am 24. November 1933 ein Kastrationsgesetz erlassen (§ 42k RStGB), das es bis zum

---

636 Knecht, Kriminalistik 2001, S. 747.

637 Mauch/Bechtel, MschrKrim 1968, S. 200.

638 Mauch/Bechtel, MschrKrim 1968, S. 202. Auch Binder bewertet die Folgen, die sich durch eine Kastration ergeben weitgehend positiv. Die sexuelle Perversität wandle sich zur sexuellen Soziabilität und die hemmungslose Getriebenheit zur distanzierten Unabhängigkeit. Die körperlichen Veränderungen beurteilt er als „im wesentlichen belanglos" (Binder, MschrKrim 1969, S. 73.).

639 Schorsch/Galedary/Haag/Hauch/Lohse, Perversion als Straftat, S. 3.

640 Sigusch, Organotherapien bei sexuellen Perversionen und sexueller Delinquenz, in: Sigusch (Hrsg.), Sexuelle Störungen und ihre Behandlung, S. 518.

Jahre 1945 erlaubte, Männer über 21 Jahren, die wegen eines Verstoßes gegen die §§ 176 178, 223 bis 226 StGB a.F. zu einer Freiheitsstrafe von mindestens 6 Monaten verurteilt, wegen einer dieser Delikte schon einmal bestraft worden waren und insofern die Gesamtwürdigung ihrer Taten ergab, dass sie „gefährliche Sittlichkeitsverbrecher" waren, einer chirurgischen Kastration zu unterziehen.[641] Zwischen 1934 und 1944 wurden knapp 3000 „Triebverbrecher" zwangskastriert.[642]

In einem Grundsatzurteil im Jahr 1963 erklärte der BGH die Entfernung der männlichen Keimdrüsen für zulässig, „sofern sie das einzige Mittel ist, den Betroffenen von einem entarteten Geschlechtstrieb zu befreien und sofern sie Erfolg verspricht. Voraussetzung ist, dass der Betroffene den Eingriff nach sorgfältiger ärztlicher Belehrung über Art und Folgen freiwillig wünscht."[643]

Am 15. August 1969 hat schließlich der Bundestag ein „Gesetz über die freiwillige Kastration und andere Behandlungsmethoden" beschlossen, das am 15. Februar 1970 in Kraft trat.[644] Der Gesetzgeber hat sich insofern über die Entschei-

---

641 Kaiser, Die künstliche Unfruchtbarmachung von sexuellen Triebtätern, S. 38.

642 Beier/Bosinski/Hartmann/Loewit, Sexualmedizin, S. 393; Sparing, Zwangskastrationen im Nationalsozialismus, S. 170.

643 BGHSt 19, S. 201.

644 § 1 und § 2 dieses Gesetzes lauten:
§ 1: Begriffsbestimmungen
Kastration im Sinne dieses Gesetzes ist eine gegen die Auswirkungen eines abnormen Geschlechtstriebes gerichtete Behandlung, durch welche die Keimdrüsen eines Mannes absichtlich entfernt oder dauernd funktionsuntüchtig gemacht werden.
§ 2: Voraussetzungen der Kastration
(1) Die Kastration durch einen Arzt ist nicht als Körperverletzung strafbar, wenn
1. der Betroffene einwilligt (§ 3),
2. die Behandlung nach den Erkenntnissen der medizinischen Wissenschaft angezeigt ist, um bei dem Betroffenen schwerwiegende Krankheiten, seelische Störungen oder Leiden, die mit seinem abnormen Geschlechtstrieb zusammenhängen, zu verhüten, zu heilen oder zu lindern,
3. der Betroffene das fünfundzwanzigste Lebensjahr vollendet hat,
4. für ihn körperlich oder seelisch durch die Kastration keine Nachteile zu erwarten sind, die zu dem mit der Behandlung angestrebten Erfolg außer Verhältnis stehen, und
5. die Behandlung nach den Erkenntnissen der medizinischen Wissenschaft vorgenommen wird.
(2) Unter den Voraussetzungen des Absatzes 1 Nr. 1, 3 bis 5 ist die Kastration durch einen Arzt auch dann nicht als Körperverletzung strafbar, wenn bei dem Betroffenen ein abnormer Geschlechtstrieb gegeben ist, der nach seiner Persönlichkeit und bisherigen Lebensführung die Begehung rechtswidriger Taten im Sinne des § 175 Abs. 1 sowie der §§ 176, 177, 178, 183, 211, 212, 223 bis 227 des Strafgesetzbuches erwar-

dung des BGH hinweg gesetzt, als nun Kastrationen auch aus kriminologischen Gesichtspunkten zulässig sind, d.h. es ermöglicht auch Kastrationen von Delinquenten, die nach medizinischen Kriterien weder krank sind noch Verhaltensweisen von Krankheitswert zeigen.[645]
Die kriminalbiologische Kastration hat mit ärztlichen Aufgaben eher wenig zu tun, sondern zielt vielmehr auf Bestrafung, Sühne und Prävention ab. *Schneider* sieht darin eine „ideologisch begründete Strafe, die jeder wissenschaftlichen Grundlage entbehrt“[646]. Voraussetzung für den operativen Eingriff ist nach wie vor die Einwilligung des Betroffenen. Untersuchungen zur Rückfälligkeit kastrierter Sexualstraftäter[647] ergaben Rückfallquoten zwischen 2,9 % und 4,1 %. Auf den ersten Blick scheinen diese Werte für die Durchführung von Kastrationen zu sprechen. Gegenüber den ermittelten Rückfallquoten ist jedoch Kritik anzumelden. Die sehr kurze Methodendiskussion gibt Anlass dazu, die ermittelten Werte in Frage zu stellen. So kann nicht ausgeschlossen werden, dass mögliche Fehlerquellen, die einer Interviewsituation zur Gewinnung einiger Ergebnisse inhärent sind, nicht gesehen wurden.[648]
Daneben sind die physischen und psychischen Folgen zu beachten, die Kastrationen häufig nach sich ziehen. Klimakterische Symptome, vorzeitiges Altern, Beeinträchtigung des Allgemeinbefindens, Gewichtzunahme, Osteoporose, Depressionen, Vereinsamungs- oder Minderwertigkeitsgefühle und Motivationslosigkeit traten bei kastrierten Personen auf.[649] Die persönliche Situation ist dadurch gekennzeichnet, dass die operierten Sexualstraftäter Schwierigkeiten haben, dauerhafte Partnerbeziehungen aufzubauen. In einigen Fällen war der psychische Leidensdruck so groß, dass die Betroffenen Selbstmord begingen.[650]

---

ten lässt und die Kastration nach den Erkenntnissen der medizinischen Wissenschaft angezeigt ist, um dieser Gefahr zu begegnen und damit dem Betroffenen bei seiner künftigen Lebensführung zu helfen.

645 Langelüddeke, MschrKrim 1970, S. 290.; Sigusch, Organotherapien bei sexuellen Perversionen und sexueller Delinquenz, in: Sigusch (Hrsg.), Sexuelle Störungen und ihre Behandlung, S. 522.

646 Schneider, Die Behandlung von Sexualstraftätern im Strafvollzug, in: Festschrift für Böhm, S. 437.

647 Nachweise hierzu bei Heim, Die Kastration und ihre Folgen bei Sexualstraftätern, S. 3 ff.; Forschungsbericht 1999 (Soziosexuelle Störungen, Sexualdelinquenz; www.uni-kiel.de/sexmed/Forschung/body_forschung.html)

648 Heim, Die Kastration und ihre Folgen bei Sexualstraftätern, S. 31.

649 Kaiser, Die künstliche Unfruchtbarmachung von sexuellen Triebtätern, S. 55; Väth, Zur Wirksamkeit der Behandlung von Sexualstraftätern, S. 34.

650 Kaiser, Die künstliche Unfruchtbarmachung von sexuellen Triebtätern, S. 55; Heim, Die Kastration und ihre Folgen bei Sexualstraftätern, S. 223.

Die Kastration ist sicherlich dazu geeignet, den Sexualtrieb einzuschränken. Nach einer Untersuchung von Heim nahmen die sexuelle Appetenz und die sexuelle Erregbarkeit im postoperativen Zustand deutlich ab.[651] Auch andere Untersuchungen kamen zu diesem Ergebnis.[652] Hierzu ist aber festzustellen, dass diese Methode nur dann Erfolg verspricht, wenn die Sexualstraftat aufgrund eines übermäßig stark empfundenen Sexualtriebs begangen wird. Nur auf diesen kann sich die Kastration auswirken. Dass Sexualstraftaten jedoch verschiedenste Ursachen haben, wurde bereits erläutert. Im Hinblick auf die weitreichenden Konsequenzen, die eine Kastration auslöst, kann sie nicht als sinnvolle Behandlungsmethode angesehen werden.
Zwischen 1970 und 1980 sind etwa 770 Anträge auf Kastration gestellt worden und 430 derartige Eingriffe durchgeführt worden. Von 1980 bis 1990 ergab sich ein deutlicher Rückgang: jährlich sind nur noch 10 bis 12 Anträge gestellt worden. Seit 1990 kommt es nur noch zu ca. 6 Kastrationen pro Jahr.[653]

b) Stereotaktische Gehirnoperation

Vor allem in den 1970er Jahren wurden zur Behandlung sexueller Deviationen stereotaktische Gehirnoperationen vorgenommen. Es handelte sich dabei um eine gezielte operative Ausschaltung eines Areals im Zwischenhirn in einem Bereich, in dem ein sog. Sexualzentrum vermutet wurde.[654] Die Operation sollte eine Veränderung des Sexualverhaltens in Form einer Verringerung der Triebstärke erreichen.
1962 nahm der Neurologe *Fritz Douglas Röder* in Göttingen weltweit zum ersten Mal bei einem Patienten mit abweichendem Sexualverhalten einen Hypothalamus-Eingriff vor.[655] Der Patient überlebte den Eingriff nicht.
Abgesehen von ethischen Problemen derartiger operativer Eingriffe ist bereits die Möglichkeit einer exakten Lokalisierung und Abgrenzung eines menschlichen Sexualzentrums im Gehirn mehr als fragwürdig. Das OLG Hamm stellte in seinem Beschluss vom 26.7.1976 fest, dass stereotaktische Hirnoperationen beim Menschen aufgrund fehlender wissenschaftlicher Erkenntnisse keine geeignete Behandlungstherapie zur Heilung abweichenden Sexualverhaltens sei-

---

651 Heim, Die Kastration und ihre Folgen bei Sexualstraftätern, S. 222.
652 Nachweise hierzu bei Heim, Die Kastration und ihre Folgen bei Sexualstraftätern, S. 3 ff.
653 Sigusch, Organotherapien bei sexuellen Perversionen und sexueller Delinquenz, in: Sigusch (Hrsg.), Sexuelle Störungen und ihre Behandlung, S. 523.
654 Schorsch/Galedary/Haag/Hauch/Lohse, Perversion als Straftat, S. 3; Knecht, Kriminalistik 2001, S. 748.
655 Sigusch, Organotherapien bei sexuellen Perversionen und sexueller Delinquenz, in: Sigusch, Sexuelle Störungen und ihre Behandlung, S. 526.

en.[656] Die Begründung stützt sich weitgehend auf Stellungnahmen des damaligen Leiters der Abteilung für Sexualforschung der Psychiatrischen Universitätsklinik Hamburg und des Leiters der Abteilung für Sexualwissenschaft des Klinikums der Universität Frankfurt, die die Praxis der stereotaktischen Eingriffe sehr kritisch betrachten. So seien bereits die theoretischen Grundlagen, aus denen die Berechtigung zur Vornahme der Operation abgeleitet wird, äußerst fragwürdig. Sie gingen von einem biologisch verkürzten und damit falschen Bild der menschlichen Sexualität aus.[657] Dennoch kam es in der Folgezeit weiter zu stereotaktischen Eingriffen und auch heute noch werden seelisch Kranke von Neurochirurgen operiert.[658]

2. Medikamentöse Therapien

Allgemein gilt für den Einsatz von Medikamenten in der Sexualstraftäterbehandlung, dass sie nicht ohne eine weitergehende psychotherapeutische Behandlung eingesetzt werden dürfen. Ohne zusätzliche Psychotherapie bestünde die Gefahr einer Scheinlösung und Chronifizierung der Problematik.[659] Zumeist werden Medikamente zur Unterstützung anderer Therapieformen verabreicht.[660] Viele Täter können sexuelle Impulse, obwohl sie sich kognitiv von ihnen distanzieren, nicht selbständig unterdrücken. Die Verordnung von Medikamenten, die die sexuellen Impulse mehr oder weniger einschränken, ist in einigen Fällen Grundvoraussetzung für den Beginn einer Therapie, häufig auch Helfer während der Durchführung einer Therapie, da manchen Patienten die Inhalte einer Therapie überhaupt erst vermittelt werden können, wenn die Störung durch anhaltendes sexuelles Reizempfinden verringert wird. Eine antihormonelle Behandlung stellt jedoch häufig einen Verzicht auf intime Partnerschaften dar, weshalb leichter eine Motivation der Täter bezüglich weniger einschneidender Maßnahmen der Psychotherapie zu erreichen ist.[661] Gerade bei paraphilen Tätern mit

[656] OLG Hamm, NJW 1976, S. 2311.

[657] OLG Hamm, NJW 1976, S. 2311 (2312).

[658] Nachweise hierzu bei Sigusch, Organotherapien bei sexuellen Perversionen und sexueller Delinquenz, in: Sigusch, Sexuelle Störungen und ihre Behandlung, S. 527.

[659] Leygraf, Psychiatrische Aspekte der Therapie und Prognose bei Sexualstraftätern, in: de Boor/Haffke/Lange-Joest (Hrsg.), Was tun mit den Sexualstraftätern?, S. 102; Rehder, Sexuell abweichendes Verhalten, in: Egg, Sozialtherapie in den 90er Jahren, S. 91.

[660] Rüther, MschrKrim 1998, S. 256; Mauch/Mauch, Sozialtherapie und die Sozialtherapeutische Anstalt, S. 70.

[661] Berner, Untersuchungen über Therapieerfolg bei Straftäterbehandlungen und deren Konsequenzen für neue Behandlungsmodelle, in: Wodtke-Werner/Mähne (Hrsg.), „Nicht wegschauen!“ Vom Umgang mit Sexual(straf)tätern, S. 128.

hohem Aggressionspotential dient die Verabreichung von Medikamenten der Ergänzung des eigentlichen Therapieprogramms.

a) Serotonin-Reuptake-Hemmer

Serotonin-Reuptake-Hemmer wurden ursprünglich zur Behandlung von Depressionen und Angstzuständen entwickelt. Sogenannte Serotonin-Wiederaufnahme-Hemmer erhöhen die Konzentration des Überträgerstoffs Serotonin an den Synapsen der Nervenzellen und greifen damit modulierend in die Affektentwicklung ein.[662] Die höhere Konzentration von Serotonin soll die Entwicklung von Affekten verlangsamen und damit besser willentlich steuerbar machen.

b) Antiandrogene

Das Antiandrogen Cyproteronacetat (Androcur®) wurde ursprünglich nur zur Nachbehandlung des Prostatakarzinoms eingesetzt. Prinzipiell beeinflussen Antiandrogene alle funktionell oder morphologisch irgendwie androgenabhängigen Organsysteme.[663] Es hemmt die Wirkung der körpereigenen Hoden- und Nebennierenrindenandrogene an den androgensensiblen Rezeptoren und wird heute zur sogenannten hormonellen Kastration bei Sexualdelinquenten angewandt.[664] In mehreren Studien[665] konnte nachgewiesen werden, dass die nächtlichen Erektionen von Männern abnehmen, was den Schluss auf eine geringere Ansprechbarkeit auf sexuelle Reize zulässt. Bei entsprechend motivierten Patienten kann durch die medikamentöse Triebdämpfung eine Verbesserung der Selbstkontrolle erzielt werden. Die Reduktion der sexuellen Spannung verbessert die Bereitschaft zur rationalen und emotionalen Konfliktbewältigung.[666]
Als mögliche Nebenwirkungen kommen eine Vergrößerung der Brustdrüse (Gynäkomastie), Entkalkung der Knochen und eine erhöhte Thromboseneigung

662 Berner, Institutionelle Therapie bei sexueller Delinquenz, in: Sigusch, Sexuelle Störungen und ihre Behandlung, S. 508.

663 Sigusch, Somatische Behandlungsversuche bei sexuellen Perversionen und sexueller Delinquenz, in: Schorsch (Hrsg.), Sexuelle Perversionen, S. 267.

664 Beier/Bosinski/Hartmann/Loewit, Sexualmedizin, S. 391; Leygraf, Psychiatrische Aspekte der Therapie und Prognose bei Sexualstraftätern, in: de Boor, Haffke/Lange-Joest (Hrsg.), Was tun mit Sexualstraftätern?, S. 102.

665 Nachweise hierzu bei Berner, Untersuchungen über Therapieerfolg bei Straftäterbehandlungen und deren Konsequenzen für neue Behandlungsmodelle, in: Wodtke-Werner/Mähne (Hrsg.), „Nicht wegschauen!“ Vom Umgang mit Sexual(straf)tätern, S. 130.

666 Wiederholt, ZfStrVo 1989, S. 232.

in Betracht.[667] Tierversuche haben gezeigt, dass der Arzneistoff in seltenen Fällen sogar die Entstehung von Leberzellkarzinomen begünstigen kann. Deshalb sollte gerade bei jüngeren Patienten wegen möglicher Langzeitschäden von einer jahrelangen Dauermedikation abgesehen werden.
In den 1980er Jahren wurde die Behandlung mit Antiandrogenen aufgrund der relativ ungeklärten Situation von alternativen Behandlungsmethoden für Sexualstraftäter als Allheilmittel für sexuelle Störungen gesehen. Häufig wurden Antiandrogene unkontrolliert und ohne exakte Indikation verschrieben. Dabei war bereits zum damaligen Zeitpunkt bekannt, dass die Verabreichung von Antiandrogenen lediglich die Symp-tomatik allenfalls unterdrücken konnte und deshalb eine Kombination mit psychotherapeutischen Maßnahmen erforderlich war.[668]
Die Verabreichung von Antiandrogenen ist in den Fällen aussichtslos, in denen die Motivation für Sexualdelinquenz keinerlei Bezug zu organischen Ursachen aufweist.

c) LHRH- bzw. GnRH-Agonisten

Ziel dieser Medikation ist ebenfalls eine Verringerung der Testosteronproduktion. Für sie sprechen die geringeren Nebenwirkungen im Vergleich zu Cyproteronacetat. In Abständen von einem bis drei Monaten wird ein Analogon zum Gonadotropin- und Lutein-Releasing-Faktor verabreicht.
Die Substanzen Goserelin, Triptorelin oder Leuprorelin wurden ebenfalls zunächst zur Behandlung des Prostatakarzinoms eingesetzt. Sie greifen in der Hypophyse in den Prozess der Hormonproduktionssteuerung ein, indem sie zu einer Abstumpfung der Rezeptoren führen, woraufhin der eigentliche Stimulus für die Androgensynthese – das Luteinisierungshormon (LH) – nicht mehr ausgelöst werden kann.[669] In einer 1998 von *Rösler* und *Witzum* durchgeführten Studie[670] wurden 30 Männer mit schweren Paraphilien mit Triptorelin behandelt. Es wurden monatliche Injektionen von 3,75 mg verabreicht und zusätzlich psychotherapeutische Maßnahmen durchgeführt. Alle Männer reagierten auf die Medikation mit einer deutlichen Abnahme der sexuellen Phantasietätigkeit und damit

---

667 Berner, Untersuchungen über Therapieerfolg bei Straftäterbehandlungen und deren Konsequenzen für neue Behandlungsmodelle, in Wodtke-Werner/Mähne (Hrsg.), „Nicht wegschauen!“ Vom Umgang mit Sexual(straf)tätern, S. 130; Knecht, Kriminalistik 2001, S. 748.

668 Schorsch/Galedary/Haag/Hauch/Lohse, Perversion als Straftat, S. 3.

669 Knecht, Kriminalistik 2001, S. 748.

670 Nachweis hierzu bei Berner, Untersuchungen über Therapieerfolg bei Straftäterbehandlungen und deren Konsequenzen für neue Behandlungsmodelle, in: Wodtke-Werner/Mähne (Hrsg.), „Nicht wegschauen!“ Vom Umgang mit Sexual(straf)tätern, S. 130.

der sexuellen Aktivitäten.[671] Am Beginn der Behandlung muss Cyproteronacetat zusätzlich gegeben werden, da es vor der Verringerung zunächst zu einer Steigerung der Testosteronproduktion kommt.[672] Als Nebenwirkungen können plötzliche Hitzegefühle mit Gesichtsrötungen und eine Abnahme der Kalkdichte in den Knochen auftreten[673] (die Tabelle auf Seite 222 gibt einen Überblick über den Einsatz unterschiedlicher Medikamente und empfohlener Psychotherapien).

3. Therapiemethoden nach Mauch/Mauch

Mauch/Mauch konzentrieren sich in ihrem Behandlungsprogramm auf sozialtherapeutische Maßnahmen. Sie unterteilten Sozialtherapie in methodisch verschiedene Behandlungsformen, die sie in den 1970er Jahren in der sozialtherapeutischen Anstalt auf dem Hohenasperg angewendet haben. Die Behandlung beinhaltet Psychotherapie, Milieutherapie, Verhaltenstherapie, Kontakttherapie und Arbeits- bzw. Beschäftigungstherapie.[674]

a) Psychotherapie

Die analytisch orientierte Psychotherapie ist das Kernstück aller sozialtherapeutischen Bemühungen. Sie stellt in Kombination mit anderen Methoden die Behandlungsmethode dar, die die größten Chancen im Hinblick auf eine positive Veränderung der Täter hat.[675] Die Psychotherapie orientiert sich zunächst an einer regressiven Denkweise. Der Patient erfährt durch Aufarbeitung früherer Erlebnisse, dass er einem Wiederholungszwang bezüglich bestimmter Verhaltensweisen unterliegt. Er soll die Sexualstraftat als ein Symptom innerpsychischer Probleme verstehen, die im Wesentlichen auf frühkindliche Traumata zurückzuführen sind.[676]

---

671 Goderbauer (Stationäre Behandlung von Sexualstraftätern im Strafvollzug, in: Wodtke-Werner/Mähne (Hrsg.), „Nicht wegschauen!“ Vom Umgang mit Sexual(straf)tätern, S. 175) dagegen bezweifelt die Wirksamkeit aller medikamentöser Behandlungsformen; er stellt fest, dass zwar der Sexualtrieb verringert werden könne, das Sexualverlangen aber weiterhin vorhanden sei; gerade im Zusammenhang mit der Verabreichung von Androcur® nehme Aggressivität und Wut der Täter zu.

672 Beier/Bosinski/Hartmann/Loewit, Sexualmedizin, S. 392.

673 Berner, Untersuchungen über Therapieerfolg bei Straftäterbehandlungen und deren Konsequenzen für neue Behandlungsmodelle, in: Wodtke-Werner/Mähne (Hrsg.), „Nicht wegschauen!“ Vom Umgang mit Sexual(straf)tätern, S. 130 f.

674 Mauch/Mauch, Sozialtherapie und die Sozialtherapeutische Anstalt, S. 40 ff.

675 Mauch/Mauch, Sozialtherapie und die Sozialtherapeutische Anstalt, S. 42.

676 Schneider, Die Behandlung von Sexualstraftätern im Strafvollzug, in: Festschrift für Böhm, S. 438.

Pharmaka	**Art des kriminellen Musters**	**Psychiatrische Diagnose**	**Psychotherapie**
SSRI (selektive Serotonin-Reuptake-Inhibition, Fluoxetin, Paroxetin)	Exhibitionismus, nicht aggressiver sexueller Missbrauch (allgem. sex. Impulsivität)	Exhibitionismus, Pädophilie, Störung der Impulskontrolle	Konfrontativ psychodynamisch oder kognitiv verhaltenstherapeutisch Gruppe
Anti-Androgen (Cyproteronacetat)	Aggressives Sexualdelikt oder zunehmende Wiederholungstendenz	Sadismus, sadistische Pädophilie, Pädophilie mit Progredienz	Konfrontativ psychodynamisch oder kognitiv verhaltenstherapeutisch Eventuell Gruppe
LHRH-und/oder GnRH-Agonisten (Goserelinacetat, Leuprorelinacatat)	Aggressives Sexualdelikt oder zunehmende Wiederholungstendenz	Sadismus, sadistische Pädophilie oder Pädophilie mit Progredienz	Konfrontativ psychodynamisch oder kognitiv verhaltenstherapeutisch Eventuell Gruppe

(Quelle: Berner, Untersuchungen über Therapieerfolg bei Straftäterbehandlungen und deren Konsequenzen für neue Behandlungsmodelle, in: Wodtke-Werner/Mähne (Hrsg.), „Nicht wegschauen!“ Vom Umgang mit Sexual(straftätern), S. 131, Tabelle 4)

Soziales Fehlverhalten wird aber nicht nur in der Vergangenheit betrachtet, sondern auch im Hinblick auf zukünftige Situationen beurteilt. Durch genaue Verhaltensanalyse versucht man dem Täter beizubringen, Verhaltensalternativen zu entwickeln und realitätsangepasster zu leben.

b) Milieutherapie

Das Milieu, in dem der Straftäter aufgewachsen ist, kann eine entscheidende Rolle in der Herausbildung einer Persönlichkeitsstörung spielen. Häufig weisen Sexualstraftäter Defizite im zwischenmenschlichen Bereich auf. In der Justizvollzugsanstalt ist deshalb eine Umgebung zu schaffen, in der der Täter soziale Interaktionsformen erlernen und sogleich umsetzen kann. Der Täter soll seinen eigenen Standpunkt in der Gesellschaft bestimmen, indem er über seine Konflikte, seine Anschauungen über sich selbst und über die Meinung anderer über seine Person mit einem Mitarbeiter des Behandlungsteams spricht.[677] Die Milieutherapie beinhaltet die Förderung der Gemeinschaftsfähigkeit, die Verringerung unerwünschter subkultureller Einflüsse und die Stärkung der Verantwortlichkeit füreinander.[678]

c) Verhaltenstherapie

Durch verhaltenstherapeutische Maßnahmen soll der Sexualstraftäter antisoziales Verhalten verlernen und sozialadäquates Verhalten erlernen. Nach *Mauch/Mauch* werden Lernprozesse durch die Konsequenzen von Handlungen gesteuert. Folgt auf die Handlung eine positive Konsequenz, wird die Handlung wiederholt. Lernprozesse sind nur dann veränderbar, wenn die erwünschten Konsequenzen der erlernten Handlung entfallen.

Nun ist es kaum zu erreichen, einem Sexualdelinquenten die Befriedigung, die er nach einer Tatbegehung verspürt, zu entziehen. Deshalb müssen ihm andere Verhaltensweisen beigebracht werden, die die gleiche Befriedigung oder sogar ein größeres Maß an Erfüllung auslösen. Daneben hat der Täter zu lernen, bestimmte Reize, die das delinquente Verhalten ausgelöst haben, zu ignorieren. Dies ist nur möglich, wenn der Täter eine Belohnung für das Nichtreagieren erhält; es bedarf der Einsetzung eines positiven Verstärkers. Die unterlassene Handlung gilt es zu belohnen. Hier sind die Therapeuten gefragt, die auf die Therapieteilnehmer bei Erreichen eines bestimmten Verhaltensmusters die Patienten bestärken und zur Wiederholung anregen sollen. Die Ermutigung durch Erleben von Erfolgen setzt nicht nur einen neuen Lernprozess in Gang, sondern unterstützt die Entwicklung von Selbstbewusstsein und positiver Durchsetzungskraft.[679]

---

677 Mauch/Mauch, Sozialtherapie und die Sozialtherapeutische Anstalt, S. 51.

678 Wößner, Behandlung, Behandelbarkeit und Typisierung von Sexualstraftätern, S. 19.

679 Mauch/Mauch, Sozialtherapie und die Sozialtherapeutische Anstalt, S. 60.

d) Kontakttherapie

Die bei Sexualstraftätern häufig fehlende Empathiefähigkeit in Bezug auf ihre Opfer kann auch dergestalt ausgeprägt sein, dass sie über keinerlei Kontaktfähigkeit zu anderen Menschen verfügen. Die damit einhergehende Isolation des Täters kann im negativen Sinne deliktfördernd gewesen sein. Die Herstellung eines zwischenmenschlichen Kontakts kann den Blick des Täters von sich selbst auf andere Menschen umlenken und ihn in Beziehung zu seiner Umwelt setzen. Er sollte lernen, dass eine – meist nur kurzzeitig empfundene – Bedürfnisbefriedigung nicht das alleinige Ziel einer Handlung sein kann.

e) Arbeits- und Beschäftigungstherapie

Viele Straffällige sind nicht fähig, einer geregelten Arbeit nachzugehen. Die der Kriminalität zugrunde liegende Persönlichkeitsstörung ist in den meisten Fällen auch die Ursache der „Arbeitsunwilligkeit". Die Erziehung zur Arbeit dient in erster Linie der Beseitigung der Persönlichkeitsstörung, was in der Folge wiederum eine Beständigkeit im Arbeitsleben bewirken kann. Zeigt ein Täter dagegen keinerlei Defizite hinsichtlich Arbeitsorganisation und Arbeitseinsatz, ist eine Arbeitstherapie nicht erforderlich.

4. Gesprächspsychotherapie

Bei der auf *Rogers*[680] zurückgehenden Gesprächspsychotherapie oder klientenzentrierten Gesprächstherapie geht es vor allem darum, die eigene Aktivität des Klienten bei der Problemlösung zu fördern. Der Therapeut erteilt dem Patienten kaum Rat-schläge oder Anweisungen, sieht das subjektive Erleben des jeweiligen Klienten als real an und stellt dieses nicht in Frage.[681] Nicht das Problem, sondern das Individuum steht im Mittelpunkt der Betrachtung.[682] Ziel ist es, die Änderung eines gestörten Selbstkonzepts zu erreichen.[683] Unter Selbstkonzept einer Person sind die Einstellungen zu sich selbst und zur eigenen Umwelt zu verstehen, die sich in einer stetigen Auseinandersetzung mit dieser entwickeln. Liegt eine Störung des Selbstkonzepts vor, werden bestimmte Reize aus der Umwelt nicht wahrgenommen oder falsch gedeutet. Zur Änderung des Selbst-

---

680 Siehe hierzu Rogers, Die nicht-direktive Beratung, S. 29 ff.; nach Wiederholt führt die non-direktive Gesprächsführung bei Sexualstraftätern zur Aufrechterhaltung von Alibisystemen im Sinne von Verdrängung und Verleugnung, weshalb bei dieser Klientengruppe eher ein relativ direktiver Therapieansatz gewählt werden sollte (siehe hierzu Wiederholt, ZfStrVo 1989, S. 234).

681 Göppinger, Kriminologie, S. 416.

682 Rogers, Die nicht-direktive Beratung, S. 36.

683 Sörgel, Sozialtherapie – Die Möglichkeiten nach dem Strafvollzugsgesetz, S. 103.

konzepts ist eine bestimmte Grundhaltung des Therapeuten erforderlich, die sich an drei Punkten festmachen lässt:

- *Echtheit und Selbstkongruenz:* Um dem Patienten eine Hilfestellung zur Öffnung der eigenen Person und zur Beschreibung der Gefühlswelt zu geben, muss der Therapeut so weit wie möglich seine Therapeutenrolle zurückdrängen und sich dem Patienten als „normale" Person präsentieren.

- *Wärme und Zuwendung:* Der Therapeut soll dem Patienten gegenüber Verständnis aufbringen, um bei ihm das Selbstwertgefühl zu stärken, was eine Voraussetzung für die Bearbeitung der eigentlichen Probleme ist.

- *Empathie, einfühlendes Verstehen:* Die Anstrengung des Therapeuten, sich in die Lage des Patienten hineinversetzen zu können, seine Gefühle und Erlebnisse genau zu erfassen, dient ebenfalls dem Ziel, Vertrauen zu schaffen und ein behandlungsförderndes Klima aufzubauen.[684]

Die klienten-zentrierte Gesprächstherapie richtet sich überwiegend an Patienten, die jung, attraktiv, intelligent, sozial integriert sind und über einen elaborierten Sprachcode verfügen.[685]
In behandlungstechnischer Hinsicht bringt diese Methode wohl sicherlich keine sensationellen Neuigkeiten. Dass ein Vertrauensverhältnis zwischen Therapeut und Patient gerade im sensiblen Bereich der Sexualstraftaten eine unerlässliche Voraussetzung darstellt, ist offensichtlich. Daneben gehört heute eine Gesprächstherapie zu den essentiellen Behandlungsmaßnahmen jedes Therapiekonzeptes.

5. Kognitiv-behaviorale Therapie

Auch in der Behandlung von Sexualstraftätern basieren viele Therapieformen auf einem kognitiv-behavioralen Ansatz. Es hat sich gezeigt, dass Therapien, die mit diesem Ansatz in Verbindung stehen, die größten Erfolgschancen hinsichtlich der Rückfallvermeidung von Sexualstraftätern haben. Das kognitiv-behaviorale Modell sieht in Sexualstraftaten im Wesentlichen ein Verhalten, dem bestimmte Denk-, Gefühls- und Handlungsmuster vorausgehen. Diese bestimmten Denkweisen, Gefühle und Handlungen müssen im Laufe der Behandlung in ursächliche Beziehung zur Straftat gesetzt werden. Darauf aufbauend können dann alternative Verhaltensstrategien entwickelt werden, die den Täter

---

684 Göppinger, Kriminologie, S. 417.
685 Scholz, R & P 1998, S. 179.

befähigen sollen, in bestimmten Situationen anders zu reagieren und so einen Rückfall zu vermeiden.[686]
Ziel der kognitiven Ansätze ist also nicht primär die Reduzierung devianter Impulse, sondern der sozial akzeptable Umgang mit ihnen und die Stärkung der Selbstkontrollmechanismen. Kognitiv-behaviorale Ansätze gehen auf folgende drei Grundlagen zurück:

- die Techniken, die darauf abzielen, kognitive Verzerrungen wie Verleugnen, Rechtfertigen und Bagatellisieren des devianten Sexualverhaltens zu durchbrechen,

- die Aufgabe „rein männlicher" Sichtweisen von Sexualdelikten und von Geschlechtsrollen-Stereotypien,

- das Aufzeigen typischer „Denkfehler" von Sexualstraftätern.[687]

a) Sex Offender Treatment Program (SOTP)

Dieses Behandlungsprogramm wurde 1992 sowohl für junge als auch erwachsene Straffällige in England und Wales eingeführt. Das SOTP basiert auf der theoretischen Grundlage des kognitiv-behavioralen Modells. Nach einer Phase der Diagnostik und Beurteilung kommen mehrere Behandlungsstufen zum Einsatz.[688] Im Grundsatz zielt die Behandlung darauf ab, Verleugnung und Bagatellisierung der begangenen Tat abzubauen, Empathie für das Opfer anzuregen und neue Verhaltensstrategien im Hinblick auf das Vermeiden von Konfliktsituationen zu entwickeln.[689]
Die Aufnahme eines Täters in das Programm erfolgt auf der Grundlage seines Verhaltens und nicht aufgrund der Zuordnung zu einer bestimmten diagnostischen Kategorie. Ausgeschlossen werden Sexualstraftäter, die an einer psychotischen Erkrankung leiden oder Sexualstraftäter mit psychopatischer Persönlichkeit.[690]

---

686 Mann, Kognitiv-behaviorale Theorie von inhaftierten Sexualstraftätern in England und Wales, in: Deegener (Hrsg.), Sexuelle und körperliche Gewalt, S. 341.

687 Rehder, Sexuell abweichendes Verhalten, in: Egg (Hrsg.), Sozialtherapie in den 90er Jahren, S. 92.

688 Wößner, Behandlung, Behandelbarkeit und Typisierung von Sexualstraftätern, S. 42.

689 Kröber, Ansätze zur gezielten Psychotherapie mit Sexualstraftätern, in: Herrfahrdt, (Hrsg.), Behandlung von Sexualstraftätern, S. 45.

690 Mann, Kognitiv-behaviorale Therapie von inhaftierten Sexualstraftätern in England und Wales, in: Deegener (Hrsg.), Sexuelle und körperliche Gewalt, S. 341.

aa) Aufbau und Inhalt des Programms

• ***1. Stufe: Diagnostik und Beurteilung***

Die Diagnostik hat zum Ziel, diejenigen Gefangenen zu ermitteln, die für das Programm geeignet sind, das Ausmaß des Rückfallrisikos und der Behandlungsdringlichkeit zu ermitteln und Basiswerte für klinische Variablen zu gewinnen, auf deren Grundlage der Fortschritt im Verlauf des Behandlungsprogramms genau bestimmt werden kann. Im Einzelnen umfasst die Diagnostik mehrere Maßnahmen. Mit dem Täter werden zunächst Interviews geführt zur Erfassung der soziobiographischen Anamnese, derjenigen Faktoren, die mit der zur Verurteilung führenden Straftat in Verbindung stehen, der Risikofaktoren sowie möglicher Strategien zur Vermeidung von Rückfällen und des Umfangs an Verständnis und Mitleid für das Opfer der Tat. Anhand der „Hare-Psychopathy Checklist“[691] – Hare teilt die Schlüsselsymptome in „Emotional/Interpersonal“ und

[691] Hare's psychopathy checklist basiert auf der Checkliste von Cleckley, der den Begriff der psychopathic personality prägte (Cleckley, The mask of sanity: An attempt to clarify some issues about the so called psychopathic personality, S. 10 ff.); im Folgenden ist eine Erläuterung dieser Checkliste aufgeführt (siehe hierzu Antisocial Personality, Sociopathy and Psychopathy, http://faculty.ncwc.edu/ toconnor/401/401lect16.htm); viele Stimmen in der Literatur gehen davon aus, dass sich Psychopathen, die nach der „psychopathy checklist“ bestimmt werden, kaum für Behandlungsprogramme eignen; die „psychopathy checklist“ beschreibt ein Bündel von Persönlichkeitsmerkmalen:
"1. Glib and superficial charm – the tendency to be smooth, engaging, charming, slick, and verbally facile. Psychopathic charm is not in the least shy, self-conscious, or afraid to say anything. A psychopath never gets tongue-tied. They have freed themselves from the social conventions about taking turns in talking, for example.
2. Grandiose self-worth – a grossly inflated view of one's abilities and self-worth, self-assured, opinionated, cocky, a braggart. Psychopaths are arrogant people who believe they are superior human beings.
3. Need for stimulation or proneness to boredom – an excessive need for novel, thrilling, and exciting stimulation; taking chances and doing things that are risky. Psychopaths often have a low self-discipline in carrying tasks through to completion because they get bored easily. They fail to work at the same job for any length of time, for example, or to finish tasks that they consider dull or routine.
4. Pathological lying – can be moderate or high; in moderate form, they will be shrewd, crafty, cunning, sly, and clever; in extreme form, they will be deceptive, deceitful, underhanded, unscrupulous, manipulative, and dishonest.
5. Conning and manipulativeness – the use of deceit and deception to cheat, con, or defraud others for personal gain; distinguished from Item 4 in the degree to which exploitation and callous ruthlessness is present, as reflected in a lack of concern for the feelings and suffering of one's victims.

6. Lack of remorse or guilt – a lack of feelings or concern for the losses, pain, and suffering of victims; a tendency to be unconcerned, dispassionate, coldhearted, and unempathic. This item is usually demonstrated by a disdain for one's victims.
7. Shallow affect – emotional poverty or a limited range or depth of feelings; interpersonal coldness in spite of signs of open gregariousness.
8. Callousness and lack of empathy – a lack of feelings toward people in general; cold, contemptuous, inconsiderate, and tactless.
9. Parasitic lifestyle – an intentional, manipulative, selfish, and exploitative financial dependence on others as reflected in a lack of motivation, low self-discipline, and inability to begin or complete responsibilities.
10. Poor behavioral controls – expressions of irritability, annoyance, impatience, threats, aggression, and verbal abuse; inadequate control of anger and temper; acting hastily.
11. Promiscuous sexual behavior – a variety of brief, superficial relations, numerous affairs, and an indiscriminate selection of sexual partners; the maintenance of several relationships at the same time; a history of attempts to sexually coerce others into sexual activity or taking great pride at discussing sexual exploits or conquests.
12. Early behavior problems – a variety of behaviors prior to age 13, including lying, theft, cheating, vandalism, bullying, sexual activity, fire-setting, glue-sniffing, alcohol use, and running away from home.
13. Lack of realistic, long-term goals – an inability or persistent failure to develop and execute long-term plans and goals; a nomadic existence, aimless, lacking direction in life.
14. Impulsivity – the occurrence of behaviors that are unpremeditated and lack reflection or planning; inability to resist temptation, frustrations, and urges; a lack of deliberation without considering the consequences; foolhardy, rash, unpredictable, erratic, and reckless.
15. Irresponsibility – repeated failure to fulfill or honor obligations and commitments; such as not paying bills, defaulting on loans, performing sloppy work, being absent or late to work, failing to honor contractual agreements.
16. Failure to accept responsibility for own actions – a failure to accept responsibility for one's actions reflected in low conscientiousness, an absence of dutifulness, antagonistic manipulation, denial of responsibility, and an effort to manipulate others through this denial.
17. Many short-term marital relationships – a lack of commitment to a long-term relationship reflected in inconsistent, undependable, and unreliable commitments in life, including marital.
18. Juvenile delinquency – behavior problems between the ages of 13-18; mostly behaviors that are crimes or clearly involve aspects of antagonism, exploitation, aggression, manipulation, or a callous, ruthless tough-mindedness.
19. Revocation of condition release – a revocation of probation or other conditional release due to technical violations, such as carelessness, low deliberation, or failing to appear.
20. Criminal versatility – a diversity of types of criminal offenses, regardless if the person has been arrested or convicted for them; taking great pride at getting away with crimes."

„Social Deviance“ ein[692] – werden Täter ermittelt, die an einer ausgeprägten psychopathischen Persönlichkeitsstörung leiden und sich deshalb nicht für das Programm eignen.[693] Mit Hilfe von medizinischen Untersuchungen soll festgestellt werden, ob eventuell medizinische oder psychiatrische Gründe – z.B. akute psychotische Erkrankungen oder Suizidgefahr – vorliegen, die eine kognitiv-behaviorale Behandlung ausschließen.

Daneben werden psychometrische Tests durchgeführt zur Erfassung der Persönlichkeit, der mit dem Delikt in Zusammenhang stehenden Einstellungen, der allgemeinen Empathiefähigkeit, der sozialen und interpersonalen Fähigkeiten und Rechtfertigungs- und Bagatellisierungsmechanismen des Täters in Bezug auf seine Tat. In manchen Diagnoseverfahren werden zudem penisplethysmographische Untersuchungen zur Erfassung sexueller Präferenzen durchgeführt. Hierbei handelt es sich um eine umstrittene Methode.[694] Bei diesen Untersuchungen werden den Tätern Bilder von nackten Männern und Frauen gezeigt, wobei nach drei Altersgruppen – Erwachsene, Pubertierende und Kinder – unterschieden wird. In Videoclips werden unterschiedliche sexuelle Darstellungen gezeigt, z.B. Szenen mit einvernehmlichem Geschlechtsverkehr oder heterosexuellen Vergewaltigungen. Dabei wird beobachtet, wie der Täter auf die unterschiedlichen Darstellungen reagiert.

Am Ende der Untersuchungen wird eine endgültige Entscheidung getroffen, ob der Sexualstraftäter für die kognitiv-behaviorale Behandlung geeignet ist und ob bei diesem die nötige Therapiebereitschaft vorliegt. Voraussetzung für die Aufnahme in das SOTP ist, dass der Täter seine Tat zugibt und bereit ist, darüber zu sprechen. In einer schriftlichen Einweisung, die jeder in das Therapieprogramm aufgenommene Täter erhält, werden die rechtlichen und forensischen Gesichtspunkte und Beweise des Delikts zusammengefasst und der eigenen Beschreibung des Patienten gegenübergestellt, wobei in vielen Fällen festzuhalten ist, dass die Schilderung des Täters ein hohes Ausmaß an Untertreibung und Bagatellisierung der Tat enthält.

[692] Hare, Without Conscience, S. 40.

[693] Im Allgemeinen werden Patienten mit einer tiefgreifenden Persönlichkeitsstörung, die unter „psychopathy“ zu subsumieren ist, als schwer behandelbar bezeichnet (siehe hierzu Wößner, Behandlung, Behandelbarkeit und Typisierung von Sexualstraftätern, S. 32); der Anteil der „Psychopaths“ dürfte unter den Strafgefangenen in der Bundesrepublik Deutschland etwa bei 10 bis 15 % liegen (Nuhn-Neber/Rehder/Wischka, MschrKrim 2002, S. 277). Kognitiv-behaviorale Behandlungsansätze haben sich nicht nur als erfolglos bei dieser Täterkategorie erwiesen, sondern offensichtlich deren Rückfallwahrscheinlichkeit sogar erhöht.

[694] Siehe hierzu Mann, Kognitiv-behaviorale Therapie von inhaftierten Sexualstraftätern in England und Wales, in: Deegener (Hrsg.), Sexuelle und körperliche Gewalt, S. 343.

• *2. Stufe: „Core program“*

- Aufbau:

Das „core program“ stellt den Kernpunkt der Behandlung dar und umfasst einen zeitlichen Rahmen von 180 Stunden in Gruppentherapie. Es finden einführende Sitzungen dar, in denen zunächst versucht wird, die bestehende Hierarchie zwischen den Inhaftierten abzubauen, um ein Umfeld zu schaffen, das eine effektive Therapie überhaupt zulässt.

Zu Beginn folgen kurze Berichte der Therapieteilnehmer über ihre strafrechtliche Vergangenheit. Für die Therapeuten besteht diesbezüglich die Aufgabe, Bagatellisierungs- und Verleugnungstendenzen jedes Einzelnen zu identifizieren. Anhand von schriftlichen Berichten, Videoaufzeichnungen und Diskussionen versucht man, die Täter über die negativen Folgen für Opfer von sexuellem Missbrauch aufzuklären. Dazu dienen auch Rollenspiele, durch die der Täter eine engere emotionale Bindung zu seiner eigenen Tat aufbaut. Durch Erstellen einer kognitiv-behavioralen Kette soll in den Tätern die Erkenntnis geweckt werden, dass es eine Kette von Ereignissen gegeben hat, die zu ihren Taten führte, wobei auch die Rolle der Gedanken und Gefühle während des Durchlaufens dieser Verhaltenskette bis hin zur Begehung des Delikts verdeutlicht wird.[695]

Zusammen mit den Patienten werden in einem Rückfallplan alternative Verhaltensweisen erarbeitet, die die Begehung einer neuen Straftat verhindern sollen. Dabei distanziert man sich im SOTP von auf Vermeidung aufbauenden Strategien und wendet den Blick mehr auf Vorgehensweisen, die auf Ziel-Annäherung ausgerichtet sind.[696]

Im Kernprogramm wird eine Vielzahl von unterschiedlichen Behandlungsmethoden vereinigt. Die Anwendung kognitiv-behavioraler Techniken dient dazu, irrationale und verzerrte Denkmuster der Täter herauszuarbeiten, die in der Vergangenheit zur Rechtfertigung der Taten entwickelt wurden. Als Einstieg in die Auseinandersetzung mit den Folgen für das Opfer der Tat werden psychoedukative Methoden angewandt. Das Ansehen von Videos und die Aufarbeitung von schriftlichem Material dienen der Informationssammlung über physische und psychische Auswirkungen bei den Opfern. In Form von Rollenspielen sollen den Tätern Gefühle der eigenen Opfer bei der Tat und danach näher gebracht werden. Sie müssen selbst die Opferrolle einnehmen und so sprechen, als ob sie die Opfer wären, und dabei sollen Gefühle und Gedanken wiedergegeben werden,

---

695 Mann, Kognitiv-behaviorale Therapie von inhaftierten Sexualstraftätern in England und Wales, in: Deegener (Hrsg.), Sexuelle und körperliche Gewalt, S. 345.

696 Mann, Kognitiv-behaviorale Therapie von inhaftierten Sexualstraftätern in England und Wales, in: Deegener (Hrsg.), Sexuelle und körperliche Gewalt, S. 346.

die während des Rollenspiels erlebt werden. Ziel dieser Rollenspiele ist vor allem das Erzeugen von Empathie für das Opfer.
Eine wirksame Rückfallprävention setzt voraus, dass die Täter radikale Veränderungen in ihrem Leben vornehmen. Zur Herausbildung dieser Einsicht werden Situationen aus dem Leben spielerisch dargestellt. Man hat hierfür beispielsweise ein Brettspiel entwickelt, in dem die Therapiemitglieder spielen, wie sie selbst durchs Leben reisen und dabei eine Reihe von Risikosituationen und emotionalen Problemen effektiv zu lösen haben.[697]
Im Verlauf des Kernprogramms werden viele Bereiche der vor Therapiebeginn durchgeführten Diagnoseverfahren und Beurteilungen wiederholt.

- *„Adapted program":*
Für Sexualstraftäter mit kommunikativen Schwierigkeiten oder einer niederen intellektuellen Begabung ist als spezielle Version des „core program" das sog. „adapted program" entwickelt worden. Verbale Kommunikation wird ersetzt durch Zeichnungen und Symbole, mit deren Hilfe Themen wie Schuld und Verantwortung oder Rechtfertigung und Bagatellisierung behandelt werden. Das Programm setzt einen niedrigeren Maßstab im Hinblick auf die Schaffung von Opferempathie an und enthält nicht das kognitiv-behaviorale Konzept der Verhaltenskette.

- *„Extended program":*
Zielgruppe dieses Programms, das 1998 in die Behandlung eingeführt wurde, sind hoch deviante Sexualstraftäter, deren Behandlungsbedürfnisse die Möglichkeiten des „core programs" überschreiten. Fasst man dieses Programm nicht als Behandlungsvariante für besonders auffällige Sexualstraftäter auf, bildet es eine eigene Stufe im SOTP.[698]
Soziales, zwischenmenschliches und sexuelles Verhalten sind Zentralpunkte dieses Programms. Es ist ausgerichtet auf Fragen und Probleme bezüglich des Umgangs mit Emotionen, Intimität, Zuneigung, sexuellen Phantasien und Beziehungsfähigkeit.[699] Es bildet eine komplexe Version des kognitiv-behavioralen Modells, da es auch das Konzept des kognitiven Schemas mit in die Behandlung einbezieht. Ein kognitives Schema ist ein dysfunktionales Denkmuster, das den Interpretationen einer bestimmten Situation zugrunde liegt.[700] So hat eine Person

---

697 Mann, Kognitiv-behaviorale Therapie von inhaftierten Sexualstraftätern in England und Wales, in: Deegener (Hrsg.), Sexuelle und körperliche Gewalt, S. 347.

698 Mann sieht das „extended program" als 3. Stufe an.

699 Mann, Kognitiv-behaviorale Therapie von inhaftierten Sexualstraftätern in England und Wales, in: Deegener (Hrsg.), Sexuelle und körperliche Gewalt, S. 348.

700 Mann, Kognitiv-behaviorale Therapie von inhaftierten Sexualstraftätern in England und Wales, in: Deegener (Hrsg.), Sexuelle und körperliche Gewalt, S. 348.

beispielsweise die Vorstellung entwickelt, alles im Leben bekommen zu können, was sie sich wünscht. Es liegt in ihrer Vorstellung quasi ein Berechtigungsschema vor. Erfahrungen dieser Person werden dann durch dieses Berechtigungsschema beeinflusst. Werden Wünsche von den Mitmenschen abgelehnt, könnte sie glauben, zur Umsetzung ihrer Wunschvorstellungen zum Einsatz von Gewalt berechtigt zu sein.
In diesem Zusammenhang wird von der Hypothese ausgegangen, dass solche Schemata in Verbindung stehen mit Stimmungslagen, wobei sie in sehr affektiven Zuständen oder Zuständen hoher kognitiver Belastung ausgeprägter sind und deshalb die Informationsverarbeitung fehlerhafter und stereotyper erfolgt.[701]
Zur Überwindung dieser gefestigten kognitiven Schemata sollen die Therapieteilnehmer nach eigenen Denkmustern und unterschiedlichen Situationsinterpretationen in ihrem Lebenslauf suchen. Anschließend halten die Patienten die Entwicklung eigener charakteristischer Denkmuster schriftlich fest und teilen diese Denkmuster in bestimmte Kategorien ein, z.B. Opferschemata oder Berechtigungsschemata. Die Patienten sollen sich dann ihrer Stellung als verantwortliche Besitzer dieser verzerrten Denkmuster bewusst werden und erkennen, wie diese Denkmuster auch das gegenwärtige Handeln beeinflussen.
Als nächster Schritt im Behandlungsprogramm folgt die Vermittlung von Zusammenhängen zwischen situativen Stimmungslagen und der Begehung von Straftaten durch die Analyse fiktiver Fallgestaltungen. In Rollenspielen werden diese Szenen nachgestellt – für jeden Patienten individuell nach seinen Denkmustern – und jeder soll versuchen, durch Selbstinstruktionen aufkommende verzerrte Denkmuster zu durchbrechen und Alternativen zum gewohnten Verhalten herauszuarbeiten. In diesem Zusammenhang werden auch die Auswirkungen der verzerrten Denkstile auf die Beziehungen im zwischenmenschlichen Bereich untersucht.
Durch theoretischen Unterricht und praktische Übungen – vor allem wieder in Form von Rollenspielen – werden den Tätern Themen wie Beziehungsfähigkeit, sexuelle Kommunikation oder Konfliktbewältigung näher gebracht. Am Ende des „extended program" steht die Erstellung eines Plans zur Rückfallvermeidung, der die Ergebnisse der Therapiesitzungen für jeden Täter verarbeitet.

• *3. Stufe: „Booster program"*

Im Rahmen des „booster program" kommt es zu einer Verstärkung des bisher Gelernten. Nur durch mehrere Wiederholungen kann es den Patienten gelingen, abweichende Denkmuster zu erkennen und entsprechende Handlungsalternati-

[701] Kröber, Ansätze zur gezielten Psychotherapie mit Sexualstraftätern, in: Herrfahrdt (Hrsg.), Behandlung von Sexualstraftätern, S. 46.

ven anzuwenden. Dieses Programm ist für alle Sexualstraftäter vorgesehen, die zumindest das Kernprogramm durchlaufen haben. Das „booster program“ gibt die Möglichkeit, mit den Inhaftierten vor ihrer letztendlichen Entlassung Strategien der Rückfallprävention zu üben.[702]

• ***4. Stufe: behandlungsabschließende Risikoeinstufung***

Eine Risikoeinschätzung des inhaftierten Sexualstraftäters erfolgt bereits nach der Teilnahme am Kernprogramm und wird nach Beendigung jeder Behandlungsstufe wiederholt. Die wesentlichen Punkte der jeweiligen Risikoeinschätzung sind noch nicht bearbeitete Behandlungsnotwendigkeiten, die dann in die weitere Behandlungsplanung miteinbezogen werden.

• ***5. Stufe: Übergang in die extramurale Behandlung***

Das größte Problem, das sich für die therapeutische „Nachbehandlung“ der Inhaftierten für die Zeit nach ihrer Entlassung aus dem Strafvollzug stellt, ist die mangelnde Vergleichbarkeit von intra- und extramuralen Lebensbedingungen.
Die inhaftierten Therapieteilnehmer können im Strafvollzug das eigene problematische Sexualverhalten nur abstrakt überdenken, da sie innerhalb der Justizvollzugsanstalten oder sozialtherapeutischen Anstalten nicht die ihnen bekannten Problemsituationen erleben. Vor allem Strategien zur Rückfallprävention erreichen im Vollzug nur eine unwirkliche Qualität, da viele sich in einem falschen Gefühl der Sicherheit wähnen durch die Abtrennung derjenigen Ereignisse und Situationen, die die Verhaltenskette bis hin zur Strafbegehung beeinflusst haben.[703] In der intramuralen Umgebung wird der Täter kaum mit Situationen konfrontiert, die ursprünglich zu seinem Fehlverhalten geführt haben und deren Bewältigung er mit neu gelernten Verhaltenstechniken erproben könnte. Deshalb ist es besonders wichtig, eine lückenlose Verbindung zwischen internen und externen Behandlungsprogrammen herzustellen.[704]
Die Sexualstraftäter müssen nach ihrer Entlassung so schnell wie möglich aufgefangen und bei der Umsetzung der erlernten Behandlungskonzepte „unter Normalbedingungen“ unterstützt werden. Daher muss jede Einrichtung für ihre Therapieteilnehmer individuelle Nachsorgepläne für die Zeit nach der Entlassung erstellen.

---

[702] Mann, Kognitiv-behaviorale Therapie von inhaftierten Sexualstraftätern in England und Wales, in: Deegener (Hrsg.), Sexuelle und körperliche Gewalt, S. 350.

[703] Mann, Kognitiv-behaviorale Therapie von inhaftierten Sexualstraftätern in England und Wales, in: Deegener (Hrsg.), Sexuelle und körperliche Gewalt, S. 351.

[704] Maelicke, ZfStrVo 2002, S. 9.

bb) Optimierung der Therapiebedingungen

Erfolgreiche Therapie ist nur dann möglich, wenn die äußeren Bedingungen eine möglichst optimale Durchführung der Behandlungsprogramme gewährleisten. Sexualstraftäter stellen eine Delinquentengruppe dar, die bei den behandelnden Therapeuten heftige Gefühle auslösen kann, welche von Aggressivität gegenüber dem Täter bis hin zu Frustration wegen renitenter Tatleugnung reichen.[705] Deshalb muss eine ausreichende Supervision für die Therapeuten zur Verfügung stehen. Jedes Gruppensetting wird auf Video aufgezeichnet und von einem Supervisor, der in engem Kontakt zu den Therapeuten steht, analysiert. In Supervisionssitzungen können die Therapeuten dann über ihre Arbeit reflektieren und Verbesserungen überdenken, die der Supervisor aufgrund der Videoanalyse entwickelt hat. Daneben muss den Therapeuten die Möglichkeit gegeben werden, über die in den Sitzungen mit den Patienten gemachten Erfahrungen zu sprechen, um eventuellen Ärger oder Frustration abzubauen.[706] Der Besuch von persönlichen Beratungssitzungen soll den Therapeuten helfen, die eigenen negativen Gefühle außerhalb der Gruppe zu verarbeiten, um die Entstehung einer anhaltenden Ablehnung gegenüber den Inhaftierten zu verhindern.[707] Eine Störung des Verhältnisses zwischen Therapeut und Patient würde einen Therapieerfolg negativ beeinflussen.

Daneben muss die gesamte Verwaltungsstruktur der Anstalt darauf ausgerichtet sein, ein effektives Behandlungsprogramm zu gewährleisten. Das SOTP findet nur in den Gefängnissen statt, in denen eine klar definierte Managementstruktur vorhanden ist. Innerhalb des Managements gibt es drei zentrale Führungskräfte. Ein Behandlungsmanager – zumeist ein Psychologe mit forensischer Erfahrung – ist zuständig für die professionelle und klinische Unterstützung der Gruppenarbeit und trifft alle Entscheidungen, die mit dem SOTP verbunden sind.[708] Ein Programmmanager ist verantwortlich für die praktische Umsetzung des Programms, d.h. für die Zuweisung der Gruppenarbeitsräume und die Erstellung eines Stundenplans für die Gruppensitzungen. Ein Nachsorgemanager – ein in die Anstalt versetzter Bewährungshelfer – trifft die erforderlichen Vorkehrungen für die extramurale Behandlung.

---

705 Judith, Konzept für die intramurale Behandlung von Sexualstraftätern, S. 126.

706 Nach Aussagen des Psychologen der sozialtherapeutischen Abteilung der JVA Würzburg hat die Supervision für die Therapeuten einen sehr hohen Stellenwert; sie ermöglicht eine Auseinandersetzung mit den eigenen Gefühlen und Empfindungen und gibt neue Motivation für die Therapiestunden.

707 Mann, Kognitiv-behaviorale Therapie von inhaftierten Sexualstraftätern in England und Wales, in: Deegener (Hrsg.), Sexuelle und körperliche Gewalt, S. 354.

708 Mann, Kognitiv-behaviorale Therapie von inhaftierten Sexualstraftätern in England und Wales, in: Deegener (Hrsg.), Sexuelle und körperliche Gewalt, S. 355.

b) Rückfallvermeidungsmodell: Relapse-Prevention-Modell

Das Rückfallvermeidungsmodell geht aus einem Behandlungsprogramm für Suchtpatienten hervor und ist ein integraler Bestandteil von kognitiv-behavioralen Behandlungsprogrammen. Die Anwendung derartiger Programme hat sich im Gruppensetting sowohl im Maßregelvollzug als auch im Strafvollzug bewährt.[709] Dem Modell liegt die Annahme zugrunde, dass kriminelles Verhalten erlerntes Verhalten ist, welches durch interne und externe Faktoren ausgelöst und im weiteren Verlauf durch hinzutretende Faktoren verstärkt wird.[710] Als interne Faktoren kommen Gefühle, Phantasien und bestimmte Wahrnehmungen in Betracht; externe Faktoren können die Verfügbarkeit von Alkohol, Drogen, Waffen oder möglichen Opfern sein.

Durch die Mitwirkung weiterer Komponenten wie Machtstreben, Euphorie, Anerkennung von Freunden oder Geltungsbedürfnis kann es zu einer Verstärkung kommen.[711] Man geht davon aus, dass die später verübte Tat am Ende einer Verhaltenskette steht, die sich in sechs bis acht unterschiedliche Stadien zerlegen lässt. Am Anfang mag beispielsweise ein Konflikt mit der Partnerin stehen, der im weiteren Stadium ein Gefühl von Nichtakzeptiertwerden hervorruft, das sich im dritten Stadium zu Gefühlen wie Ärger oder Hass wandelt. Tritt als externer Faktor noch Alkohol hinzu, kann es schließlich zur Deliktsverwirklichung kommen.

Im Behandlungsprogramm werden jedes einzelne Stadium der Verhaltenskette genau analysiert und in der Folge Verhaltensstrategien entwickelt, die diese Kette durchbrechen können.[712] Mit dem Patienten werden Situationen besprochen, die zur Deliktsbegehung geführt oder zumindest beinahe geführt haben, und anschließend Risikofaktoren festgelegt, die kriminelles Verhalten hervorrufen. "Clients are encouraged to develop a more thorough understanding of risk factors by attending less to situational variables and more to those over which they can gain control. They are instructed to examine the way in which their behaviors, beliefs and attitudes have led to sexual abuse."[713]

Schneider beschreibt fünf Aufgaben innerhalb des Rückfall-Vermeidungstrainings:

---

[709] Pfäfflin, Prinzipien der therapeutischen Behandlung von Sexualtätern, in: Wodtke-Werner/Mähne, „Nicht wegschauen!“ Vom Umgang mit Sexual(straf)tätern, S. 105.

[710] Väth, Zur Wirksamkeit der Behandlung von Sexualstraftätern, S. 33.

[711] Eucker, Verhaltenstherapeutische Methoden in der Straftäterbehandlung, in: Kröber/Dahle (Hrsg.), Sexualstraftaten und Gewaltdelinquenz, S. 195.

[712] Detaillierte Methoden und Anwendungsbeispiele bei Laws (ed), Relapse Prevention with Sex Offenders, S. 73 ff.

[713] Long/Wuesthoff/Pithers, Use of Autobiographies in the Assessment and Treatment of Sex Offenders, in: Laws (ed), Relapse Prevention with Sex Offenders, S. 91.

- Beschleunigende und fortdauernde Risikofaktoren werden mit dem Täter zusammen ermittelt. Er soll die Ereignis-Abfolge des Rückfall-Prozesses analysieren und verstehen.

- Bewältigungsstrategien werden erarbeitet, die in Risikosituationen angewendet werden können, um eine erneute Deliktsbegehung zu vermeiden.

- Deviante sexuelle Gedanken und Phantasien werden nicht als Ausdruck psychischen Versagens ausgelegt, sondern als Möglichkeiten bewertet, die die Selbststeuerung des Täters verbessern, indem er aus den eigenen Fehlern lernt.
- Deviante Gedanken sollen als Irrtümer betrachtet werden, die Gelegenheit geben, neue Bewältigungsstrategien zu entwickeln.

- Dem Täter wird beigebracht, Rückfall-Ereignis-Ketten zu erkennen und zu unterbrechen, um einen erneuten Rückfall zu vermeiden.[714]

Im Zusammenhang mit der Erweiterung seiner sozialen Fähigkeiten soll der Täter lernen, mit alltäglichen Problemen besser umgehen zu können bzw. kritische Situationen zu meiden.[715]

c) Intensive Treatment Program for Violent Offenders (ITPVO)

Beim ITPVO handelt es sich um ein multimodales, kognitiv-behaviorales Behandlungsprogramm, das in Kanada entwickelt wurde. Das Programm dauert insgesamt acht Monate und wird von einem Behandlungsteam bestehend aus Psychiatern, Psychologen, Sozialarbeitern, Bewährungshelfern, Pflegepersonal, Gestaltungstherapeuten und Lehrern durchgeführt.
Vor Beginn der eigentlichen Therapie wird eine umfassende psychiatrische und psychologische Eingangsuntersuchung durchgeführt. Das Programm setzt sich zusammen aus einer interpersonalen psychodynamischen Gruppentherapie, der rational-emotiven Verhaltenstherapie[716], didaktischen Gruppen und interaktiven Gruppenevaluationen.

---

[714] Schneider, Kriminalistik 1999, S. 299; Schneider, Die Behandlung von Sexualstraftätern im Strafvollzug, in: Festschrift für Böhm, S. 442.f.

[715] Rehder, Sexuell abweichendes Verhalten, in: Egg (Hrsg.), Sozialtherapie in den 90er Jahren, S. 92.

[716] Diese Therapie basiert auf der von Albert Ellis entwickelten rational-emotiven Therapie RET (siehe hierzu Baade/Borck/Koebe/Zumvenne, Theorien und Methoden der Verhaltenstherapie, S. 143 ff.).

aa) Interpersonale psychodynamische Gruppentherapie

In dieser Gruppentherapie sollen interpersonale Beziehungen verbessert und eine stärkere emotionale Regulierung erreicht werden. Erlebnisse aus der Vergangenheit, aktuelle Erfahrungen und das in den didaktischen Gruppen Erlernte werden mit Ausrichtung auf die damit im Zusammenhang stehenden emotionalen Prozesse reflektiert.[717]

bb) Rational-emotive Verhaltenstherapie und didaktische Gruppen

Das Programm setzt sich aus der rational-emotiven Verhaltenstherapie und weiteren neun didaktischen Gruppen zusammen:

- *rational-emotive-Verhaltenstherapie:*
In diesem Programmteil geht es um die Vermittlung von Kenntnissen über die Entstehung krimineller Denkmuster. Falsche Überzeugungen oder falsche Wertvorstellungen bilden kognitive Muster, die beim Täter zu kriminellen Vorstellungen führen. Ziel der Behandlung ist das Erkennen dieser Muster, das Hinterfragen der einzelnen Denkweisen und die Entwicklung rationaler Alternativen.[718] Verwendet werden Materialien wie Bücher, Hausaufgaben, Videos u.ä., um die Behandlungsinhalte zu vermitteln.

- *Ärgerkontrolle:*
Das Modul zur Ärgerkontrolle basiert ebenfalls auf dem Grundgedanken, dass irrationale kognitive Denkmuster zu unangemessenen, übersteigerten Emotionen führen, die eine Straftat auslösen können. In Gruppendiskussionen werden unterschiedliche Themen behandelt, beispielsweise wie Ärger entsteht, was durch Ärger in den einzelnen Personen ausgelöst wird oder welche speziellen Situationen Ärger hervorrufen. Anschließend werden Techniken herausgearbeitet und eingeübt, die eine funktionale Ärgerbewältigung ermöglichen sollen. Hierunter fallen Entspannungsreaktionen, Problemlösetechniken oder aktive Stressbewältigung.

- *Kommunikation:*
Viele Täter haben große Defizite bezüglich der Kommunikation mit anderen Menschen. In diesem Programmteil werden unterschiedliche Kommunikations-

717 Eucker, Verhaltenstherapeutische Methoden in der Straftäterbehandlung, in: Kröber/Dahle, Sexualstraftaten und Gewaltdelinquenz, S. 199.

718 Baade/Borck/Koebe/Zumvenne, Theorien und Methoden der Verhaltenstherapie, S. 144.

fertigkeiten wie Zuhören, von sich selbst erzählen[719], Verhandlungsbereitschaft, Körpersprache oder Kontaktbereitschaft erlernt.

- *Autobiographie:*
Der Täter gibt einen Abriss über seine komplette Lebensgeschichte. Die Darstellung beinhaltet die Bereiche Familiendynamik, sexuelle Entwicklung, Beziehungen und kriminelle Vorgeschichte. Anhand einer Checkliste werden alle Informationen von der Gruppe überprüft und fehlende Angaben durch konkretes Nachfragen ergänzt. Anschließend wird in der Gruppe erarbeitet, wie sich die konkreten Verhaltensmuster entwickeln und verfestigen konnten und in welcher Form sie den Patienten zum aktuellen Zeitpunkt noch beeinflussen. Er soll seine eigene Entwicklung begreifen und verstehen können und zur Erkenntnis kommen, dass bestimmte Ereignisse einen großen Einfluss auf das eigene Verhalten hatten und ihn auf bestimmte Art und Weise geprägt haben.[720]

- *Sucht:*
Es werden die körperlichen und psychosozialen Folgen von Suchtkrankheiten dargestellt und die unterschiedlichen Stadien und Verlaufsformen der Krankheiten beschrieben, um im Anschluss daran den Tätern bei vorliegender Krankheit Wege aus der Abhängigkeit zu zeigen.

- *Gewalttätige Phantasien:*
In diesem Programmmodul werden gewalttätige Phantasien und antisoziale Denkmuster herausgearbeitet. In der Folge werden den Probanden Alternativen zu diesen Denkweisen aufgezeigt.

- *Sexualität:*
Zunächst wird in Form von Sexualkundeunterricht Wissen über Anatomie, Physiologie, Empfängnis und Geschlechtskrankheiten vermittelt. In offenen Gruppendiskussionen werden dann sexuelle Stereotype hinterfragt und Anregungen für die Gestaltung zwischenmenschlicher Beziehungen gegeben.

---

719 Vielen Sexualstraftätern fehlt die Fähigkeit, ein Gespräch zu beginnen oder etwas über sich zu erzählen; die Sexualstraftäter der sozialtherapeutischen Anstalt der JVA Würzburg müssen zur Verbesserung dieser Fähigkeit zu Beginn mancher Gruppensitzungen einen Artikel aus der Zeitung auswählen, ihn gedanklich zusammenfassen und ihn im Anschluss daran den Mithäftlingen vorstellen.

720 Eucker, Verhaltenstherapeutische Methoden in der Straftäterbehandlung, in: Kröber/Dahle (Hrsg.), Sexualstraftaten und Gewaltdelinquenz, S. 200.

- *Delikt-Zirkel und Rückfall-Prävention:*
Jeder der Gruppenteilnehmer muss sechs bis acht Stadien der Verhaltenskette erarbeiten, die zur Deliktsverwirklichung geführt hat. Diese Stadien werden anhand der Verhaltensebenen offenes Verhalten, Gedanken, Denkfehler, Gefühle und Sexualität beschrieben um dann das Stadium festzulegen, in welchem sich der Täter zur Tatbegehung entschlossen hat.
Man verabredet sog. „Stoppzeichen", die dem Täter eindeutig signalisieren, dass er sich in einem Zustand befindet, der zu einer Straftat führen kann, und die ihm gleichzeitig ermöglichen sollen, die Verhaltenskette rechtzeitig zu durchbrechen und sich gegen die Deliktsverwirklichung zu entscheiden.[721]

- *Empathie:*
Der Täter soll erkennen, welche Auswirkungen die Tat auf sein Opfer hatte. Im Einzelnen werden Gruppendiskussionen abgehalten, in deren Verlauf der Täter von dem Geschehen berichtet, Rollenspiele durchgeführt, in denen der Täter die Rolle des Opfers einnehmen muss, und Lesematerial ausgegeben, worin Opfererfahrungen und die durch die Tat entstandenen Schäden beschrieben werden.

- *Entlassungsplanung:*
Der Täter soll auch nach der Entlassung weiter betreut werden, um sicherzustellen, dass es durch die Umstellung auf eine neue Lebenssituation nicht zur Rückfälligkeit des Täters kommt. Punkte wie Reintegration in die Familie, Teilnahme an weiterführenden Suchtprogrammen und Inanspruchnahme von nachsorgenden Einrichtungen spielen eine wichtige Rolle.

cc) Interaktive Gruppenevaluation

In wöchentlichen Gruppensitzungen, an denen alle Probanden und Teammitglieder teilnehmen, werden Fort- und Rückschritte der einzelnen Teilnehmer besprochen. Dadurch soll erreicht werden, die einzelnen Behandlungsmodule besser aufeinander abstimmen zu können, wenn sich herausstellt, dass in dem einen oder anderen Fall die durchgeführte Therapie nicht wirksam ist.

d) Reasoning-Rehabilitation-Program (R&R-Program)

Um ein weit verbreitetes, aus mehreren Behandlungskomponenten bestehendes Programm handelt es sich beim sog. R&R-Program. Das Programm entwickelte sich aus einem Vergleich von effektiven und ineffektiven Programmen in Bezug auf die Rückfälligkeit von Sexualstraftätern.

[721] Eucker, Verhaltenstherapeutische Methoden in der Straftäterbehandlung, in: Kröber/Dahle (Hrsg.), Sexualstraftaten und Gewaltdelinquenz, S. 201.

Effektive Programme zeichneten sich insofern aus, als nicht nur das Verhalten des Straftäters, sondern auch die Art und Weise seines Denkens im Mittelpunkt der Beobachtung standen. Signifikant war, dass effektive Behandlungsprogramme kognitive Techniken enthielten. Man stellte fest: Kognitive Variablen sind entscheidend mit der sozialen Leistungs- und Anpassungsfähigkeit assoziiert.[722] Zur Entwicklung des R&R-Programms wurden einzelne kognitive Techniken aus erfolgreichen Programmen gesammelt.
Das R&R-Programm besteht aus 35 Sitzungen à zwei Stunden, die innerhalb von acht bis zwölf Wochen durchgeführt werden. Die Zielvorgabe ist die Vermittlung von kognitiven Fertigkeiten, welche zu erfolgreichem sozialen Handeln befähigen. Angewandte Methoden sind Gruppendiskussionen, Denkaufgaben, Spiele, Puzzles, audio-visuelle Präsentationen und Rollenspiele. Das Programm setzt sich aus folgenden Bestandteilen zusammen:

- *Selbstkontrolle:* Denken, bevor man handelt; abwägen von Konsequenzen der entsprechenden Handlung; Pläne formulieren; kognitive Strategien verwenden, um Gefühle und Verhaltensweisen zu kontrollieren.

- *Meta-Kognitionen:* kritische Bewertung des eigenen Denkens.

- *soziale Fertigkeiten:* Entwickeln von Fähigkeiten, mit denen man im sozialen Umfeld eher belohnt als abgelehnt wird.

- *interpersonale Problemlösefähigkeiten:* Verstehen und Berücksichtigen der Werte, Verhaltensweisen und Gefühle anderer Menschen; Erkennen der Wirkung des eigenen Verhaltens auf andere.

- *kreatives Denken:* In Frage stellen der kognitiven Rigidität bei Problemen; Entwickeln von alternativen Denkweisen.

- *kritisches Denken:* logisch, rational und objektiv denken, ohne die Fakten zu verdrehen und Schuld und Verantwortung abzulehnen.

- *Übernahme der sozialen Perspektive:* Wahrnehmen und Berücksichtigen von dem, was andere wahrnehmen, denken und fühlen.

[722] Eucker, Verhaltenstherapeutische Methoden in der Straftäterbehandlung, in: Kröber/Dahle (Hrsg.), Sexualstraftaten und Gewaltdelinquenz, S. 196.

- *Entwicklung von Werten:* Ersetzen der egozentrischen Weltsicht durch die Berücksichtigung der Bedürfnisse anderer Menschen.

- *Emotionsregulation:* Erlernen von Techniken zur Vermeidung intensiver unangenehmer Emotionen.[723]

Vor allem in der Gruppendiskussion wird auf zwei weitere Gesichtspunkte großes Augenmerk gelegt: Helfer-Therapie und Empathie mit dem Opfer. Im Rahmen der Helfer-Therapie werden antisoziale Straftäter immer wieder aufgefordert, soziale Rollen und Aufgaben zu übernehmen. Überaus wichtig ist daneben die Empathie mit dem Opfer, da die fehlende Fähigkeit, sich in die Lage anderer zu versetzen, zu den augenscheinlichsten charakterlichen Mängeln der meisten Straftäter gehört.

6. Tiefenpsychologisch orientierte Therapien

Grundlage dieser Therapieverfahren ist das Bewusstwerden und Verarbeiten der hinter der sexuell devianten Symptomatik stehenden Konflikte, das Erlernen von neuen Bewältigungsstrategien und die Integration der unterschiedlichen Persönlichkeitsanteile.
Inhalt dieser Verfahren ist der mehrdimensionale Prozess von Übertragung und Gegenübertragung, von Einsicht und Probehandeln und Affekterleben in einem von Vertrauen zum jeweiligen Therapeuten geprägten Rahmen.[724] *Schneider* merkt hierzu kritisch an, dass tiefenpsychologisch orientierte Therapien Einsichts- und Verbalisierungsfähigkeiten voraussetzten, die unter den Inhaftierten nur selten anzutreffen seien.[725]

7. Kreative Arbeits- und Spieltherapien

Die Schaffung von Arbeitsmöglichkeiten und Hilfen im Arbeitsbereich spielt im Regelvollzug und auch in sozialtherapeutischen Institutionen eine wesentliche Rolle, da viele der Straftäter nur über eine geringe Schul- und Berufsausbildung verfügen. Eine spätere Wiedereingliederung in die Gesellschaft ist leichter möglich, wenn der Täter eine Arbeit aufnehmen kann.

---

[723] Eucker, Verhaltenstherapeutische Methoden in der Straftäterbehandlung, in: Kröber/Dahle (Hrsg.), Sexualstraftaten und Gewaltdelinquenz, S. 198.

[724] Nowara/Leygraf, Deutsches Ärzteblatt 1998; 95: A-89.

[725] Schneider, Die Behandlung von Sexualstraftätern im Strafvollzug, in: Festschrift für Böhm, S. 430.

Leider ist der vollständige Abschluss einer Berufsausbildung in der Justizvollzugsanstalt aufgrund zu kurzer Haftzeiten häufig nicht möglich. In solchen Fällen sollte auf den Inhaftierten dahingehend eingewirkt werden, die Ausbildung außerhalb der Anstalt zu beenden.
Gerade in sozialtherapeutischen Anstalten stellt sich durch die – in einigen Fällen nur mehrere Monate dauernde – Aufenthaltsdauer das Problem einer sinnvollen Beschäftigung. Es ist darauf zu achten, dass das Arbeitsangebot nicht nur auf einfache Hilfsarbeiten beschränkt bleibt.[726] Ziel könnte das Heranführen an Arbeit in Form einer Arbeitstherapie sein, um eine Arbeitsdisziplin zu erreichen, die der industriellen Arbeitswelt entspricht. Dass in Bezug auf die Verrichtung sinnvoller und geistig fordernder Tätigkeit in den Justizvollzugsanstalten und im Besonderen in den sozialtherapeutischen Einrichtungen einige Defizite bestehen, ist nichts Neues. Man hat darauf zu achten, dass die Arbeit nicht an Quantität, sondern an Qualität zunimmt. Gerade bei arbeitstherapeutischen Maßnahmen gilt es zu vermeiden, dass die Straftäter durch übertriebenes Arbeitsverhalten emotional abstumpfen und die innerpsychischen Aufarbeitungsprozesse vernachlässigen.
Um die Bereitschaft der Täter zu psychotherapeutischen Maßnahmen aufrechtzuerhalten, können deshalb auch kreative Arbeits- und Spieltherapien nützlich sein. Als konkrete Therapiemaßnahmen kommen Malen, Theater spielen oder musizieren in Betracht. Die sozialtherapeutische Abteilung in Würzburg setzt neben dem tiefenpsychologisch fundierten psychotherapeutischen Ansatz auch Musiktherapie ein.

8. Behandlungsprogramm aus dem niedersächsischen Vollzug

Zur Entwicklung eines Behandlungsprogramms für Sexualstraftäter hat das niedersächsische Ministerium der Justiz und für Europaangelegenheiten eine Arbeitsgruppe eingerichtet, die u.a. aus Mitarbeitern der sozialtherapeutischen Einrichtungen Lingen und Hannover besteht.[727] Das von dieser Arbeitsgruppe geschaffene Behandlungsprogramm orientiert sich gezielt an kriminogenen Faktoren und ist auf die Entwicklung bzw. Verbesserung sozialer Kompetenzen angelegt. Das Behandlungsprogramm richtet sich an folgende Zielgruppen: Sexualstraftäter in Behandlungsabteilungen des Strafvollzugs, deren Strafrest für eine integrative Sozialtherapie nach den gesetzlichen Regelungen nicht ausreicht; Sexualstraftäter in Behandlungsabteilungen des Strafvollzugs, für die eine Verlegung in eine sozialtherapeutische Einrichtung nicht angezeigt ist, weil Gründe,

[726] Welker, Der Einsatz sozialtherapeutischer Methoden im Strafvollzug, S. 20.
[727] Wischka, Möglichkeiten der Behandlung von Sexualstraftätern im niedersächsischen Justizvollzug, in: Egg (Hrsg.), Behandlung von Sexualstraftätern im Justizvollzug, S. 220.

die in der Persönlichkeit des Gefangenen liegen, dagegen sprechen oder weil der Strafrest nach dem Behandlungskonzept zu lang andauert;[728] Sexualstraftäter in sozialtherapeutischen Einrichtungen oder im Maßregelvollzug, bei denen das Behandlungsprogramm einen Baustein im Konzept der integrativen Sozialtherapie darstellt.[729]

Das Programm umfasst 80 Sitzungen von 1 ½ Stunden Dauer in Gruppen bis zu zehn Personen. Der Gesamtumfang liegt zwischen 10 Monaten und 1 ½ Jahren. Das Behandlungsprogramm ist in einen deliktspezifischen und einen deliktunspezifischen Teil unterteilt.

Der deliktunspezifische Teil beinhaltet[730]: Umgang mit Konflikten und Stress, Selbst- und Fremdwahrnehmung, Wahrnehmung von Gefühlen, Förderung von Empathie und moralischem Handeln, Gesprächsverhalten, Rückmeldung geben und empfangen, Abbau von Geschlechtsrollenstereotypien und Vorurteilen, Umgang mit Alkohol und Drogen, Wissen über Sexualität.

Der deliktspezifische Teil hat zum Inhalt: Erkennen tatbegünstigender Situationen, Kontrolle sexueller Phantasien, Bedeutung scheinbar belangloser Entscheidungen hinterfragen, Problem der unmittelbaren Befriedigung erkennen, Abbau von Rechtfertigungsstrategien, Erkennen und Bewältigen von Risikofaktoren, Vermittlung der Opfer-Perspektive, Etablierung externer Kontrolle und Gestaltung des Lebensumfelds.

Inhaltlich kommt der Entwicklung von Empathie und der Förderung einer sozialen Perspektive eine besondere Bedeutung zu.[731] Gerade in den Bereichen

---

728 Einer Verlegung in eine sozialtherapeutische Anstalt wird häufig mit dem Argument widersprochen, die noch zu verbüßende Strafdauer sei zu lang. Nach einer Entscheidung des Kammergerichts Berlin (KG, NJW 2001, 1806 [1807]) darf der Länge des bevorstehenden Freiheitsentzugs bei der Entscheidung über die Verlegung in eine sozialtherapeutische Anstalt allerdings kein ausschlaggebendes Gewicht zukommen. Die Verlegung nach § 9 StVollzG ist auch dann angezeigt, wenn sich der Behandlung des Gefangenen seine Entlassung in die Freiheit noch nicht anschließt. Dem entspricht es, dass die Vollzugsbehörde verpflichtet bleibt, schon bei der Behandlungsuntersuchung die Verlegung in eine sozialtherapeutische Anstalt besonders sorgfältig zu prüfen. Für eine frühzeitige Verlegung spricht sich auch das OLG Karlsruhe aus (NStZ 1998, S. 638): „Bei Verurteilungen wegen Sexualdelinquenz sind gebotene therapeutische Maßnahmen unter Ausschöpfung aller zur Verfügung stehenden Möglichkeiten möglichst frühzeitig während des Strafvollzugs in die Wege zu leiten, um damit die Schutzbelange der Allgemeinheit zum Entlassungszeitpunkt bestmöglich zu gewährleisten."

729 Nuhn-Naber/Rehder/Wischka, MschrKrim 2002, S. 274.

730 Nuhn-Naber/Rehder/Wischka, MschrKrim 2002, S. 275; Wischka, Möglichkeiten der Behandlung von Sexualstraftätern im niedersächsischen Justizvollzug, in: Egg (Hrsg.), Behandlung von Sexualstraftätern im Justizvollzug, S. 222

731 Nuhn-Naber/Rehder/Wischka, MschrKrim 2002, S. 275.

Kommunikation, Stressbewältigung oder Introspektionsfähigkeit weisen Sexualstraftäter große Defizite auf, die es durch Anwendung des Programms auszugleichen gilt. Wichtiger Bestandteil des Programms ist weiterhin, dass jeder Täter den Ablauf der Sexualstraftat, d.h. die Entstehungsbedingungen, den Entscheidungsprozess und den Tatablauf mit den damit im Zusammenhang stehenden Emotionen, in der Gruppe bespricht und eigene Strategien entwickelt, die einen Rückfall vermeiden sollen.

9. Therapieplan der sozialtherapeutischen Abteilung der JVA Würzburg

Zur Verdeutlichung des konkreten Ablaufs einer Therapiewoche in einer sozialtherapeutischen Anstalt oder Abteilung dient der im Folgenden abgedruckte Therapieplan der sozialtherapeutischen Abteilung der JVA Würzburg. Diese verfügt über 24 Therapieplätze für Sexualstraftäter. Sie steht unter der fachlichen Leitung eines Arztes für Psychiatrie, Neurologie und psychotherapeutische Medizin, der zugleich Psychoanalytiker, Sozialmediziner und Sexualtherapeut ist. Daneben sind zwei Diplom-Psychologen, zwei Diplom-Sozialpädagogen (FH) und sieben Beamte des Aufsichtsdienstes beschäftigt.
Die Therapie gestaltet sich als tiefenpsychologisch fundierte Psychotherapie (aufdeckende und aufarbeitende interaktionelle Psychotherapie). Es wird ein verhaltenstherapeutisches Rückfallpräventionsprogramm durchgeführt. Damit korrespondieren nonverbale Therapieformen wie Musiktherapie, Gestaltungstherapie und Entspannungstraining sowie sozialpädagogische Interventionen wie Entlassungstraining, Sozialtraining, Konfliktbewältigungstraining und Einzelgespräche im Rahmen der sozialen Einzelfallhilfe.

Montag

ZEIT	GRUPPE A	GRUPPE B	GRUPPE C
7.00 - 9.30	ARBEIT		
9.30 - 11.00	WERKEN	GRUPPENTHERAPIE	RÜCKFALL-PRÄVENTION
11.00 - 11.30	EINZEL-GESPRÄCHE	EINZEL GESPRÄCHE	EINZEL-GESPRÄCHE
11.30 - 12.00	MITTAGESSEN		
12.00 - 13.00	HOFGANG		
13.00 - 14.30	AKTUELLE INFO	GRUPPE „SEXUALITÄT“	GRUPPE „SEXUALITÄT“
14.30 - 16.00	SOZIALES KOM-PETENZ-TRAINING	SOZIALES TRAINING oder WERKEN	
16.00 - 16.30	ENTSPANNUNGSTRAINING		
16.30 - 17.30	ABENDKOST		
AB 17.30	AUFSCHLUSS angeleitete Freizeitgruppe		
20.30	EINSCHLUSS		

Dienstag

ZEIT	GRUPPE A	GRUPPE B	GRUPPE C
7.00 - 9.30	ARBEIT		
9.30 - 11.00	RÜCKFALL PRÄVENTION	RÜCKFALL PRÄVENTION	GRUPPENTHERAPIE
11.00 - 11.30	EINZEL-GESPRÄCHE	EINZEL-GESPRÄCHE	EINZELGESPRÄCHE
11.30 - 12.00	MITTAGESSEN		
12.00 - 13.00	HOFGANG		
13.00 - 14.30	SPORT		
14.30 - 16.00	AKTUELLE INFO	MUSIKTHERAPIE	GESTALTUNGS-THERAPIE
16.00 - 16.30	ENTSPANNUNGSTRAINING		
16.30 - 17.30	ABENDKOST		
AB 17.30	AUFSCHLUSS und GRUPPEN unter externer Leitung („INI ZELLE“, AA-Gruppe, Deutschkurs, etc.)		
20.30	EINSCHLUSS		

Mittwoch

ZEIT	GRUPPE A	GRUPPE B	GRUPPE C
7.00 - 9.30	ARBEIT		
9.30 - 11.00	MUSIKTHERAPIE	GRUPPEN-THERAPIE	SOZIALES KOMPETENZ-TRAINING
11.00 - 11.30	EINZEL-GESPRÄCHE	EINZEL-GESPRÄCHE	EINZELGESPRÄCHE
11.30 - 12.00	MITTAGESSEN		
12.00 - 13.00	HOFGANG		
13.00 - 14.30	KONFLIKT-TRAINING	ENTLASSUNGS-TRAINING oder WERKEN	
14.30 - 16.00	AKTUELLE INFO	GESTALTUNGS-THERAPIE	MUSIKTHERAPIE
16.00 - 16.30	ENTSPANNUNGSTRAINING		
16.30 - 17.30	ABENDKOST		
AB 17.30	AUFSCHLUSS angeleitete Freizeitgruppe		
20.30	EINSCHLUSS		

Donnerstag

ZEIT	GRUPPE A	GRUPPE B	GRUPPE C
7.00 - 8.30	ARBEIT		
8.30 - 9.30	VOLLVERSAMMLUNG VISITE		
9.30 - 11.00	AKTUELLE INFO	SOZIALES-KOMPETENZ-TRAINING	GRUPPEN-THERAPIE
11.00 - 11.30	EINZEL-GESPRÄCHE	EINZEL-GESPRÄCHE	EINZELGESPRÄCHE
11.30 - 12.00	MITTAGESSEN		
12.00 - 13.00	HOFGANG		
13.00 - 14.30	SPORT (Durchführung: Sportbeamte u. Uni-Würzburg)		
14.30 - 16.00	ARBEIT		
16.00 - 16.30	ENTSPANNUNGSTRAINING		
16.30 - 17.30	ABENDKOST		
AB 17.30	AUFSCHLUSS angeleitete Freizeitgruppe		
20.30	EINSCHLUSS		

Freitag

ZEIT	GRUPPE A	GRUPPE B	GRUPPE C
7.00 - 8.30 (Duschen)	SPORT A+B+C max. 12 Therapieteilnehmer		THEMA DER WOCHE Information und Diskussion A+B+C max. 12 Therapieteilnehmer
8.30 - 10.00 (Duschen)	THEMA DER WOCHE Information und Diskussion A+B+C max. 12 Therapieteilnehmer		SPORT A+B+C max. 12 Therapieteilnehmer
10.30 - 11.00	BÜCHERTAUSCH		
11.00 - 11.30	EINZEL-GESPRÄCHE	EINZEL-GESPRÄCHE	EINZEL-GESPRÄCHE
11.30 - 12.00	MITTAGESSEN		
12.00 - 13.30	ARBEIT		
13.30 - 14.30	HOFGANG		
14.30 - 15.00	ENTSPANNUNGSTRAINING		
AB 15.00	AUFSCHLUSS		
20.30	EINSCHLUSS		

D. Behandlung von Sexualstraftätern im Normalvollzug

I. Therapie im Regelvollzug

Bisher bestanden für Sexualstraftäter im Strafvollzug nur wenige Therapieangebote[732], außer in Maßregelvollzugseinrichtungen und in sozialtherapeutischen Anstalten oder Abteilungen fanden sich bisher kaum Behandlungsangebote.
Pecher fasst die Situation auf dem Gebiet der psychotherapeutischen Behandlung etwas sarkastisch zusammen: „Man könnte den Eindruck gewinnen, es handle sich geradezu um eine ausgefallene Sondermeinung, wenn Psychotherapie im ‚normalen' Strafvollzug überhaupt für möglich gehalten wird."[733]
Zu erwähnen sind beispielsweise einzelne Projekte wie das Frankfurter Psycho- und Soziotherapieprojekt, das Hamburger Projekt zur Behandlung inhaftierter Sexualstraftäter, die sozialtherapeutische Behandlung junger sexuell gewalttätiger Männer im Strafvollzug in Hannover oder extern initiierte Behandlungsprojekte wie die Kooperation zwischen der Sexualmedizinischen Forschungs- und Beratungsstelle der Universität Kiel mit der Justizvollzugsanstalt Neumünster.[734]
Im sog. „Hamelner Modell" wurden Vergewaltigern und anderen Gewalttätern neben professionellen Therapeuten auch Laientherapeutinnen gegenübergestellt[735], die den Tätern Wissen über Sexualität, Gefühlswelt, Gewalt, sexuelle Phantasien etc. vermitteln sollten. *Beier* äußert sich diesem Projekt gegenüber sehr kritisch, da es von falschen Grundannahmen („jeder Mann sei ein potentieller Vergewaltiger" oder „sexuell aggressive Männer weisen erhebliche Wissenslücken im sexuellen Bereich auf") ausgehe.[736]
Eine effiziente Behandlung unter den Bedingungen traditionell geprägter Gefängnisse ist nur schwer möglich. Die von den Insassen praktizierte Anpassungshaltung wird durch Behandlungsversuche und die damit geforderte Mit-

---

[732] Schöch, NJW 1998, S. 1260; Rotthaus, NStZ 1998, S. 597; Pfäfflin/Roß/Sammet/Weber, Psychotherapie mit Straftätern, in: Kröber/Dahle (Hrsg.), Sexualstraftaten und Gewaltdelinquenz, S. 159; Berner, Institutionelle Therapie bei sexueller Delinquenz, in: Sigusch (Hrsg.), Sexuelle Störungen und ihre Behandlung, S. 510.

[733] Pecher, Tiefenpsychologisch orientierte Psychotherapie im Justizvollzug, S. 29.

[734] Rehder, Sexuell abweichendes Verhalten, in: Egg (Hrsg.), Sozialtherapie in den 90er Jahren, S. 90; Pfäfflin/Roß/Sammet/Weber, Psychotherapie mit Straftätern,in: Kröber/Dahle (Hrsg.), Sexualstraftaten und Gewaltdelinquenz, S. 159.

[735] Zum Behandlungsprogramm im einzelnen siehe Heilemann, Schläger „studieren" Sozialkompetenz: Das Hamelner Anti-Aggressivitäts-Training als Modellprojekt, in: Deegener (Hrsg.), Sexuelle und körperliche Gewalt, S. 80 ff.; das „Hamelner Modell" wurde in der Zeit von 1984 bis 1986 ausgearbeitet und basiert auf der in der Hamelner Justizvollzugsanstalt im Jahr 1981 entwickelten Vergewaltigertherapie. Konfrontationsarbeit und Kompetenztraining stehen im Mittelpunkt des Programms.

[736] Beier, ZfStrVo 1995, S. 336.

wirkung durchkreuzt und führt zu Abwehrmechanismen und Sabotageversuchen.[737]
Nach der Intention des Gesetzgebers soll zwar auch im Regelvollzug eine gezielte Therapie von Sexualstraftätern stattfinden, was in der Praxis aber kaum durchsetzbar ist. Der intramurale Strafvollzug verfügt über so gut wie keine effizienten Behandlungsplätze, da er dafür weder die personelle noch die räumliche Ausstattung hat.[738] Häufig kommen auf eine Psychologenstelle über 100 Gefangene.[739] Im Allgemeinen ist davon auszugehen, dass ein Therapeut nicht mehr als drei Sexualstraftäter betreuen sollte, damit die Effizienz einer Therapie nicht beeinträchtigt wird.[740]
Eine zum Stichtag 25. Februar 1999 durchgeführte Untersuchung der Behandlungssituation der Sexualstraftäter im Berliner Strafvollzug ergab, dass von den 272 inhaftierten Sexualstraftätern lediglich 38,6 % eine Behandlung erhielten[741]; der Rest blieb ohne jegliche Behandlungsmaßnahme.
Elz kam in ihrer Studie zur Rückfälligkeit von Sexualstraftätern zum Ergebnis, dass 16 von 22 einschlägig rückfälligen sexuellen Gewalttätern eine interne oder externe Einzeltherapie im Regelvollzug begonnen hatten. Bei den Tätern, bei denen sich lediglich die Bezugsentscheidung als sanktioniertes Delikt feststellen ließ, wurden lediglich in 3 von 19 Fällen therapeutische Maßnahmen ergriffen, bei den sonstigen Rückfälligen in 8 von 25 Fällen.[742] Bei den wegen sexuellen Missbrauchs verurteilten Tätern erhielt denjenigen unter ihnen, die auch wegen anderer Taten rückfällig geworden waren, keiner eine therapeutische Betreuung.[743]
Dies zeigt, dass die Mehrzahl der Gefangenen weitgehend untherapiert blieb, schließt man sonstige Behandlungsmaßnahmen wie Aufnahme in eine Wohngruppe oder berufliche Bildungsangebote nicht in die Betrachtung mit ein.

---

737 Pecher, Tiefenpsychologisch orientierte Psychotherapie im Justizvollzug, S. 27.

738 Pfäfflin/Roß/Sammet/Weber, Psychotherapie mit Straftätern, in: Kröber/Dahle (Hrsg.), Sexualstraftaten und Gewaltdelinquenz, S. 159 f.

739 Boetticher, Kann die Strafjustiz die erhöhten Anforderungen des „Gesetzes zur Bekämpfung von Sexualdelikten und anderen gefährlichen Straftaten“ erfüllen? in: Egg (Hrsg.), Behandlung von Sexualstraftätern im Justizvollzug, S. 66; Wischka, Möglichkeiten der Behandlung von Sexualstraftätern im niedersächsischen Justizvollzug, in: Egg (Hrsg.), Behandlung von Sexualstraftätern im Justizvollzug, S. 210.

740 Judith, Konzept für die intramurale Behandlung von Sexualstraftätern, S. 128.

741 Schmidt, Behandlung von Sexualstraftätern im Berliner Justizvollzug, in: Egg (Hrsg.), Behandlung von Sexualstraftätern im Justizvollzug, S. 110.

742 Elz, Legalbewährung und kriminelle Karrieren von Sexualstraftätern – Sexuelle Gewaltdelikte, S. 279.

743 Elz, Legalbewährung und kriminelle Karrieren von Sexualstraftätern – Sexuelle Missbrauchsdelikte, S. 253.

Nach anderer Ansicht besteht darüber hinaus ein Defizit in der Therapieforschung. Während es in Deutschland für den Bereich des Maßregelvollzugs und der Sozialtherapie verschiedene Therapiekonzepte gebe, sei die Therapie in Strafanstalten nicht nur hinsichtlich der Effektivität und Effizienz, sondern auch hinsichtlich des Bedarfs und des Versorgungsangebots weitgehend unerforscht.[744] Dennoch wäre es falsch, pauschal anzunehmen, eine Therapie von Straftätern finde in den deutschen Justizvollzugsanstalten nicht statt. Problematisch ist jedoch die Umsetzung der in der Theorie zahlreich bestehenden Behandlungsformen.

Nach dem Idealbild der Strafanstalt als einer problemlösenden Gemeinschaft sollte die Durchführung der Sozialtherapie wie die der übrigen Behandlungsmaßnahmen nicht auf eine besonders hierfür vorgesehene Anstalt beschränkt sein, sondern der Vollzug der Freiheitsstrafe generell unter dem Gesichtspunkt einer therapeutischen Gemeinschaft erfolgen und die Mittel der sozialtherapeutischen Behandlung sollten auch in allen Justizvollzugsanstalten angewendet werden.[745] Eine umfassende Sozialtherapie lässt sich jedoch aufgrund der kontraproduktiven Vollzugsrealität in den Einrichtungen des Normalvollzugs nicht realisieren.[746] Für den Gefangenen im Regelvollzug ist es wichtig, über ein möglichst gut funktionierendes Spektrum von konfliktvermeidenden und der Anstaltshierarchie angepassten Verhaltensweisen zu verfügen, die mit den sozialtherapeutischen Behandlungsprinzipien unvereinbar sind.[747]

Für sozialtherapeutische Maßnahmen ist ein Behandlungsrahmen erforderlich, den der Regelvollzug kaum herstellen kann. Im Verlauf der Behandlung in einer sozialtherapeutischen Anstalt übernimmt der Gefangene Selbstverantwortung; im Normalvollzug gelingt es den Inhaftierten dagegen kaum, der institutionell bedingten Enteignung alltäglicher Verhaltensweisen gegenzusteuern.[748]

II. Psychotherapie in Schwerpunktanstalten des Regelvollzugs

In Baden-Württemberg sollen Sexualstraftäter, für die keine Behandlungsindikation in einer sozialtherapeutischen Anstalt vorliegt oder die aus einer sozialtherapeutischen Anstalt in den Regelvollzug zurückverlegt werden, in Schwer-

---

744 Krupinski/Schöchlin/Fischer/Nedopil, Annäherung an ambulante Therapie bei Straffälligen, in: Kröber/Dahle (Hrsg.), Sexualstraftaten und Gewaltdelinquenz, S. 169.

745 Calliess/Müller-Dietz, § 9, Rn. 5.

746 Laubenthal, Strafvollzug, Rn. 582.

747 Welker, Der Einsatz sozialtherapeutischer Methoden im Strafvollzug, S. 9.

748 Goderbauer, Stationäre Behandlung von Sexualstraftätern im Strafvollzug, in: Wodtke-Werner/Mähne (Hrsg.), „Nicht wegschauen!“ Vom Umgang mit Sexual(straf)tätern, S. 174.

punktanstalten des Regelvollzugs psychotherapeutisch betreut werden.[749] Therapiebedürftige und therapiefähige Sexualstraftäter sollen dann von der Einweisungskommission vorrangig in eine solche Anstalt eingewiesen werden. Die geplante Teilnahme an psychotherapeutischen Maßnahmen wird gemäß § 7 Abs. 2 Nr. 6 StVollzG in den Vollzugsplan aufgenommen und stellt eine besondere Behandlungsmaßnahme dar.

III. Externe Psychotherapie während des Vollzugs und in der Bewährung

Psychotherapie durch externe therapeutische Fachkräfte ist nahezu nur dann sinnvoll, wenn sie der Bewährung im Übergang vom Leben im Vollzug zum Leben in Freiheit dient.[750] Externe psychologische Behandlung für die gesamte Dauer des Vollzugs macht nur wenig Sinn, da eine punktuelle therapeutische Einflussnahme – mehr kann eine externe Therapie mit nur wenigen Therapiestunden pro Woche nicht leisten – keine Verstärkung im Strafvollzug findet. Die dortigen Gegebenheiten sind nicht dazu geeignet, die in der Therapie gemachten Erfahrungen aufzufangen und zu einer psychischen Weiterentwicklung zu führen.

Schneider dagegen zieht ambulante Maßnahmen den stationären vor, da ein Behandlungsprozess in Freiheit leichter zu verwirklichen sei.[751] Im Hinblick auf besonders rückfallgefährdete Straftäter spricht er sich jedoch ebenfalls für die Notwendigkeit stationärer Behandlungsmaßnahmen aus.

Hauch und *Lohse* bemängeln zudem die Situation der Psychotherapie in der Straftäterbehandlung. Zwar werde die Notwendigkeit der Behandlung immer wieder betont. Einzelne vorhandene Ansätze sowohl in der Forschung als auch in der psychotherapeutischen Praxis blieben aber isoliert.[752] Gerade beim Vorliegen erheblicher dissozialer Störungsmuster ist ein Vorgehen angezeigt, das mehrere Lebensbereiche des Gefangenen umfasst.[753] Einzelne wöchentliche

---

[749] Wulf/Goderbauer, Therapie von Sexualstraftätern im baden-württembergischen Justizvollzug – Konzeption, Erfahrungen und Perspektiven, in: Wodtke-Werner/Mähne (Hrsg.), „Nicht wegschauen!“ Vom Umgang mit Sexual(straf)tätern, S. 112.

[750] Wulf/Goderbauer, Therapie von Sexualstraftätern im baden-württembergischen Justizvollzug – Konzeption, Erfahrungen und Perspektiven, in: Wodtke-Werner/Mähne (Hrsg.), „Nicht wegschauen!“ Vom Umgang mit Sexual(straf)tätern, S. 113; Rehder, Sexuell abweichendes Verhalten, in: Egg (Hrsg.), Sozialtherapie in den 90er Jahren, S. 90.

[751] Schneider, Die Behandlung von Sexualstraftätern im Strafvollzug, in: Festschrift für Böhm, S. 426.

[752] Hauch/Lohse, Ambulante Psychotherapie bei sexueller Delinquenz, in: Sigusch (Hrsg.), Sexuelle Störungen und ihre Behandlung, S. 489.

[753] Wischka, Möglichkeiten der Behandlung von Sexualstraftätern im niedersächsischen Justizvollzug, in: Egg (Hrsg.), Behandlung von Sexualstraftätern im Justizvollzug, S. 219.

Therapiesitzungen vermögen diesen Anforderungen sicherlich nicht gerecht zu werden. Eine Betreuung durch einen externen Therapeuten kann deshalb lediglich ergänzende Funktion haben und nur bei Tätern mit einer weniger schwerwiegenden Störung eingesetzt werden, zumal für eine ambulante Therapie die Justizvollzugsanstalt zunächst die Lockerungseignung des Inhaftierten festgestellt haben muss.

Die primäre Verantwortlichkeit für die Behandlung von Sexualstraftätern bleibt damit beim Justizvollzug bzw. den sozialtherapeutischen Einrichtungen, die darauf zu achten haben, die strukturellen, räumlichen und personellen Voraussetzungen für eine effektive Behandlung zu schaffen.

6. Teil: Rückfälligkeit von Sexualstraftätern

Der Erfolg der Straftäterbehandlung lässt sich an einem Kriterium maßgeblich festmachen: der Rückfälligkeit. Eine niedrige Rückfallquote spricht für ein wirksames Behandlungskonzept.[754]
Neben der Psychopathologie der Täterpersönlichkeit ist deshalb besonders die jeweilige Rückfallgefahr von besonderem Interesse.

A. Rückfälligkeit

Problematisch im Bereich der Rückfallforschung ist, dass den unterschiedlichen Untersuchungen kein einheitliches Verständnis von „Rückfälligkeit" zugrunde liegt. Inzwischen besteht in der Literatur weitgehend insofern Übereinstimmung, als Rückfälligkeit nicht mit der Vorstrafenbelastung eines erneut Verurteilten gleichgesetzt werden kann.[755]
Ein Täter ist dann als rückfällig zu bezeichnen, wenn er mindestens einmal bereits wegen eines Delikts mit strafrechtlichen Sanktionen belegt worden ist und innerhalb eines bestimmten Risikozeitraums wieder straffällig wird.[756] Zur besseren Überprüfbarkeit wird zudem die Forderung aufgestellt, dass das Folgedelikt zu einer Verurteilung geführt hat. Dies hat folgende Konsequenz: Nur sanktionierte Taten gelangen in die Rückfallstatistik, während Taten aus dem Dunkelfeld oder ohne gerichtliche Sanktionierung nicht erfasst werden.[757]

B. Sachverständigengutachten zur Festlegung der Rückfallgefahr

Mit dem „Gesetz zur Bekämpfung von Sexualdelikten und anderen gefährlichen Straftaten" vom 26.01.1998 wurde in weitem Umfang die Begutachtung vor der bedingten Aussetzung der zeitigen Freiheitsstrafe von Gewalt- und Sexualstraftätern vorgeschrieben. Gemäß § 454 Abs. 2 S. 2 StPO hat das Gutachten sich mit der Frage zu beschäftigen, „ob bei dem Verurteilten keine Gefahr mehr besteht, dass dessen durch die Tat zutage getretene Gefährlichkeit fortbesteht". Daneben erfolgt eine kriminalprognostische Beurteilung durch das Gericht im

---

754 Kröber, Ansätze zur gezielten Psychotherapie mit Sexualstraftätern, in: Herrfahrdt (Hrsg.), Behandlung von Sexualstraftätern, S. 41; Ortmann, Sozialtherapie im Strafvollzug, S. 209.

755 Siehe hierzu Elz, Legalbewährung und kriminelle Karrieren von Sexualstraftätern – Sexuelle Gewaltdelikte, S. 57.

756 Kaiser, Kriminologie: Eine Einführung in die Grundlagen, S. 290.

757 So wird beispielsweise ein Täter, der in der Bezugsentscheidung wegen einer Vergewaltigungsserie, die über einen Zeitraum von mehreren Jahren angedauert hat, verurteilt, aber später strafrechtlich nicht mehr in Erscheinung getreten ist, nicht zu den Rückfalltätern gezählt.

Erkenntnisverfahren bei der Unterbringung eines Täters nach den §§ 63, 64 oder 66 StGB und bei der Aussetzung der Freiheitsstrafe zur Bewährung nach § 56 StGB.[758] Im Rahmen der Strafvollstreckung erfolgt sie auch bei der Entlassung aus lebenslanger Haft (§ 57a StGB) und der Entlassung aus der Maßregel.
Während des Vollzugs spielen prognostische Entscheidungen im Hinblick auf die Gewährung von Vollzugslockerungen eine Rolle. Ob der Straftäter dann tatsächlich entlassen wird oder Vollzugslockerungen erhält, entscheidet letztendlich nicht der Sachverständige, sondern die Institution, die für den Straftäter zuständig ist.[759] Mit der Erstellung von Prognosegutachten werden sexual- oder psychowissenschaftliche Sachverständige betraut[760], die die Gesamtpersönlichkeit des Straftäters und seine zukünftige Entwicklung nicht nur unter strafrechtlichem, sondern auch unter therapeutischem Aspekt beurteilen. Bei der Erstellung einer solchen Prognose muss in die Betrachtung mit einbezogen werden, welche persönlichkeitseigenen oder situativen Faktoren den Hintergrund der früheren Delikte bildeten und welche Veränderungen sich diesbezüglich ereignet haben.[761]
Eine aussagekräftige Prognose lässt sich am ehesten erstellen, wenn ausreichend Material bezüglich der Behandlung des Sexualstraftäters vorhanden ist. Nur so kann ein etwaiger Veränderungsprozess im Laufe der Therapie nachvollzogen werden. Erschwert wird die Prognose dadurch, dass sich der Gutachter meist auf die Aussagen der Straftäter verlassen muss. Gerade der prognostisch bedeutsame Bereich der sexuellen Wünsche und Phantasien lässt sich nicht objektiv beobachten, sondern bleibt der Darstellung des Delinquenten vorbehalten. In der Begutachtungspraxis der forensischen Sexualmedizin kommt es nicht selten vor, dass die Vorgeschichte des betroffenen Täters nicht-strafverfolgte sexuelle Übergriffe enthält.[762] Bei den Sachverständigengutachten zur Erstellung der Rück-

---

758 Schall/Schreibauer, NJW 1997, S. 2413.

759 Foerster, Gefährlichkeitsprognose gemäß § 454 StPO, in: Egg (Hrsg.), Behandlung von Sexualstraftätern im Justizvollzug, S. 295.

760 Ist die Hinzuziehung eines Sachverständigen nicht gesetzlich vorgeschrieben, entscheidet der Richter selbst, was gerade bei einer Strafaussetzung zur Bewährung in den meisten Fällen geschieht; der Richter wendet dann die intuitive Methode an – daneben existieren statistische und klinische Methode – und beurteilt den Täter nach einer gefühlsmäßigen Betrachtung.

761 Leygraf, Psychiatrische Aspekte der Therapie und Prognose bei Sexualstraftätern, in: de Boor/Haffke/Lange-Joest (Hrsg.), Was tun mit den Sexualstraftätern?, S. 98.

762 Beier, Prognose und Therapie von Sexualstraftätern aus sexualmedizinischer Sicht, in: Wodtke-Werner/Mähne (Hrsg.), „Nicht wegschauen!" Vom Umgang mit Sexual(straf)tätern, S. 71.

fallgefahr zeigen sich ähnliche Probleme wie bei den Gutachten zur Feststellung der Schuldfähigkeit des Täters.
Häufig wird die – vor allem bei Sexualstraftätern besonders wichtige – Sexualanamnese nicht sorgfältig durchgeführt. Anstelle einer differenzierten persönlichkeits- und deliktsbezogenen Datenerhebung beziehen sich die Gutachter in ihren Ausführungen oftmals auf institutionsinternes Anpassungsverhalten, z.B. ob der Straftäter seiner Arbeitspflicht nachgekommen ist oder die Anstaltsordnung gestört hat.[763] Gerade bei einem trotz seiner Sexualdelinquenz immer sozial angepasst lebenden Täter kann der Grad der sozialen Anpassung in der Einrichtung nichts über eine bestehende Rückfallgefahr aussagen.
Ein weiterer Mangel besteht darin, dass in vielen Fällen keine testpsychologische Untersuchung stattfindet. Diese Art von Untersuchung kann jedoch eine Menge nützlicher Informationen liefern und sie ermöglicht einen Vergleich der Ergebnisse mit den Tests im Erkenntnisverfahren – wenn diese durchgeführt wurden.
Zu Recht wird beklagt, dass die Politik die Forschung auf dem Gebiet der Begutachtung von Straftätern im Allgemeinen nicht genügend unterstützt hat, weshalb es in Deutschland zu diesem Themenbereich nur wenige Lehrstühle und damit auch wenige nachrückende Gutachter gibt.[764] Soll die Prognosebegutachtung die in sie gesteckten Hoffnungen nur ansatzweise erfüllen, muss nicht nur die Anzahl der Gutachter, sondern insbesondere deren Qualifikation verbessert werden.[765]

C. Allgemeine Studien zur Rückfälligkeit von Sexualstraftätern

I. Empirische Rückfallstudien

Empirische Untersuchungen zur Legalbewährung von entlassenen Straftätern differenzieren meist nicht nach Deliktsgruppen, so dass häufig nur wenig spezifische Informationen über spätere Auffälligkeiten bezüglich der Gruppe der Sexualstraftäter zu gewinnen sind.
Insgesamt zeigen die Studien unterschiedliche Ergebnisse, was darauf zurückzuführen ist, dass sie sich meist auf kleinere Stichproben beziehen und verschiede-

---

[763] Nowara, Gefährlichkeitsprognosen und deren Fehlerquellen bei Sexualstraftätern, in: Herrfahrdt (Hrsg.), Behandlung von Sexualstraftätern, S. 57.

[764] Boetticher, Kann die Strafjustiz die erhöhten Anforderungen des „Gesetzes zur Bekämpfung von Sexualdelikten und anderen gefährlichen Straftaten" erfüllen?, in: Egg (Hrsg.), Behandlung von Sexualstraftätern im Justizvollzug, S. 65; Schall/Schreibauer, NJW 1997, S. 2413 f.

[765] Leygraf, Psychiatrische Aspekte der Therapie und Prognose bei Sexualstraftätern, in: de Boor/Haffke/Lange-Joest (Hrsg.), Was tun mit den Sexualstraftätern?, S. 100.

ne Untersuchungszeiträume und Prüfungskriterien gewählt werden. Häufig geht aus den Untersuchungen auch nicht hervor, welche Strafen verhängt werden mussten, damit von „Rückfälligkeit“ gesprochen werden kann. Hier sollen nur auszugsweise einige Studien dargestellt werden.[766]

Wiederholt[767] hat 58 ehemalige Insassen der sozialtherapeutischen Anstalt in München untersucht, die wegen einer Sexualstraftat verurteilt worden waren. Etwa 50 % der entlassenen Straftäter wurden innerhalb eines Jahres rückfällig, wobei die Mehrzahl der Rückfälligen wieder Sexualstraftaten beging. Die höchste Gesamt-Rückfallquote war bei Exhibitionisten und homosexuellen Pädophilen festzustellen – 86 % bzw. 73 %. Die Rückfallquote bei Exhibitionisten für sexuelle Delikte lag bei 71 %, die für die nicht sexuellen Delikte bei 14 %. Von den heterosexuellen Pädophilen wurden 38 % einschlägig rückfällig, 23 % begingen sonstige Delikte. Die einschlägige Rückfallquote der homosexuellen Pädophilen lag bei 64 %, die Rückfallquote bezüglich nicht sexueller Delikte bei 9 %.[768] Ob die Resultate dieser Studie verallgemeinert werden können, ist zweifelhaft, da eine relativ schmale Datenbasis –beispielsweise nur sieben Exhibitionisten – verwendet wurde.

Dünkel und *Geng*[769] untersuchten insgesamt 510 mehrfach Vorbestrafte[770], die in den 1970er Jahren aus dem Berliner Strafvollzug entlassen worden waren. Die Rückfallquote für Sexualstraftäter, die aus einer sozialtherapeutischen Anstalt entlassen wurden, fiel erheblich günstiger aus. Hier erfolgte in 47 % aller Fälle eine erneute Inhaftierung, während nach legal- und sozialbiographischen Merkmalen vergleichbare Täter, die aus dem Regelvollzug freikamen, zu 70 % erneut zu Freiheitsstrafen ohne Bewährung verurteilt wurden.[771] In dieser Studie wurde allerdings nicht zwischen einzelnen Deliktsgruppen unterschieden und die untersuchte Population der Sexualstraftäter war mit 41 Personen relativ klein.

766 Ausführlich zu den einzelnen Studien: Elz, Legalbewährung und kriminelle Karrieren von Sexualstraftätern – Sexuelle Gewaltdlikte, S. 18 ff.

767 Wiederholt, ZfStrVo 1989, S. 235 ff.

768 Wiederholt, ZfStrVo 1989, S. 236.

769 Dünkel/Geng, Rückfall und Bewährung von Karrieretätern nach Entlassung aus dem sozialtherapeutischen Behandlungsvollzug und aus dem Regelvollzug, in: Steller/Dahle/Basqué (Hrsg.), Straftäterbehandlung, S. 35 ff.

770 Es handelte sich um sog. „Karrieretäter“, die mindestens drei Vorstrafen aufwiesen und im Zeitraum 1971 bis 1974 für mindestens ein Jahr erneut inhaftiert waren.

771 Dünkel/Geng, Rückfall und Bewährung von Karrieretätern nach Entlassung aus dem sozialtherapeutischen Behandlungsvollzug und aus dem Regelvollzug, in: Steller/Dahle/Basqué (Hrsg.), Straftäterbehandlung, S. 56.

Eine erste große Übersichtsarbeit über Studien, die sich mit dem Verlauf von Sexualdelinquenz beschäftigen, wurde von *Furby et al.*[772] veröffentlicht. Die Kernaussagen nach Auswertung von 42 Studien sind folgende:

- Der Prozentsatz der Rückfälligkeit steigt regelmäßig mit der Länge des jeweils gewählten Katamnesezeitraums an.
- Es gibt keine Beweise dafür, dass Therapie die Anzahl von Sexualstraftaten insgesamt senken könnte und
- es sind gewisse Hinweise vorhanden, dass unterschiedliche Tätertypen einem unterschiedlich hohen Rückfallrisiko unterliegen, wobei Vergewaltiger und Exhibitionisten eine höhere Rückfallrate aufweisen als Pädophile.

Die Auswertung der unterschiedlichen Studien führte jedoch nicht zu dem Ergebnis, dass eine therapeutische Behandlung die Rückfallgefahr im Allgemeinen sinken ließ. "There is as yet no evidence that clinical treatment reduces rates of sex reoffenses in general and no appropriate data for assessing whether it may be differentially effective for different types of offenders."[773]
Hanson/Bussière[774] haben 61 Studien ausgewertet, um Aussagen über die Rückfälligkeit der insgesamt 28 972 untersuchten Sexualstraftäter treffen zu können. Die Rückfallquote lag im Durchschnitt bei 13,4 % (beispielsweise 18,9 % bei den Vergewaltigern und 12,7 % bei den Pädophilen). Bezieht man in die Betrachtung Rückfälle unterschiedlichster Art mit ein, steigt die Rückfallquote beträchtlich. "When recidivism was defined as any reoffense, the rates were predictably higher: 36,3 % overall, 36,9 % for the child molesters and 46,2 % for rapists."[775]
Schneider spricht von einer hohen und langandauernden Rückfallneigung der Sexualstraftäter. Er bezieht seine Aussage im Wesentlichen auf eine im Jahr 1997 durchgeführte Studie[776], in der 265 Vergewaltiger und Pädophile über einen Zeitraum von 25 Jahren beobachtet wurden. In 39 % der Fälle wurden die Vergewaltigungstäter einschlägig rückfällig, 74 % haben irgendeine neue Straftat begangen. Die Täter, die wegen sexuellen Kindesmissbrauchs verurteilt worden waren, begingen in 52 % der Fälle neue Sexualstraftaten. Neue Delikte überhaupt wurden von 75 % der Täter verübt. Daneben sei die tatsächliche Zahl

[772] Furby/Weinrott/Blackshaw, Psychological Bulletin 1989, S. 3 ff.
[773] Furby/Weinrott/Blackshaw, Psychological Bulletin 1989, S. 27.
[774] Hanson/Bussière, Journal of Consulting and Clinical Psychology 1998, S. 348 ff.
[775] Hanson/Bussière, Journal of Consulting and Clinical Psychology 1998, S. 351.
[776] Prentky/Lee/Knight/Cerce, Law and Human Behavior 1997, S. 635 ff.

der Rückfälle viel höher, da die angegebenen Zahlen nur das Hellfeld betreffen, das Dunkelfeld bei Sexualstraftätern jedoch besonders ausgeprägt sei.[777]
Hall[778] hat in einer Meta- Analyse die Resultate von 12 Einzelstudien zusammengefasst, in denen sich behandelte und unbehandelte Sexualstraftäter gegenüberstanden. 638 behandelte Täter wurden zu 19 % rückfällig, während 630 unbehandelte Täter eine Rückfallquote von 27 % aufwiesen.[779] Ein positiver Therapieeffekt ließ sich für ambulante Therapien, Therapieprogramme mit kognitiv-verhaltenstherapeutischem Ansatz und medikamentöse Behandlungen nachweisen. Schlechte Ergebnisse hingegen erzielten traditionelle verhaltenstherapeutische Maßnahmen, die sich lediglich auf eine Dekonditionierung sexueller Reizsituationen konzentrierten. Besonders wesentlich ist, dass sich die rückfallpräventive Wirkung der Behandlung von Sexualstraftätern mit zunehmender Dauer des Beobachtungszeitraums verstärkte.
Elz hat sowohl die Rückfälligkeit von Straftätern, die wegen sexuellen Missbrauchs verurteilt wurden, als auch von Tätern, die wegen sexueller Gewaltdelikte verurteilt wurden, untersucht. In den durchgeführten Studien wird unter Rückfälligkeit jede erneute sanktionierte und aus dem Bundeszentralregister ersichtliche Straftat verstanden:[780]

• *Sexuelle Missbrauchsdelikte:*
Als Beobachtungszeitraum wurden sechs Jahre festgelegt. Die Hauptgruppe, die ursprünglich aus 87 Tätern bestand, reduzierte sich im Hinblick auf die Legalbewährung auf 77 Täter, da nur diese sich ausreichend lange in Freiheit befunden hatten. Nahezu die Hälfte aller Täter blieb im Beobachtungszeitraum straffrei, ein knappes Drittel wurde wegen der Begehung nicht einschlägiger Delikte erneut verurteilt, 22 % der Täter wegen weiterer Sexualdelikte.[781] Dabei handelte es sich in den meisten Fällen erneut um sexuellen Kindesmissbrauch.
Weiterhin wurde die Frage untersucht, inwieweit sich die Täter als sog. Karrieretypen beurteilen ließen, bei denen die Deliktsbegehung im Zeichen einer fortschreitenden Serie von Straftaten steht. In 22 % der Fälle handelte es sich um Einmaltäter – dem Registerauszug war lediglich die Bezugsentscheidung zu entnehmen. Mit 47 % stellten die Gelegenheitstäter – in diese Kategorie sind Täter einzuordnen, die zwar Vor- und/oder Folgeeintragungen aufwiesen, bei denen

---

777 Schneider, Kriminalistik 1999, S. 236.
778 Hall, Journal of Consulting and Clinical Psychology 1995, S. 802 ff.
779 Hall, Journal of Consulting and Clinical Psychology 1995, S. 806 f.
780 Elz, Legalbewährung und kriminelle Karrieren von Sexualstraftätern – Sexuelle Gewaltdelikte, S. 58.
781 Elz, Legalbewährung und kriminelle Karrieren von Sexualstraftätern – Sexuelle Missbrauchsdelikte, S. 202.

das Bezugsdelikt aber die einzige registrierte Sexualstraftat war – die größte Gruppe. Die Tätergruppe der Aus- bzw. Umsteiger – insgesamt 9 % – wurde vor der Bezugsentscheidung mindestens einmal wegen eines Sexualdelikts verurteilt. Ein anschließender Rückfall nach der Bezugsentscheidung ergab sich nicht. Bei 14 % der Täter – sog. Einstiegstäter – lag keine Verurteilung vor der Bezugstat wegen eines Sexualdelikts vor. Diese Täter hatten jedoch eine entsprechende Folgeeintragung vorzuweisen. Als Serientäter wurden die Täter bezeichnet, die sowohl vor der Bezugsentscheidung als auch danach (auch) wegen der Begehung von Sexualdelikten verurteilt wurden. Als Serientäter waren demnach 8 % der Täter einzuordnen, wobei nur zwei Täter ausschließlich Sexualdelikte ausgeführt hatten.[782] Richtet man die Betrachtung nun auf die Rückfälligkeit im Hinblick auf Sexualstraftaten, lässt sich feststellen, dass nahezu 70 % aller erfassten Täter als einzig registrierte Sexualstraftat das Bezugsdelikt begangen haben. Von den 22 % der einschlägig rückfälligen Täter entspricht nur ca. ein Drittel den Vorstellungen des ständigen Wiederholungstäters.

• *Sexuelle Gewaltdelikte:*
Von den 181 untersuchten Personen hatten weniger als ein Drittel im Bewährungszeitraum von sechs Jahren keine neuerliche sanktionierte Straftat verübt.[783] Die einschlägige Rückfallquote liegt mit 19 % knapp unter der des sexuellen Kindesmissbrauchs mit 22 % (siehe oben).[784] Etwa die Hälfte der sexuellen Gewalttäter hat kein weiteres sexuelles Gewaltdelikt begangen, wurde aber mindestens einmal erneut wegen einer sonstigen Straftat verurteilt (im Bereich des sexuellen Kindesmissbrauchs galt dies nur für ein Drittel der Verurteilten). Bei 14 % der sexuellen Gewalttäter handelte es sich um Einmaltäter, bei 57 % und damit bei der Mehrheit der Gesamtgruppe um Gelegenheitstäter. Der Anteil der Aus- bzw. Umsteiger beläuft sich auf 9 %. 11 % der Täter sind zu den Einstiegstätern zu zählen, 9 % zu den Serientätern. Von den 19 Tätern, bei denen die Bezugstat die einzige strafrechtlich sanktionierte Tat ist, wurde lediglich ein Täter

782 Elz, Legalbewährung und kriminelle Karrieren von Sexualstraftätern – Sexuelle Missbrauchsdelikte, S. 207.

783 Elz, Legalbewährung und kriminelle Karrieren von Sexualstraftätern – Sexuelle Gewaltdelikte, S. 217.

784 Schneider (MschrKrim 2002, S. 253) merkt hierzu an, dass das Ergebnis unter dem Vorbehalt des niedrigen Rückfallzeitraums zu betrachten ist. Studien, die den Rückfallzeitraum auf 15 bis 25 Jahre ausgedehnt haben, kommen zu einschlägigen Rückfallquoten von 35 % bis 45 %.

in eine sozialtherapeutische Anstalt verlegt, von den einschlägig Rückfälligen 4 von 41 und von den sonstigen Rückfälligen 4 von 30.[785]

II. Auswertung

Die Liste der Studien zur Rückfälligkeit von Sexualstraftätern ließe sich durchaus weiterführen; eine allgemeingültige Aussage könnte daraus jedoch nicht gewonnen werden.

Zum einen ist zu beachten, dass von unterschiedlichen Definitionen der Rückfälligkeit ausgegangen wird, zum anderen fehlt häufig eine Unterteilung in verschiedene Deliktsgruppen. Darüber hinaus flossen beispielsweise in einige Untersuchungen sowohl Daten von Tätern aus dem Maßregelvollzug als auch von Tätern aus dem Regelvollzug ein.

Nach Auswertung der Daten der Studie von *Elz* ergibt sich eine einschlägige Rückfallquote von ca. 20 % (die Unterschiede zwischen sexuellem Kindesmissbrauch und sexuellen Gewaltdelikten sind mit 19 % bzw. 22 % zu vernachlässigen). Zu ähnlichen Rückfallquoten kamen auch *Hanson/Bussière* in ihrer Studie. Generell lässt sich feststellen, dass die Rückfallgefahr hinsichtlich einschlägiger Delikte bei Sexualstraftätern insgesamt deutlich geringer ist als in Bezug auf andere Straftaten. Daneben kamen einige Studien zum Ergebnis, die Rückfallquote von behandelten Sexualstraftätern sei geringer als die der unbehandelten Sexualstraftäter. Lediglich *Furby et al.* konnten keine Anzeichen dafür finden, wonach eine therapeutische Behandlung die Rückfallgefahr sinken ließe.

Im Hinblick auf die unterschiedlichen Tätergruppen lassen sich keine eindeutigen Aussagen treffen. Wurden in manchen Studien die homosexuellen Pädophilen und die Exhibitionisten (diese zeichnen sich häufig durch unreife Charaktereigenheiten aus und sind oft unfähig, die Motivation für die Deliktsbegehung zu erkennen und aus diesem Grund ihr Verhalten zu ändern) als besonders rückfallgefährdet beurteilt, traf dies in anderen Studien für sexuelle Gewalttäter zu. Hierzu ist zu bemerken, dass nicht alle untersuchten Täter die gleichen Störungsbilder aufwiesen und nicht immer mit vergleichbaren Therapieformen behandelt wurden. Schon aus diesem Grunde erscheint es nicht möglich, exakte Aussagen zu einer höheren Rückfallneigung bestimmter Tätergruppen zu treffen. In vielen Fällen spielt daneben nicht nur das eigentliche Delikt eine Rolle, sondern ebenso die Biographie des Täters, Haftbedingungen, Beziehung zum Therapeuten und die Situation nach der Haftentlassung.

[785] Elz, Legalbewährung und kriminelle Karrieren von Sexualstraftätern – Sexuelle Gewaltdelikte, S. 277.

III. Rückfallstatistik

Da sich den amtlichen Rechtspflegestatistiken keine verlässlichen Zahlen über die Rückfälligkeit von Sexualstraftätern entnehmen lassen,[786] besteht das Erfordernis für eine spezielle Rückfallstatistik. Erste Rückfallstatistiken wurden in den Jahren 1986 bis 1990 von der Generalbundesanwaltschaft erstellt. In diese Rückfallstatistiken ging Datenmaterial aus dem von der Generalbundesanwaltschaft beim Bundesgerichtshof geführten Bundeszentralregister[787] ein. Allerdings wurden nur Personen erfasst, bei denen es auch zur Vollstreckung der angeordneten freiheitsentziehenden Maßnahme kam, und es wurde weder bei der Ausgangs- noch bei der Folgetat zwischen Deliktsgruppen bzw. einzelnen Delikten differenziert.

Eine Rückfallstatistik, die nach den abgeurteilten Delikten differenziert, befindet sich derzeit noch im Aufbau. Grundlage dieser Datensammlung sind anonymisierte Eintragungen im Bundeszentralregister über strafrechtliche Verurteilungen. Für einen Zeitraum von fünf Jahren wird überprüft, ob nach der Verurteilung oder der Entlassung aus der Justizvollzugsanstalt neue Straftaten begangen wurden, die zu einer neuen Verurteilung führten. Die kriminologische Zentralstelle in Wiesbaden arbeitet zur Zeit im Auftrag des Statistischen Bundesamts in Kooperation mit der Universität Konstanz an einer Aufstellung und Auswertung der Datensätze aus dem Bundeszentralregister.[788]

IV. Ermittlung der Rückfallgefahr

Im Zuge der therapeutischen Behandlung ist genau darauf zu achten, welche Faktoren zur Begehung der jeweiligen Straftat geführt haben und welche Faktoren einen Rückfall zu begünstigen vermögen, um gezielt gegen die Ausprägung einer Rückfallneigung vorgehen zu können.

In der Biographie vieler Täter tauchen immer wieder übereinstimmende Merkmale auf, die im Ergebnis zur Straftatbegehung geführt haben.

---

786 Versteht man unter Rückfälligkeit eine erneute Straffälligkeit nach und trotz Sanktionierung der Vortat, ist offensichtlich, dass sich den Rechtspflegestatistiken – diese erfassen die wesentlichen Elemente der Strafverfolgung, Strafzumessung und Strafvollstreckung – kaum Erkenntnisse hierüber entnehmen lassen; in einigen Datensammlungen werden zwar retrospektiv die Vorstrafenanteile erfaßt, diese können jedoch nicht mit der prospektiv zu untersuchenden Rückfälligkeit oder deren Wahrscheinlichkeit gleichgesetzt werden.

787 Das Bundeszentralregister enthält sämtliche Verurteilungen und Vollstreckungsentscheidungen, die gegenüber einer Person ergangen sind.

788 Egg, Zur Kriminalität der Sexualstraftäter, in: de Boor/Haffke/Lange-Joest (Hrsg.), Was tun mit den Sexualstraftätern?, S. 16.

Auf *Dittmann*[789] stützt sich die folgende Zusammenstellung der heute allgemein anerkannten Kriterien für Rückfallgefährdung:

- hohe Deliktfrequenz,
- sadistische Phantasien und Handlungen,
- langfristig geplante Delikte,
- Einsatz von massiver Gewalt oder Waffen,
- früh einsetzende Delinquenz,
- kriminelle Vielfältigkeit,
- zufällige Opferwahl,
- Bagatellisierung oder Verleugnung,
- Schuldabschiebung auf das Opfer,
- Anspruch auf sexuelle Befriedigung ohne Einverständnis des anderen,
- kognitive Verzerrungen,
- Unfähigkeit zu stabilen Beziehungen,
- inadäquate Selbsteinschätzung bezüglich des Risikos.

Rehder hat ein Verfahren zur Festlegung des Rückfallrisikos bei Sexualstraftätern entwickelt, das sog. RRS.
Das RRS soll die Prognose sowohl einschlägiger Rückfälle als auch von Rückfällen, die zu einer erneuten Inhaftierung führen, verbessern. Das Verfahren kann zur Festlegung der Behandlungsindikation im Rahmen der Behandlungsuntersuchung herangezogen werden.[790] Zur Entwicklung des Verfahrens wurden die Daten von 245 verurteilten Sexualstraftätern ausgewertet und geprüft, welche Variablen einen signifikanten Zusammenhang mit einem erneuten Sexualdelikt bzw. einer erneuten Inhaftierung aufweisen.[791]
In zwei Erhebungsbögen – RRS-H und RRS-S – werden unterschiedliche Kriterien zur Ermittlung der Rückfallgefahr zusammengefasst. Für beide Bögen werden folgende Rückfallkriterien herangezogen: Alter beim ersten Sexualdelikt, depressive Persönlichkeitsanteile, Bindungsfähigkeit.
Für den RRS-H-Bogen sind zusätzlich von Bedeutung: Hafterfahrung, berufliche Leistungsbereitschaft, soziale Kompetenz.

789 Nachweis hierzu bei Knecht, Kriminalistik 2001, S. 749.
790 Rehder, RRS, Rückfallrisiko bei Sexualstraftätern, S. 5.
791 Es wurde ein Rückfallwert für die Gesamtgruppe entwickelt, da die Rückfallzahlen für eine deliktspezifische Unterteilung zu gering waren.

Beim RRS-S-Bogen spielen folgende Kriterien eine Rolle: Zahl der Verurteilungen wegen Sexualdelikten, Bekanntheitsgrad zwischen Opfer und Täter, Planung der Tat.[792]
Für die Tätergruppen Vergewaltigung und sexueller Missbrauch gibt es zusätzliche Erhebungsbögen. RRS-VE-1 und RRS-VE-2 gelten für Vergewaltiger. RRS-VE-1 befasst sich mit folgenden Punkten: Bekanntheitsgrad des Opfers, Alter beim ersten Sexualdelikt, Zahl der Opfer von Sexualdelikten, Tatplanung, Alkoholisierung zum Tatzeitpunkt, Bedrohung des Opfers.
Als Ergänzung bezieht RRS-VE-2 folgende Kriterien mit ein: Realitätsflucht, depressive Persönlichkeitsanteile, konventionelles Geschlechtsrollenverständnis.
Für Ermittlung des Rückfallrisikos bei sexuellem Missbrauch werden die Bögen RRS-SM-1 und RRS-SM-2 verwendet.
RRS-SM-1 basiert auf folgenden Kriterien: „Inzesttäter“ versus „Pädophiler“, Zahl der Verurteilungen wegen Sexualdelikten, Alter beim ersten Sexualdelikt, Zahl aggressiver Sexualstraftaten, Intensität des Sexualverhaltens.
RRS-SM-2 stützt sich auf folgende Punkte: Bindungsfähigkeit, depressive Persönlichkeitsanteile, berufliche Leistungsbereitschaft.
Anhand oben festgelegter Kriterien lassen sich folgende Aussagen treffen:

- je jünger der Täter bei Begehung des ersten Sexualdelikts war,
- je stärker depressive Persönlichkeitsanteile sind,
- je geringer die Bindungs- und Beziehungsfähigkeit entwickelt ist,
- je größer die bisher in Haft verbrachte Zeit eines Täters ist,
- je weniger eine berufliche Leistungsbereitschaft vorhanden ist,
- je geringer die soziale Kompetenz entwickelt ist,
- je größer die Zahl der bisher einschlägigen Verurteilungen ist,
- je geringer der Bekanntheitsgrad zwischen Opfer und Täter vor der Tat ist,
- je stärker erkennbar ist, dass die Taten langfristig geplant und vorbereitet waren,
- je mehr Opfer von Sexualstraftaten sich anhand des BZR und der Urteile in der Vorgeschichte finden lassen,
- je geringer der Täter bei Tatbegehung alkoholisiert war,
- je weniger der Täter das Opfer bei der Tat bedroht hat,
- je stärker die Realitätswahrnehmung eines Täters gestört ist,
- je geringer das konventionelle Geschlechtsrollenverständnis beim Täter ausgeprägt ist,
- je größer die Selbstbehauptung ist,

[792] Rehder, RRS, Rückfallrisiko bei Sexualstraftätern, S. 7.

- je ausgeprägter die Unkonventionalität ist,
- je geringer die festgestellte Überlegtheit ist,
- je mehr aggressive Straftaten aus dem BZR-Auszug zu erkennen sind,
- je weniger intensiv das Sexualverhalten beim Sexualdelikt war,

desto höher ist die Gefahr eines Rückfalls.

Dieses Ergebnis überrascht sicherlich nicht und bringt keine wesentlich neuen Erkenntnisse. Das Verfahren gibt jedoch die Möglichkeit, anhand festgelegter Kriterien bereits vor Behandlungsbeginn bestimmte Defizite der jeweiligen Täter aufzudecken, die Behandlung dementsprechend auszurichten und eine Prognose für die Rückfälligkeit zu stellen. *Rehder* weist jedoch ausdrücklich darauf hin, dass die Methode nur Bestandteil einer Prognose, nicht aber bereits die Prognose selbst sein kann.[793]

[793] Rehder, RRS, Rückfallrisiko bei Sexualstraftätern, S. 26.

7. Teil: Ergebnisse und Ausblick

Für eine effektive Behandlung von Sexualstraftätern im Strafvollzug bleibt unabdingbare Voraussetzung, die Ursache einer Sexualstraftat möglichst genau zu erforschen.

In vielen Fällen ist Grund für die Begehung eines Sexualdelikts das Vorliegen einer sexuellen Störung, die vielschichtig gestaltet sein kann. Aber auch Täter, die keine Deviationen im sexuellen Bereich aufweisen, können Sexualstraftaten begehen, u.a. als Ersatzhandlung oder aufgrund einer Situationsverkennung. Dass diese Täter anders zu behandeln sind als solche, die beispielsweise ein ausgeprägtes sexuelles Interesse an Kindern haben, ist offensichtlich.

Externe, situativ bedingte Faktoren spielen bei der Tatausübung eine große Rolle. Oft handeln Täter in einem Zustand spontaner emotionaler Verwirrung. Die Deliktsbegehung ist bei Vergewaltigern häufig Ausdruck sexualisierter Aggression, auch wenn sie in Form von aggressiver Sexualität auftritt. Der Täter sucht eine Möglichkeit, aufgestaute Aggressionen abzubauen. Nach der Tat fehlt die Befriedigung, weil der Täter sein Grundproblem mit der Tatbegehung nicht lösen konnte. Je ausgeprägter und je komplexer die Störung im sexuellen Bereich ist, desto komplizierter und differenzierter gestalten sich die therapeutischen Maßnahmen.

Allgemein kann zwar von einer gewissen Wirksamkeit der therapeutischen Behandlung ausgegangen werden; es lassen sich jedoch keineswegs die wirksamsten Komponenten der angebotenen Therapien genau benennen. Dass einschlägige Vorstrafen, ein erhöhtes Maß an sexueller Abweichung oder ein Therapieabbruch die Rückfallgefahr erhöhen, stellt kein überraschendes Ergebnis dar. Entscheidend ist: Neue Therapiekonzepte sind nicht nur theoretisch zu entwickeln, sondern auch in der Praxis konsequent und klientenorientiert anzuwenden.

Der Grundstein einer effektiven Behandlung muss schon in der Behandlungsuntersuchung gelegt werden. Die spezifischen sexuellen Störungen bzw. die jeweiligen Auslöser der Tat gilt es herauszuarbeiten, um dem Täter die richtige Therapie zukommen zu lassen. Gutachten, die bereits über den Betroffenen erstellt wurden, müssen genauestens ausgewertet und die für eine Therapie erforderlichen Schlüsse gezogen werden.

Bei Tätern, die ihre Strafverbüßung antreten, ist eine möglichst frühzeitige Prüfung veranlasst, ob und gegebenenfalls welche Therapiemaßnahmen zu ergreifen sind. Es darf nicht sein, dass ein behandlungsbedürftiger Sexualstraftäter erst jahrelang in einer Justizvollzugsvollzugsanstalt einsitzt, bis über seine Verlegung in eine sozialtherapeutische Anstalt entschieden wird. Behandlung kann nur dann erfolgreich sein, wenn sie zu Beginn der Inhaftierung einsetzt.

Die Therapieangebote selbst müssen in quantitativer, qualitativer und organisatorischer Hinsicht hohen Anforderungen entsprechen. Vor allem ist zu beachten, dass die stationäre Behandlung von Sexualstraftätern personalintensiv bleibt. Deshalb können sozialtherapeutische Abteilungen oder getrennte Einrichtungen, die auf die Behandlung problematischer Straftätergruppen ausgerichtet sind, aufgrund der besseren Personalsituation sicher effektivere therapeutische Angebote machen, als dies in großen Justizvollzugsanstalten aufgrund der angespannten Personalsituation möglich ist.

Insgesamt lässt sich festhalten, dass neuere Therapieformen, d.h. Therapien, die nicht nur ein eindimensionales Therapieziel verfolgen, wirksamer erscheinen als klassische Behandlungsmethoden, welche sich beispielsweise auf die Dekonditionierung von sexuellen Reizen beschränken. Grundvoraussetzung für eine erfolgreiche Therapie bleibt in jedem Fall die eigene Auseinandersetzung der Täter mit der Tat. Nur wer eigenes Fehlverhalten erkennt, ist bereit, an dessen Veränderung mitzuarbeiten. Daneben gilt es darauf zu achten, die Behandlung nicht ausschließlich auf sexualspezifische Themen zu beschränken. Bei vielen Tätern liegt weniger eine spezifische sexuelle Problematik vor als vielmehr eine beherrschende Dissozialität, die in einer mangelnden Impulskontrolle, Aggressivität, falschen Problemlösungsmechanismen und fehlender Empathiefähigkeit ihren Ausdruck findet. Vor allem Gruppensettings sollten gezielt eingesetzt werden, um eine Auseinandersetzung der Täter mit ihrem Delikt zu erreichen. In der Gruppe, d.h. in der Diskussion mit anderen Therapieteilnehmern, ist die Hürde höher, Verleugnung und Bagatellisierung beizubehalten. In Rollenspielen können Delikte nachinszeniert werden, was den jeweiligen Täter mit der Tatbegehung und deren Aufarbeitung konfrontiert. Die Therapie muss dem Einzelnen die Möglichkeit verschließen, die Schuld von sich auf andere zu übertragen. Eine erfolgreiche Therapie darf keinen Raum für Schuldverschiebungen lassen.

Es wird eine wichtige Aufgabe für die Zukunft sein, die Behandlungsforschung bei dissexuellem Verhalten auf interkonzeptionelle Therapieprogramme mit differentieller Indikation auszurichten. Auf der Grundlage einer umfassenden Erforschung der Täterpersönlichkeit sollte neben psychotherapeutischen Maßnahmen verschiedener Schulenausrichtungen auch deren Kombination mit somatischen Behandlungsformen zur Anwendung gelangen. Erforderlich sind daneben systematische Therapieverlaufsstudien, die anhand empirisch gesicherter Daten erstellt werden. Die Erfahrungen einzelner Therapeuten bzw. Therapieeinrichtungen müssen miteinander verglichen werden, um daraus weiterführende Erkenntnisse zu gewinnen.

Ob die zwangsweise Verlegung von inhaftierten Sexualstraftätern ab dem 01.01.2003 als Schritt in die richtige Richtung bewertet werden kann, erscheint zweifelhaft.

Entscheidend bleibt eine Verbesserung der Auswahluntersuchung, um die jeweiligen Defizite der Straftäter zu identifizieren. Die Verlegung eines Sexualstraftäters in eine sozialtherapeutische Anstalt oder Abteilung kann nur erfolgversprechend sein, wenn er dort individuelle Behandlungsprogramme vorfindet, die auf seine spezifischen Defizite und Störungen eingehen. Nur wer die „richtige" Therapie erhält, hat die Chance, nicht wieder rückfällig zu werden. Die sozialtherapeutischen Anstalten und Einrichtungen müssen personell gut ausgestattet sein, um den Anforderungen, die eine Straftätertherapie an sie stellt, gerecht werden zu können.

Dennoch kann es sicherlich als Illusion bezeichnet werden, jeden Sexualstraftäter als behandlungsfähig einzustufen. Es gibt Störungsbilder, die entweder nicht zu behandeln sind oder die in der besonderen Situation nach der Inhaftierung wieder zum Ausbruch kommen und zu einem Rückfall führen.

Hier bleiben vor allem die Gutachter gefragt. Entlassungen dürfen nicht voreilig erfolgen. Jede Information, die Aufschluss über die Gefährlichkeit des Täters im Hinblick auf einen Rückfall geben könnte, muss beachtet und ausgewertet werden. Frühere Gutachten, Strafakten und Berichte über die Entwicklung des Täters während der Haft müssen hierzu herangezogen werden. Fehler in diesem Bereich sind nicht mehr zu revidieren. Hat der Täter ein erneutes Delikt begangen, ist es zu spät.

Da sich die Weiterentwicklung des Täters in Haft nicht bei Erlass des Urteils voraussagen lässt und zu diesem Zeitpunkt evtl. noch Defizite im Hinblick auf die Erforschung der Täterpersönlichkeit bestehen, kann die Einführung einer nachträglichen Sicherungsverwahrung ein geeignetes Mittel zur Rückfallprävention sein. Zeigt der Täter auch während der Verbüßung der Haft ein Verhalten, welches einen Rückfall wahrscheinlich macht, muss es ein Instrument geben, das eine Entlassung und eine damit einhergehende Gefährdung der Bevölkerung verhindert.

Im Gegenzug darf eine Verschärfung der gesetzlichen Grundlagen in diesem Bereich aber nicht dazu führen, dass eine Sicherungsverwahrung rein „prophylaktisch" angeordnet wird, um eine hundertprozentige Sicherheit zu erreichen.

Einen Täter als ungefährlich einzustufen und ihn aus der Haft zu entlassen, stellt eine der am schwierigsten zu treffenden Entscheidungen dar, die sich im Bereich der Straftäterbehandlung stellen. Eine Prognose über die zukünftige Legalbewährung kann eben nur eine Vorhersage sein, die mit der Wirklichkeit nicht immer übereinstimmt.

Würzburger Schriften zur Kriminalwissenschaft

Herausgegeben von Klaus Laubenthal

Band 1 Hans-Jochen Schrepfer: Die Anwesenheit des Verteidigers bei der polizeilichen Beschuldigtenvernehmung. 2001.

Band 2 Nadine Hohlfeld: Moderne Kriminalbiologie. Die Entwicklung der Kriminalbiologie vom Determinismus des 19. zu den bio-sozialen Theorien des 20. Jahrhunderts. Eine kritische Darstellung moderner kriminalbiologischer Forschung und ihrer kriminalpolitischen Forderungen. 2002.

Band 3 Robert Frank: Die Bekämpfung der Geldwäsche in den USA. High-Tech-Gewinnaufspürung, drakonische Strafen und radikale Gewinneinziehung. Ist der amerikanische Ansatz ein Vorbild für Deutschland? 2002.

Band 4 Johannes Hofmann: Menschenhandel. Beziehungen zur Organisierten Kriminalität und Versuche der strafrechtlichen Bekämpfung. 2002.

Band 5 Hans Christian Lohmann: Arbeit und Arbeitsentlohnung des Strafgefangenen. 2002.

Band 6 Stefanie Mühlfeld: Mediation im Strafrecht. Unter besonderer Berücksichtigung von Gewalt in Schule und Strafvollzug. 2002.

Band 7 Eric Uftring: Die Auswirkungen von Entscheidungen des Bundesverfassungsgerichtes und des Europäischen Gerichtshofes im intertemporalen Steuerstrafanwendungsrecht. Dargestellt am Beispiel der Vermögensteuer, der Zinsbesteuerung und der Getränkesteuer. 2002.

Band 8 Sebastian Fickert: Die Behandlung von Zufallserkenntnissen im Ermittlungsverfahren. Unter Berücksichtigung der allgemeinen Grundsätze über Verwertungsverbote. 2002.

Band 9 Stefan Laun: Alternative Sanktionen zum Freiheitsentzug und die Reform des Sanktionensystems. 2002.

Band 10 Anette Kaufmann: Möglichkeiten der sanktionsrechtlichen Erfassung von (Sonder-)Pflichtverletzungen im Unternehmen. Unter besonderer Berücksichtigung des Zusammenspiels von § 14 StGB, (§ 9 OWiG), § 130 OWiG und § 30 OWiG. 2003.

Band 11 Martina Seeliger: Entwicklung der Kinderdelinquenz und Folgerungen im Hinblick auf eine Änderung der Strafmündigkeitsgrenze. 2003.

Band 12 Silke Elli Jäger: Behandlung von Sexualstraftätern im Strafvollzug. 2003.